Fachbereich Sonderpädagogik der Pädagogischen Hochschule Reutlingen (Hrsg.)

Redaktionelle Arbeit: Hans Schell

# Handlungsorientierte Sonderpädagogik

25 Jahre Studium der Sonderpädagogik
in Baden-Württemberg

schindele-verlag
rheinstetten

ISBN 3-88070-276-4

Gesamtherstellung: G. Schindele Verlag GmbH

# Inhaltsverzeichnis

# Vorwort

Der vorliegende Band ist als Dokumentation der Veranstaltungen gedacht, die aus Anlaß der Arbeitstagung "25 Jahre Studium der Sonderpädagogik in Reutlingen" im Herbst 1976 stattgefunden haben. Dem Programm des Jubiläums entsprechend gliedert sich die Abhandlung in 4 Abschnitte: Im Teil I sind die Grußworte zusammengefaßt; Vertreter der für das Studium der Sonderpädagogik verantwortlichen Institutionen versuchen vor allem unter schul- und hochschulpolitischen sowie fachspezifischen Aspekten eine Bestandsaufnahme des bisher Erreichten und weisen auf Orientierungsdaten für zukünftige Entwicklungen hin. Im Vordergrund steht dabei weniger die Freude über den Ausbau und das 25-jährige Bestehen diese Studiengangs als vielmehr die kritische Auseinandersetzung mit gegenwärtigen und künftigen Initativen zur Verbesserung der Bildungssituation behinderter Kinder und Jugendlicher.

Auch im Festvortrag (Teil II) gelten die Ausführungen zunächst der historischen Entwicklung, die vom Hilfsschullehrer-Seminar durch die Betonung der unterschiedlichen Behinderungsformen zur Differenzierung in Fachrichtungen führte, die heute am Fachbereich Sonderpädagogik der Pädagogischen Hochschule Reutlingen studiert werden können. Einen kurzen Überblick über die Organisation, die Lehrinhalte und die spezifischen Fragestellungen dieser Fächer geben im Rahmen des Festvortrags — sozusagen als Zeichen für die Ausdifferenzierung — Vertreter dieser Fachrichtungen. Dabei wird deutlich, daß trotz dieser Spezifizierung zahlreiche gemeinsame Probleme vorhanden sind, die notwendige Integrationsprozesse bei der Erarbeitung neuer Konzepte in einer Pädagogik der Behinderten in Gang setzen und aufrechterhalten. Mit dem Begriff der Handlung versuchen die Referenten ein solches gemeinsames Verständnis von Sonderpädagogik sowie ein fächerübergreifendes Arbeitsfeld aufzuzeigen und liefern damit das Stichwort "Handlungsorientierte Sonderpädagogik", das als Thema der Arbeitstagung und als Titel dieses Bandes die Inhalte der im Teil III zusammengefaßten Einzelbeiträge kennzeichnet. Hier werden mit der Zielsetzung einer Erziehung zur Selbstverwirklichung aus der Geistigbehinderten-, Körperbehinderten-, Lernbehinderten-, Sprachbehinderten-, Verhaltensgestörtenpädagogik und der Sonderpädagogischen Psychologie sowie der Kinder- und Jugendpsychiatrie Konzepte und Beispiele angeboten, die Ansätze für eine handlungsorientierte Forschung und Lehre in der Sonderpädagogik, aber auch unmittelbare Hinweise zur Verbesserung der Handlungsfähigkeit bei Behinderten enthalten.

Eine zusammenfassende Diskussion der verschiedenen theoretischen Grundlagen des Handlungsbegriffs und dessen Bedeutung für die weitere Entwicklung einer Behinderten-Pädagogik erfolgt im Schlußkapitel (Teil IV).

Die Fachbereichsleitung

# TEIL I: GRUSSWORTE ZUR ARBEITSTAGUNG

## Der Rektor der Pädagogischen Hochschule Reutlingen
*Prof. Dr. Ackermann*

Meine Damen und Herrn,

der Fachbereich Sonderpädagogik der Pädagogischen Hochschule Reutlingen will heute versuchen, der Öffentlichkeit Rechenschaft über 25 Jahre Aufbauarbeit in einem besonders schwierigen Erziehungsfeld zu geben. Zugleich wollen wir zukünftige Aufgabenschwerpunkte und Konzepte zur Diskussion stellen. Es freut uns, daß wir dabei so viele Lehrer als Gesprächspartner haben. Ich darf Sie, die Sie Pionierdienste im Sonderschulwesen geleistet haben, zuerst begrüßen. Daß die Sorge um die Behinderten inzwischen zu einem öffentlichen Anliegen geworden ist, zeigt die große Zahl der Ehrengäste. Ich bitte um Verständnis, wenn ich nicht alle namentlich erwähnen kann. Selbst Kritiker der Baden-Württembergischen Kulturpolitik gestehen zu, daß das Land auf dem Gebiet des Sonderschulwesens Vorbildliches geleistet hat. Ich darf daher als Vertreter von Kultusminister Hahn Herrn Staatssekretär Dr. Weng besonders grüßen und ihn bitten, unseren Dank auch an die Regierung weiterzugeben. In Ihren Bemühungen wurden Sie durch eine Art Allparteienkoalition für die Behinderten unterstützt. Ich darf als Vertreter der Parteien den Abgeordneten Enderlein willkommen heißen. Die Einrichtung eines Studienganges Sonderpädagogik an unserer Hochschule wäre nicht möglich gewesen ohne die Kooperation mit der Universität Tübingen, vor allem im medizinischen und heilpädagogischen Teil der Ausbildung. Ich begrüße daher besonders Herrn Universitätspräsidenten Theis, dem ich auch für die gute Zusammenarbeit in anderen Bereichen danke. Bei der Institutionalisierung des sehr differenzierten Studiums der Sonderpädagogik waren wir auf das Verständnis und die Unterstützung der Verwaltung angewiesen. Es freut uns daher sehr, daß heute so viele Vertreter der Kultusverwaltung unter uns sind – ich begrüße Herrn Min.-Dirigent Dr. König als Leiter der Abteilung Lehrerbildung und Herrn Min.-Rat Dr. Katein als langjährigen Referenten für das Real- und Sonderschulwesen. Ich freue mich über die Anwesenheit der Repräsentanten aller Oberschulämter. Bei der Arbeit vor Ort, vor allem bei der schulpraktischen Ausbildung, haben wir bei der Stadtverwaltung und dem hiesigen Schulamt immer ein offenes Ohr gefunden. Ich heiße daher auch Herrn Bürgermeister Kaiser und Herrn Schulamtsdirektor Wagner willkommen. Nicht zuletzt danke ich den Kirchen und den Verbänden für ihre Interessenvertretung für die Behinderten. Als Politikwissenschaftler sei mir die Nebenbemerkung erlaubt, daß Ihre Verbandstätigkeit aufgrund verschiedener Personalunionen von Verwaltung und Verband besonders erfolgreich war. Gestatten Sie mir noch einige Hinweise zum Stellenwert des Fachbereichs Sonderpädagogik in der Gesamt-PH. Rein quantitativ wird die sonderpädagogische Ausbildung neben dem Studium für Grund- und Hauptschulen und Realschulen langfristig fast 1/3 der Studierenden umfassen. Aber auch in qualitativer Hinsicht scheint mir die Sonderpädagogik für die gesamte Lehrerausbildung von Bedeutung zu sein. Durch die Einführung der Grundständigen Sonderschullehrerausbildung ist auch die Gesamt-PH in die Verantwortung für die Behinderten gekommen. Ich erwarte mir von dieser verstärkten Kooperation viele Anregungen, etwa für die Fachdidaktiken im Hauptschulbereich. Die Wahlfächer, die in diesem Studiengang von Anfang an mitstudiert werden müssen, werden in besonderem Maße vor didaktische Grundprobleme gestellt und erhalten von der Sonderschule wichtige methodische Hinweise.

Die Qualität der bisherigen sonderpädagogischen Ausbildung war u.a. dadurch bedingt, daß Lehrer aus der Praxis wieder zum Studium an die Pädagogische Hochschule kamen. Die Hochschulen sind auf diese Rückkoppelung unbedingt angewiesen. Bei der derzeitigen Diskussion über die 2. Phase dürfen daher die Pädagogischen Hochschulen nicht aus der Mitverantwortung für diese Aufgabe ausgeschlossen werden. Es sollten vielmehr institutionelle Formen einer furchtbaren Zusammenarbeit zwischen beiden Phasen der Lehrerausbildung gesucht werden.

Noch ein weiterer Aspekt scheint mir wegweisend zu sein: Der Fachbereich heißt nicht Sonderschulpädagogik, sondern nur Sonderpädagogik. Er schließt damit auch außerschulische Felder, wie etwa Früherkennung oder Nachbetreuung, mit ein. Gerade auf diesem relativ schwierigen Erziehungsfeld sehen wir, daß man die Schule nicht isoliert von anderen Sozialisationsfaktoren sehen darf. Wenn sich daher die Pädagogischen Hochschulen auch um andere pädagogische Studiengänge bemühen, so geht es nicht um Arbeitsbeschaffung, sondern um das Bemühen, die Gesamtheit des Erziehungsprozesses stärker in den Blick zu bekommen.

Darf ich schließen mit einem Gruß an zwei Persönlichkeiten, mit deren Namen das Studium der Sonderpädagogik in Reutlingen besonders verbunden ist. Einmal an Herrn Professor Hofmann, dessen große Verdienste wir in diesem Jahr anläßlich seines 75. Geburtstages würdigen durften. Und nicht zuletzt an den Hauptreferenten des heutigen Tages, Herrn Professor Dr. Möckel, seit diesem Semester Professor an der Universität in Würzburg.

Lieber Herr Möckel, in Ihrem Werdegang scheint sich die Entwicklung der Sonderpädagogik in Reutlingen etwas wiederzuspiegeln. Sie waren zunächst Dozent für Geschichte an der Pädagogischen Hochschule, haben sich dann aber ganz auf die Probleme der Behinderten konzentriert und als Institutsdirektor wertvolle Aufbauarbeit geleistet. Sie haben aber dann, auch im Sinne einer Integration der Behinderten, die Integration des Fachbereiches Sonderpädagogik in die Pädagogische Hochschule durchgesetzt. Ihr Ruf an die Universität Würzburg scheint mir symptomatisch dafür zu sein, wie sehr Ihre Arbeit auch in der wissenschaftlichen Öffentlichkeit anerkannt wird. In diesem Zusammenhang sei der Hinweis erlaubt, daß gerade aus dem Fachbereich Sonderpädagogik in den letzten Jahren viele Kollegen einen Ruf erhalten haben und ihm auch gefolgt sind. Das spricht sicher nicht gegen die Qualität unserer Hochschulen. Ich sehe darin aber auch die Mahnung an das Land, im Interesse der Behinderten das sonderpädagogische Studium und die sonderpädagogische Forschung verstärkt zu fördern. Ich danke Ihnen!

## Der Vertreter des Kultusministeriums Baden-Württemberg

*Staatssekretär Dr. Weng*

Herr Rektor, Herr Abgeordneter, Herr Präsident, Herr Bürgermeister, liebe junge Musikanten, meine Damen und Herren!

Zum 25-jährigen Jubiläum der Sonderschullehrerausbildung Reutlingen-Tübingen überbringe ich die besten Wünsche der Landesregierung, insbesondere des Herrn Kultusministers. Geburtstage werden in unserem Lande eingentlich erst so richtig gefeiert, wenn das Geburtstagskind höheren Alters ist. Aber das Jubiläum, das wir heute feiern, kann nicht nur an den Lebensjahren, sondern muß an der Bedeutung des Geburtstagskindes gemessen werden, und wir sind ja in einem Lande, das im nächsten Jahre ebenfalls seinen 25-jährigen Geburtstag feiern kann. Seit den ersten Hilfsschulgründungen in Baden-Württemberg um 1900, vergingen fast 50 Jahre bis zur Errichtung einer eigenständigen Hilfsschullehrerausbildung; wir werden nachher darüber hören. In der Zwischenzeit verhalf man sich mit Fortbildungskursen, etwa in Heidelberg, Mannheim und Stuttgart, oder ermöglichte es einer kleineren Zahl von Lehrern, sich in anderen Bundesländern eine sonderpädagogische Qualifikation zu erwerben. Für das Kind, das am 2.11.1951 in Gestalt eines ersten Ausbildungslehrgangs für Hilfsschullehrer in Stuttgart-Tübingen aus der Taufe gehoben wurde, gab es keine gesetzlichen Bestimmungen des Aufwuchses und des Lehrerbildungszieles. Trotzdem entwickelte sich unser nicht ganz legitimer Zögling sehr gut. Die Ausbildungsdauer wurde schrittweise von damals 9 Monaten auf heute 4 Semester verlängert. Die räumliche Unterbringung des Instituts für Sonderpädagogik wurde durch den Umzug von Stuttgart nach Reutlingen im Jahre 1965 und durch den Bezug des Neubaus hier auf dem PH-Gelände 1968, – ich nehme an – zufriedenstellend gelöst. Die Eingliederung des Instituts in die Pädagogische Hochschule Reutlingen als Fachbereich gelang gut. Wir haben davon ja eben gehört. Die Zusammenarbeit mit dem übrigen Fachbereich der Hochschule erscheint bestens als Resultat des ehrlichen Bemühens der betroffenen Hochschullehrer. So gewinnt die gesamte Pädagogische Hochschule von der Arbeit des Fachbereichs 6, wie auch die Sonderpädagogik Anregungen, Impulse und Orientierungshilfen aus der allgemeinen Pädagogik erhält. Das Kultusministerium begrüßt die volle Integration des Fachbereichs in die Pädagogische Hochschule ausdrücklich und hält diese Entwicklung im Hinblick auf die Einbettung des Sonderschulwesens in das gesamte Schulwesen unseres Landes für gut. Daneben wurde in den vergangenen Jahren die Zusammenarbeit mit der Universität Tübingen intensiviert und gefestigt, so daß auch der medizinische und der heilpädagogische Bereich in die Ausbildung fruchtbar einbezogen werden konnte. Dafür auch Ihnen, Herr Präsident Theiss, und den anwesenden Herren Ihres Lehrkörpers herzlichen Dank! Parallel zur Entwicklung eines differenzierten Sonderschulwesens in unserem Bundeslande vollzog sich die interne Ausdifferenzierung, wie sie sich heute in den in Reutlingen eingerichteten Lehrbereichen der Pädagogik für Geistigbehinderte, Körperbehinderte, Lernbehinderte, Sprachbehinderte und Verhaltensgestörte darstellt. Diese Ausdifferenzierung zog nicht eine eingeschränkte Sichtweite der Förderbedürfnisse behinderter Kinder nach sich, wie zunächst hätte befürchtet werden müssen. Zwar gibt es hier kein Lehrfach Allgemeine Sonderpädagogik, doch sind die Querverbindungen unter den Lehrbereichen so gut, daß bislang eine allzuweite Auseinanderentwicklung vermieden werden konnte. Hinzu kommt, daß jeder Studierende eine zweite sonderpädagogische Fachrichtung studieren muß. Der gemeinsame Nenner innerhalb dieser Ausbildung ergibt sich auch aus der heute gängigen Definition des Begriffs Behinderung, nachdem in den meisten Fällen für einen Behinderten verschiedene Bereiche der Persönlichkeit beeinträchtigt sind, was eine mehrdimensionale Förderung erfordert. Es bleibt zu hoffen, daß die angesprochene Gemeinsamkeit trotz Ausdifferenzierung innerhalb des Fachbereichs Sonderpädagogik zum Wohle der Kinder erhalten bleibt. Seit Sommer 1974 gibt es in Reutlingen den grundständigen 8-semestrigen Studiengang, so daß es heute möglich ist, für alle Schulstufen auch für den besonders wichtigen berufsbildenden Teil Sonderschullehrer auszubilden. Während man sich noch vor 10 Jahren in Stuttgart und Tübingen zum sogenannten Hilfsschullehrer ausbilden ließ, muß sich heute der Abiturient oder der Lehrer relativ früh für eine bestimmte Art, für einen bestimmten Sonderschultyp entscheiden. Der Beratung der Studienanfänger, sowie der laufenden Offenlegung des Bedarfs, auch durch so unpopuläre Maßnahmen wie der Festlegung von Höchststudierendenzahlen für einzelne Fachrichtungen, kommt erhöhte Bedeutung zu. Die hier skizzierte Entwicklung der Reutlinger Sonderschullehrerausbildung in engem Zusammenhang mit der Heidelberger Studienstätte zu sehen, war nur möglich durch Initiative und Einsatz zahlreicher Persönlichkeiten. Die Sonderschullehrerausbildung unseres Landes ist eng verbunden mit dem Namen Wilhelm Hofmann, den wir soeben gehört haben. Dies Jubiläum, meine Damen und Herren, kann nicht gefeiert werden, ohne dem Vater des heutigen Geburtstagskindes herzlichen Dank zu sagen, aber auch Frau Prof. Dr. Höhn und Herrn Prof. A. Birkel, die sich zusammen mit den Referenten des heutigen Nachmittags um die Sonderschullehrerausbildung in unserem Lande und darüber hinaus verdient gemacht haben. Aus den wohl als bescheiden zu bezeichnenden Anfängen konnte sich in den letzten 25 Jahren eine sonderpädagogische Ausbildungsstätte entwickeln, die im ganzen Bundesgebiet und darüber hinaus anerkannt ist und einen ausgezeichneten Ruf genießt. Das Kultusministerium ist dankbar für die hier geleistet Arbeit, die nicht nur in der hohen Qualität der ausgebildeten

Lehrer, sondern auch dadurch deutlich wird, daß Reutlinger Professoren als Gutachter und Sachverständige in den verschiedensten Institutionen und Gremien tätig sind und wie wir gehört haben, auch manchen Ruf erhalten. Das Kultusministerium ist den Innovationen der pädagogischen Praxis gegenüber besonders aufgeschlossen, zumal der Aufbau und Ausbau des Sonderschulwesens, für den sich insbesondere auch Herr Ministerialrat Katein, hier anwesend, und seine Mitarbeiter verdient gemacht haben, einem gewissen Abschluß zusteuert, und die Möglichkeit besteht, sich verstärkt der inneren Ausgestaltung zu widmen. Die Schaffung adäquater Schulplätze für behinderte Kinder hat in den letzten Jahren unsere ganze Kraft verlangt. Jetzt muß auch das Förderangebot verbessert und das Förderkonzept neu durchdacht werden. Unser Haus hat eine Konzeption gestufter mehrdimensionaler Maßnahmen, die sowohl die Frühförderung im Vorschulalter, die spezifische Förderung in der allgemeinen Schule als auch die berufliche Bildung Behinderter miteinschließt, verschiedentlich dargestellt - ich darf darauf Bezug nehmen. Unbestritten und nicht wegzudiskutieren ist der weiterhin vorhandene Bedarf an ausgebildeten Sonderschullehrern. Das Kultusministerium, das am postgradualen Sonderschullehrerstudium schon deshalb festhält, weil besondere Förderung immer in Relation und Abhängigkeit von allgemeiner Förderung zu sehen ist, wird alles daran setzen, die aufgetretenen Schwierigkeiten, die Ihnen wohl bekannt sind, wieder abzubauen. Gerade das Aufbaustudium, hat nach den bisher gemachten Erfahrungen die eingangs erwähnte Einbettung des besonderen Schulwesen in das allgemeine gewährleistet. Diese Aussage bedeutet nicht, daß die Ausbildungs- und Prüfungsordnung vom 28.3.74 im Grundsätzlichen hinsichtlich der möglichen Studiengänge geändert werden soll. Ich möchte nur hier und da aufkommenden Gerüchten, nach denen das Aufbaustudium, das sich 25 Jahre lang bewährte, eingeschränkt werden soll, entgegentreten. Neue Aufgabenbereiche, neue Schwerpunkte werden auf die Sonderschullehrerausbildung zukommen. Ich nenne sonderpädagogische Diagnostik, begleitende Förderdiagnostik, neue didaktische Ansätze - auch im Hinblick auf verstärkte Berufsvorbereitung - innerhalb der Schulzeit. Der Hinweis auf die notwendige Frühbetreuung behinderter Kinder liegt mir besonders am Herzen, auch wenn dieser Bereich, wie auch der Rektor schon nahegelegt hat, auf den ersten Blick mit der unterrichtlichen Tätigkeit eines Lehrers wenig zu tun hat. Sonderpädagogen sollten sich um das gesamte Fördersystem für Behinderte kümmern und können sich nicht auf den Schulsektor beschränken. Hinzu gehören etwa auch Ausbildungsinhalte in der Lehrerbildung mit Freizeitgestaltung - wir haben ja soeben auch die erste Freizeitstätte für Behinderte in Rot an der Rot miteingeweiht – oder Elternarbeit. Wer behinderte Kinder und Jugendliche in unserer Gesellschaft handlungsfähig machen will, muß die ganze Person im Auge haben. Diese Aufgabe zu übernehmen, erfordert nicht nur hohe Qualifikation, sondern verstärktes Engagement und selbstlose Einsatzbereitschaft des Lehrers. Die Studierenden in dieser Richtung anzuregen, ist ebenso Aufgabe einer Lehrerbildungsstätte wie das ersthafte Bemühen um die Fortsetzung der in der Ausbildung begonnenen Diskussion und Zusammenarbeit mit Hochschullehrern und

Lehrerschaft. So hoffe und wünsche ich, daß die Feier des heutigen Jubiläums, durch die Besinnung auf die vergangenen Jahre und durch die Forbildungsveranstaltungen an diesem Nachmittag dankerfüllte, inhaltsreiche, beispielgebende Ermutigung für eine weitere Entwicklung im Sonderpädagogischen Bereich zum Wohle der uns anvertrauten Kinder und Jugendlichen sein und bleiben möge.

## Der Vorsitzende des Verbandes Deutscher Sonderschulen – Landesverband Baden-Württemberg e.V.

*Oberschulrat Haas*

Sehr geehrter Herr Staatssekretär Dr. Weng, meine sehr verehrten Damen und Herren!

Ich darf zum Jubiläum des 25-jährigen Bestehens der Sonderschullehrerausbildung Stuttgart-Reutlingen-Tübingen die besten Wünsche des Verbandes Deutscher Sonderschulen, Landesverband Baden-Württemberg überbringen. Daß den Landesvorsitzenden dieses Fachverbandes die Ehre zuteil wird, in der jetzigen Feierstunde Grußworte zu sprechen, begründet sich wohl in der schon immer bestehenden engen Zusammenarbeit zwischen der sonderpädagogischen Studienstätte und dem Verband Deutscher Sonderschulen. Bereits bei der Gründung legten die in diesem Verband zusammengeschlossenen Lehrer fest, das Sonderschulwesen und die Sonderpädagogik zu fördern, um so behinderten Kindern und Jugendlichen helfen zu können. In diese Aufgabenstellung war und ist auch heute noch die Verpflichtung mit eingebunden, sich um eine bestmögliche Aus- und Fortbildung der Sonderpädagogen zu bemühen. Es ist nicht Überheblichkeit oder Eigenlob, wenn ich hier feststelle, daß der Verband deutscher Sonderschulen in Baden-Württemberg durch zahlreiche Denkschriften, Initiativen und Vorschläge mithalf, die Sonderschullehrerausbildung zu verbessern, und die Sonderpädagogik als wissenschaftliche Grundlage des Sonderschulwesens weiterzuentwickeln. Um hierfür Beweise zu finden, braucht man nicht in unserem Verbandsarchiv oder in der Entwicklungsgeschichte der heute 25 Jahre alt gewordenen sonderpädagogischen Ausbildungsstätte Reutlingen nachzulesen. Die enge Verbindung zwischen beiden Einrichtungen wird auch dadurch demonstriert, daß unter unseren 1800 Mitgliedern etwa 40 Hochschullehrer sind. Wie erfolgreich ein solches Zusammenwirken zwischen Fachverband und Ausbildungsstätte sein kann, hat unter anderem auch Prof. Wilhelm Hofmann, unser langjähriger Landesvorsitzender und heutiger Ehrenvorsitzender, gezeigt, bevor er von Ihnen, sehr geehrter Herr Staatssekretär, als Vater des heutigen Geburtstagskindes genannt wurde. Wir freuen uns sehr, lieber Herr Hofmann, daß Ihre zahlreichen Verdienste, vor allem auch um den Auf- und Ausbau der Sonderschullehrerausbildung, in diesem Jahr, dem Jahr Ihres 75igsten Geburtstages, durch verschiedene Ehrungen gewürdigt wurden. Der Landesverband Baden-Württemberg im Verband Deutscher Sonderschulen ist stolz darauf, Prof. Wilhelm Hofmann als Ehrenvorsitzenden und aktives Vorstandsmitglied zu haben. Die Hochschullehrer des Fachbereiches Sonderpädagogik bemühen sich, in vielfältiger Weise auch über den Fachverband als Mittler mit der Sonderschullehrerschaft Kontakt zu halten und im Gespräch zu bleiben. Wohl in keiner Lehrergruppe funktioniert der notwendige Erfahrungsaustausch zwischen Ausbildungsstätte und den in der Praxis stehenden Lehrern so gut wie bei den Sonderschullehrern. Wir sind dankbar, daß das Kultusministerium das gemeinsame Bemühen von Hochschule und Lehrerschaft um die Weiterentwicklung der Förderung Behinderter unterstützt und vor allem uns Lehrern die Teilnahme an den diesbezüglichen Veranstaltungen ermöglicht, wie der heutige Tag ja beweist; die oberste Schulbehörde anerkennt dadurch, daß es gerade im sonderpädagogischen Bereich dringend erforderlich ist, Lehrer ständig und wohl auch vermehrt fortzubilden. Mein besonderer Dank an diesem Tag gilt den Dozenten unserer Ausbildungsstätte Reutlingen und natürlich auch Heidelberg, die sich beispielhaft um die Fortbildung bemühten und dem Verband Deutscher Sonderschulen landauf landab als Referenten für Fortbildungsveranstaltungen zur Verfügung standen und weiterhin hoffentlich auch stehen werden. Wenn es unser Ziel ist, behinderte Kinder und Jugendliche innerhalb unserer Gesellschaft, wie vorher genannt wurde, „handlungsfähig" zu machen, benötigen wir auch handlungsfähige Pädagogen, was ohne entsprechende Fortbildungsmaßnahmen nicht gewährleistet ist. Ihre Hilfe und Ihre Mitarbeit in unserem Fachverband ist auch deshalb so anerkennenswert, weil wir wissen, daß es um die personelle Ausstattung des Fachbereichs Sonderpädagogik nicht immer bestens bestellt ist. Es ist nach unserer Auffassung dringend erforderlich, wie heute bei den Grußworten schon angeklungen, den Bereich der wissenschaftlichen Forschung auszubauen und zu erweitern. Es gilt, das Förderangebot innerhalb der Sonderschulen zu verbessern. Dazu sind Programme und Lehr- und Lernbücher, die dazu gehörenden zu erarbeiten und dem Lehrer an die Hand zu geben. Neue Aufgaben wachsen auf uns zu, wie schon genannt etwa im Frühförderbereich oder in der beruflichen Bildung. Hierzu müssen die Wissenschaftler sich äußern. Vielleicht kommen wir auch einmal so weit, daß in diesen sonderpädagogischen Bereichen wissenschaftlich begleitete Schulversuche durchgeführt werden. Unsere Hochschullehrer sind sicher bereit, dies auch zu tun, was konkrete Einzelfälle bereits beweisen. Daß auch die Ausbildungskapazität der sonderpädagogischen Ausbildungsstätten erweitert werden muß, ist längstens bekannt. Um so schockierender war es für die Sonderschullehrerschaft, daß auf Grund der Finanznot des Landes Einschränkungen im postgradualen Studium getroffen werden mußten. Wir sind Ihnen sehr dankbar, sehr geehrter Herr Staatssekretär, daß das Kultusministerium am postgradualen

Studium festhält. Wir brauchen aber wieder eine Erweiterung der Kapazität dieses Studiengangs, nicht nur weil der Bedarf an Sonderschullehrern längst nicht gedeckt ist, sondern auch weil in absehbarer Zeit Sonderpädagogen außerhalb der Sonderschule verstärkt eingesetzt werden müssen. Ein ähnliches Wort der Sicherheit, wie Sie es gerade für das postgraduale Studium als Vertreter des Kultusministers gegeben haben, wäre sicherlich auch an die Adresse des grundständig Studierenden zu richten, die im Hinblick auf die spätere Anstellung durch die jetzigen Schwierigkeiten, PH-Absolventen unterzubringen, stark verunsichert sind.

Wenn hier und da ganz zaghaft die Klage erhoben wird, die Ausbildung unserer Lehrer würde sich zu wenig an der späteren Schulpraxis orientieren, so können wir Sonderschullehrer wohl in diese Klage nicht miteinstimmen. Die Ausbildung der Sonderschullehrer hat dieses Problem immer wahrgenommen und ich hoffe, daß die weitere Entwicklung diesen Praxisbezug verstärkt. Ich darf hoffen, daß diese Feierstunde dazu mithilft, die Verbindung zwischen Lehrerschaft und Ausbildungsstätte weiter zu festigen zum Wohle der uns anvertrauten behinderten Kinder.

## Der Leiter des Fachbereichs Sonderpädagogik der Pädagogischen Hochschule Reutlingen

*Prof. Dr. Kautter*

Herr Staatssekretär, meine Herren Landtagsabgeordneten, sehr verehrte Damen und Herrn!

Wir blicken heute auf 25 Jahre Arbeit dieser Studienstätte für Sonderpädagogik und damit auf 25 Jahre Sonderschullehrerausbildung in diesem Lande zurück. Dezennien und Vierteljahrhunderte strukturieren unser Leben anscheinend in besonderer Weise, und es fällt schwer, sich diesem Sog zu entziehen. So haben wir beschlossen, heute den Geburtstag unserer Institution zu feiern, und zwar in der Form einer Bestandsaufnahme, einer Zwischenbilanz.

Zunächst einige Bemerkungen zur Haben-Seite:
In gemeinsamer Anstrengung des Kultusministeriums und der Lehrenden des früheren Seminars, dann Instituts, heute Fachbereichs wurde diese Studienstätte in zäher Kleinarbeit und gegen vielfältige Widerstände aus bescheidenen Anfängen im Jahr 1951 bis zur heutigen differenzierten Form aufgebaut. Aus den 34 Studierenden im 1. Lehrgang sind heute rund 600 geworden. Die Plan-

stellen für Lehrende erhöhten sich von 0 zu Beginn (Herr Hofmann war zunächst als Sonderschulrektor abgeordnet) auf etwa 10 nach 15 Jahren und auf 34 besetzte bzw. besetzbare Stellen heute. Insgesamt wurden fast 2000 Sonderschullehrer ausgebildet, davon etwa 900 in den letzten 5 Jahren. Parallel dazu erfolgte der Ausbau des Sonderschulwesens auch in den ländlichen Gebieten des Landes und damit eine drastische Steigerung des Sonderschullehrerbedarfs. Trotz großer Ausbildungsanstrengungen unterrichten deshalb an den Sonderschulen des Landes noch etwa 55% Lehrer ohne sonderpädagogische Ausbildung, an der Schule für Lernbehinderte sogar über 60%.

Wir richten an den Landtag und die Landesregierung die dringende Bitte, diesen Lehrern, ohne deren Engagement die Arbeit der Sonderschule zusammenbrechen würde, eine sonderpädagogische Zusatzausbildung zu ermöglichen. Wir anerkennen, daß Landtag und Landesregierung trotz der angespannten Finanzlage des Landes für das Studienjahr 1977/78 wieder 120 Beurlaubungen von Lehrern zum Studium ermöglicht haben. Wir anerkennen auch, daß das Kultusministerium die beiden sonderpädagogischen Studienstätten anders als andere Hochschulen von drastischen Stelleneinsparungen ausgenommen hat. Wir möchten jedoch nicht verhehlen, daß der Fachbereich in große Schwierigkeiten gekommen ist, dadurch, daß in diesem Semester erstmals Lehraufträge in großem Umfang nicht mehr genehmigt wurden. Das trifft insbesondere die Ausbildung in dem gesellschaftlich und praktisch relevanten Fach „Sonderpädagogische Diagnostik", in dem wir ohne Lehraufträge keine praxisnahe Ausbildung mehr aufrechterhalten können.

Damit bin ich bereits auf der Soll-Seite unserer Zwischenbilanz angelangt: Hier bedrückt uns vor allem die Tatsache, daß Behinderte und Benachteiligte trotz eines insgesamt besseren Verständnisses für ihre Situation in der Öffentlichkeit nach wie vor sozialer Diskriminierung und Isolierung sowie handfester Benachteiligung ausgesetzt sind; mehr noch: daß wir durch die institutionelle Aussonderung dazu beitragen. Wir kennen Kinder, die jahrelang Umwege zur Schule in Kauf nehmen, um zu verbergen, welche Schule sie besuchen, obwohl sie sich in dieser Schule im einzelnen wohl fühlen mögen. Wir wissen von bitteren Erfahrungen von Abgängern der Lernbehindertenschule, die bei der Lehrstellensuche nach anfänglicher Zusage dann doch eine Absage erhalten, wenn die schulische Vergangenheit zutage tritt. Wir wissen ferner, daß von 30 000 Jungarbeitern, die in keinem Lehrverhältnis stehen, 20 000 keinen Hauptschulabschluß haben und 8 000 derzeit arbeitslos sind.

Solange materieller Wohlstand, berufliche und schulische Leistung für die Bewertung eines Menschen maßgeblich sind, wird sich an der Diskriminierung Behinderter nichts einschneidend ändern, weil sie diesen gesellschaftlichen Normen meist nicht voll entsprechen können.

Ein Mitglied des Fachbereichs hat gewiß etwas überpointiert als Fazit formuliert: Es ist kein Grund zum Feiern, wenn eine Gesellschaft viele Sonderschulen und viele Sonderschüler hat. Aus diesem Grunde beabsichtigen wir keine aufwendigfestliche Geburtstagsfeier, sondern eine Arbeitstagung; wir wollen uns nicht in beschaulich-selbstgenügsamem Rückblick ergehen, sondern das Wagnis eingehen, den Fachbereich und seine Arbeit dem öffentlichen Diskurs zu stellen, um vielleicht ein kleines Stück weiterzukommen auf dem Weg zu akzeptablen Lösungen der sozialen Probleme Behinderter und Benachteiligter.

In diesen Kontext möchten wir die Veranstaltungen des heutigen Tages stellen: den anschließenden Festvortrag, die Vorträge und Diskussionen am Nachmittag und die Dokumentation der Fachbereichsarbeit im Institutsgebäude.

Wir hielten es nicht für angemessen, eine so verstandene "Geburtstagsfeier" mit festlicher Orchestermusik zu umrahmen, deshalb haben wir die Kinder, die uns zur pädagogischen Förderung aufgegeben sind, gebeten, diese Feier mitzugestalten. Wir danken sehr herzlich den Schülern der Bodelschwinghschule, die uns eingangs mit ihrer Flötenmusik erfreut haben, und den Kindern der Peter-Rosegger-Schule (Schule für Geistigbehinderte), die die Vormittagsveranstaltung mit einem Schattenspiel abschließen werden:

Eine so verstandene Festveranstaltung mag unbequem sein. Sonderpädagogen sind jedoch in einem Feld tätig, in dem die weniger sonnigen Seiten einer Gesellschaft offenkundig werden. Wir betrachten es als unsere moralische Pflicht, dies nicht zu verschweigen. Diese Unbequemlichkeit der Sonderpädagogik hat im übrigen Tradition: Unser Nestor Professor Wilhelm Hofmann hat in früheren Jahren durch so manchen unbequemen Besuch im Kultusministerium viel Unruhe in dieses Haus gebracht — produktive Unruhe, wie die Geschichte dieses Fachbereichs lehrt.

# TEIL II: FESTVORTRAG

## Vom Staatlichen Seminar zur Ausbildung von Hilfsschullehrern zum Fachbereich Sonderpädagogik an der Pädagogischen Hochschule Reutlingen — Differenzierung und Integration

*Andreas Möckel, Gerhard Klein, Werner Orthmann, Elsbeth Ruoff, Volker Schmid, Franz Schönberger, Lottelore Storz*

Die Differenzierung des Fachbereichs Sonderpädagogik ist ein vorläufig abgeschlossener Vorgang. Die Integration ist eine aktuelle Aufgabe. Dieser Festtag rückt sie in unser Bewußtsein. Damit Form und Inhalt in diesem Bericht nicht auseinander treten, wollen wir die Differenzierung des einen Fachbereichs in sonderpädagogische Fachrichtungen durch verschiedene Sprecher hör- und sichtbar machen. Der Bericht hat drei Teile:

a) Zunächst werde ich aus der Geschichte des Staatlichen Seminars zur Ausbildung von Hilfsschullehrern in Stuttgart/Tübingen berichten.

b) Dann legen Kollegen aus den sonderpädagogischen Fachrichtungen ihre spezifischen Probleme dar.

c) Zum Schluß soll noch einmal auf den ersten Teil und auf den Anlaß dieses Festtages zurückgeblickt werden.

## 1. Geschichtliche Entwicklung

Wilhelm Hofmann, der Gründer und langjährige Direktor des Seminars, hat für diesen Tag eine Geschichte und Dokumentation der Sonderschullehrerausbildung in Baden-Württemberg fertiggestellt. Ich kann mich daher auf wenige Daten beschränken.

Das Staatliche Seminar hat sich aus bescheidenen Anfängen entwickelt. Das von den Historikern mit Recht nur vorsichtig benützte Wort „Entwicklung" hat hier einen guten Sinn. Wilhelm Hofmann, den das Kultusministerium von Württemberg-Baden 1951 mit der Einrichtung von Kursen beauftragte, sah die einzuschlagende Richtung klar vor sich. Er drängte auf einen Ausbau der Ausbildungsstätte und machte dem Ministerium immer neue Vorschläge.

Man ist daher versucht, den Aufbau als organisch zu bezeichnen. Eine organologische Deutung würde jedoch die Wirklichkeit in zwei Punkten verkürzen. Zum einen: jeder neue Schritt mußte oft gegen vielfältige Widerstände durchgesetzt werden. Die Geschichte des Seminars ist kein ruhiges und stetiges Wachstum. Sie ist vielmehr durch schul- und hochschulpolitische, hart umkämpfte Entscheidungen gekennzeichnet. Zum andern: das Seminar wirkte und wirkt als geistige Einheit. Die Aufgaben in der Ausbildung von Sonderschullehrern sind aber nicht folgerichtig aus einem einzigen Prinzip ableitbar. Lehrerausbildung befindet sich immer im Schnittpunkt von vielen gesellschaftlichen Kräften und Interessen. Diese Interessen wollen erst einmal erkannt, aufgenommen, gefiltert und in einem Konzept zusammengefügt werden. Die Güte einer Ausbildungsstätte mißt sich nicht nach ihrer folgerichtigen Einsinnigkeit, sondern gerade darin, daß auch auseinanderstrebende Interessen ausgehalten und fruchtbar gemacht werden. Verzichten wir also auf eine organologische Deutung, wenn wir den Aufbau und die Konzeption betrachten.

## 1.1. Der Aufbau

Der erste Kurs begann ohne gesetzliche Grundlage einer Sonderschullehrerausbildung. Man kann sich darüber streiten, ob unser Geburtstagskind legitim oder – wie es im Rumänischen heißt – ein Blumenkind ist. Ein Gesetz oder eine Verordnung für die Ausbildung von Hilfsschullehrern gab es 1951 nicht. Es gab aber so etwas wie eine ungeschriebene Verfassung für den Aufbau des Sonderschulwesens im Lande. Wilhelm Hofmann hat diesen Zusammenhang einmal im Hinblick auf die nationalsozialistischen Verbrechen ausgedrückt: „Nach den für die Geschichte Deutschlands so verhängnisvollen Jahren ... ist uns wieder die unabdingbare Menschenwürde der geschädigten Menschen bewußt geworden." Hier liegt auch der Ausgangspunkt für die Ausbildung von Sonderschullehrern.

Die äußeren Bedingungen waren schlecht. Das Seminar war in der Hilfsschule Stuttgart-Berg mehr als bescheiden untergebracht. Die Hilfsschule hatte selbst nicht viel Platz. Rektor Carl Epple und die Kollegen waren trotzdem bereit, zusammenzurücken. Am 1. November 1951 zogen 35 Lehrer für neun Monate ein. Jede zeitliche und zahlenmäßige Ausweitung mußte genau begründet und durchgesetzt werden. In einer Demokratie sind Ausweitungen von staatlichen Institutionen immer auch Verteilungskämpfe. Das Kultusministerium kann nicht ohne das Finanzministerium, dieses nicht ohne den Landtag, der Landtag nicht ohne den Souverän handeln. Der Souverän aber ist stumm. Sein Puls schlägt nur alle vier Jahre, dann freilich heftig. Zwischendurch verdichtet sich der Volkswille in Parteien, Verbänden und Gruppen zu Forderungen, die nicht miteinander zu vereinbaren sind. Auch bei verhältnismäßig kleinen Entscheidungen, und das Seminar war eine kleine Institution, droht immer das ganze Gefüge der Verteilung in Bewegung zu geraten. Es fehlte und fehlt an ausgebildeten Sonderschullehrern. Also mußte die Zahl der Studierenden erhöht werden. Neun Monate waren keine angemessene Studienzeit. Also mußte die Studiendauer verlängert werden. Die gastfreie Berger Schule konnte keine weiteren Räume bereitstellen. Also mußte auf Abhilfe gedrängt werden. Ein einziger hauptamtlicher Mitarbeiter und eine Halbtagssekretärin waren nicht ausreichend. Also mußte der Mitarbeiterstab erweitert werden. Die Sonderschulen und das Seminar brauchten eine rechtlich unanfechtbare Grundlage.

22

Im Jahre 1965 begann der Bau des Instituts auf dem Gelände der Pädagogischen Hochschule Reutlingen. Im gleichen Jahre begann der erste Kurs in Reutlingen mit 65 Teilnehmern, von denen 58 aus den vier Regierungsbezirken des Landes, sieben aus dem Saarland kamen. Die Ausbildung dauerte ab 1953 zwölf, ab 1962 vierzehn Monate lang. 1967 zogen sechs Dozenten mit den Studenten in das neue Gebäude ein. Zwei Kurse hatten in der Kaiserstraße stattgefunden. Die Ausbildungsschule erhielt ein neues Gebäude. Die Zusammenarbeit mit dem Ministerium hatte schließlich trotz mancher Gegensätze zu einem Ergebnis geführt, das in der Bundesrepublik Vergleichen standhalten konnte.

## 1.2. Die Konzeption

Die Hilfsschullehrerausbildung in Stuttgart war von Leitgedanken bestimmt, die einen spannungsreichen Zusammenhang bilden. Ich greife nur drei Punkte heraus.

1. Engagierter Unterricht und sonderpädagogische Diagnose.

Im Staatlichen Seminar sollten Lehrer ausgebildet werden. Deren Hauptaufgabe war und ist der Unterricht in Sonderschulen. Sie mußten aber außerdem noch andere Aufgaben meistern.

Das Hilfsschulwesen war noch im Aufbau. Die nationalsozialistische Irrlehre vom vorgeblichen Recht des Stärkeren ist eine uralte Versuchung der Menschen. Wer sich ehrlich erforscht, wird solche natürlich-barbarischen Anwandlungen auch bei sich selbst entdecken können. Die jungen Sonderschullehrer mußten daher standfest gemacht werden, denn sie hatten Schulen mit zu begründen und zu verteidigen, wo Unverstand im Wege war. Die Lehrer mußten die gesellschaftliche und die pädagogische Bedeutung der Schule kennen. Die Sonderschule greift tief in die Schullaufbahn der Kinder ein. Die jungen Lehrer lernten, die Entscheidungen der Staatlichen Schulämter verantwortungsbewußt und mit Sachkenntnis vorzubereiten. Das war und ist eine Doppelaufgabe: der Lehrer hat in seinen Kindern noch einmal die lernwilligen, unbefangenen Schüler anzusprechen. Tut er das nicht, dann sind seine Bemühungen und die ganze Schule verfehlt.

Er muß aber außerdem die Auswahl und Aufnahme der Schüler im Gutachten begründen. Hierbei hat er möglichst nicht nur die zufälligen Schwächen des Augenblicks, sondern gewichtige, die Schulzeit möglicherweise bestimmende Schwächen zu erkennen, zu benennen und zu begründen. Elfriede Höhn hat den sich daraus ergebenden Gegensatz auf eine vielzitierte Formel gebracht: „Der Hilfsschullehrer ist der einzige, den allzu große Fortschritte seiner Schüler, Fortschritte, die seinem Können und seiner Aufopferung zu danken sind, in den Verdacht bringen, eine falsche Diagnose gestellt zu haben. Wenn ein der Hilfsschule zugewiesenes Kind plötzlich zu erstaunlichen Schulerfolgen kommt, eine Tatsache, die normalerweise für einen Lehrer Anlaß zur Freude und Stolz ist, so riskiert der Hilfsschullehrer, daß ihm die Kollegen der Volksschule, die Schulaufsichtsbehörde und vor allem die Eltern vorwerfen, daß das Kind zu Unrecht in der Sonderschule sei."

Es scheint mir bemerkenswert, daß diese beiden Aufgaben im Seminar in ihrer Gegensätzlichkeit bewußt gemacht worden sind und daß diese Gegensätzlichkeit den furor paedagogicus, der damals durch die Ausbildungsschule unter Leitung von Alfred Birkel wehte, nicht geschwächt hat. Wenn es den Lehrern gelang, die unterschiedlichen Aufgaben, die auch unterschiedliche Haltungen gegenüber den Schülern erforderten, als Mittel der Korrektur zu benützen, konnte die Lehrerausbildung in der Tat als qualitativ verbessert angesehen werden.

Hilfsschullehrer und Volksschullehrer.

Eine andere Spannung, die in der Ausbildung des Seminars lag, ist die Doppelaufgabe. Hilfsschullehrer und Volksschullehrer zu sein. Wilhelm Hofmann ist nicht müde geworden, den jungen Lehrern einzuschärfen, daß sie keine Heilpraktiker im weißen Kittel, sondern Lehrer seien. Auf der einen Seite standen verhältnismäßig intensive medizinische Informationen. An jedem Dienstag und Freitag fuhr ein Bus nach Tübingen. Die Kursteilnehmer hörten u.a. bei Kretschmer, Mörike, Hirschmann, Winkler. Das Denkmodell dieser Vorlesungen stellt die Ätiologie scharf heraus. Auf der anderen Seite aber blieb die Aufgabe des Unterrichts. In der Planung des Unterrichts konnten Denkmodelle mit dem ätiologischen Aspekt der Schädigung in gleicher Weise nützlich wie hinderlich sein. Auch hier gilt: wenn die Integration gelang, erschloß sich den Lehrern ein neuer Horizont, der in der allgemeinen Lehrerausbildung weitgehend fehlte.

Sonderschullehrer zwischen Schule und Schulpolitik.

Wir haben gesehen, daß in der Aufbausituation nach dem Kriege Schulgründer oder mindestens Schulmitbegründer gefordert waren. Die Ausbildung in Stuttgart war so angelegt, daß sowohl der Unterricht und die Zuwendung zum einzelnen Kind als auch die Blickwendung zu gesellschaftlichen Prozessen betont wurden. Die Lehrer sollten so unterrichten, als hinge Wohl und Wehe ihrer Schüler ganz vom Schulunterricht ab.

Sie sollten darüber aber trotzdem nicht vergessen, Behörden, Öffentlichkeit, z.B. in der Institution der Presse, Eltern und Kollegen anderer Schulen anzusprechen, um sie für die Belange der eigenen Schüler zu gewinnen, als hänge die Zukunft der Schüler nur von außerschulischen Bedingungen ab.

Wilhelm Hofmann hat die Öffentlichkeitsarbeit nicht nur betont, sondern den Studierenden damals auch nachdrücklich demonstriert. Hierzu dienten u.a. Exkursionen in das Ausland. In Holland und in Wien sahen die Studierenden Sonderschulverhältnisse, wie sie in den fünfziger Jahren hierzulande nicht anzutreffen waren. Er nährte dadurch die Bereitschaft, für die Verbesserung der Verhältnisse einzutreten und vermittelte den jungen Lehrern Maßstäbe. In der Hilfsschule herrschte trotz der ärmlichen Verhältnisse keine Resignation wegen scheinbar übermächtiger Verhältnisse. Es wurde aber auch nicht bloß utopisch allgemein räsonniert. Er lehrte uns, daß auch Schulpolitik das Bohren sehr harter Bretter mit Leidenschaft und Augenmaß ist. Das ist sehr viel. Trotzdem blieb immer unmißverständlich klar, daß die Orte sonderpädagogischer Bewährung in der Praxis an erster Stelle Schulen, Schulkindergärten, Berufsschulen, beschützende Werkstätten, Beratung, Heime, also die im engeren Sinn sonderpädagogischen Institutionen sind.

Ich breche hier die Schilderung der Konzeption ab und gebe noch einige Daten:

Mit dem 18. Lehrgang dehnte das Kultusministerium 1968 die Ausbildung von 14 auf 18 Monate aus. Am 21. Februar 1968 erhielt das Seminar den neuen Namen „Institut für Sonderpädagogik an der Pädagogischen Hochschule Reutlingen in Verbindung mit der Universität Tübingen." Im Herbst 1968 begann die viersemestrige Ausbildung der Sonderschullehrer. Die Studierenden konnten nunmehr zwischen vier Fachrichtungen wählen: Lernbehinderterpädagogik, Geistigbehindertenpädagogik, Erziehungsschwieriggenpädagogik und Körperbehindertenpädagogik. Im Sommersemester 1970 richtete das Ministerium als Erweiterung die Fachrichtung Sprachbehindertenpädagogik und in Heidelberg die Fachrichtung Lernbehindertenpädagogik ein. Schon in den Verhandlungen um die Namengebung hatten die beiden Institute Heidelberg und Reutlingen zusammengearbeitet. Die Zusammenarbeit hat sich seither in verschiedenen Formen mit unterschiedlicher Intensität fortgesetzt.

Die Eingliederung des Instituts in die Pädagogische Hochschule, die Einrichtung eines grundständigen sonderpädagogischen Studiums, die gemeinsam mit der Pädagogischen Hochschule und der Universität erarbeitete Diplomordnung für Pädagogen, schließlich die Einführung des Prüfungsfaches Soziologie in die Prüfungsordnung und damit verstärkt auch die Einführung des Prüfungsfaches Soziologie in die Ausbildung sind Schritte, die bis zur allernächsten Gegenwart heranreichen.

Außer Sprachbehindertenpädagogik konnten die neuen Fachrichtungen vor der ausdrücklichen Eingliederung in die Ausbildungsstätten nicht studiert werden, obgleich die Not der Kinder und die Zweckmäßigkeit einer spezifizierten Hilfe durch Erziehung und Unterricht mindestens seit 100 bis 150 Jahren bekannt waren. Die Kollegen, welche diese Fachrichtungen aufbauten, hatten gleichzeitig Bildungsinhalte für das Studium und Bildungspläne für die Schulen zu entwickeln. Sie suchten daher zunächst das Besondere ihrer Fachrichtungen. Das führte zur Differenzierung. Heute, nach etwas mehr als einem Lustrum weitgehend parallel betriebener Arbeit im Fachbereich, beginnen wir neu nach dem Gemeinsamen zu fragen. Das ist, so merkwürdig das klingt, auch eine Frage der Verständigung: denn der Differenzierung im Fachbereich entspricht eine übernationale Arbeitsteilung. Vielleicht ist der Begriff der „Handlung", der in verschiedenen Wissenschaften Eingang gefunden hat, geeignet, um als Katalysator ein Gespräch zwischen den Fachbereichen und ein Gespräch nach außen zu ermöglichen. Wir wissen, daß der Handlungsbegriff auf verschiedenen Diskussionsebenen gebraucht wird. Er kann praktisch, wissenschaftstheoretisch, heuristisch und historich-narrativ benützt werden. Nicht in jedem Fachbereich bietet er sich auf der gleichen Ebene an.

## 2. Spezifische Probleme der sonderpädagogischen Fachrichtungen

Damit gebe ich das Wort ab an die Kollegen, die aus den Lehrbereichen – wie wir mit einem nichtamtlichen Terminus zu sagen pflegen – berichten. Wir beginnen mit der Lernbehindertenpädagogik.

### 2.1. Lernbehindertenpädagogik (Gerhard Klein)

Lernbehindertenpädagogik als Hochschuldisziplin ist nicht aus wissenschaftlichem Interesse entstanden, sondern aus der praktischen Notwendigkeit heraus, Lehrer für ihre Arbeit mit Lernbehinderten zu qualifizieren. Als hierfür die ersten Lehrgänge in diesem Lande eingerichtet wurden, waren Sonderschulen eine Seltenheit und Kinder, die aus der 4., 5. oder 6. Klasse der Volksschule entlassen wurden, ohne richtig lesen, schreiben und rechnen zu können, waren für viele Schulen die Regel. Die Notwendigkeit von Sonderschulen für diese Kinder war keine Frage. Die Einrichtung von Lernbehindertenschulen und die Ausbildung von Lehrern für diese Schulen waren die pädagogische und schulpolitische Antwort auf diesen Notstand.

Als Grundthesen der Lernbehindertenpädagogik, wie sie vom Begründer dieser Studienstätte, Prof. Hofmann, vertreten wurde, galten: 1. Sonderschüler sind lern- und bildungsfähig und nicht völlig anders als Schüler der allemeinen Schulen. 2. Hilfsschulen dürfen niemals Bewahranstalten sein, vielmehr müssen sie durch Lehren und Lernen Hilfen zur Lebensbewältigung bieten.

Mit leidenschaftlichem Engagement, getragen von einem reichen Fundus praktischer Erfahrung, hat Prof. Birkel diesen Grundgedanken Nachdruck verliehen, indem er zeigte, daß Qualität und Intensität des Unterrichts den Lernerfolg der Schüler so entscheidend bestimmen, daß es sich verbietet, von den Grenzen ihres Könnens zu reden, ehe diese nicht im Unterricht ausgelotet wurden.

Damit war von Anfang an allen reduktiven und resignativen Konzepten der Lernbehindertenpädagogik eine Absage erteilt und dagegen eine produktive, optimistische Konzeption gesetzt, die das Engagement jedes Sonderschullehrers herausforderte. Dieses Grundkonzept wurde bis zur Gegenwart beibehalten und in verschiedene Richtungen ausdifferenziert. Dies geschah jedoch nicht aus Pietät oder Traditionsbewußtsein, vielmehr trugen Ergebnisse der Begabungsforschung, der Sozialisationsforschung und der didaktischen Forschung dazu bei, daß wir heute mehr denn je den Lerngelegenheiten und dem Unterrichtsangebot für Lernbehinderte eine wichtigere Funktion zumessen als der Beschreibung ihrer Ausfälle, ihrer Defizite und ihres Lernverhaltens.

Die Ausdifferenzierungen erfolgten in drei Bereichen: in der Didaktik, im Bereich der Frühförderung und im Bereich der beruflichen Bildung und gesellschaftlichen Eingliederung.

Im *didaktischen Bereich* trat im Zuge der Curriculumforschung die Frage in den Vordergrund, wie Lernbehinderte durch Unterricht zur Handlungsfähigkeit in ihren gegenwärtigen und künftigen Handlungsfeldern zu qualifizieren sind. Die

26

selbstverständliche Orientierung am Lehrplan der Grund- und Hauptschule und die traditionellen Prinzipien eines behinderungsspezifischen Unterrichts wurden zum Problem. Die Orientierung am Fächerkanon der Wissenschaften mag für die Universität als künftiges Handlungsfeld qualifizieren, nicht jedoch für die Lebens- und Arbeitswelt der Jugendlichen, die eine Lernbehindertenschule besuchten. Der mehrperspektivische Unterricht, wie er im Rahmen der CIEL-Forschungsgruppe, die von 1971 bis 1975 am Fachbereich arbeitete, entwickelt wurde, will zur handlungsrelevanten Erschließung unserer sehr komplex und undurchschaubar gewordenen Lebenswirklichkeit beitragen und lernbehinderte Kinder aus ihrer situativen Verhaftung lösen. Die auf undistanzierte, konkrete Erfahrung fixierten Lerngewohnheiten gilt es aufzubrechen und zu erweitern, statt sie durch behinderungsspezifische Methoden zu fixieren.

Der Bereich der *Frühförderung* hat dadurch zentrale Bedeutung gewonnen, daß wir hier Möglichkeiten sehen, durch rechtzeitige Hilfe späterer Lernbehinderung vorzubeugen oder sie wenigstens zu mildern. Es ist müßig, darüber zu streiten, ob und wieviel hier Anlage oder Umwelt bewirken, solange die elementaren Grundbedürnisse nach Nahrung, Geborgenheit, Bewegung, sprachlichen Anregungen und Spiel für Tausende von Kindern in den frühen Lebensjahren nicht befriedigt werden. In der Biologie sind es Binsenwahrheiten, daß mangelnde oder falsche Pflege junge Pflanzen und Tiere verkümmern lassen oder schädigen können.

Die Verkümmerung und Schädigung von Säuglingen und Kleinkindern in Familien, Krippen und Heimen wird als ererbtes Schicksal hingenommen und bleibt straffrei. Die betroffenen Kinder aber werden später bestraft mit Verachtung, Gefängnis und Zuchthaus.

Im Bereich *beruflicher Bildung und Eingliederung* werden heute jahrelange Planungen Wirklichkeit. Berufsschullehrer erfahren eine Zusatzausbildung als Sonderschullehrer und eine Reihe von Sonderberufsschulen wurde errichtet. Doch viele Probleme der lernbehinderten Jugendlichen warten noch auf eine Lösung: die alte Forderung einer nachgehenden Betreuung, die Hanselmann schon zu Beginn unseres Jahrhunderts erhob, stellt sich der Lernbehindertenpädagogik heute als brennendes Problem, verschärft durch die Schwierigkeiten, die eine pluralistische Gesellschaft den Jugendlichen bereitet, die in ihr eine Orientierung suchen. Einen Arbeitsplatz für Lernbehinderte zu finden, ist noch schwieriger geworden in einer Welt, in der man uns sagt, wirtschaftliche Notwendigkeiten erfordern immer höhere Qualifikationen und Arbeitsplätze mit einfachen Arbeiten müßten der Rationalisierung weichen. Die Pädagogen müssen die Frage an die Politiker weitergeben, wie eine Arbeits- und Wirtschaftswelt gestaltet werden soll, die auch weniger qualifizierten Menschen zu ihrem Recht auf Arbeit verhilft.

## 2.2 Sonderpädagogische Psychologie (Lottelore Storz)

Ich habe den Auftrag, Ihnen den Lehrbereich Sonderpädagogische Psychologie vorzustellen. Dieser Lehrbereich ist im Unterschied zu den anderen keiner Studienfachrichtung *alleine* verpflichtet und somit auch nicht auf einen bestimmten Sonderschultyp festgeschrieben. Vielmehr hat er fächerübergreifende Aufgaben wahrzunehmen. Die folgende Abbildung zeigt dies an den Anteilen des Lehrangebots in den Prüfungsfächern Psychologie und Sonderpädagogische Diagnostik, wie sie im Sommersemester 1976 eingebracht wurden: (Abb. S.27)

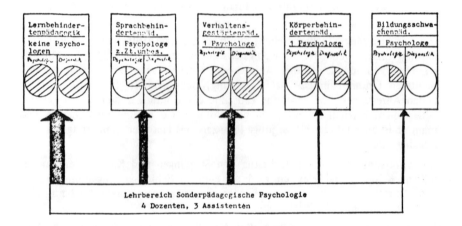

*Erläuterung:* Die schraffierten Kreissektoren geben die Anteile des Lehrangebots in den Hauptprüfungsfächern Psychologie und Sonderpädagogische Diagnostik wieder, welche vom Lehrbereich Sonderpädagogische Psychologie eingebracht werden. Die nicht schraffierten Sektoren repräsentieren die stark behinderungsspezifischen Anteile, die von den Psychologen der jeweiligen Lehrbereiche eingebracht werden. Die behinderungsspezifischen Anteile im Fach Lernbehindertenpädagogik werden vom Lehrbereich Sonderpädagogische Psychologie eingebracht. Die Breite der Pfeile repräsentiert den ungefähren "Dienstleistungsumfang" des Lehrbereichs Sonderpädagogische Psychologie an die anderen Lehrbereiche.

Psychologie war in der baden-württembergischen Hilfsschullehrerausbildung von Anfang an Hauptfach. Man erwartete von Ihr z.B. Antworten auf Fragen nach Ursachen, Kriterien und Zustandsbildern der Hilfsschulbedürftigkeit nach besonderen Merkmalsausprägungen bei Hilfsschülern im Lernen, Denken, der Konzentration, dem Gedächtnis usw. und damit letztlich nach psychologischen Voraussetzungen für einen „hilfsschulgemäßen" Unterricht. Die Entwicklung des Lehrbereichs ging bald über die Beantwortung derartiger Fragestellungen hinaus und läßt sich heute im Rückblick mit dem Motto charakterisieren:

*„Auf dem Wege zu handlungsorientierter Forschung und Lehre und theorie-geleiteter Praxis".*

Mit der Formel „Auf-dem-Wege-Sein" soll das Bemühen um eine praxisnahe Forschung und Lehre, um eine intensive Verflechtung von theoretischem Denken und praktischem Handeln von den Anfängen bis heute zum Ausdruck gebracht werden. In einer Zeit, in der an vielen Psychologischen Universitätsinstituten im Glaspalast der „reinen" Wissenschaft geforscht wurde, wagte es Frau Professor Höhn, die in den Jahren 1953 bis 1966 für das Fach zuständig war, zu fragen, welche psychologischen Theorien und Methoden für das praktische Handeln der Hilfsschullehrer relevant sein könnten. In Lehrveranstaltungen und wissenschaftlichen Arbeiten wurden die Gültigkeit der ausgewählten Theorien sowie die Praktikabilität der Methoden für sonderpädagogisches Handeln diskutiert und überprüft. Bald folgten auch eigenständige Theorieansätze wie z. B. erste Grundlegungen einer Sozialpsycholgie der Schulleistungsschwäche Mitte der sechziger Jahre begann der personelle Ausbau des Lehrbereiches und damit die Möglichkeit, neue Inhalte in das Lehrangebot aufzunehmen wie Forschungsmethodologie und Testtheorie, Angst in Leistungssituationen, Leistungsmotivation und dgl..

Wesentliche Impulse für die Intensivierung einer praxisnahen Forschung und Lehre erhielten die Psychologen durch die verantwortliche Mitarbeit in der schulpraktischen Ausbildung seit 1968. Zunehmend wurden Probleme aus sonderpädagogischen Handlungsfeldern aufgegriffen wie z.B. psychologische Fragen des Mathematikunterrichts, der Frühförderung und Rückschulung, des Umschulungsverfahrens und der Elternarbeit. In diesem Zusammenhang wurde die Notwendigkeit einer engen Verknüpfung von diagnostischem und pädagogischem Handeln immer deutlicher. In Abhebung von der Ausiesediagnostik wurde das Konzept der Förderdiagnostik ausgearbeitet und erprobt. Parallel dazu wurde die Konstruktion förderdiagnostischer Testverfahren in Angriff genommen.

Das intensive Nachdenken über gesellschaftliche Rahmenbedingungen der Behinderung seit Ende der sechziger Jahre schlug sich im Lehrangebot und in wissenschaftlichen Arbeiten nieder: Die sonderpädagogisch wichtigen Fragen' nach Bedingungen und Auswirkungen der primären Sozialisation im Hinblick auf die Persönlichkeitsentwicklung wurden verstärkt aufgenommen.

Eine weitere Bereicherung brachten neuere Aspekte der Forschung und Theoriebildung in der allgemeinen und differentiellen Psychologie wie z.B. Kreativität und kognitive Stile, die in der diagnostischen und pädagogischen Praxis Eingang fanden. Die so gekennzeichnete Entwicklung wurde durch Impulse aus Kontakten mit den Mitgliedern anderer Lehrbereiche, dem Psychologischen Institut der Universität Tübingen und anderen Institutionen angeregt und weitergetrieben z.B. in gemeinsamen Veranstaltungen, Kolloquien und informellen Gesprächen. Zur Zeit ist auch ein gemeinsames Projekt zur Förderung von schulleistungsschwachen Grundschülern gemeinsam mit einem Psychologen des Fachbereichs Sonderpädagogik der Pädagogischen Hochschule Heidelberg geplant.

Den augenblicklichen Erkenntnisstand und seine Zielvorstellungen hat der Lehrbereich in einem demnächst erscheinenden Handbuchartikel dargestellt.

## 2.3. Sprachbehindertenpädagogik (Werner Orthmann)

1. Die Geschichte der Erforschung der menschlichen Sprache hat für die Pädagogik grundlegende Erkenntnisse eingebracht. Vom Kaspar-Hauser-Syndrom bis zur soziolinguistischen Gegenwartsforschung, von der Sprachschau Herders und Humboldts bis hin zur Linguistik Chromskys hat sich stetig wachsend ein Postulat herausgebildet: Sprache und Erziehung gehören zusammen. Hier zugrunde liegende Forschungsergebnisse sind unstreitig. Sprache gilt als wesentlicher Hebel zur Entfaltung und Führung des *Sozialverhaltens*, Sprache spielt eine wesentliche Rolle in *Denk- und Lernprozessen*, Sprache ist als Vehikel *abstrakten Denkens* unentbehrlich.

2. Besteht das Postulat zu Recht, daß eine sozial angepaßte Verfügbarkeit über Sprache zur Entfaltung und Behauptung der Person in der Gemeinschaft wesentlich ist, dann muß zwangsläufig folgern, daß im Sozialverhalten und in Lern- und Leistungsbereichen Einschränkungen eintreten müssen, wenn diese Verfügbarkeit zu irgend einem Zeitpunkt des individuellen Lebens gestört ist. Besonders schwer wirkt sich pädagogisch der frühe Eintritt einer solchen Störung aus (Früherfassung-Frühförderung).

3. Die erwähnten Zusammenhänge von Sprache und Verhalten sind äußerst komplex und gewinnen besonderes Gewicht für eine *rehabilitative Pädagogik*. Ob eine Störung der Sprache im Zusammenhang mit fundierenden psychosomatischen Behinderungen einhergeht (symptomatischer Aspekt) oder ob sie sich als diagnostisch isolierbare und mehr oder weniger partielle Teilleistungsschwäche zu erkennen gibt (dominanter Aspekt), die komplexe Auswirkung in verschiedene Verhaltensbereiche kann in der Regel erwartet werden. Die unterschiedliche Bündelung von Störvariablen im rezeptiven, integrativen und expressiven Funktionsbereich der Sprache ergreift in ebenso unterschiedlichem Ausmaß die Leistungs- und Verhaltensstabilität des Störungsträgers.

4. In diesen komplexen Zusammenhängen sieht die *Pädagogik der Sprachbehinderten* ihr Arbeitsfeld. In einem traditionellen Verständnis von Sprachheilpädagogik wird das Arbeitsfeld nicht selten eingeengt und vereinseitigt auf die Therapie von phonetischer Symptomatik (etwa reine Artikulationskorrektur, periphere Stottersymptomatik). Diese analytisch-synthetischen Denk- und Handlungsansätze können aus der Geschichte dieses sonderpädagogischen Sektors verständlich gemacht werden. Im Zuge jedoch der erziehungswissenschaftlichen Besinnung einer Pädagogik der Behinderten, der hiermit verbundenen Erweiterung durch sprachwissenschaftliche, sozialpsychologische, soziolinguistische und weitere humanwissenschaftliche Forschungen sieht sich die Sprachbehindertenpädagogik heute umfassender. Sie versteht sich als Ort theoretischer und praktischer Auseinandersetzung mit der gesamten Erziehung - und hier auch eingelassen pädagogischen Behandlung - sprachbehinderter Men-

schen. Der pädagogischen Verantwortung folgend kommt der Frühförderung herausragende Bedeutung zu. Der Komplexstruktur folgend muß sich Sprachbehindertenpädagogik im sonderpädagogischen Raum sowohl fachrichtungsspezifisch als auch interdisziplinär erkennen. Ihr Lehrangebot muß für alle Behinderungsbereiche Fundamente und Spezifika aus den Bereichen Sprache, Sprachstörungen und sonderpädagogische Hilfsansätze enthalten. Für ihr eigenes Sonderschulsystem einschließlich des Beratungsdienstes, d.h. also für die Beschulen solcher sprachbehinderten Schüler, die weder in anderen Sonderschulen adäquat gefördert noch in Regulärschulen ungefährdet eingefügt werden können, muß sie ein fachrichtungsspezifisches Programm für die Ausbildung des hierfür geeigneten Pädagogen anbieten (Graphik).

5. Der gegenwärtige Stand von Lehre und Forschung ist als Ausbau dieses komplexen Arbeitsfeldes zu umreißen. Erweiterte diagnostisch-therapeutische Strukturmodelle, sonderpädagogische und didaktische neue Überlegungen, sozialpsycholgische Fragestellungen können hier nur als ausgewählte Beispiele genannt werden. In unserem Haus ist Sprachbehindertenpädagogik seit 1970 als fünfte Fachrichtung etabliert. Mit Dankbarkeit muß hier erinnert werden an Herrn Prof. W. Hofmann, der den Weg zur eigenständigen Fachrichtung vorbereitete. Eine 1971 erschienene Festschrift für W. Hofmann trägt den Titel „Sonderschule im Wandel". Dieser ständig neue Auftrag an uns alle - nur so kann ich diese Formulierung deuten − trifft auch die Sprachbehindertenpädagogik mit besonderer Deutlichkeit.

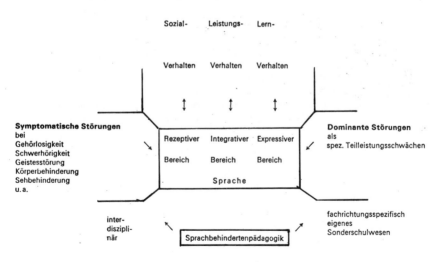

## 2.4. Verhaltensgestörtenpädagogik (Volker Schmid)

Lehrer für verhaltensgestörte Kinder zu sein, was heißt das? Soll man da nicht mit Kindern arbeiten, die tagtäglich demonstrieren, daß die bestehende Schule ihnen nicht gerecht wird und ihnen keinen Ausweg läßt, als eben nicht zurechtzukommen mit der Gesellschaft der Mitschüler und dem Lernen im Unterricht? Mit dieser Frage ist ein Ausgangspunkt der Verhaltensgestörtenpädagogik beschrieben, der zum Ziel hatte, Vorstellungen von einer sozialpädagogischen Schule zu entwickeln, von einer Schule, die sich als soziales Lern- und Erfahrungsfeld versteht.

Zwei Schwerpunkte rückten damit in den Vordergrund: Unterricht als Zusammenleben von Menschen zu betrachten und damit mehr zu leisten, als den geschriebenen Lehrplan bestmöglich zu vermitteln. Er hat sich den Konflikten und Streitereien, der Wut und der Traurigkeit des Gescheiterten zu stellen, sie nicht auszuklammern. Selbst bei Beachtung dieser Dimension von Unterricht und bei der Suche nach geeigneten Handlungsweisen des Lehrers machten wir noch die Beobachtung, daß schulischer Umgang mit schwierigen Kindern sich nicht allein auf Unterricht im Klassenzimmer beschränken kann. Zu verleidet ist solchen Kindern das bekannte Unterrichtsarrangement, als daß sie es noch über längere Zeit aushalten könnten. Deshalb rückten sozialpädagogisch orientierte Projekte als zweite Arbeitslinie in den Vordergrund: Neigungskurse, Diskussions- und Spielgruppen, Projekte wie Hüttenbauen, einen Sportplatz schaffen. Unternehmungen also, die - gemeinsam geplant - auf das Interesse der Kinder stoßen und damit einer erste Basis ergeben, Konflikte mit Lehrer und Mitschülern auszuhalten und zu bearbeiten.

In derartigen Angeboten eröffneten sich für den Lehrer verstehbare Zusammenhänge zu den Problemen der Schüler und eine Arbeitsbasis, wie sie Unterricht im engeren Sinn kaum zu gestatten schien. Hier wurden Bedingungen sozialer Konflikte und für ihre unangemessene Inszenierung erfahrbar. Zugleich wurden aber auch Verständnislinien gewonnen für soziale und affektive Blockierungen gegen unterrichtliches Lernen. Die größere Sicherheit im Erkennen sozial-emotionaler Hemmungen des Lernens gestattete in einem weiteren Schritt, sie besser abzugrenzen gegen Lernschwierigkeiten, die durch Mängel im Vorwissen und in den Lerntechniken bedingt sind.

Damit sind wir bei der gegenwärtigen Etappe der Entwicklung der Verhaltensgestörtenpädagogik in Reutlingen angekommen. Sie ist am besten charakterisierbar als eine verstärkte Hinwendung zu engeren Fragen des Unterrichts und der Unterrichtsgestaltung mit schwierigen Kindern unter dem Stichwort vom „situationsorientierten Unterricht". Werden die Erfahrungen aus den sozialpädagogischen Projekten auch direkt im Unterricht zugänglich? Konkretes Unterrichtsgeschehen also zu verstehen als eine dynamische Gestalt, als jeweils neues Ergebnis der Auseinandersetzung der Kinder mit dem vorgeplanten Angebot des Lehrers. Nicht-Lernen ist dann eine Antwort auf den Inhalt des Lehrangebots, auf seine Form, die Person des Lehrers und die Mitschüler. Den Sinn solchen Nicht-Lernens gilt es zu erschließen, herauszubekommen, worauf es eine Antwort ist. Vom Aktuellen und Nächstliegenden auszugehen und naheliegende Sinnstiftungen nicht mit Erklärungen aus der fernen Biographie zu erschlagen, dieses Deutungsprinzip der Psychoanalyse bot nützliche methodische Hilfe. Von hier aus ließen sich auch Neuorientierungen des Lehrerhandelns gewinnen als treffendere Antworten auf die verstandene Situation. Das Tun des Lehrers präsentiert sich damit als fortschreitende Synthese von didaktischen Lehrangeboten und Arbeitshypothesen über die Bedeutung des Schülerhandelns.

Wie die Schüler Untrrichtssituationen erleben und damit umgehen, ist letztendlich in ihrer Lebensgeschichte begründet. Was aus ihr aber jeweils wichtig wird und sich auswirkt, findet Gestalt mit den Personen und Themata des aktuellen Lebensfeldes. Gelingt es dem Lehrer, Lernen zugänglich zu machen, Stärken der Schüler anzusprechen und kann er neue soziale Erfahrungen ermöglichen, dann ist dies Pädagogik. Diese situationsorientierte klinische Pädagogik findet aber in der Regel ihre Grenze, wo Lebensgeschichte, schlechte Sozialisation und die Isolierung und Angst, die sie für das Kind bedeuten, intensiver und kontinuierlicher bearbeitet werden müssen. Dann haben methodisch ausgewiesenen psychotherapeutische Angebote hinzutreten. Sie sind so notwendig wie sozialpädagogische Maßnahmen, die oft genug Veränderungen in der familiären und weiteren sozialen Umwelt bewirken sollen.

## 2.5. Geistigbehindertenpädagogik (Elsbeth Ruoff)

Bemühungen um geistigbehinderte Menschen im deutschen Sprachraum sind alt und jung zugleich. Relativ alt insofern, als caritative und - in Ansätzen - pädagogische Betreuung dieser Personengruppen durch Privatinitiative schon in der 1. Hälfte des vergangenen Jahrhunderts einsetzte. Jung dagegen, wenn man die Anstrengungen zur Beschulung geistigbehinderter Kinder und Jugendlicher in der Bundesrepublik Deutschland betrachtet. Ein bescheidener Anstoß in dieser Richtung erfolgte durch Gründung der Bundesvereinigung Lebenshilfe für Geistigbehinderte von den betroffenen Eltern selbst.

In der weiteren Entwicklung zeichnen sich zwei Wege ab:

1. die Errichtung von Bildungseinrichtungen, organisiert als Tagesstätten und
2. die Durchsetzung des allgemeinen Schulrechts und die Schaffung staatlicher Schulen für geistigbehinderte Kinder und Jugendliche.

Der zunächst von Sozialpädagogen im praktischen Erziehungsversuch und in unermüdlichem Einsatz erbrachte Beweis der Erziehungs- und Bildungsfähigkeit des Geistigbehinderten trug u.a. zu einer Wandlung des Begriffsinhalts geistiger Behinderung bei. Man geht *heute* von einem dynamischen Verständnis des Geistigbehindertseins aus: Geistige Behinderung ist - unter pädagogischem

Aspekt - grundsätzlich als „eine veränderbare Gegebenheit aufzufassen" (Bach 1974). Der „Sachverhalt geistiger Behinderung" (Bach 1974) ist nicht eine statisch dem Menschen lebenslänglich zuzuordnende Eigenschaft: er ruft pädagogische Aktivitäten auf den Plan, welche die in den verschiedenen Bereichen qualitativ unterschiedlich eingeschränkte Leistungsbereitschaft bzw. Leistungsfähigkeit zu verändern versucht. Auf diesem Hintergrund sind die Arbeitsschwerpunkte des Lehrbereichs Geistigbehindertenpädagogik in Reutlingen zu sehen:

1. In mehrjährigen Untersuchungen hat sich Theodor Hofmann, der wesentlich am Aufbau des Lehrbereichs beteiligt war, bemüht, „Lernmittel zu finden, die den Lernbedürfnissen des Geistigbehinderten und seinen offengebliebenen Möglichkeiten (Bach) entsprechen" (Hofman 1975). Er hat damit den Lehrern und Erziehern eine große Anzahl von Medien erschlossen, die in der Erziehungs- und Bildungsarbeit im vorschulischen und schulischen Bereich erprobt worden sind.

2. Die Beschäftigung mit dem prozentual bedeutendsten Personenkreis: die Erforschung psychologisch-pädagogischer Probleme bei Kindern und Jugendlichen mit Down-Syndrom unter besonderer Berücksichtigung der Variabilität der intellektuellen Leistungsfähigkeit, des Kurzzeitgedächtnisses, der Lernprozesse und der sozialen Verantwortlichkeit.

3. Im rhythmisch-musikalischen Bereich wird über Übungen und Seminare versucht, die angehenden Lehrer zu befähigen, geistigbehinderte Kinder und Jugendliche zum Handeln zu bringen, d.h. sie sollen lernen, Emotionen auszudrücken, sowie sich aktiv Materialien und Interaktionspartnern zuzuwenden.

4. Im rhythmisch-musikalischen Bereich wird über Übungen und Seminare versucht, die angehenden Lehrer zu befähigen, geistigbehinderte Kinder und Jugendliche zum Handeln zu bringen, d.h. sie sollen lernen, Emotionen auszudrücken, sowie sich aktiv Materialien und Interaktionspartnern zuzuwenden.

4. Es geht um das Bemühen, die oft nur in Ansätzen vorhandene kommunikative Kompetenz Geistigbehinderter zu erweitern. In Unterrichtssituationen werden Kommunikationsprozesse ausfindig gemacht, diese in Beziehung zu einer kommunikationstheoretischen Sichtweise der geistigen Behinderung gesetzt, um Ansätze für unterrichtliches Handeln des Lehrers zu gewinnen.

Die primär psychologisch-schulpädagogisch orientierte Fragestellungen der dargestellten Arbeitsschwerpunkte können allerdings einen unserer Überzeugung nach wichtigen Bereich in der Geistigbehindertenpädagogik nicht abdecken: den sozialpädagogischen Bereich. Wenn der Geistigbehinderte die Möglichkeit erhalten soll, am Leben in der Gesellschaft teilzuhaben, so sollte der alle Lebensstufen übergreifende sozialpädagogische Bereich mit der Zielsetzung, den geistigbehinderten Menschen in soziale Systeme zu integrieren, im Lehrbereich Geistigbehindertenpädagogik stärker verankert sein, als dies bisher möglich war. Es ist beabsichtigt, diesem Bereich bei verbesserter personeller Situation mehr Gewicht beizumessen.

Für das *Studium der Geistigbehindertenpädagogik* ließen sich dann einige Konsequenzen ableiten: der bestehende Ausbildungsgang für Sonderschullehrer an Schulen für Geistigbehinderte, dessen determiniertes Ziel es ist, die „für einen erfolgreichen Unterricht an Sonderschulen erforderliche wissenschaftliche Ausbildung" (vg. Verordnung des KM über die Ausbildung und Prüfung für die Laufbahn des Sonderschullehrers vom 28.2.1974) zu vermitteln, wäre
1. durch die Aufnahme ausgedehnter sozialpädagogischer Studienelemente zu ergänzen und
2. für die Bedürfnisse der Praxis durch die Möglichkeit der Schwerpunktbildung im sonderpädagogischen bzw. sozialpädagogischen Bereich flexibler zu machen.

## 2.6. *Körperbehindertenpädagogik (Franz Schönberger)*

Vor zehn Jahren wurde ein Dozent für die Pädagogik und Psychologie der Körperbehinderten an das Reutlinger Staatliche Seminar für Hilfsschullehrer berufen: in der Bundesrepublik der erste hauptamtliche Hochschullehrer ausschließlich für dieses Fach. Zwei Jahre lang war es allerdings ein „Feldherr ohne Heer", so hat es der Tübinger Orthopäde Prof. Dr. H. Mau ausgedrückt, der - gleich den Chefs der anderen kooperierenden Universitätskliniken - Auf- und Ausbau des neuen Bereichs tatkräftig unterstützte. Von einem Lehr-Bereich ließ sich erst reden, als zum Wintersemester 1968/69 die Ersten das Studium im Hauptfach Körperbehindertenpädagogik antraten. Sie taten es in einer Situation, die in einem Pressebericht nicht ganz unzutreffend charakterisiert wurde mit dem Verdikt: Baden-Württemberg sei in puncto Körperbehindertenpädagogik „der Kongo der Bundesrepublik". Nur etwa jedes zehnte sonderschulbedürftige körperbehinderte Kind fand Platz in einer der wenigen Körperbehindertenschulen, von denen keine einzige zwischen Stuttgart und dem Bodensee stand. Es ist daher für uns ein Anlaß zu großer Freude, daß just wenige Tage vor diesem Jubiläum unweit von hier, in Mössingen, die neuerbaute Schule für Körperbehinderte eingeweiht werden konnte; fünf Jahre nachdem in Räumen der Grundschule Tübingen-Pfrondorf erstmals im Ballungsraum Reutlingen - Tübingen Klassen für körperbehinderte Kinder eingerichtet worden waren. Von unserem Lehrbereich sind - im Verein mit den Eltern körperbehinderter Kinder - die entscheidenden Initiativen ausgegangen, um diese Schule entstehen zu lassen; sie sollte als sonderpädagogische Einrichtung innerhalb eines Bildungszentrums Modellcharakter gewinnen. Wir hoffen, daß es uns das gute bauliche und organisatorische Konzept erleichtert, gemeinsam mit den Lehrern dort die Bemühungen um eine ebenso gute pädagogische Konzeption weiterzuführen.

Denn der Entwicklung einer solchen pädagogischen Konzeption gebührt jetzt allerorten der Vorrang. Ihren Rahmen wird eine von der Kultusministerkonferenz bestellte Kommission abstecken, in der zwei Mitglieder unseres Lehrbereiches mitarbeiten. Die Zeit ist vorbei, in der sich Körperbehindertenpädagogik vorwiegend als Transportproblem darstellte: Jetzt können wir die Kinder zur Schule bringen: jetzt müssen wir angestrengter als bisher darüber nachdenken, was die Schule den Kindern bringt. Letztlich soll sie ihnen natürlich bringen, daß sie – wie alle Schüler – lernen, *„als Mitglied der Gesellschaft verantwortlich zu handeln".* Diesem *Bildungsziel* stehen die Ruinen einer abgewirtschafteten Rehabilitationsideologie im Wege. Solange man es als den Gipfel des Erreichbaren ansieht, „aus Almosenempfängern Steuerzahler zu machen" (Biesalski), muß „der Pädagoge..." – so H. Würtz 1914 – „... den Selbstverwertungswillen rege halten und überall den Tüchtigkeitswert voranstellen". Wehe dem „Krüppel" allerdings, der sich nicht „verwerten" läßt, zumal zu Zeiten, in denen Arbeitskraft überhaupt nicht gerade hoch im Kurs steht. Diese Ideologie hat sich eine *funktionsorientierte Heil-Pädagogik* dienstbar gemacht. Sie begnügte sich damit, dem Behinderten körperliche, seelische und gesellschaftliche Fertigkeiten zu vermitteln, damit er in bestimmten kritischen Situationen besser „funktioniere". Dazu sollte die - manchmal als Teamwork mißverstandene - Addition einzelwissenschaftlicher Förderansätze dienen. Neben psychologischen, psychotherapeutischen und soziologischen Ansätzen waren es in unserem Bereich vor allem Konglomerate von Anleihen aus verschiedenen medizinischen Disziplinen. Körperbehindertenpädagogik stellte sich daher einem wohlwollend-ironischen Betrachter wie H. Bach nicht ganz zu Unrecht als „angewandte Orthopädie" dar. Dieses Urteil schmälert nicht die Verdienste jener Personen und Organisationen, deren oft aufopfernder Initiative wir die Gründung von Schulen verdanken; und es disqualifiziert nicht das Wirken jener Lehrer, die in diesen Schulen immer schon private Gegenkonzepte praktizierten. Jedoch ist es nicht zu leugnen, daß erst M. Hahn (jetzt Mariaberg) – der erste Ausbildungslehrer dieses Lehrbereichs – vor der wissenschaftlichen Öffentlichkeit die Frage gestellt hat, ob die Schule für Körperbehinderte einer „besonderen Didaktik" bedürfte. Sein Aufsatz ist 1971 erschienen. Damals kündigte sich die „pädagogische Wende" an: eine Art Selbstfindung der Körperbehindertenpädagogik als Pädagogik- und zwar als *handlungsorientierte Sonder-Pädagogik.*

Diese sieht die „Funktionen" dialektisch aufgehoben in der je zu mehrenden Fähigkeit - aus personalem Selbststand und in mitmenschlicher Gebundenheit - eigene Pläne zu machen und sie selbst zu verwirklichen; Pläne, die alle Funktionen und Situationen einkalkulieren, jedoch nicht zum Zweck der „Selbstverwertung", sondern zum Ziel der Selbstverwirklichung. Solches kann nur erreicht werden, wenn einzelwissenschaftliche Förderansätze nicht bloß addiert, sondern vielmehr in eine genuin pädagogische Konzeption eingebracht werden. Dies alles versuchen wir zusammen mit den Ausbildungslehrern; denn durch sie kommt das Bemühen um eine neue, eine handlungsorientierte Pädagogik den Schülern zugute: diese sollen sich zunehmend ernstgenommen wissen als Partner des Lehrers auf der Suche nach Lösungen ihrer Probleme mit ihren Mitteln. Eine solche Pädagogik ist nicht nur Destillat einer allgemeinen Ziellehre von Bildung. Sie trifft vielmehr genau das gemeinsame Merkmal all jener, die wir mit dem Begriff „Körperbehinderte" meinen: die Bewegungsbeeinträch-

*tigung* nämlich, welche sich am schlüssigsten *als Einschränkung der Handlungs-fähigkeit* fassen läßt. Unser langjähriger Mitarbeiter Dr. K. Jetter (jetzt Hannover) hat dies in Anlehnung an die genetische Psychologie J. Piagets in einer Hinsicht aufgewiesen: wie nämlich eine seit Geburt bestehende Bewegungsstörung es dem Säugling erschwert, seine Welt handelnd zu erobern und sie erobernd zu erkennen – so daß in den darauffolgenden Jahren die Architektur seines Denkens teilweise auf unsicheren Fundamenten errichtet wird. Nicht zuletzt diese Einsicht begründet unsere Besorgnis darüber, daß immer noch eine funktionsorientierte, durch Standesdünkel zusätzlich verengte Sicht von Frühförderung warnen läßt, man möge doch „die Schulmeister nicht schon an das Kind in utero heranlassen". – Doch nicht nur das motorische Defizit selbst schränkt den Körperbehinderten jeden Alters in seinem Handeln ein. Ein übriges tun Formen verkindlichender Schonraum-Erziehung und entmündigender Rehabilitation, in denen sich uralte Vorurteile institutionell verkrustet haben. Der des Marxismus kaum zu verdächtigende, für lange Zeit einflußreichste Körperbehindertenpsychologe, der Amerikaner R.G. Barker meinte – schon 1948 und heute wieder so aktuell: es sei „wohl kaum eine sozial wünschenswerte Form der Ausbeutung", wenn Körperbehinderte durch „Unsicherheit und Angst" dazu getrieben würden, Arbeitskollegen durch „größere Zuverlässigkeit, mehr Fügsamkeit und Arbeitswilligkeit" zu übertrumpfen. Schwerlich werden wir jedoch seinem Resümee folgen können: daß nämlich die „vollendete Anpassung" an eine „Welt, die für körperlich Normale gebaut ist", von einigen äußeren „Vorkehrungen" abgesehen, letztlich durch „Veränderungen in den Wertsystemen der körperlich beeinträchtigten Person" garantiert werden müssen. Handlungsorientierte Pädagogik schafft sich eine „aktive Schule" (Piaget); und diese Schule will Menschen, die sich nicht unterbuttern lassen: die ihre Bildung legitimieren durch den Veränderungswillen ihres verantwortlichen Handelns als Staatsbürger; die es also wagen, sich einer Welt zuzumuten, welche für sie selbst nicht selten eine Zumutung ist.

## 3. Schlußbetrachtung

Nimmt man die Berichte, die wir eben gehört haben, als Positionsmeldungen auf einem gemeinsamen Weg, so fällt die gemeinsame Richtung der Fragen auf. Die übereinstimmung scheint so stark zu sein, daß man von einer Schule sprechen könnte. Es ist freilich noch nicht an der Zeit und es ist auch hier nicht Zeit genug, um diesen Gedanken weiter zu verfolgen.

In vielen sonderpädagogischen Studienstätten gibt es ein Fach „Allgemeine Heilpädagogik". In Baden-Württemberg ist dieses Fach in der Prüfungsordnung nicht verankert und wird deswegen auch im Studiengang Sonderpädagogik nicht getrennt angeboten. Das zwingt die Fachrichtungen, ihre allgemeinen Fragen mit zu durchdenken; denn jede Fachrichtung ist ja eine sonderpädagogische, das heißt, sie muß ihr Verhältnis zur allgemeinen Pädagogik bestimmen.

Wenn ich auf die drei Gegensatzpaare zurückblicke, die ich eingangs kurz dargestellt habe, so läßt sich eine gemeinschaftliche Weiterbildung feststellen. Der Gegensatz der sich im Lehren und in der Diagnose zeigte, ist von beiden Seiten her und in allen sonderpädagogischen Fachrichtungen geringer geworden. Die Diagnostik hebt, wie wir gehört haben, auf Förderung ab. Die didaktischen Unterrichtsentwürfe zur Vorbereitung von Unterrichtsstunden sind mehr als Vermittlung von Unterrichtsfach, Entwicklungspsychologie und Methodik. Sie sind eigenständige Versuche, die Wirklichkeit im Unterricht zu rekonstruieren. Der Diagnostiker versteht seinen Unterricht stärker als bisher als ein kontrolliertes Experiment, in das er sich mit seiner eigenen Person begibt. Die beiden Gebiete beginnen sich zu ergänzen. Die Konzepte der Operation (nach Piaget) und des Planes (nach Miller, Galanter und Pribram) könnten vermitteln. Zahlreiche Arbeiten, die in Reutlingen entstanden sind, bemühen sich um eine systematische und gut fundierte Theorie praktischen Handelns.

Das zweite und dritte Gegensatzpaar fasse ich zusammen. Der Sonderschullehrer in der Spannung zwischen Sonderschule und Regelschule, zwischen Schule und Schulpolitik.

Diese Spannung hat sich nicht verringert. Wir sind in den letzten Jahren für Widersprüche in den Institutionen der Gesellschaft eher sensibler geworden. Die Sonderpädagogik sieht sich unversehens in ein allgemeines politisches Feld gestellt; denn das Verhältnis der Öffentlichkeit zur Sonderpädagogik hat sich verändert. Es gilt nicht nur, die Aufgaben und Sorgen der Sonderschuleinrichtungen, z.B. den Mangel an Vorschul- und berufsbildenden Einrichtungen bekannt zu machen und den behinderten Kindern und Jugendlichen Räume und Zeiten zu schaffen, in denen sich lernen, spielen und leben läßt, sondern es geht auch um eine neue Aufgabe. Seit den 70er Jahren gibt es ein grundsätzliches Solidaritätsversprechen der Allgemeinheit für behinderte Kinder und Jugendliche. Es hat seinen Ausdruck in großen Gesetzen, wie z.B. im Bundessozialhilfegesetz und in Verlautbarungen von höchster politischer Stelle gefunden. Ich erinnere nur an die programmatischen Appelle von Bundespräsident Heinemann. Die Würde jedes einzelnen behinderten Kindes, von der eingangs die Rede war, soll — man könnte sagen — in die volonté générale aufgenommen werden. Aber wie übersetzt man diese Würde am besten in den Alltag und in Handlung? In allen sonderpädagogischen Fachrichtungen hat eine kritische Durchmusterung der wissenschaftlichen Sprache eingesetzt. In allen Fachrichtungen wird „Sprechen und Handeln" daraufhin geprüft, ob nicht Unterscheidungen, die man um der Lehre willen trifft, grob verdinglicht werden. Umgekehrt wird gefragt, wie allgemeine Postulate, wie z.B. „alle Behinderten — unsere Partner" konkret verwirklicht werden können. Das verlangt eine Revision und eine Erweiterung von Einzelkenntnissen, Haltungen, Einstellungen und Fertigkeiten in der Gesamtbevölkerung, deren Größenordnung die meisten sich kaum einzugestehen wagen.

Lassen Sie mich zum Schluß doch noch zu einem organologischen Bild zurückkehren. Die Berichte über die Zweige der Arbeit erinnern an die Verzweigung eines Baumes. Die Wurzeln liegen weit zurück, der Stamm hat sich in den 50er Jahren gebildet. Es ist nicht an uns zu prüfen, wie fruchtbar dieser Baum und seine Äste waren und sind. Wünschen wir, daß dieser sonderpädagogische Baum an den Wasserbächen gepflanzt bleibt, gedeiht und reichlich Früchte trägt.

# TEIL III: WISSENSCHAFTLICHE EINZELBEITRÄGE

## Gründe der Heimeinweisung geistig behinderter Kinder

*Werner Dittmann*

### 1. Einleitung:

Obwohl der weitaus größte Teil der geistig behinderten Kinder und Jugendlichen innerhalb des Familienverbandes aufwächst, kommt der Heimerziehung Geistigbehinderter auch heute noch eine wesentliche Rolle zu. Etwa 12 % aller geistig behinderten Kinder und Jugendlichen in Baden-Württemberg werden in Heimen betreut (Statistisches Landesamt 1975; Stand: 11.9.1974). Deshalb ist es notwendig, bei der 'Sonderpädagogischen Ausbildung' die Heimerziehung als ein wesentliches Aufgabengebiet zu berücksichtigen.

Da die Heime auch zum gegenwärtigen Zeitpunkt noch auf vielen Gebieten als Initiatoren, Wegbereiter und Vorbilder der öffentlichen Erziehung hervortreten — beispielhaft sollen nur 2 Aufgabenfelder erwähnt werden, die heilpädagogische Arbeit mit Schwerstbehinderten und die ambulante Erziehungshilfe — ist das Problemfeld der Heimerziehung nicht geeignet, nur randständig behandelt zu werden oder ihm gar auszuweichen.

Das Heim ist, wie Kupffer (1976) betont, "realistisch als möglicher Platz des behinderten Kindes zu betrachten", jedoch, und dies ist hinzuzufügen, weitgehend nur bei einer Reihe von gebotenen dringenden Situationen, die von einigen Autoren bzw. Institutionen umrissen werden (Empfehlungen des Diakonischen Werkes 1974; Harbauer 1971; Rett 1971; Speck/Thalhammer 1974; Sporken 1975; Stöckmann 1973).

Diese dringenden Situationen lassen sich in den folgenden 4 Bereichen zusammenfassen:

— Sozial/familiäre Gründe:

(begrenzte psychische und/oder physische Belastbarkeit, Hilflosigkeit der Familie bzw. der Mutter; Krisensituationen in den Familien; unvollständige Familien; gefährdeter Bestand der Ehe; gestörte häusliche und erzieherische Verhältnisse; Abwehr schwerer familiärer Schäden; Ablehnung des Kindes; große Kinderzahl; Krankheit, Tod der Eltern; erhöhtes Alter der Eltern; Eltern nicht mehr in der Lage, ihr Kind zu betreuen; enge Wohnverhältnisse; Entwicklungsbeeinträchtigung der Geschwister;).

—Heilpädagogische Gründe:

(Fehlen öffentlicher Einrichtungen; erhebliche Betreuungs- und Führungsschwierigkeiten; extreme Pflegebedürftigkeit und/oder Mehrfachbehinderungen; Verhaltensstörungen; spezielle Therapie und Sondertrainingsmaßnahmen.).

—Medizinische Gründe:

(durch hirnorganische Schäden bedingte Verhaltensstörungen oder Anfallsleiden die für das Kind bzw. für seine Umgebung eine Gefahr darstellen; Mehrfachbehinderungen; notwendige und ständige ärztliche/stationäre Betreuung und Behandlung).

—Ratschläge und Empfehlungen von Ärzten, Verwandten usw:

(Die Zeit, in der Ratschläge erteilt bzw. die Eltern gedrängt wurden, ihr Kind zu institutionalisieren, liegt noch kaum 2-3 Jahrzehnte zurück (Aldrich 1947; Farrell 1958). Mit der Motivierung zur Institutionalisierung muß zwar auch heute noch gerechnet werden, wenn auch nicht mehr so häufig).

## 2. Ziel der Untersuchung:

Ziel der vorliegenden Untersuchung ist, bei einer Heimstichprobe die Ursachen, die zur Institutionalisierung von geistig behinderten Kindern und Jugendlichen führten, aufzuzeigen.

Besonders wichtig ist uns, die in der Literatur diskutierten Bereiche auf ihr Zutreffen und auf ihre prozentualen Anteile zu ermitteln.

Neben diesen Hauptzielen lassen sich noch eine Reihe von Unterzielen formulieren, wobei nur die folgenden beispielhaft angeschnitten werden sollen:

Mit der Darstellung der Einweisungsgründe soll

— ein vertieftes Verständnis für ein behindertes Kind, das zur Förderung, Erziehung, Pflege und Betreuung ins Heim eingewiesen wurde, geschaffen werden;
— eine Teilvoraussetzung geliefert werden, um angemessene Behandlungsstrategien planen zu können;
— eine bessere Beurteilungsgrundlage für die Reaktions- und Verhaltensweisen eines sich im Heim befindlichen Kindes skizziert werden;
— der Sonderschullehrer Informationen über den Personenkreis der geistig Behinderten im Heim erhalten, um daraus u.U. angemessenere Ratschläge bezüglich des Entscheidungsprozesses bei den Eltern für oder gegen die Heimunterbringung geben zu können;
— auf die Dringlichkeit der Erarbeitung geeigneter präventiver Maßnahmen bei der Betreuung Geistigbehinderter in der Familie und innerhalb eines kommunalen Verbandes hingewiesen werden.

## 3. Methodik:

Um diese Ziele zu erreichen, dienten uns die Hauptakten von 7 baden-württembergischen Heimen- "Don Bosco in Meckenbeuren-Liebenau; Johannes-Anstalten in Mosbach; Lichtenstern; Mariaberger-Heime; Sonnenhof in Schwäbisch Hall; Stetten und Wilhelmsdorf-Haslachmühle" als Grundlage. Aus diesen Akten wurden alle schulpflichtigen geistig behinderten Kinder und Jugendlichen ausgewählt.

Mit unserem Anamnesebogen wurden folgende Angaben erfaßt:

— Daten zum heimeingewiesenen Kind (Geschlecht, Geburtsdatum, Diagnose, Krankheit, Intelligenzleistungen, bisherige Schullaufbahn, Religion, Staatsangehörigkeit).

— Daten zur Familiensituation (Geburtsdaten der Eltern, Anzahl der Kinder, ehelich-nicht ehelich, Berufe der Eltern, familiäre Krankengeschichten, gesetzliche Vertreter, Aufenthalt des Kindes vor der Aufnahme in das letzte Heim, Wohnort).

— Daten zur Heimeinweisung (Datum des 1. Aufnahmegesuchs, Anfragende (r); Datum der Heimaufnahme, einweisende Stelle).

— Daten zu den Gründen der Heimeinweisung (Bei der Heimeinweisung wirkten verschiedene Stellen mit, so daß die Gründe aus heterogenen Quellen stammen: Briefe, Berichte, Stellungnahmen, Telephongespräche, Aktennotizen von Eltern, Schulen, Jugend-Gesundheits-Sozial-Bürgermeister-Pfarrämtern etc.).

Der Datenerhebungszeitraum erstreckte sich vom 15.4.1973 bis zum 12.9.1974.[+])

Die in den Heimen ermittelten Daten sollen — so weit dies möglich ist — mit einer Untersuchung zum Sozialstatus der Eltern von bildungsschwachen Kindern in Baden-Württemberg an öffentlichen Schulen (Augenstein/Dannecker 1975) und mit dem Datenmaterial von Eggert (1969) verglichen werden.

Um die den Heimen zugesicherte Anonymität zu wahren, werden bei der Darstellung der Ergebnisse alle 7 Heime gemeinsam vorgestellt.


## 4. Auswertung der Daten:

Aus dem vorliegenden Datenmaterial ermittelten wir absolute und prozentuale Häufigkeiten, Mittelwerte und Streuungen für die folgenden Statistiken:

— Geschlechtsverhältnis der heimeingewiesenen Kinder und Jugendlichen
— Alter der Eltern und der Kinder zum Zeitpunkt der 1. Antragstellung und zum Zeitpunkt der Heimeinweisung
— Kinderzahl pro Familie und Stellung des geistig Behinderten in der Geschwisterreihe
— Soziale Schichtzugehörigkeit

[+]) An dieser Stelle darf ich den Mitarbeitern an diesem Projekt, Frau Steinebach, Herrn Strehle und meiner Frau für ihre wissenschaftlichen Arbeiten, den Leitern und Direktoren der Heime und deren Mitarbeitern für ihr Entgegenkommen und für die Erlaubnis zur Einsicht in das Aktenmaterial recht herzlich danken!

- Diagnosen der geistig Behinderten
- Gründe der Heimeinweisung

(Unsere Anamnesebogen konnten teilweise nur unvollständig ausgefüllt werden, da ein Teil der Personalakten nicht alle von uns gewünschten Daten enthielt)

## 5. Stichprobenzusammensetzung und Geschlechtsverhältnis

In die Untersuchung wurden 760 Kinder im Alter zwischen 6; 3 und 18 bzw. 20 Jahren aufgenommen.

*Tabelle 1: Zusammensetzung der Stichprobe*

|  | Stichprobe N | % | Gesamtpop. öffentl. Schulen für Geistigbeh. Bezug: 1974 N | % | Eggert (1969) % |
|---|---|---|---|---|---|
| Jungen | 481 | 63 | 3266 | 57 | 58,7 |
| Mädchen | 279 | 37 | 2436 | 43 | 41,3 |
| Gesamt | 760 | 100 | 5702 | 100 | 100 |

Aus Tabelle 1 entnehmen wir, daß sich im Heim fast 2/3 Jungen und nur etwas mehr als 1/3 Mädchen befinden, während in öffentlichen Schulen das Geschlechtsverhältnis ausgeglichener ist und sich gegenüber den Jahren 1965 – 1967 (Eggert 1969) kaum änderte.

Eggert (1969) meint, daß die höhere Repräsentation der geistig behinderten Jungen sowohl in öffentlichen als auch in Heimschulen auf "die höhere Anfälligkeit des männlichen Geschlechts gegenüber Krankheiten" zurückzuführen ist, "daß zum anderen aber auch eine Rolle spielt, daß Mädchen bei Minderbegabung sehr viel leichter in Familie und Arbeitswelt tragbar sind als Jungen".

Diese Differenz könnte aber auch daran denken lassen (Stone/Parnicky 1966), daß es Eltern schwieriger finden, die Behinderung von Jungen zu tolerieren, da u.U. unterschiedliche soziale Erwartungen gegenüber der männlichen Leistung die elterlichen Attitüden beeinflussen.

## 6. Ergebnisse und Interpretationen:

### 6.1. Daten zur Familiensituation:

6.1.1. Alter der Eltern bei der ersten Antragsstellung:

Harbauer (1971) meint, daß u. a. bei den sozial/familiären Gründen "auch das Alter der Eltern entscheidend sein kann. Ältere Eltern suchen nicht zu selten für ihr Kind die Geborgenheit in einem Heim oder einer Anstalt, um sich von der nagenden Sorge zu befreien, was aus ihrem Kinde im Augenblick ihres Todes werden könne".

Wir prüften deshalb, ob sich die Altersstruktur der Eltern von institutionalisierten Kindern von derjenigen der Eltern nicht institutionalisierter Kindern unterscheidet.

Um diese Frage angemessen beurteilen zu können, legten wir bei den Heimkindern das Alter der Eltern bei der ersten Antragstellung zugrunde, da zu diesem Zeitpunkt das Problem der Heimeinweisung in ein entscheidendes Stadium getreten war.

*Tabelle 2: Alter der Eltern bei der ersten Antragstellung*

| Alter | 16-20 | 21-25 | 26-30 | 31-35 | 36-40 | 41-45 | 46-50 | 51-55 | 56-60 | 61-65 |
|---|---|---|---|---|---|---|---|---|---|---|
| Mütter | 2 | 31 | 117 | 154 | 123 | 79 | 38 | 10 | 9 | 2 |
| % | 0,3 | 5,5 | 20,8 | 27,3 | 21,8 | 14 | 6,7 | 1,7 | 1,6 | 0,3 |
| Väter | 1 | 17 | 73 | 170 | 126 | 82 | 45 | 26 | 13 | 6 |
| % | 0,2 | 3 | 13 | 30,4 | 22,5 | 14,7 | 8,1 | 4,7 | 2,3 | 1,1 |

N Mütter = 565          $\emptyset$ Alter Mütter $\approx$ 35,7   s $\approx$ 7,6

N Väter = 559          $\emptyset$ Alter Väter $\approx$ 37,65   s $\approx$ 8,1

Aus den uns vorliegenden Daten ergibt sich, daß das durchschnittliche Alter der Mütter bei ca. 35; 8 Jahren und das des Vaters bei ca. 37; 8 Jahren liegt. Im Vergleich zu den Daten von Augenstein/Dannecker (1975), die bei ihrer Untersuchung zum Sozialstatus von bildungsschwachen Kindern ein durchschnittliches mütterliches Alter von 40; 6 Jahren und ein durchschnittliches väterliches Alter von 43 Jahren ermittelten, muß die Hypothese (erhöhtes Alter für Eltern von institutionalisierten Kindern) für unsere Stichprobe verneint werden. Bestritten werden kann sicherlich aber auch nicht, daß für einige Elternpaare dieser Grund einen wesentlichen Anteil an ihrer Entscheidung hatte, vor allem wenn man berücksichtigt, daß die Streuweite bis zum 65. Lebensjahr geht.

## 6.1.2. Anzahl der Kinder pro Familie

Harbauer (1971) vertritt weiterhin bei den sozial/familiären Gründen die Meinung, daß bei einer "raschen Kinderfolge und damit oft großen Kleinkinderzahlen (die Mütter) unter dieser Aufgabe physisch und psychisch zerbrechen".

Wir griffen daher die Frage der Kinderzahl pro Familie und der Stellung des behinderten Kindes innerhalb der Geschwisterreihe auf.

Tabelle 3: Anzahl der Kinder pro Familie  N= 667

| Anzahl | 1 | 2 | 3 | 4 | 5 | 6 | 7 | 8 | 9 | 10 | 11 | 12 | 13 |
|---|---|---|---|---|---|---|---|---|---|---|---|---|---|
| Heimki: | 136 | 139 | 138 | 105 | 56 | 41 | 14 | 16 | 11 | 9 | 2 | — | — |
| % | 20,4 | 20,8 | 20,7 | 15,7 | 8,4 | 6,1 | 2,1 | 2,4 | 1,6 | 1,3 | 0,3 | | |
| öffentl. So'Sch: Fam. Ki: % | 10,4 | 26,7 | 27,4 | 16,4 | 9,3 | 5,0 | 2,1 | 1,1 | 0,7 | 0,6 | 0,1 | — | 0,1 |

$\varnothing$ Kinderzahl der Heim-Kinder (Stichprobe) = 3,33
$\varnothing$ Kinderzahl der Fam.-Kinder (Augenstein/Dannecker 1975) = 3,3

Bei den sich im Heim befindlichen Kindern konnten wir eine durchschnittliche Kinderzahl von 3,33 Kindern pro Familie ermitteln, mit einer Streuweite von 1-11 Kindern. Vergleichen wir diese Kinderzahlen mit denen von Augenstein/ Dannecker (1975) an öffentlichen Schulen mit einem Durchschnitt von ebenfalls 3,3 Kindern pro Familie und einer Streuweite von 1-13 Kindern, so ergibt sich, daß Familien mit einem geistig behinderten Kind zwar eine über dem Bundesdurchschnitt liegende Kinderzahl haben, diese erhöhte Kinderzahl aber, da sie sowohl bei Familien von heimeingewiesenen als auch nicht-heimeingewiesenen Kindern anzutreffen ist, nicht primär für eine Heimunterbringung spricht.

6.1.3. Stellung des geistig Behinderten in der Geschwisterreihe

Ebenfalls keinen Unterschied konnten wir zwischen heimeinweisenden und nicht-heimeinweisenden Familien bezüglich der Stellung des geistig behinderten Kindes in der Geschwisterreihe feststellen.

Tabelle 4: Stellung des geistig behinderten Kindes in der Geschwisterreihe
N = 553

| Stellung | 1 | 2 | 3 | 4 | 5 | 6 | 7 | 8 | 9 | 10 | 11 |
|---|---|---|---|---|---|---|---|---|---|---|---|
| Heimki.: | 268 | 131 | 83 | 28 | 22 | 8 | 4 | 3 | 2 | 3 | 1 |
| % | 48,5 | 23,7 | 15,1 | 5 | 4 | 1,5 | 0,7 | 0,5 | 0,3 | 0,5 | 0,2 |

$\varnothing$ Stellung in der Geschwisterreihe = 2,09

Wir fanden bei der Heimstichprobe einen durchschnittlichen Rangplatz des geistig Behinderten von 2,09, während bei der Untersuchung von Augenstein/ Dannecker (1975) und von Eggert (1969) ein Rangplatz von 2,35 bzw. 2,24 berechnet wurde.

Wir können zusammenfassend festhalten, daß die Anzahl der Kinder pro Familie als auch die Stellung des geistig behinderten Kindes in der Geschwisterreihe bei Heimkindern nicht wesentlich von nicht-institutionalisierten geistig behinderten Kindern abweicht. Es müssen also neben der Schwierigkeit, sowohl Normalfamilie als auch Sonderfamilie mit einem geistig behinderten Kind zu sein, was für beide Gruppen zutrifft, andere Gründe für die Heimeinweisung vorliegen.

## 6.1.4. Soziale Schichtzugehörigkeit

Begemann (1973) postuliert nach der Analyse der Eggert'schen (1969) Daten, daß wir bei geistig Behinderten "mindestens zwei Faktorengruppen unterscheiden (müssen):

1. die sozio-kulturellen Benachteiligungen und
2. die organischen Schädigungen".

Es soll daher überprüft werden, ob sich die Heimkinder von den familienbetreuten geistig behinderten Kindern in öffentlichen Schulen (Augenstein/Dannecker 1975) in der sozialen Schichtzugehörigkeit unterscheiden.

Um eine Vergleichsmöglichkeit zu anderen Untersuchungen (Augenstein/Dannecker 1975; Eggert 1969) herzustellen, legten wir ebenfalls das Gesellschaftsschichtmodell von Moore und Kleining (1960) zugrunde und bestimmten die Schichtzugehörigkeit der Familien nach dem angegebenen Beruf des Vaters.

Moore und Kleining definieren 9 soziale Schichten:

| | |
|---|---|
| Oberschicht | = O |
| Obere Mittelschicht | = OM |
| Mittlere Mittelschicht | = MM |
| Untere Mittelschicht nicht industriell | = UM n.i. |
| Untere Mittelschicht industriell | = UM i. |
| Obere Unterschicht nicht industriell | = OU n. i. |
| Obere Unterschicht industriell | = OU i. |
| Untere Unterschicht | = UU |
| Sozial Verachtete | = SV |

*Tabelle 5: Soziale Schichtzugehörigkeit*

| Soz. Schicht | Heim-Stichprobe N | % | öffentl. Schule [1] % | Eggert [2] % | Moore/Kleining [3] % |
|---|---|---|---|---|---|
| O | 3 | 0,5 | | 0,2 | 0 – 0,5 |
| OM | 16 | 2,9 | 3,96 | 4,1 | 6 |
| MM | 25 | 4,5 | 7,79 | 3,5 | 11 |
| UM n.i. | 90 | 16,2 | 23,01 | 13,2 | 25 |
| UM i. | 29 | 5,2 | 4,46 | 4,4 | 13 |
| OU n.i. | 163 | 29,3 | 27,91 | 16,3 | 10 |
| OU i. | 27 | 4,8 | 11,44 | 16,5 | 20 |
| UU | 108 | 19,4 | 18,92 | 19,4 | 13 |
| SV | 96 | 17,2 | 2,51 | 22,4 | 2 |
| | 557 | 100 | 100 | 100 | 100 |

1) Augenstein/Dannecker 1975
2) Eggert 1969
3) Morre/Kleining 1968

Wenn wir die soziale Schichtzugehörigkeit der vorliegenden Stichprobe mit derjenigen an öffentlichen Sonderschulen in Baden-Württemberg vergleichen, finden wir, daß die Heimkinder und die familienbetreuten Kinder zum einen aus allen Schichten stammen, zum anderen aber der Anteil der sozial Verachteten "SV" bei der Heimstichprobe mit 17 % besonders hoch liegt im Vergleich zu den familienbetreuten Kindern. Besonders interessant ist, daß wir gegenüber den von Eggert (1969) mitgeteilten Schichtzugehörigkeitsdaten weitgehend keinen Unterschied finden konnten. Da ca. 70 % der Eichstichprobe zur TBGB auch aus Heimen stammen (Bondy et. al. 1969), können wir unsere Daten als valide betrachten, und die Feststellung treffen, daß jedes 3. Kind im Heim entweder aus der unteren Unterschicht oder aus sozial verachtetem Milieu stammt, während es bei familienbetreuten Kindern nur jedes 5. Kind ist.

Für die Heimkinder gilt somit, daß ein Großteil der geistigen Behinderungen durch "Deprivationsphänomene und weitere sozio-kulturelle Faktoren mitbedingt sein muß" (Begemann 1973).

### 6.2. Ursachen der geistigen Behinderungen (Medizinische Gründe)

Geht man davon aus, daß mehr als 100 geistige Behinderung verursachenden Faktoren identifiziert wurden, so sind die in den Akten notierten Ursachen der geistigen Behinderung als dürftig zu bezeichnen. Bei rund 60 % aller Angaben lagen nur allgemeine diagnostische Klassifikationen vor.

*Tabelle 6: Ursachen der geistigen Behinderung "Allgemeinplätze"*

| Diagnose | N[+]) |
|---|---|
| Debilität | 225 |
| Schwachsinn, geistige Behinderung | 99 |
| Imbezillität | 90 |
| Idiotie | 33 |
| geistige Retardation | 32 |
| gesamt | 479 |

Präzisiertere Diagnosen bzw. Teildiagnosen konnten wir in 402 Akten finden:

*Tabelle 7: Differenziertere Diagnosen bzw. Teildiagnosen*

| Diagnose | N[+]) |
|---|---|
| Epilepsie | 83 |
| Cerebralschaden | 79 |
| Mongolismus | 57 |
| Erethie | 57 |
| Spasmen | 45 |

+) Das Gesamt-N aus Tabelle 6 und 7 stimmt nicht mit dem vorliegenden erfaßten Aktenmaterial überein, da bei einem Teil der Kinder teilweise 2 und mehr diagnostische Aussagen vorliegen, in einer Reihe von Anamnesebögen aber auch keinerlei Angaben zu Ursachen der geistigen Behinderung stehen.

| | |
|---|---|
| Cerebralparesen | 19 |
| Schwerhörigkeit | 18 |
| Hydrocephalus | 17 |
| familiär bedingt | 13 |
| Autismus | 8 |
| Contergan | 2 |
| Muskeldystrophie | 1 |
| gesamt | 399 |

Die in den Akten niedergeschriebenen medizinischen Diagnosen der geistigen Behinderung sind zu global, um abzuklären, welche Bedeutung den medizinischen Gründen und damit der Dringlichkeit zukommt, ein Kind wegen der Schwere der organischen Schädigung ins Heim zu geben. Bei einer Reihe von Fällen ist jedoch mit Sicherheit davon auszugehen, daß schwere und schwerste Formen der organischen Schädigung vorliegen, bei denen letztlich eine Unterbringung ins Heim angezeigt ist.

Die von Begemann (s.o.) aufgestellten 2 Faktorengruppen der geistigen Behinderung müssen daher weiterhin als existent und als nicht anteilmäßig gegeneinander abgrenzbar betrachtet werden.

### 6.3. Gründe der Heimeinweisung

Bei der Zusammenstellung der Gründe traten teilweise Schwierigkeiten auf, jeweils eine adäquate Zuordnung zu leisten. Es ist deshalb damit zu rechnen, daß nicht immer alle von uns vorgenommenen Zuordnungen auch wirklich den eigentlich zugrundeliegenden Motiven entsprechen (siehe hierzu auch Hartmann 1970).

#### 6.3.1. Häufigkeit der Gründe

Den 760 Personalbögen waren insgesamt 1751 Gründe zu entnehmen. Dies ergibt pro Kind durchschnittlich 2,3 Gründe. Statistisch gesehen sind also für die Heimeinweisung etwa 2 verschiedene Indikationen angeführt worden.

Diese 1751 Gründe lassen sich den folgenden 3 Kategorien zuordnen:
- Sozial-familiäre Gründe
- Heilpädagogische Gründe
- Heimverlegungen

#### 6.3.2. Sozial-familiäre Gründe

Von den 1751 Gründe entfallen allein 1041 = 60 % der Nennungen auf den Bereich der sozial-familiären Gründe. Aus dem bisher Diskutierten ergab sich, daß im Bereich der sozialen Schichtzugehörigkeit zwischen institutionalisierten und nicht-institutionalisierten geistig Behinderten eine Diskrepanz vorwiegend im Bereich der sozialen Schichtzugehörigkeit "SV" vorliegt, und daß sozio-kulturelle Faktoren einen wesentlichen Anteil bei der Heimeinweisung spielen können. Es ist deshalb nicht überraschend, daß die sozial-familiären Gründe die größte Gruppe repräsentieren. Die sozial-familiären Gründe unterteilen wir – wenn auch etwas willkürlich – in 2 Teilbereiche:

– Versagen des Familienverbandes bzw. Krisensituationen innerhalb des Familienverbandes und
– Verhaltensstörungen-auffälligkeiten des geistig behinderten Kindes.

6.3.2.1. Versagen des Familienverbandes bzw. Krisensituationen innerhalb des Familienverbandes.

Allein auf diesen Teilbereich entfallen 955 Angaben = 55 %. Welche speziellen Krisen- und Versagenssituationen des Familienverbandes sich ergaben, zeigt Tabelle 8.

*Tabelle 8: Krisensituationen innerhalb des Familienverbandes*

| Krisensituationen | N | %+) | %++) |
|---|---|---|---|
| gestörte Familienverhältnisse | 378 | 39 | 22 |
| erzieherische Überforderung der Eltern | 165 | 17 | 9 |
| Krankheit und/oder nervliche Überlastung | 124 | 13 | 7 |
| Verwahrlosung (sittl. Gefährdung, mangelnde Aufsichtspflicht der Eltern) | 111 | 12 | 6 |
| intellektuelle Insuffizienz der Eltern | 52 | 5 | 3 |
| Ablehnung des Kindes | 45 | 5 | 3 |
| Mißhandlung des Kindes | 36 | 4 | 2 |
| Beeinträchtigung der Berufsausübung | 17 | 2 | 1 |
| Familie mit mehreren geistig Behinderten | 16 | 2 | 1 |
| unzureichende Wohnverhältnisse | 7 ⎫ | | |
| Sorge der Eltern, was mit dem Kind nach ihrem Tod geschieht | 1 ⎬ ‹1 | | 0,6 |
| Eltern wünschen sich noch weitere Kinder | 2 ⎪ | | |
| Geschwisterrivalität | 1 ⎭ | | |
| gesamt | 955 | 100 | 54,6 |

+) Bezug: 955 Gründe
++) Bezug: 1751 Gründe (Gesamtgründe)

Ein Vergleich der von uns festgestellten Gründe mit den in der Literatur diskutierten Kriterien (s.o.) zeigt, daß einige Aspekte nicht explizit in dem Kriterienkatalog (Kaptl. 1.) beachtet wurden, z.B. die intellektuelle Insuffizienz der Eltern, Mißhandlungen der Kinder oder Verwahrlosungserscheinungen, andere Bereiche dagegen zu stark gewichtet zu sein scheinen, indem sie speziell von einigen Autoren erwähnt wurden, wie etwa Entwicklungsbeeinträchtigungen der Geschwister oder unzureichende Wohnverhältnisse.

Im Folgenden sollen zu einzelnen Gründen in Kürze einige zusätzliche Anmerkungen gegeben werden:

Gestörte Familienverhältnisse:

Balzer/Rolli (1975) gehen davon aus, daß jede Geburt eines behinderten Kindes sowie auch postnatal auftretende Schädigungen eine enorme psychische und physische Belastung des Familienverbandes mit sich bringen. Diese Krisensituation trifft auf eine instabile und gefährdete, weitgehend isolierte Kleinfamilie, die nicht mehr in einem größeren sozialen Gesamtverband, etwa in der Großfamilie, sich Unterstützung und Ratschläge holen kann. In einer solchen Kleinfamilie sind deshalb besonders enge Beziehungen der Ehepartner notwendig. Besteht eine solche gegenseitige enge Beziehung und Abhängigkeit der Ehegatten in solchen Krisensituationen nicht oder nur unzureichend, so ist ein Auseinanderbrechen der familiären Beziehungen oft die Folge. Es ist deshalb nicht verwunderlich, daß ein Großteil der Kinder im Heim aus gestörten Familienverhältnissen kommt oder sich aus unvollständigen Familien rekrutiert.

Einen besonders hohen Anteil nehmen hierbei die nicht ehelichen Kinder ein, gefolgt von der zweitgrößten Gruppe, den Kindern aus geschiedenen Ehen. In beiden Gruppen handelt es sich um Kinder alleinstehender Mütter. Diese Mütter, vorurteilsbehaftet, sozial stigmatisiert, dem Zwang zur Berufstätigkeit unterworfen, befrachtet mit wirtschaftlichen und emotionalen Sorgen, sind in ihren Nöten und Ängsten um ihr geistig behindertes Kind weitgehend allein gelassen. Der oft letzte Ausweg, das Kind ins Heim geben zu müssen, ist deshalb meistens nicht zu vermeiden.

Erzieherische Überforderung der Eltern bzw. eines Elternteils:

Wir konnten hier feststellen, daß die durchschnittliche Kinderzahl pro Familie mit etwa 4,5 Kindern am höchsten liegt und das geistig behinderte Kind durchschnittlich den 2,3. Platz in der Geschwisterreihe einnimmt. Vermutlich liegt hierin mit ein Ansatzpunkt der Überforderung. Eine Mutter mit 3-4 'normalen' Kindern braucht schon — wie Strehle argumentiert (1974) — den ganzen Einsatz ihrer Kräfte. Ein behindertes Kind nimmt zusätzliche Zeit und Kraft in Anspruch, so daß die Mutter bei insgesamt durchschnittlich 4,5 Kindern vor einer "schlechthin nicht mehr zu bewältigenden Aufgabe" (Speck 1970) steht, da dem geistig behinderten Kind noch 2-3 jüngere Geschwister folgen. Da das behinderte Kind keine normale Entwicklung durchläuft, zusätzliche Zuwendung und Aufsicht von der Mutter verlangt, sie zu einer "permanenten Streßsituation" (Budweg 1973) führt, bedeutet dies, daß das behinderte Kind mit zunehmendem Alter keine Entlastung, sondern eine Belastung darstellt und von der Mutter dann nur ein Ausweg gesehen wird, nämlich denjenigen ins Heim.

Hinzu kommt noch, daß die, mit der Erziehung überforderten Eltern vorwiegend der oberen und der unteren Unterschicht und den sozial Verachteten zuzurechnen sind.

Zusammenfassend kann man sagen, daß nicht nur eine große Kinderzahl und damit verbunden ein Rangplatz von 2,3 des behinderten Kindes in der Geschwisterreihe mit für die Erziehungsunfähigkeit verantwortlich sein kann, sondern daß hier vor allem auch sozio-kulturelle Variablen (Unterschicht, gestörte Familienverhältnisse und Persönlichkeitskomponenten) mit ausschlaggebend sind.

## Krankheit und/oder nervliche Überlastung der Eltern bzw. eines Elternteils

Die Geburt eines geistig behinderten Kindes führt nicht selten zu unerwünschten Persönlichkeitsveränderungen bei den Eltern, besonders aber bei der Mutter.

Eine Trennung nach somatischen, psychischen und reaktiven Leiden ist somit bei den meisten angegebenen Gründen nicht oder nur schwer möglich. Kennzeichnend ist jedoch für diese Kategorie, daß das durchschnittliche Alter der Eltern hier am höchsten liegt und daher eine Reihe von Krankheiten auch altersbedingt sein können.

Fast 15 % aller Angaben innerhalb dieser Kategorie sind durch Alkoholismus verursacht. Diese Gründe weisen, wie auch die unten angeführten auf eine besondere soziale Dringlichkeit für eine vorzunehmende Heimeinweisung hin.

## Verwahrlosung und Mißhandlung

Bei diesen Gründen liegt eine angeordnete Fürsorgeerziehung (FE) vor, d.h. daß die Aufnahme der Kinder ins Heim meist umgehend erfolgte, nachdem die Gefährdung und das Vergehen gegenüber dem Kind entdeckt wurde.

Bei diesen Eltern ist davon auszugehen, daß sie ein unstetes, vorwiegend die eigenen Bedürfnisse berücksichtigendes Leben führen, dem Kind somit keine verantwortungsbewußte und hinreichende Pflege und Erziehung gewähren oder es sogar mißhandeln und damit die psychische und intellektuelle Entwicklung des Kindes auf allen Gebieten schwer beeinträchtigen.

Zu berücksichtigen ist, daß sicher die Dunkelziffer in diesem Bereich hoch liegt, vor allem wenn man bedenkt, daß ein nicht unerheblicher Teil der Kinder aus soziokulturell vernachlässigtem Milieu stammt.

## Intellektuelle Insuffizienz

Der Großteil dieser Eltern bzw. ein Elternteil sind selbst 'debil' bzw. geistig behindert. Solche Eltern sind nicht oder nur unzureichend in der Lage, eine angemessene, planende Betreuung eines geistig behinderten Kindes zu übernehmen und zu tragen.

## Ablehnung des Kindes

In 45 Fällen gelang es den Eltern bzw. einem Elternteil nicht, ihr behindertes Kind zu akzeptieren. Die Vielzahl möglicher Ursachen dafür können jedoch hier nicht diskutiert werden. Zu vermuten ist, daß diese Eltern weitgehend beim Aufbau einer adäquaten Einstellung zu ihrem behinderten Kind allein gelassen wurden.

6.3.2.2. Verhaltensstörungen-auffälligkeiten des geistg behinderten
Kindes

Nur ein kleiner Teil der Gründe (N=86 = 5 %) entfällt auf Verhaltensstörungen
beim geistig behinderten Kind.'Nicht abklärbar ist, ob die unten skizzierten Ursachen organischen Prozessen oder milieureaktiven Ursachen zuzuordnen sind.

*Tabelle 9: Verhaltensstörungen des geistig behinderten Kindes*

| Verhaltensstörungen | N | % +) | % ++) |
|---|---|---|---|
| Aggressivität | 22 | 25 | |
| Gefahr für andere | 18 | 21 | |
| erziehungsschwierig | 17 | 20 | 5 |
| erethisch, motorische Unruhe | 16 | 19 | |
| verhaltensauffällig | 8 | 9 | |
| nicht gemeinschaftsfähig | 5 | 6 | |
| gesamt | 86 | 100 | 5 |

+) Bezug: 86 Gründe
++) Bezug: 1751 Gründe (Gesamtgründe)

6.3.2.3. Zusammenfassende Bewertung

Bei den meisten genannten sozial-familiären Gründen liegt die soziale Dringlichkeit offen zutage, da der Familienverband — aber nicht nur der, sondern auch die
öffentlichen Institutionen versagten. Gerade in den von uns aufgezeigten Fällen,
wo die Geburt eines behinderten Kindes eine enorme Belastung der Familienkon-
stellation mit sich bringt, müßten gezielt und dauernd diesen gefährdeten Familien Fachkräfte zur Seite gegeben werden, um aufgepfropfte sozio-kulturelle
Schädigungen und damit die Schwere der geistigen Behinderung schon im Früh-
bereich aufzufangen.

6.3.3. Heilpädagogische Gründe

*Tabelle 10: Heilpädagogische Gründe*

| Heilpädagogische Gründe | N | %+) | %++) |
|---|---|---|---|
| Schulische Förderung | 344 | 64 | 19 |
| Pflegebedürftigkeit | 138 | 25 | 8 |
| berufliche Förderung | 42 | 8 | 2 |
| spez. Erlernen von Verhaltensweisen | 17 | 3 | 1 |
| gesamt | 541 | 100 | 30 |

+) Bezug: 541 Gründe
++) Bezug: 1751 Gründe (Gesamtgründe)

'Heilpädagogische' Gründe wurden am zweithäufigsten genannt. Nicht zu er-

51

warten war, daß 19 % aller genannten Gründe sich auf eine schulische Förderung bei geistig behinderten Kindern beziehen,da das öffentliche Sonderschulwesen für Geistigbehinderte in Baden-Württemberg differenziert ausgebaut ist.

Bei einer Analyse dieser "Schulischen Förderungsgründe" ergab sich die interessante Feststellung, daß der Wunsch nach einer dem Kind angemessenen Schulbildung in den Jahren 1961 - 1969 wesentlich häufiger geäußert wurde (rund 45 %) als in den Jahren 1970 - 1972/73, wo nur noch rund 13 % der Anträge mit gleicher Begründung gestellt wurden. Die Ursachen für die Abnahme dieser Gründe mag darin zu suchen sein, daß es vor 1966 und in den Jahren bis 1970 noch sehr wenige Schulen für geistig behinderte Kinder und Jugendliche gab. Die Eltern waren zu jener Zeit fast ausschließlich auf die wenigen Einrichtungen der Lebenshilfe angewiesen — oder sie mußten den Versuch unternehmen, ihr Kind in einem Heim unterzubringen. Mit zunehmender Anzahl der Sonderschulen für Geistigbehinderte in den letzten Jahren wurde für immer mehr geistig behinderte Kinder der Besuch einer ihrer Begabung entsprechenden öffentlichen Schule ermöglicht.

Anträge, die in den Jahren 1970 - 1974 wegen schulischer Förderung vorgebracht wurden, waren in den weitaus meisten Fällen mit sozialen Gründen wie z.B. schlechten häuslichen Verhältnissen gekoppelt.

## 6.3.4. Heimverlegungen

Die Lebenshilfe geht von Erfahrungswerten (Hill 1971) aus, daß nur ca. 28 % der geistig behinderten 7 bis 17-jährigen Heimkinder in speziellen Heimen für Geistigbehinderte untergebracht wurden. Es ist deshalb nicht überraschend, daß wir innerhalb unserer Erhebung einen Anteil von 169 = 10 % Kindern fanden, bei denen ein Wechsel von einer Institution in eine andere Institution vorgenommen werden mußte, weil eine Reihe von Gegebenheiten das Verbleiben in dem bisherigen Heim nicht mehr zuließen. Welche speziellen Gründe für die Ausgliederung aus dem vorherigen Heim genannt wurden, zeigt untenstehende Tabelle.

*Tabelle 11: Heimverlegungen*

| Gründe der Heimverlegungen | N | % +) | % ++) |
|---|---|---|---|
| schlechtes Vorbild, wegen schlechter häuslicher Verhältnisse, für normale Kinder eine Zumutung, gefährdet andere Kinder | 67 | 40 | 4 |
| Kind kann nicht genügend gefördert werden, pflegebedürftig | 51 | 30 | 3 |
| Überforderung des Normalheims | 24 | 14 | |
| Kind im Heim nicht mehr tragbar | 17 | 10 | 3 |
| wegen Erreichen der Altersgrenze | 10 | 6 | |
| gesamt | 169 | 100 | 10 |

+) Bezug: 169 Gründe
++) Bezug: 1751 Gründe (Gesamtgründe)

Die Heimunterbringung dieser Kinder erfolgte ursprünglich bei einem Großteil der Fälle ebenfalls wegen sozial-familiärer Gründe, so daß wir im gesamten davon auszugehen haben, daß ca. 2/3 aller heimeingewiesenen Kinder und Jugendlichen diesem Bereich entstammen.

Diese Verlegungen aus einem Heim in ein dem Kind angemesseneres Heim legt die Vermutung nahe, daß besonders gefährdete Kinder, etwa aufgrund einer Notsituation bzw. Notlage (Verwahrlosung, Mißhandlung) vom Jugendamt auf freie Heimplätze vermittelt werden mußten, ohne differenziert abklären zu können, ob das ausgewählte Heim auch der besonderen gegenwärtigen und zukünftigen Situation eines geistig behinderten Kindes in Verbindung mit angezeigter Fürsorgeerziehung gerecht werden kann. So stellte sich dann erst im Verlauf der Zeit heraus, daß solche Kinder nicht genügend gefördert werden können, sie untragbar werden, oder daß ihr 'schlechtes Vorbild' für normale Heimkinder eine Zumutung wird.

Da man weiß, daß ein "häufiger Wechsel der Lebensbedingungen ungefähr das Ungünstigste ist, was man einem Kind zumuten kann und völlig ungeeignet ist, um eine harmonische und festgefügte Charakterbildung zu entwickeln" (Dührssen 1969), sollte der Vorschlag Stuttes (1972) auf seine Realisierbarkeit überprüft werden, "diagnostische Schleuseneinrichtungen zu schaffen, um die Heime vor allzu oft überstürzter Noteinweisung abzuschirmen, denen sie sich binnen kurzem nicht gewachsen fühlen".

Die von Dührssen (1969) hervorgehobene Begründung – der Überscheitung der Altersgrenze spezieller Heimeinrichtungen – für die Heimverlegung konnte bei unseren untersuchten Kindern nur bei 10 Fällen festgestellt werden. Sie ist somit als unbedeutend bzw. als nicht relevant zu betrachten.

## 6.4. Alter der Kinder

### 6.4.1. Alter der Kinder bei der ersten Antragstellung

Balzer/Rolli (1975) schreiben, daß "die Verdrängung der Realität durch die Eltern aus Angst vor Frustrationen ihrer Ambitionen, aus Enttäuschung, gekränkter Eigenliebe und aus Angst vor der Bedrohung ihres Ich der Normalfall ist. Trotz sichtbarer Symptome und der Ahnung, daß sich ihr Kind nicht normal entwickeln wird, können die Eltern kaum den Mut aufbringen, der Wirklichkeit ins Gesicht zu sehen". Die Aufrechterhaltung der Verdrängung fällt im Kleinkindstadium verhältnismäßig leicht, da die noch kaum entwickelten Merkmale der Behinderung im Vergleich mit gesunden Kindern noch nicht so stark auffallen.

Behinderte werden deshalb oft zu Beginn der Schulpflicht auffällig, wenn der Entwicklungsmangel zunehmend deutlicher und meßbarer wird und die soziale Situation zur Auswirkung kommt. Viele Eltern kommen deshalb gerade zu diesem Zeitpunkt, wenn entsprechende Förderangebote, Unterstützungen, Beratungen usw. fehlen, nicht mehr mit ihrem geistig behinderten Kind zurecht. Bei den von uns erfaßten Heimkindern können wir diese Behauptung quantitativ unterstützen, denn bei der ersten Anfrage nach einer Heimunterbringung ergab sich, daß die Kinder im Durchschnitt 7;4 Jahre alt waren. Eine besonders starke Anfragehäufigkeit mit rund 50 % fällt gerade in diesen Zeitraum zwischen 5 und 8 Jahren.

*Tabelle 12: Alter der Kinder bei der ersten Antragstellung N= 714*

| Alter | 1 | 2 | 3 | 4 | 5 | 6 | 7 | 8 | 9 | 10 | 11 | 12 | 13 | 14 | 15 | 16 | 17 |
|---|---|---|---|---|---|---|---|---|---|---|---|---|---|---|---|---|---|
| N | 7 | 19 | 46 | 45 | 78 | 92 | 105 | 102 | 55 | 56 | 28 | 30 | 17 | 16 | 9 | 4 | 5 |

Für die Häufung in diesen Altersstufen glaubt Eggert (1969) das Fehlen von Frühuntersuchungen verantwortlich machen zu können, da sicherlich bei einem Teil der Eltern die Behinderung — besonders bei jenen geistig behinderten Kindern, die familiär geschädigt sind — nicht bemerkt wurde. Die Frage kann deshalb nicht ausbleiben, ob ein zu spätes Erkennen der Behinderung und mangelnde öffentliche Hilfestellung nicht bei geeigneter Frühdiagnose und Frühtherapie in der Schwere hätte gemildert werden können. Aus dem Kenntnisstand der diskutierten Gründe ist die Frage eindeutig mit Ja zu beantworten.

Die Häufung der Antragstellungen zwischen 5-8 Jahren kann aber auch durch die besondere, den Eltern und/oder den Institutionen bekannte Aufnahmepraxis der Heime bedingt sein. So nehmen einige Heime geistig behinderte Kinder frühestens zum Zeitpunkt des Beginns der Schulpflicht auf.

6.4.2. Alter der Kinder bei der Aufnahme ins Heim

Wenn Eltern vor der Entscheidung standen, ihr Kind ins Heim zu geben bzw. wenn Fürsorgeerziehung angeordnet worden war, so wurde die Heimunterbringung entsprechend vorliegendem Datenmaterial vorwiegend wegen eines sozial-familiären Notstandes gesucht. Wir können also bei den meisten Anfragen nach Heimunterbringung bzw. Heimerziehung davon ausgehen, daß es sich um dringende soziale Fälle handelte.

Unser Ziel war deshalb, festzustellen, wie einem solchen Dringlichkeitsgebot nach möglichst rascher Heimunterbringung nachgekommen werden konnte. Wir ermittelten daher die durchschnittlichen Wartezeiten die zwischen der ersten Antragstellung und dem Zeitpunkt der Heimaufnahme verfloß (N= 683; bei 77 Akten lagen entweder keine Angaben zum 1. Aufnahmegesuch oder zur Heimaufnahme vor).

*Tabelle 13: Alter der Kinder bei der Aufnahme ins Heim N= 694*

| Alter | 1 | 2 | 3 | 4 | 5 | 6 | 7 | 8 | 9 | 10 | 11 | 12 | 13 | 14 | 15 | 16 | 17 | 18 | 19 | 20 |
|---|---|---|---|---|---|---|---|---|---|---|---|---|---|---|---|---|---|---|---|---|
| N | | 2 | 7 | 18 | 44 | 47 | 81 | 101 | 84 | 83 | 55 | 55 | 17 | 36 | 31 | 14 | 9 | 4 | 4 | 1 | 1 |

Bei den von uns erfaßten Kindern ergab sich, daß eine Heimunterbringung erst im Alter von durchschnittlich 8; 6 Jahren erfolgte, sich also eine durchschnittliche Wartezeit von etwa 1; 2 Jahren zwischen der ersten Anfrage und dem Zeitpunkt der vollzogenen Heimunterbringung ergab.

Daß eine so lange Wartezeit (in ca. 9 % aller Fälle 3 Jahre und länger, im Extremfall bis zu 8; 2 Jahren), vor allem wenn den betroffenen Familien keine ambulante Hilfe zwischenzeitlich gewährt wird, in den meisten der angesprochenen Fälle zu lange dauert, muß bei der Kenntnis der vorliegenden Gründe und Biographien der Kinder in den meisten Fällen als besonders gravierend angesehen werden.

## 7. Schlußbetrachtung

Die Gründe, die zur Heimeinweisung von geistig behinderten Kindern und Jugendlichen in den von uns untersuchten 7 Heimen in Baden-Württemberg führten, können hinreichend nach 3 Ursachergruppen differenziert werden:

1. Sozial-familiäre Gründe
2. Heilpädagogische Gründe
3. Heimverlegungen

Die in der Literatur diskutierten Heimeinweisungsgründe konnten somit weitgehend bestätigt und gleichzeitig Aussagen zu ihrer Gewichtigkeit gegeben werden.

Leider war es nicht möglich, die medizinischen Gründe auf ihre Bedeutung für die Heimunterbringung hin zu erfassen.

Der häufig in der Literatur angesprochene Entscheidungsspielraum der Eltern (Sporken 1975), ein Kind ins Heim abzugeben oder es zu Hause zu belassen, war in den weitaus meisten Fällen unserer Stichprobe irreal. In nur 130 Fällen waren es die Eltern, die ihr Kind ins Heim "einwiesen" und damit die Möglichkeit hatten, das Für und Wider der Institutionalisierung abzuwägen. In allen anderen 482 (148 Akten waren ohne Angabe der einweisenden Stelle) Fällen waren öffentliche Institutionen (Gesundheits-Jugend-Sozialämter, Wohlfahrtsverbände, Kliniken, Kirchliche Institutionen usw.) die anordnende oder einweisende Stelle; d.h. beim Großteil der Heimkinder fand das JWG Anwendung, weil die Erziehungsberechtigten versagten oder eine Gefährdung der Kinder vorlag.

Aus den vorliegenden Daten ergibt sich, daß die Heimerziehung ein wesentliches Aufgabenfeld abzudecken hat, vor allem da, wo minimale Erziehungsvoraussetzungen in der Familie unterschritten werden, die eine optimale Entwicklung des behinderten Kindes unmöglich werden lassen.

Durch die Schaffung von kommunalen 'Frühberatungsstellen', die nicht nur momentane Erziehungsprobleme angehen, sondern eine kontinuierliche Betreuung gewährleisten und ermöglichen sollten, könnte sicherlich eine nicht unerhebliche Anzahl bis jetzt notwendig gewordener Heimeinweisungen aufgefangen werden.

Damit erwachsen auch dem Lehrbereich Geistigbehindertenpädagogik neue Aufgaben, die den Rahmen der Vorbereitung auf die schulischen Interventionsmöglichkeiten sprengen müssen – neue Aufgaben, die sich etwa mit einer speziellen Ausbildung in der Frühberatung, Frühbetreuung, Elternhilfe, der Ausbildung von Eltern zu Cotherapeuten beschäftigen.

Die Resultate erbrachten weiterhin, daß diese Kinder aus broken home-situations "schwierig sein werden – ja sie müssen schwierig sein dürfen wegen ihres sozialen Hintergrundes" (Mehringer 1976). Der Erzieher im Heim hat sich auf diese Situation langfristig einzustellen; er hat die aufgezeigten Gründe als Bedingungshintergrund bei einem vorgefundenen Verhalten mit zu berücksichtigen, und er muß daraus geeignete pädagogische Fern- und Nahmaßnahmen – selbstverständlich unter Hinzuziehung weiterer Aspekte – ableiten.

Die aufgezeigten Gründe sind auch als Ansatzpunkt zur Schaffung für vorbeugende Maßnahmen zu verstehen, um den Heimaufenthalt von Kindern, wenn nicht auszuschließen – was nach den bisherigen Erfahrungen häufig nicht möglich sein wird – so doch auf Fälle einzuschränken, die mit ambulanter Erziehungshilfe nicht aufgefangen werden können. "Denn nach Wirz gibt es außerhalb der Familie keine andere Familie als Äquivalent." (Stöckmann 1973).

## Literatur

Aldrich, A.C.: Preventive medicine and mongolism. Am. J. ment. Defic. 52, 1947, 127 - 129.

Augenstein, B. und Dannecker, U.W.: Fragebogenerhebung zum Sozialstatus der Eltern von bildungsschwachen Kindern in Baden-Württemberg. Unveröffentl. wiss. Hausarbeit Reutlingen 1975.

Balzer, B. und Rolli, S.: Sozialtherapie mit Eltern Behinderter. Weinheim, Basel 1975.

Begemann, E.: Behinderte – eine humane Chance unserer Gesellschaft. Berlin 1973.

Bondy, C. et. al.: Eine Testbatterie für geistig behinderte Kinder. Weinheim 1969.

Budweg, P.: Die Stellung geistigbehinderter Kinder in der Geschwisterreihe und ihr Einfluß auf die Familiengröße. Z. Heilpäd. 24, 1973, 36 - 41.

Diakonisches Werk: Empfehlungen des Diakonischen Werkes – Innere Mission und Hilfswerk- der Evangelischen Kirche in Deutschland für die Pflege, Therapie und Förderung geistig Behinderter in Heimen und Anstalten 1974.

Dittmann, K.: Gründe der Heimeinweisung bei geistig behinderten Kindern, aufgezeigt am Beispiel der Mariaberger Heime. Unveröffentl. wiss. Hausarbeit Reutlingen 1973

Dührssen, A.: Heimkinder und Pflegekinder in ihrer Entwicklung. Göttingen 1969.

Eggert, D.: Ein Beitrag zur Sozial- und Familienstatistik von geistig behinderten Kindern. In: Zimmermann, K.W. (Hrsg.) Neue Ergebnisse der Heil- und Sonderschulpädagogik. Bonn-Bad Godesberg 1969.

Farrell, M.J.: The adverse effects of early institutionalisation of mentally subnormal children. Am. J. dis. child. 91, 1956, 278 - 281

Harbauer, H.: Geistig Behinderte. Stuttgart 1971.

Hartmann, H.: Psychologische Diagnostik Urban Tb. Nr. 135, 1970.

Hill, F.: Behinderte Kinder – vernachlässigte Kinder. Göttingen 1971.

Kupffer, H.: Aktuelle Probleme der Heimerziehung. VHN 45, 1976, 117 - 127.

Mehringer, A.: Heimkinder. München 1976.

Moore, H. und Kleining, G.: Das soziale Selbstbild der Gesellschaftsschichten in Deutschland, Kölner Z. f. Soziol. Sozialpsych. 12, 1960, 86-119.

Rett, A.: Das hirngeschädigte Kind. Wien 1971.

Speck, O.: Der geistigbehinderte Mensch und seine Erziehung. München/Basel 1970.

Speck, O. und Thalhammer, M.: Die Rehabilitation der Geistigbehinderten. München/Basel 1974.

Sporken, P.: Eltern und ihr geistig behindertes Kind. Düsseldorf 1975

Statistisches Landesamt Baden-Württemberg (Hrsg.) Schulverzeichnis Baden-Württemberg 1975, 6. Sonderschulen. Stuttgart 1975.

Steinebach, A.: Gründe der Heimeinweisung bei geistig behinderten Kindern und Jugendlichen. Unveröffentl. wiss. Hausarbeit Reutlingen 1974

Stöckmann, F.: Das geistig behinderte Kind im Heim. Berlin 1973

Stone, D. and Parnicky, J.J.: Factors in child placement: Parental response to congenital defect. Social work 11, 1966, 35 - 43.

Strehle, K.: Gründe der Heimeinweisung bei geistig behinderten Kindern und Jugendlichen. Unveröffentl. wiss. Hausarbeit Reutlingen 1974.

Stutte, H.: Zur Problematik der Heimerziehung. VHN 41, 1972, 43-47.

# Kommunikationsprobleme im Unterricht geistigbehinderter Schüler

*Siegfried Klöpfer*

Verehrte Kolleginnen und Kollegen,*
ich vermute, daß Sie mit mir darin übereinstimmen werden, daß Geistigbehinderte in ihrer Fähigkeit zu kommunizieren, behindert sind. Sie werden ebenfalls mit mir übereinstimmen, daß es Aufgabe der Förderung geistigbehinderter Schüler sein muß, ihre Kommunikationsfähigkeit weitmöglichst zu entwickeln. Ziel meiner Ausführungen soll sein, Sie auf den Sachverhalt der *Kommunikation im Unterricht* hinzuweisen, sowie eine Möglichkeit anzudeuten, wie Sie Ihre Schüler im *Rahmen des Unterricht* im Bereich Kommunikation fördern könnten. Gestatten Sie mir jedoch zunächst, den eingangs behaupteten Konsens etwas näher zu beleuchten.

Autoren der Geistigbehindertenpädagogik, die sich zum Fragenbereich Kommunikation geäußert haben, würden dem eingangs behaupteten Konsens zustimmen. Befragt man sie jedoch, was ihnen am Begriff der Kommunikation wichtig erscheint, so kommt man zu ziemlich divergierenden Vorstellungen. Speck und Thalhammer beispielsweise verstehen darunter das Gesamt des mitmenschlichen In-Beziehung-tretens (vgl. Speck 1972, S. 42 ff., Thalhammer 1974, S. 48 ff.). Atzesberger (1975) und Wilken (1976) richten ihr Augenmerk auf Sprache als linguistisches System, wobei Etta Wilken ihre „Sprachförderung bei Kindern mit Down-Syndrom" – so der Titel – auf den physiologisch-phonetischen Aspekt konzentriert. Es setzen aber nicht nur verschiedene Autoren je unterschiedliche Schwerpunkte. Der Kommunikationsbegriff kann sich auch beim einzelnen Autor wandeln. So bei Atzesberger. In den ersten beiden Auflagen seines Buches (1967, 1970) beschreibt er die Sprache Geistigbehinderter als Phänomen, das sich mehr oder weniger losgelöst von den Situationen, in denen kommuniziert wird, betrachten läßt. In der 3. Auflage (1976) jedoch wird Sprache im aktuellen Verwendungszusammenhang stärker berücksichtigt als früher (vgl. z.B. die Zielkataloge der Seiten 88/89). Diese Beispiele zeigen, daß es notwendig ist, das Allerwelts- und Modewort Kommunikation für unser Belange zu präzisieren.

## 1. Was ist Kommunikation?
Definitionen dessen, was Kommunikation ist, gibt es viele (vgl. Baacke, 1973). Ich möchte Ihnen als Beispiel eine sehr weite Definition von Kommunikation geben:

---

* Die Ausführungen sind im Vortragsstil belassen. Die Arbeitshilfen für die Zuhörer sind als Material angefügt.

Watzlawick und Mitautoren (1969) definieren Kommunikation sinngemäß folgendermaßen: Alles Verhalten in einer zwischenpersönlichen Situation hat Mitteilungscharakter, d. h. es ist Kommunikation (vgl. S. 51). Diese Definition scheint mir für unsere Zwecke, d.h. für didaktische Zwecke, zu weitläufig zu sein. Ich wähle deshalb eine engere Definition. Sie bezieht sich auf *intentionales Interagieren* von Menschen. Kommunikation nach diesem Verständnis wäre eine „gewollte Beziehung, die ein Ergebnis anstrebt" (Baacke, S. 54). Es ist wichtig, *Kommunikation im Hinblick auf Interaktion zu sehen.* Interaktion wäre der Oberbegriff für jede Art menschlicher Kooperation. Sie wird jedoch erst dann zur Kommunikation, wenn menschliches Verhalten Zeichencharakter erlangt (vgl. Baacke, S. 52). So meint dann auch Haseloff, daß sich „alles kooperative, kompetitive (werbende - S.K.) oder agonale (wetteifernde - S.K.) Handeln, also jegliche Interaktion nur verwirklichen" (kann), „sofern ihr Kommunikationsprozesse vorausgehen und sie sodann begleiten: Wechselseitig aufeinander bezogenes Handeln zwischen Sozialpartnern ist nicht möglich ohne den Austausch von Zeichen" (1969, S. 152).

Bezieht man den referierten Definitionsversuch auf Unterricht, so zeigt sich, daß Kommunikation ein zentraler Bestandteil des Unterrichts ist. So verstandene Kommunikation läßt sich aufteilen

a) in Kommunikation, die sich *verbal* vollzieht,

b) in Kommunikation, die *nichtverbal* geschieht, etwa die sogenannte „Körpersprache" oder Riten, die von einer Versprachlichung des „kommunikativ intendierten Sinns entlastet" sind (Baacke, S. 261, 1970), sowie

c) in Kommunikation, bei der *sprachliche Elemente und nichtsprachliche Elemente* gleichzeitig auftreten.

Ich habe bei meinem Bemühen um Klärung des Sachverhalts bisher unerwähnt gelassen, daß Kommunikation nicht beliebig geschieht. *Kommunikation ist nach Regeln organisiert* (vgl. Baacke, S. 55). Dies ist unmittelbar einsichtig, wenn man an, durch grammatische Regeln gesteuerte, verbale Kommunikation denkt. Aber nicht nur die Produktion von Sätzen ist regelgeleitet. Alle Kommunikation ist, wenn sie als in Zeichen gefaßte Übermittlung von Bedeutung verstanden wird, regelgeleitet (vgl. dazu Herrlitz, 1973, S. 10).

Die jeweilige Struktur einer Kommunikation bzw. die eine Kommunikationsstruktur erzeugenden Regeln sind ausgebildet aufgrund einer Reihe kommunikationsbedingender Faktoren (vgl. Heringer 1974, S. 195). Ich nenne dazu nur einige Stichworte:

a) die äußeren Bedingungen, in denen die Kommunikation stattfindet (raumzeitliche Gegebenheiten);

b) die Dispositionen der Kommunikanden (die aufgrund einer individuellen Lerngeschichte erworben bzw. durch biologische Faktoren vorgegeben sind);

c) dem Inhalt der Kommunikation (vgl. Steger/Schütz, in: Lehrgang Sprache 1974, S. 938 ff; Haug/Rammer 1974, S. 53 ff; Baacke, S. 287 ff; Bühler 1972, S. 38 ff).

Die eben genannten Faktoren konstituieren, im Verein mit dem bisher über Kommunikation gesagten, die jeweilige Kommunikationssituation. Geistigbehinderte sollten die Fähigkeit erwerben, in *Kommunikationssituationen* mit Hilfe von Zeichen und Zeichenkomplexen *handeln zu können.* Diese Fähigkeit, besser gesagt, dieses Bündel von Fähigkeiten wird 'kommunikative Kompetenz' genannt.

## 2. Kommunikation bzw. Kommunikationsstrukturen im Unterricht geistigbehinderter Schüler

Lassen Sie mich diese Ausführungen auf Unterricht bei Geistigbehinderten anwenden. *Daß* im Unterricht kommuniziert wird, steht außer Frage. Für den Lehrer von Interesse ist, *wie* kommuniziert wird. Fragt und sucht ein Lehrer geistigbehinderter Schüler unter diesem Interesse, so wird er bald merken, daß er von der Literatur bisher ziemlich im Stich gelassen ist. Wohl kann er sich aus der Literatur für die Regelschulen einige Information besorgen und unter vielerlei Vorbehalten auf seine unterrichtliche Situation übertragen. Ich denke dabei beispielsweise an die Autoren Bellack u.a. (1974), Bühler (1972), Jungblut (1974), Priesemann (1971), Spanhel (1973), Heinze/Schulte (1975), Tausch (1962), Wieczerkowski (1965), Roeder/Schümer (1976). Für sein eigentliches Arbeitsfeld findet der Lehrer jedoch nur eine einzige Arbeit, einen Aufsatz von Heinemann (1975). In diesem Artikel untersucht der Autor „Ausmaß, Struktur und sozialen Bezug von Gesprächen" in zwei Mittelstufengruppen geistigbehinderter Kinder. Er weist mit Hilfe statistischer Verfahren nach, daß auch für den Unterricht bei Geistigbehinderten gilt, was für den Unterricht in Regelschulen gefunden wurde:

In der unterrichtlichen Kommunikation finden sich „regelmäßige Beziehungen", die trotz des zufällig und komplex anmutenden Kommunikationsgeschehens in Unterrichtsstunden für Teilaspekte gewisse Voraussagen über Kommunikation ermöglichen (vgl. Tausch, in Spanhel (1973), S. 275).

Dieses Ergebnis überrascht den Praktiker nicht. Viel interessanter wäre für ihn - wie schon gesagt - zu erfahren, *wie* unterrichtliche Kommunikation strukturiert ist. Ihnen darüber umfassende Auskunft zu geben, bin ich nicht in der Lage. Dies ist auch nicht die Aufgabe dieser Veranstaltung. Jedoch an einigen Beispielen möchte ich Ihnen zeigen, wie unterrichtliche Kommunikation strukturiert sein kann:

*Beispiel 1*

Betrachten Sie bitte den Unterrichtsausschnitt auf Arbeitsblatt I. Sie werden

60

feststellen, daß dort in erheblichem Maße nonverbal kommuniziert wird. Dieser Kommunikationsmodus wird in Untersuchungen zur Kommunikation im Unterricht der Regelschule weitgehend ignoriert (Ausnahme mit Vorbehalt: Tausch 1960; vgl. auch P. Heinemann 1976.) Aber auch in Werken zur Kommunikation Geistigbehinderter wird schnell zum 'Eigentlichen', der Sprache, übergegangen. Im Gegensatz dazu scheint die *nonverbale Kommunikation im Unterricht Geistigbehinderter eine Art eigene Dignität zu besitzen.*

Ich habe vier Unterrichtsprotokolle (vgl. Klöpfer 1977) auf nonverbales Verhalten von Lehrern und Schülern hin durchgesehen und kam zu folgender Schätzung des Verhältnisses von verbaler zu nonverbaler bzw. nonverbal unterstützter verbaler Kommunikation:

|  | verbal | zu | nonverbal bzw. nonverbal unterstützt |
|---|---|---|---|
| Für den Lehrer | 14,1 | : | 1 |
| Für die Schüler | 4,4 | : | 1 |
| Für die Gesamtkommunikation | 7,3 | : | 1 |

Ziel des Unterrichts war, die *verbale* Kommunikationsfähigkeit zu fördern.


*Beispiel 2:*

Nach Watzlawick et al. (1969, S. 70) ist menschliche Kommunikation u.a. durch die Art der Beziehung gekennzeichnet, die zwischen den Kommunikationspartnern vorliegt. Die Autoren formulieren diese Einsicht in folgendem Axiom: „Zwischenmenschliche Kommunikationsabläufe sind entweder symmetrisch oder komplementär, je nachdem, ob die Beziehung zwischen den Partnern auf Gleichheit oder Unterschiedlichkeit beruht." Versucht man mit Hilfe dieses Ansatzes unterrichtliche Kommunikation bei geistigbehinderten Schülern zu interpretieren, so ergeben sich interessante Perspektiven.

Betrachten Sie einmal diesen Unterrichtsausschnitt:

Arbeitsblatt II

Wie würden Sie ihn interpretieren?

Ich gebe Ihnen eine Interpretation, wie sie von einer Studentin des Lehrbereichs Geistigbehindertenpädagogik (Stierle-Bauer, 1975, S. 100 ff) versucht wurde:

L: Ich erzähl Euch immer von Überraschungen. Heute habe ich Besuch mitgebracht ... damit Ihr nicht gleich seht, hab ich's ein bißchen versteckt, Ihr wißt ja, ich mach ein bißchen Spaß mit Euch. Soll ich's mal holen?

L: holt die mit Papier abgedeckten Bilder.

Der Lehrer nimmt die Beziehung zu seinem Partner so auf, daß er mit ihm über die Art der Beziehungsstruktur spricht. Der L. hat die primäre Position, er bestimmt den Inhalt des Unterrichtsgesprächs - und teilt dies seinem Partner mit. Gleichzeitig distanziert er sich aber auch von dieser Position, denn es ist der Besuch, der den Unterrichtsgegenstand letztlich bestimmt hat - auch dies teilt der Lehrer seinem Partner mit.

Kinder:

I woiß scho
noi
ja, ja
Ha, die will uns reilege
Haha

Auch über die Ebene, *wie* über den fremdbestimmten Gesprächsinhalt gesprochen werden soll, läßt der Lehrer seinen Partner nicht im Unklaren. „Ihr wißt ja, ich mach Spaß mit Euch". Der L. will gemeinsam mit den Kindern über etwas lachen. Dies setzt voraus, daß zwischen L. und seinem Partner eine Beziehung besteht und innerhalb dieser gemeinsamen Beziehung werden sie sich gegenüber einem Dritten distanzieren können. Die Lehrerfrage: „Soll ich's holen—" ist mehrdeutig gemeint. Sie liegt auf der Ebene des „Spaßmachens" (Solla mrn reilassa?) - und ist zudem rhetorisch. Ein „nein" hat keine Konsequenzen für die Lehrerhandlung, auch das Kind, das tatsächlich mit „nein" antwortet, weiß das. Der Lehrer hat den Kindern die Art seiner Strategien angedeutet - sie nehmen den Ball auf und kommunizieren mit dem Lehrer über dessen Beziehung zu ihnen. Genauso, wie der L. bereit war, sich von der Position des autonom handelnden Subjekts zu distanzieren (indem er den Beobachter als Inaugurator nannte), reflektieren die Schüler jetzt ihre Position innerhalb der Situation. Sie sagen nicht „Du willst uns reinlegen" - im Sinne einer Weigerung gegenüber dem Lehrer, sein Spiel mitzumachen, sondern sie handeln in Übereinstimmung mit dem Lehrer, versuchen nur, dessen Vorhaben herauszufinden - und beide Partner nehmen gegenüber dem dritten (dem Bild, dem Unterrichtsgegenstand) die gleiche distanzierte Haltung ein. Noch expliziter wird hier die Lehrerhaltung deutlich. Das Lehrerurteil „komisch" kann sich auf die Art der Bilder oder auf die Art der Präsentation beziehen. Es signalisiert auf jeden Fall den Kindern nochmals die Lehrerdistanz zum Unterrichtsgegenstand, und der L. erwartet, daß sich die Schüler seiner Haltung anschließen.

Die Studentin hat in der eben gezeigten Art die schon genannten vier Protokolle von Unterrichtsstunden interpretiert. Es zeigten sich interessante Tendenzen. Drei davon möchte ich anführen:

1. Symmetrieähnliche Kommunikation entwickelt sich binnen kurzem zu eindeutig komplementärer Kommunikation.

2. Die Rolle des Lehrers wird zu neutralisieren versucht, indem Gegenstände

(z.B. Pappfiguren) Attribute der Lehrerrolle übernehmen (wenn beispielsweise der Lehrer die Figuren sprechen läßt).

3. Der Lehrer stellt eine enge Beziehung zwischen sich und dem Unterrichtsgegenstand her. „Guckt amal hin, ob mein Bild noch stimmt!" fordert beispielsweise ein Lehrer seine Schüler (Unterstufe) zur Mitarbeit auf. Schülerreaktionen zur Sache sind somit gleichzeitig Reaktion auf das Lehrerverhalten.


*Beispiel 3:*

Eine im Unterricht häufg gebrauchte, ja geradezu als didaktisch zu bezeichnende Kommunikationsform sind nicht-direkte Sprechakte. Nicht-direkte Sprechakte lassen sich charakterisieren als Sprechakte, bei denen die grammatische Struktur nicht mit dem Sinngehalt übereinstimmt (vgl. Ehrich/Saile, 1972, S. 255 ff.) Eine Teilmenge dieses Sprechakttyps wird in der Unterrichttheorie als Impulse geführt.

Es ist zu vermuten, daß geistigbehinderte Schüler gerade mit derlei Kommunikationsformen Schwierigkeiten haben. Ich habe deshalb die in den genannten Protokollen vorkommenden nicht-direkten Sprechakte von Lehrern und Schülern zusammengestellt.


Hier zwei Beispiele:

Der Lehrer zeigt auf ein Bild und wendet sich an die Schüler mit dem Sprechakt: „Guckt amol den an, was der anhat" (Klöpfer 1977, Unterstufenprotokoll, S. 6).
Interpretation: In dieser Äußerung müßte, wenn es sich um einen direkten Sprechakt handeln würde, ein Verb stehen, etwa: Sagt! Nennt! Beschreibt! Zählt auf!

Nachdem sich einige Schüler spontan zu einer Problemstellung des Lehrers geäußert haben, sagt dieser: „Die Petra und der Andreas haben uns noch gar nichts erzählt!" (Klöpfer 1977, Oberstufenprotokoll, S. 2).

Interpretation: Der Lehrer will, daß sich alle Schüler am Unterricht beteiligen. Als direkten Sprechakt hätte er vielleicht formulieren können: „Petra und Andreas, was meint Ihr dazu?"

Die Durchsicht der Protokolle im Blick auf nicht-direkte Sprechakte zeigte folgende Tendenz:

In der Unterstufe war es den Schülern selten möglich, auf nicht-direkte Sprechakte zu reagieren. Anders war dies bei älteren Schülern: Deren kommunikative Kompetenz war (durch die Schule?) schon soweit entwickelt, daß sie nicht-direkte Sprechakte verstehen und entsprechend der Intention handeln konnten. Soweit die Beispiele.

## 3. Unterricht geistigbehinderter Schüler als Kommunikationslernsituation

Man kann davon ausgehen, daß Unterricht, wie er zur Zeit in Schulen für Geistigbehinderte veranstaltet wird, zahlreiche ähnliche Elemente enthält wie die beschriebenen. Er bietet somit Anlässe zur Förderung der kommunikativen Kompetenz oder aber - auch das sei deutlich ausgesprochen! - er kann einer Erweiterung hinderlich sein. Unterricht bei Geistigbehinderten ermöglicht oder behindert in Kommunikationssituationen:

— die Erfahrung verschiedener Kommunikationsstrukturen (z.B. ein-, zwei- und mehrseitige Kommunikation - denken Sie an Beispiel 1)
— die Erfahrung verschiedener Kommunikationsmodalitäten (z.B. Kommunikation im auditiven und visuellen Kommunikationskanal - denken Sie an Beispiel 1)
— die Erfahrung verschiedener, die Kommunikation beeinflussender Faktoren (z.B. Machtkonstellationen in der Gruppe - denken Sie an Beispiel 2).

Bedenkt man, daß kaum ein anderes Kind in unserer Gesellschaft so intensiv und so lange schulpädagogischen Bemühungen ausgesetzt ist wie das geistigbehinderte Kind, so kann man die Bedeutung der 'Kommunikationssituation Unterricht' für die Kompetenzförderung ermessen. Wird dieses Lernfeld bei den Förderungsmöglichkeiten Geistigbehinderter bedacht? Mir scheint zu wenig!

### 3.1. Gesichtspunkte aus der Literatur und der Schulpraxis

Zwar gibt es im englischen und deutschen Sprachraum einige Arbeiten, die auf das Problem hinweisen (vgl. Müller 1966, S. 127; Hutt/Gibby 1968, S. 379; Lillywhite/Bradley 1968, S. 128 ff; in jüngster Zeit Oberacker 1976, S. 15). Doch bleibt es im Grunde genommen bei Forderungen wie: ,,Sprecherziehung als durchgängiges Prinzip in allen Unterrichtsbereichen" (Oberacker 1976, S. 8). Konkretionen zu solchen Aussagen fehlen bisher in der Literatur, so weit ich sehe!

Man kann nun weiterfragen, ob die *Unterrichtenden* diese Forderungen in unterrichtliches Handeln umsetzen. Was die längerfristige Unterrichtsplanung speziell im Bereich Kommunikationsförderung anbetrifft, habe ich versucht, von 24 Schulen in Baden-Württemberg darüber Informationen zu erhalten. 10 Schulen lieferten Planungsbeispiele.

Neben dem Ergebnis, daß Kommunikationsförderung - bis auf zwei Ausnahmen -

anscheinend auf sprachliche Benennung und einfache sprachliche Aussagen beschränkt ist, zeigte sich ferner, daß aus den jeweils behandelten Gesamtthemen Bereiche abgeleitet werden, die sich zur Sprachförderung eignen. Ein Beispiel: Im Zusammenhang des Rahmenthemas „Handwerker bauen ein Haus" wird Sprachförderung betrieben, indem Begriffe wie Mauer, Wand, Decke, Beton, Ziegelsteine etc. eingeführt werden bzw. Sätze wie 'das Haus ist neu' gebildet werden. Den Planungsbeispielen der Schule ist nicht zu entnehmen, *ob im Bereich der Kommunikationsförderung ein anderer Sinnzusammenhang vorliegt als derjenige des Sachzusammenhangs.* Um diesen anderen Sinnzusammenhang jedoch geht es in meinen weiteren Ausführungen.

Ich möchte Ihnen im folgenden Teil meiner Ausführungen anhand eines Beispiels einen Weg aufzeigen, wie im Rahmen des Unterrichts einer Gruppe, deren Leistungen auf kommunikativem Gebiet fortlaufend diagnostiziert werden sollten, die kommunikative Kompetenz der Schüler im Rahmen eines Unterrichts über Sachthemen möglicherweise erweitert werden könnte. Dabei gehe ich von der Überlegung aus, daß der Lehrer in seinem Unterricht verschiedene Zielvorstellungen gleichzeitig berücksichtigen kann. So kann er z.B. sowohl Zielstellungen im Bereich lebenspraktischer Erziehung als auch im Bereich der Kommunikationsförderung angehen. Von Unterrichtseinheit zu Unterrichtseinheit wird dabei der eine oder andere Zielbereich stärker zum Tragen kommen.

### 3.2. Ein Planungsbeispiel für kommunikationsorientierten Unterricht

Zur Verdeutlichung des Gesagten das angekündigte Beispiel: Nehmen wir an, Lehrer X möchte sich in seiner Gruppe verstärkt der Förderung im Bereich der Kommunikation zuwenden. Er könnte etwa folgenden Weg einschlagen.
a) Er versucht sich ein Bild der Kommunikationsstrukturen seiner Gruppe zu machen. (In der Schulpraktischen Ausbildung der von mir betreuten Studenten des Lehrbereichs Geistigbehindertenpädagogik wird die Diagnose der Kommunikationsstrukturen mit Hilfe zweier Tonbandgeräte erstellt. Mit *einem* Gerät wird der akustisch wahrnehmbare Unterrichtsverlauf festgehalten. Mit einem *zweiten* Gerät werden nonverbale Verhaltensweisen festgehalten, indem ein Beobachter relevante Beobachtungen im Flüsterton auf das Band spricht.) Dieser 'Lagebericht' könnte, schriftlich fixiert, etwa so aussehen:
– Arbeitsblatt III, Arbeitsblatt IV
b) Der Unterrichtende versucht nun, aus diesem Bericht Lehrziele zu entwickeln, die für einige Zeit sein unterrichtliches Handeln bestimmen sollen. Für die genannte Schülerin wurden folgende Ziele bestimmt:
– Arbeitsblatt IV
Ergänzend sei zur Verdeutlichung der Planungsabsichten eine Übersicht der Ziele der gesamten Beispielgruppe ebenfalls gezeigt:
– Arbeitsblatt V

c) Die aufgestellten Ziele werden nun im Unterrichtsvorhaben zu realisieren versucht. Zu diesem Zweck müssen pro Unterrichtseinheit Feinziele entworfen werden, von denen angenommen wird, daß sie sich in der Spur der längerfristigen Ziele befinden. Diese Feinziele lassen sich jedoch erst im Zusammenhang mit der jeweiligen Unterrichtsthematik erstellen.

Im vorliegenden Beispiel geht es um das Herstellen von Fertigkartoffelbrei.

Diese Thematik läßt sich unter sachlogischen Gesichtspunkten beispielsweise strukturieren in
— Vorbereitungen für die Herstellung
— Herstellung
— Vorbereitungen für das Essen (tischdecken, austeilen des Pürees)
— Essen
— Aufräumarbeiten (abräumen des Geschirrs etc.).

Auch die aufgestellten Ziele im Bereich Kommunikationsförderung legen eine Strukturierung des Unterrichts nahe:
— Arbeitsblatt VI
So ergeben sich schließlich folgende kommunikations- bzw. interaktionsbezogene Lehrziele für *diese* Unterrichtseinheit:
— Arbeitsblatt VII
Zur Realisierung dieser Zielstellungen sei abschließend noch angemerkt, daß als methodische Möglichkeiten u. a. Kochlöffelpuppen eingesetzt werden, durch die der Lehrer die genannten Aufforderungshandlungen an die Schüler richtet, bzw. daß einzelne Schüler durch das Medium Puppe selbst zum Äußern solcher Aufforderungshandlungen gebracht werden sollen.

Dazu als Eindruck ein Ausschnitt aus der Realisierungsplanung:
— Arbeitsblatt VIII
Ferner werden Arbeitsvorgänge so strukturiert, daß sie die Schüler zur Interaktion bzw. Kommunikation anregen. Konkret: Das Öffnen eines Fertiggerichtpakets 'Kartoffelpüree' und das Einrühren des Pulvers in Wasser ist eine Handlung, die sinnvollerweise sowohl von einem als auch von zwei Schülern in Kooperation ausgeführt werden kann. Unter dem Zielaspekt 'Beteiligung an nonverbalen Interaktionen' (Katrin) oder 'verstärkte Kooperationsbereitschaft' (Sabine) wird in der genannten Unterrichtseinheit der zweite Weg gewählt.


Meine Damen und Herren,
ich bin hiermit zum Ende meiner Ausführungen gekommen. Ich hoffe, daß ich Ihnen einige Aspekte des Problembereichs Kommunikation im Unterricht bei Geistigbehinderten deutlich zu machen vermochte. Ich hoffe auch, daß das Unterrichtsbeispiel in der Kürze der Darstellung instruktiv genug war, um Ihnen mein Anliegen, Kommunikationsförderung - basierend auf einer Analyse der Kommunikationsstrukturen - im alltäglichen Unterricht systematisch zu betreiben, nahe zu bringen.

# Literatur

Atzesberger, M.: Sprachaufbauhilfe bei geistigbehinderten Kindern. Berlin 21970

Atzesberger, M.: Sprachaufbauhilfe bei Geistigbehinderten. Berlin 1975

Baacke, D.: Kommunikation und Kompetenz, München 1973

Badura, B.: Kommunikative Kompetenz, Dialoghermeneutik und Interaktion. Eine theoretische Skizze in: Badura, B./Gloy, K.: Soziologie der Kommunikation. Stuttgart 1972

Bellack, A.A. et al.: Die Sprache im Klassenzimmer, Düsseldorf 1974 (Original: The Language of the Classeroom, New York 1966)

Bühler, H.: Sprachbarrieren und Schulanfang, Weinheim/Basel 1972

Ehrich, V. und Saile, G.: Über nicht-direkte Sprechakte, in: Wunderlich,D. (Hrsg.): Linguistische Pragmatik, Frankfurt 1972

Haseloff, O.W.: Kommunikation, Berlin 1969

Haug, U. und Rammer, G.: Sprachpsychologie und Theorie der Verständigung, Düsseldorf 1974

Heinze, T.: Versuch einer Phänomenologie von Unterrichtsprozessen, Wiesbaden 1975

Heinze, T. und Schulte, H.: Analyse von Unterrichtssituationen im Kontext praxisnaher Curriculumentwicklung, in: Roth, S./Petrat, G.: Unterrichtsanalysen in der Diskussion, Hannover 1974

Heinemann, H.: Ausmaß, Struktur und sozialer Bezug von Gesprächen in der Mittelstufe geistigbehinderter Kinder, in: Sonderpädagogik 2/1975, S. 84 - 91

Heinemann, P.: Grundriß einer Pädagogik der nonverbalen Kommunikation, Kastellaun und Saarbrücken 1976

Heringer, H.J.: Kommunikativer Unterricht. Ein Programm, in: Linguistik und Didaktik 1974/19, S. 194 - 212

Herrlitz, W.: Einführung in die allgemeinen Grundlagen der Kommunikation, in: Baumgärtner, K. et al: Lehrgang Sprache, Weinheim/Basel/Tübingen 1974

Hutt. M.L. und Gibby, R.G.: The Mentally Retarded Child, Boston (Allyn and Bacon) 41968

Josef. K. und Böckmann, G.: Spracherziehungshilfen bei geistigbehinderten und sprachentwicklungsgestörten Kindern. Berlin 21970

Jungblut, G.: Gestörte Kommunikation oder: Hilft die Interaktionsanalyse bei der Veränderung im Unterricht? In: Päd. extra 1974/8

Klöpfer, S.: Kommunikation im Unterricht geistigbehinderter Schüler — Aspekte eines Problems, Manuskript 1977

Klöpfer, S.: Unterrichtsmodell zum Thema "Heute gibt es Kartoffelbrei", Manuskript 1975

Lillywhite, H.S. und Bradley, D.P.: Communication Problems in Mental Retardation, New York/Evanston/London (Harper and Row) 1969

Müller, W.-J.: Spracherziehung geistigbehinderter Kinder, in: Lebenshilfe 1966, 3, S. 125 - 131

Oberacker, P.: Sprachförderung in der Schule für Geistigbehinderte, in: Sonderschulpraxis C. IVa (3/1976) S. 5 - 22

Priesemann, G.: Zur Theorie der Unterrichtssprache. Düsseldorf 1971

Roeder, P.M. und Schümer, G.: Unterricht als Sprachlernsituation, Düsseldorf 1976

Scherer, K.: Non-verbale Kommunikation, Hamburg 1970

Schulze, A.: Sprachanbildung und Hörsprecherziehung bei Geistigbehinderten, Düsseldorf 1972

Spanhel, D.: Die Sprache des Lehrers, Düsseldorf 2 1973

Spanhel, D.: Schülersprache und Lernprozesse. Düsseldorf 1973

Speck, O.: Der geistigbehinderte Mensch und seine Erziehung. München 1970

Speck, O. und Thalhammer, M.: Die Rehabilitation der Geistigbehinderten. München 1974

Steger, H. und Schütz, E.: Vorschlag für ein Sprachverhaltensmodell, in: Baumgärtner, K. et al.: Lehrgang Sprache, Weinheim/Basel/Tübingen 1974

Stierle-Bauer, S.: Aspekte der Kommunikation im Unterricht an Sonderschulen für bildungsschwache Kinder und Jugendliche, Erziehungswissenschaftliche Arbeit, Reutlingen 1975

Tausch, R.: Merkmalsbeziehungen und psychologische Vorgänge in der Sprachkommunikation des Unterrichts (1962), in: Spanhel, D. (Hrsg.): Schülersprache und Lernprozesse, Düsseldorf 1973

Tausch, A.: Der Einfluß der Mimik bei sprachlichen Verboten von Erziehern auf das Verhalten von Schulkindern, in: Z.f. Psych. 164 (1960) S. 255 - 277

Watzlawick, P. et al.: Menschliche Kommunikation, Bern 1969

Wieczerkowski, E.: Einige Merkmale des sprachlichen Verhaltens von Lehrern und Schülern im Unterricht. (1965), in: Spanhel, D. (Hrsg.): Schülersprache und Lernprozesse, Düsseldorf 1973

Wilken, E.: Sprachförderung bei Kindern mit Down-Syndrom. Berlin 2 1976

## Materialteil zum Vortrag

### Anmerkungen zu den Arbeitsblättern I – II

Es handlet sich hier um Ausschnitte von Unterrichtsversuchen im Rahmen des Projekts 'Kommunikation im Unterricht geistigbehinderter Schüler –Aspekte eines Problems' (siehe Literaturverzeichnis). Als Unterrichtsmedien wurden zwei Bilder, eine Szene im Freibad und eine Szene beim Wintersport, eingesetzt. Die Unterrichtsausschnitte sind Transkripte von Tonbandaufzeichnungen. Die nonverbalen Verhaltensweisen von Lehrern und Schülern wurden von zwei Beobachtern während des Unterrichtsverlaufs auf Band gesprochen.

Zeichenerklärung: L = Lehrer
### Anmerkungen zu den Arbeitsblättern III – VIII

Es handelt sich hier um Ausschnitte einer Unterrichtsplanung für eine Mittelstufengruppe zum Thema 'Heute gibt es Kartoffelbrei' mit dem Zielbereich 'Förderung der Kommunikationsfähigkeit'. Was die Darstellung der Ausschnitte betrifft: Damit sollen nicht Gestaltungsnormen für schriftliche Unterrichtsvorbereitungen gesetzt werden. Es geht mir nur darum, an einem Planungsbeispiel möglichst detailliert durchzuspielen, wie gegebene Kommunkationsstrukturen berücksichtigt und der im Vortrag erwähnte Förderungsansatz realisiert werden könnte.

68

*Arbeitblatt I*

| Auditiver Kommunikationskanal | | Visueller Kommunikationskanal |
|---|---|---|
| Lehrer | Schüler | Lehrer/Schüler |
| | | Bilder mit Tüchern verdeckt an Tafel |
| | | L deckt die Bilder auf |
| | | L nimmt das Tuch vom linken Bild weg, zögert |
| | | Kinder sehr gespannt |
| | J: Bild | L streift das Tuch langsam von oben |
| | Re: Bild | nach unten, mit Pausen |
| | J: Film | |
| | H: noi halt | H heftig |
| | H: nein nein nein nein nein | H Gestik |
| | J: doch | J reibt sich die Hände vor Freude, |
| | H: i woiß | ist aufgeregt |
| | J: ha ha | Th lacht |
| | | L läßt ca. 3 cm am oberen Bildrand rausschauen, die anderen Kinder gucken |
| | H: i woiß des | Th meldet sich, deutet mit seinen |
| | – Erstaunen, lautes Lachen (J) | Händen |
| | P: en Bild | |
| | J: ja ein Bild hi hi | L streift das Tuch immer weiter nach |
| | Re: Maier, Maier (gemeint ist der Lehrer) | unten – jetzt Häuser sichtbar J reibt Hände an Hose, aufgeregt |
| | – Staunen | L hat einen Stab, wickelt Tuch von |
| | J: Schnee | Bildern immer mehr auf |
| | Re: Schnee (lacht freut sich) | |
| | Ro: ja | H und Th stehen auf und gehen zum |
| | Mehrere, unverständlich, große Begeisterung | Bild |
| | J: hö hö hö | Th geht an Tafel, deutet |
| | H: Hause | Th deutet mit Händen auf einzelne Häuser |
| | | H steht an der Tafel |
| | J: klatscht in die Hände, lacht | J sehr erregt, klopft auf den Stuhl |

|  | H: Baum (...) Mann | |
|  | Haus Baum | H zurück auf Platz |
|  | Re: du alter | Ro erfreut, Re guckt auf ihre Beine |
|  | Esel | |
|  | J: Th meint, Maier? | |
|  | (gemeint ist der | |
| Ich weiß es noch | Lehrer) | |
| nicht | J: aber i scho | Th deutet, Hände auseinander, breite, |
| Was meint der | | ausladende Bewegungen, soll vielleicht |
| Thomas? | J: meint des Haus | Hausdach bedeuten, deutet auf rechtes |
|  | Th: ("nein") | Haus (auf Schnee auf Haus) |
|  | J: weiß der Schnee | |
|  | Th: ("ja") | |

(Protokoll Werkstufe, S. 1)

*Arbeitblatt II*

| Auditiver Kommunikationskanal | | Visueller Kommunikationskanal |
|---|---|---|
| Lehrer | Schüler | Lehrer/Schüler |
| Ich erzähl euch immer von Über- raschungen. Heute habe ich Besuch mitgebracht. Ein Besuch ist immer eine Überraschung; ein Besuch bringt manchmal was mit; und unser Besuch, der hat auch was mitgebracht; und damit ihrs nicht gleich seht, hab ichs ein bißchen versteckt; ihr wißt ja, ich mach mal ein bißchen Spaß mit euch. Soll ichs mal holen? | U: i woiß scho | L holt die mit Papier abgedeckten Bilder |
|  | F: noi | |
|  | W+F: ja, ja | |
|  | W: die will uns ... | Die Schüler sind "überrascht" |
|  | Ha, die will uns | |
|  | reinlege | |
|  | E: jaha | |
| 70 | F: noi | |

Unser Besuch
hat uns nämlich
ein Bild gemalt;
e bissl komisch
isch des, gell?

W: Uh, die will
uns reinlege
U: joa, Ma ...
F: Uah ...
W: Vielleicht scho
U: Näh
W: Hä
F: Des isch jo a
Kinn
?: E Mädle, hab i
ghört (leise)
e Bild ...
U: I will au malen

Das Bild wird auf den Boden gestellt,
L hebt das (verdeckte) Bild auf

(Protokoll Mittelstufe, S. 1)

*Arbeitsblatt III*

Ein Versuch, die Kommunikations- (und Interaktions-) strukturen einer Schülergruppe zu skizzieren

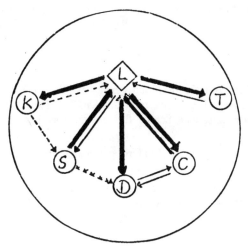

Legende:

──────────────▶ Intensive kommunikative Bemühungen um den Partner

──────────────▶ Mäßige kommunikative Bemühungen um den Partner

- - - - - - - -▶ Geringe kommunikative Bemühungen um den Partner

×××××××××▶ Leichte, kommunikativ ausgedrückte, Ablehnung des Partners

71

Die räumliche Anordnung der Personen möchte andeuten, daß es innerhalb der Gruppe eine Kerngruppe und zwei Außenseiter gibt, was sich nicht nur auf die Häufigkeit und Intensität der Kontakte auswirkt, sondern auch auf die Placierung der Schüler im Gruppenraum. Dieter, Claudia und Sabine halten sich häufig in der Nähe des Lehrers auf, Katrin und Tilman beschäftigen sich häufig abseits der Kerngruppe im Raum mit einem Gegenstand.

Wie die Pfeilrichtungen andeuten, ist der Lehrer Zentralfigur im Kommunikations- und Interaktionsfeld.

Was sich der Grafik nicht entnehmen läßt: Tilman lenkt häufig die Kommunikation ab, weil er aufgrund seiner expressiven verbalen Kompetenz seine Intentionen schneller und einem gegebenen Thema adäquater ausdrücken kann als die Mitschüler. Dadurch wird oft den Mitschülern die Möglichkeit (und vielleicht auch die Motivation) genommen, sich zu äußern.

Soweit beobachtet werden konnte, gibt es unter den Gruppenmitgliedern kaum Verständigungsschwierigkeiten, sofern einfache Probleme kommunikativ zu lösen sind (etwa: wer benutzt wann ein gemeinsames Arbeitsmaterial). Sie werden häufig nonverbal gelöst.

## Arbeitsblatt IV

Ein Beispiel für den Versuch, die derzeitige kommunikative Kompetenz der Schüler zu beschreiben und Ziele mittlerer Reichweite zur Förderung kommunikativer Kompetenz zu bestimmen.

### Claudia (8 J.)

Claudia ist schwerhörig, ohne daß jedoch genaueres über die Art der Schwerhörigkeit bekannt ist. Seit einiger Ziet trägt das Kind ein Hörgerät und besucht alle 14 Tage einen Tag lang eine Schule für schwerhörige Kinder und Jugendliche.

Wieweit es sich bei der geistigen Behinderung Claudias um eine parallele oder konsekutive Beeinträchtigung handelt, ist nicht bekannt.

Die folgenden Angaben zum Verhalten des Kindes sollten m. E. jedoch vorwiegend unter dem Aspekt der Hörschädigung interpretiert werden.

Soziale Kompetenz

a) Aktionen in bezug zur Gruppe
   Während der Beobachtung wandte sich das Kind sehr oft vom Gruppengeschehen ab und versuchte Kontakt mit den Beobachtern aufzunehmen (Blickkontakte; hingehen zu den Beobachtern; diese ansprechen; ihnen etwas zeigen, was sie gemacht hat; eine Schublade aufziehen).

   Ferner verließ sie öfter ihren Sitzplatz, um etwas nicht zur Kommunikationssituation gehöriges zu tun (z.B. eine Schublade öffnen).

Vom Stufenleiter wird berichtet, daß Claudia sich, wenn ihr etwas einfällt, ohne Rücksicht auf Situationsangepaßtheit, an Gruppenmitglieder wendet, um diesen ihre kommunikativen Intentionen mitzuteilen.

Trotz dieser, die Gruppenaktivitäten oft störenden Verhaltensweisen, trug sie jedoch auch zur Kommunikation in der Gruppe bei: Sie zeigte erkennbares Interesse am Unterricht bei einzelnen Unterrichtssequenzen (klatschte vor Freude in die Hände, hüpfte, lachte, hielt Gegenstände hoch, damit die Mitschüler diese auch wahrnehmen konnten).

b) Reaktionen der Gruppe auf Claudia

Es fiel auf, daß der Lehrer das Kind immer wieder zur Aufmerksamkeit aufforderte.

Tilman versuchte einmal, Claudia gewaltsam auf ihren Platz zu ziehen.

Ansonsten konnten keine weiteren positiven oder negativen Reaktionen auf das Verhalten des Kindes beobachtet werden.

Kommunikative Kompetenz

a) Expressive Kommunikation

Verbalverhalten: Claudia ist durch ihr multiples Stammeln schwer verständlich. Ihre Gesprächsbeiträge bestanden während der Beobachtung aus ein-, zwei- oder dreigliedrigen Äußerungen der Oberflächenstruktur

Dies stimmt mit den Aussagen der Stufenleiterin und den Aktennotizen überein. Es werden dort ferner eine Reihe von Sprachbeispielen berichtet, aus denen hervorgeht, daß Claudia wichtige Gegenstände des persönlichen Bedarfs (Affel — Apfel; Bebel — Brezel etc.) benennen kann.

Claudia war während der Beobachtungen bemüht, sich verständlich zu machen, indem sie so lange auf die jeweilige Kontaktperson — gestisch unterstützt — einredete, bis die betreffende Person verstand.

Nach Aussagen des Stufenleiters perseveriert das Kind in seinen Fragen.

Nonverbales Verhalten: Claudia machte sich während der Beobachtungszeit durch (deiktische) Gesten und durch Heranführen des jeweiligen Kommunikationspartners an sie interessierende Gegenstände verständlich.

b) Rezeptive Kommunikation

Das Kind hatte große Schwierigkeiten, Aufgaben zu verstehen (z.B. verstand es die gestisch unterstützte Aufforderung des Lehrers, einen Spielschuh zu verstecken, nicht). Vom Stufenleiter wird berichtet, daß das Kind Anweisungen, in denen auf einen Gegenstand referiert wird ('hol's Vesper') versteht, jedoch bei Anweisungen mit mehrgliedriger Referenz ('hol 's Vesper und leg' es auf den Tisch') versagt.

Ferner wird berichtet, daß das Kind einigermaßen gelernt habe, vom Mund abzulesen.

Mögliche Lehrziele mittlerer Reichweite zur Förderung der kommunikativen Kompetenz:

- Das Kind sollte lernen, während einer Unterrichtseinheit bei den Aktivitäten der Gruppe immer anwesend zu sein.
- Es sollte lernen, sorgfältiger (als bisher) vom Munde abzulesen (als mögliche Kontrolle für akustische Kommunikation – vgl. A. Schulze, S. 24 ff, 43 ff).
- Es sollte neue Begriffe lernen (Erweiterung des Begriffsrepertoires).
- Das Kind sollte lernen, neben der Benennungsfunktion auch die Handlungsfunktion der Sprache zu gebrauchen, d.h. es sollte lernen, Verbalphrasen zu benutzen (etwa derart: 'Löffel bringen').
- Es sollte Aufforderungshandlungen, die zwei Referenzobjekte enthalten, verstehen lernen.

*Arbeitsblatt V*
*Zusammenstellung der Lehrziele mittlerer Reichweite einer Schülergruppe*

| Claudia | Dieter | Katrin | Sabine | Tilman |
|---|---|---|---|---|
| Während einer Unterrichtseinheit bei den Aktivitäten der Gruppe immer anwesend sein | Einige zwei- bzw. dreigliedrige Äußerungen normgerecht verwenden können | Während einer Unterrichtseinheit bei den Aktivitäten der Gruppe immer anwesend sein | Verwenden des Interrogativpronomens 'warum' | Während einer Unterrichtseinheit bei den Aktivitäten der Gruppe anwesend sein |
| Erweiterung des rezeptiven und expressiven Begriffsrepertoires | Erweiterung des expressiven Begriffsrepertoires | Erweiterung des autonomen Zeichenrepertoires (Begriffe eigener Prägung) | Verwenden von bestimmten Artikeln | Kommunikationsbeiträge Unterrichtsadäquat einsetzen |
| Verbesserung der Fertigkeit, vom Munde abzulesen | | Beteiligung an nonverbalen Interaktionen | Verstärkt kooperationsbereit sein | Auf Beiträge von Kommunikationspartnern eingehen |
| Verwenden von zweigliedrigen Phrasen mit Handlungscharakter (Verbgebrauch) | Verwenden zwei gliedrigen Äußerungen (jedweder syntaktischen Struktur) | | Verwenden von Verben in satzähnlichen Äußerungen (zwei-bzw. dreigliedrige Phrasen) | Lesefertigkeit erweitern |
| Verständnis von Anweisungen mit zweigliedriger Referenz | Verwenden einiger dreigliedriger Äußerungen (unter Einschluß von Verben) | Verwenden von Zeigegesten | Ersetzen des Eigennamens durch Pronomina | |

Legende:

Ziele, die sich etwa entsprechen und somit für mehrere Schüler gelten sind eingerahmt.

Folgerungen aus den Voraussetzungen der Schüler für die Unterrichtsplanung (Handlungs- und Organisationsform)

Aus den Zielen zur Förderung der kommunikativen Kompetenz ergibt sich für die Durchführung des Unterrichts:

- Der Unterricht insgesamt und einzelne Unterrichtssequenzen müssen die Schüler Claudia, Katrin und Tilman so stark motivieren, daß sie den Wunsch haben, am Unterricht über längere Zeit teilzunehmen.
- Für Claudia müßten die Sequenzen so klar strukturiert sein, daß sie weitgehend auch ohne verbale Erklärungen durchsichtig sind, so daß sie verbale Kommunikation an nonverbalen Aspekten der Situation überprüfen kann.
- Für Tilman müßte es im Unterricht Situationen geben, die ihn auch an die Grenzen seiner (verbalen) kommunikativen Kompetenz führen.
- Für Katrin sollten Möglichkeiten vorhanden sein, manuell etwas zu tun. Sie scheint leichter im Kommunikations- und Interaktionsfeld zu bleiben, wenn sie mit etwas beschäftigt ist.
- Für die genannten Schüler ist es auch wichtig, Situationen zu schaffen, in denen Kooperation möglich wird.
- Für Claudia, Dieter, Katrin und Sabine muß der Unterricht Möglichkeiten bieten, neue Begriffe zu erwerben. Aus diesem Grunde bietet sich ein Thema aus dem lebenspraktischen Bereich an.
- Schließlich müssen die Unterrichtssequenzen für diese Schüler zur Produktion von Sprache herausfordern, insbesondere zu zwei- und dreigliedrigen Äußerungen.

Ferner gilt:

Unterricht, der explizit auf die Förderung der kommunikativen Kompetenz ausgerichtet ist, wird so strukturiert sein müssen, daß er sich am 'größten gemeinsamen Nenner' der Ziele zur Förderung der kommunikativen Kompetenz der Schüler orientiert.

Für diese Mittelstufe sind dies, wie schon erwähnt, die Zielbereiche: Erweiterung des Begriffsrepertoires, Produktion von zwei- und dreigliedrigen Äußerungen sowie das Ziel, Schüler zu befähigen, während einer Unterrichtseinheit dem Kommunikations- und Interaktionsprozeß zu folgen.

In den unterrichtlichen Haupthandlungen wird also auf das Erreichen dieser Ziele hingearbeitet werden müssen.

Daneben sind die individuellen Ziele der Schüler im Auge zu behalten und im Sinne unterrichtlicher Nebenhandlungen sind den einzelnen Schülern entsprechende Lernangebote zu machen.

*Arbeitsblatt VII*

Aufstellung der kommunikations (interaktions) bezogenen Lehrziele der Unterrichtseinheit

Erweiterung des Begriffsrepertoires

- Kennenlernen bzw. Festigen der Begriffe 'Set' und 'Serviette'.
- Üben der phonologischen Struktur des Begriffs 'Serviette'.
- Kennenlernen bzw. Festigen der Begriffe: Tasse, Püree, Rührlöffel, Schöpflöffel, Schüssel, Wasserkocher, Kabel, Schere, Eßlöffel.
- Kennenlernen bzw. festigen des Begriffs 'voll'/'halbvoll'.
- Festigung der Begriffe 'Kartoffelbrei − Kartoffelpüree'.

Produktion von bzw. Rezeption von (reagieren auf) zwei- und dreigliedrigen Äußerungen

- Aufbau der Sprechakte des Aufforderns:

  'Bringe mir bitte einen Löffel (Gabel)'
  'Bringe mir bitte einen Teller'
  'Bringe mir bitte ein Set'
  'Bringe mir bitte eine Serviette'
  'Bringe mir bitte Kartoffelbrei (Püree)'
  'Gieße bitte Wasser in den Wasserkocher'
  'Streue (tu) bitte Flocken hinein'
  'Bringe bitte meine(n) Teller (Löffel, Gabel) weg'

oder schülerangemessener Substitute.

Ausführung kooperativer Handlungen

- Einzelne Schüler sollen mit dem Lehrer interagieren
- Ermöglichen der Erfahrung geringer körperlicher Distanz
- Einzelne Handlungen kooperativ ausführen können (Dyaden)
- Zur Handpuppe in Distanz treten können (Verbalisierungen über die Handlungen der Puppe).

## 3. Sequenz: Tischdecken

| Lehrziele | Verlauf | Handlungs-/Organisationsformen | Didaktischer Kommentar |
|---|---|---|---|
| | Lehrer nimmt Flocki wieder in die Hand und läßt sie sprechen: | S: hat Puppe in der Hand<br>L: nimmt seine Puppe zur Hand | |
| | So, nun wollen wir euch helfen, den Tisch zu decken. Ihr braucht bloß zu sagen, was wir euch bringen sollen. | L: Erklärung | Sollte Tilman seine Puppe weggelegt haben, wird er nun aufgefordert, sie wieder in die Hand zu nehmen. |
| Aufbau der Sprechakte: 'Bringe mir bitte eine(n) Löffel (Gabel, Teller) oder: 'Gib mir bitte einen Löffel (Gabel, Teller) oder: bedeutungsgleiche Vorformen. | Die Puppen tun kund (verbal und gestisch), ob sie die Schülerwünsche verstanden haben. Jede Aufforderung wird einzeln beantwortet und dann erfüllt. | S: Aufforderungshandlungen | Es ist wohl günstig, wenn sich die Schüler jeweils nur einer Puppe zuwenden, um nicht verwirrt zu werden. Durch entsprechende gestische Hinweise wird die Puppenkommunikationspartnerwahl zu lenken versucht. |
| Ziele für die einzelnen Schüler:<br>T: normgerechter Sprechakt<br>C: 'Bring Löffel' (Gabel, Teller)<br>D: 'Bring Löffel' (Gabel, Teller)<br>S: 'Bring einen Löffel (Gabel, Teller)<br>K: deiktischer Akt, verbunden mit einem Lautpro- | | | *Erweiterung*<br>Wenn erforderlich, könnten die Schüler etwa folgendermaßen zu Äußerungen angeregt werden: Flocki: Kochi, hast du verstanden, was X will? Evtl. könnte dann Kochi (T.) zum Ergänzen bzw. Korrigieren aufgefordert werden. |

| | | | |
|---|---|---|---|
| dukt | Flocki beim Versuch, den ersten Schülerwunsch zu erfüllen, zu Kochi: | | werden. Gelingt dies nicht, könnte Flocki (L) fortfahren: Hat X gemeint, Bring mir bitte ...? |
| K. soll mit dem Lehrer interagieren | Kochi, ich kann die Teller, Löffel und Gabeln nicht aus der Tasche herauskriegen. Ich bitte mal ein Kind, mir beim Tragen zu helfen. | | Der Lehrer hofft dabei auf die Bestätigung durch die Schüler und die Puppe Kochi. |
| Verstehen der nebenstehenden (eingliedrigen) Aufforderungshandlungen | Katrin, komm bitte zu mir. Hole die Teller aus der Tasche. | L: Aufforderung | Dieser Spielzug ist speziell für Katrin geplant, um sie zum Interagieren zu bringen. |
| | Hole die Löffel aus der Tasche. Hole die Gabeln aus der Tasche. | S: Teller, Löffel, Gabeln werden auf einen Beistelltisch gestellt | *Alternative* Reagiert K. auf die Aufforderung nicht, so übernimmt ein anderer Schüler (z.B. Claudia die Aufgabe Es ist darauf zu achten, daß Kochi (Tilman) sich nicht zu schnell mit einer Mitschüleräußerung zufrieden gibt. Es erscheint deshalb günstig, wenn die beiden Puppen nicht gleichzeitig agieren. So kann Flocki auch bei Sprechhandlungen, die an Kochi gerichtet sind, ihr Nichtverstehen ausdrücken (zum methodischen Vorgehen beim Sprachaufbau, s.o.) Claudia sollte — des Ablesens vom Munde wegen — vom L be- |
| | Die Puppen nehmen nun auch die Wünsche der übrigen Schüler an und erfüllen sie, wobei ergänzt, korrigiert bzw. das richtige Sprachmuster vorgegeben wird. | L: Verbalisierungen S: Puppen verteilen das Geschirr, auch an den Lehrer und den zweiten Puppenspieler. | |

dient werden. Bei Katrin ist es möglicherweise sinnvoll, wenn sie sich an Tilman, den vertrauten Kommunikationspartner, wenden kann.

Wenn der Tisch gedeckt ist, schaut sich Flocki 'suchend' um:

Flocki schaut auf die Tische der Schüler, dann in die Tasche

Da fehlt doch noch etwas? Die Puppe schaut in die Tasche. Oh, ich sehe ja noch etwas in der Tasche.

L: Feststellung

Dieses Unterrichtselement ist eingebaut, um für Katrin und Tilman durch hautenges Beieinanderstehen Interaktionsbarrieren abzubauen (Desensibilisierung für taktile, faktorische Reize),

Ermöglichung des Gefühls der körperlichen Nähe zu Mitschülern. Gewöhnung an geringe körperliche Distanz

Kommt mal her und schaut:

L: Aufforderung
S: versammeln sich um die Tasche

Hol's mal raus, Katrin.

L: Aufforderung
S: kommt der Aufforderung nach, holt Sets und Servietten heraus

.....................................
..............................

– Der Aluminiumbeutel wird herausgenommen.
– Eine Schüssel wird bereitgestellt, um beim Abfüllen evtl. neben die Tasse fallen Flokken aufzufangen.
– Alubeutel öffnen. Die Schüler sollten überlegen,

wo und wie der
der Beutel zu
öffnen ist.

| | | | |
|---|---|---|---|
| Die Handlung 'Alubeutel öffnen' kooperativ ausführen können (Dyade D. + S.) | Der Beutel wird von zwei Schülern geöffnet: einer hält, der andere schneidet mit der Schere die obere Kante ab. | SS: Alubeutel wird gemeinsam geöffnet | Evtl. Dieter und Sabine |
| Die Handlung 'Flocken abfüllen' kooperativ ausführen Können (Dyade C. + K.) | Abfüllen der Flocken in die Tasse: ein Schüler hält die Tasse. | SS: Eine Tasse wird gemeinsam halb gefüllt | Evtl. Claudia und Katrin |

# Schüler mit begrenzter Lebenserwartung und das Bildungsziel der Körperbehindertenschule*

*Manfred Schmeichel*

In der Körperbehindertenschule leben unter den Schülern auch Kinder und Jugendliche, deren Lebenszeit aus Gründen progressiver Erkrankung während der Schulzeit endet oder nur wenige Jahre darüber hinausreicht.

Die folgenden Erörterungen verstehen sich als Versuch, ein Thema aufzugreifen, das in der sonderpädagogischen Diskussion bisher keine angemessene Berücksichtigung gefunden hat.

Die zeitliche Beschränkung des Lebens auf eine behinderte Kindheit und Jugend wird in dieser Darlegung als Grenzsituation gedeutet. Dieses Verständnis führt zu einer differenzierenden Betrachtungsweise des allgemeinen schulischen Bildungsziels, die eine Orientierung für pädagogisches Handeln in Grenzsituationen vermitteln will, aber keine konkreten Handlungsanweisungen für Einzelsituationen formulieren kann. Die Eröffnung eines Zugangs zum Problem bedeutet für den Pädagogen in keinem Fall Entlastung von Entscheidungen im Problemfeld (König, W., 1976, 8 ff.).

Die theoretische Position, von der die folgende Betrachtungsweise des Problems bestimmt ist, übernimmt von der "Philosophie der Endlichkeit" Maurice Merleau-Pontys (Merleau-Ponty, 1976) die Einschätzung des menschlichen Leibes für den Aufbau von Beziehungen und die Einschätzung menschlicher Beziehungen, also auch die Einschätzung der Bedingungen von Zeit und Raum für den Prozess der Selbstfindung, der Identitätsbildung. Die soziale Dimension der Selbstfindung ist zentraler Aspekt neuerer Publikationen zur Identitätstheorie (Goffman, E., 1967; Krappmann, L., 1969; eine Übersicht bei Vollmeyer, I., 1974). Deren Beiträge zur Klärung pädagogischer Aufgabenstellungen dienen der folgenden Darlegung ebenfalls zur Orientierung.

*Gliederung*

1. Körperbehinderung als pädagogischer Begriff und das allgemeine Bildungsziel der Körperbehindertenschule
2. Die Situation der Schüler mit progressiven Erkrankungen

---

*) Der Autor führt mit diesem Beitrag einen Ansatz weiter, den er in einem Sektionsreferat auf der 15. Arbeitstagung der Dozenten für Sonderpädagogik in deutschsprachigen Ländern in Zürich 1976 zur Diskussion stellte (Bürli, A. 1977)

3. Die Krisensituation des progressiv erkrankten Kindes als Zeitkrise und Identitätskrise.

4. Die zeitliche Verfassung des Lebens als pädagogisches Thema

5. Pädagogische Koexistenz als Lebensform in der Grenzsituation

## 1. Körperbehinderung als pädagogischer Begriff und das allgemeine Bildungsziel der Körperbehindertenschule

Für das pädagogische Handeln bedeutsame Probleme sind nicht schon gesetzmässig gegeben, wenn eine körperliche Schädigung oder Erkrankung die Bewegungsfähigkeit eines Kindes oder Jugendlichen beeinträchtigt. Erst wenn die Auswirkungen einer Bewegungsbeeinträchtigung den vielschichtigen Lebensprozess eines heranwachsenden Menschen anhaltend und erheblich so beeinflussen, dass der Aufbau seiner sozialen, emotionalen und kognitiven Handlungsfähigkeit als eine besondere Aufgabe begriffen werden muss, haben wir es mit dem komplexen Phänomen zu tun, das im sonderpädagogischen Raum Körperbehinderung genannt wird (Jetter, K.H., 1975, 107 ff.; Schmeichel, M., 5 (1973) 402 ff.; ders. 1974, 43 ff. Schönberger, F., 1974, 209 ff.).

Dieser Begriff von Körperbehinderung beschreibt also nicht einen pathologischen Zustand und der definiert nicht ein verbliebenes Feld begrenzter Entfaltungsmöglichkeiten innerhalb oder unterhalb anerkannter Bildungszwecke. Die pädagogische Bestimmung von Körperbehinderung enthält einen Handlungsauftrag für den Pädagogen, sich mit dem behinderten Schüler zu verbinden und mit ihm die Auseinandersetzungen mit den vielfältigen Begrenzungen zu vollziehen, die als Folge der Bewegungsbeeinträchtigung aus dem individuellen, dem sozialen und dem institutionellen Raum auftauchen und sich manifestieren wollen.

Die pädagogische Aufgabenstellung schließt ein die Handlungsbefähigung von Mitgliedern der sozialen Gruppen, in denen körperbehinderte Kinder und Jugendlicher leben und lernen und die Befähigung von Bildungseinrichtungen, den besonderen Bedürfnissen dieser Schüler nach Handlungsbefähigung zu entsprechen. Handeln im pädagogischen Verständnis ist die Fähigkeit des Individuums, Aufgabenstellungen und Verhältnisse in der menschlichen Lebenswelt von sich aus mitzuvollziehen und mitzugestalten.

Die besondere schulische Förderung körperbehinderter Kinder und Jugendlicher steht damit unter der Führung des allgemein gültigen Bildungsziels der verantwortlichen Handlungsfähigkeit für das Leben in der Gesellschaft (Fachkommission zur Erarbeitung von Rahmenrichtlinien, 1975, 12).

Der Schüler mit Bewegungsbeeinträchtigungen und deren Folgen soll als Mitglied der Gesellschaft fähig sein, in Auseinandersetzung mit seinen Möglichkeiten und den Gegebenheiten der jeweiligen Situation einen Handlungsbereich verantwortlich zu gestalten. In permanenter Konfrontation mit seinen schädigungsbedingten Grenzen und den zugemuteten Einschränkungen durch die Umwelt soll er fähig sein, seinen Handlungsraum zu erweitern und den verfügbaren Lebensraum differenzierter zu gestalten. Doch da der körperbehinderte Mensch unabwendbar in täglichen Situationen seine Begrenzungen erfährt und auch die Zone unüberwindlicher Erschwernisse, soll die Schule ihm auch die Fähigkeit vermitteln, mit diesen unüberwindbaren Grenzen leben zu können.

## 2. Die Situation der Schüler mit progressiven Erkrankungen

Der Pädagoge (und damit soll jeder Mitarbeiter in der Schule bezeichnet sein, der seinen fachlichen Auftrag als Medium menschlicher Begegnung begreift) trifft unter den Schülern der Körperbehindertenschule auch auf solche Kinder und Jugendliche, bei denen die Grenzprobleme schaffende Beeinträchtigung infolge progressiver Muskelkrankheiten die Gestalt einer wachsenden Lebensbeeinträchtigung angenommen hat. Dieses Leben auf die Grenze zu teilen mit ihnen die Schüler mit bösartigen Geschwulstbildungen und solche Schüler, deren besondere Körperschwächen gegen eine akute Krankheitsbelastung nur geringe Kräfte aufbieten können.

Auf eine Anfrage hin berichteten im Sommer 1976 sieben Schulen für körperbehinderte Kinder und Jugendliche aus der Bundesrepublik, dass sich unter ihren insgesamt 948 Schülern 55 mit progressiven Muskelkrankheiten befinden. In den letzten fünf Schuljahren seien 28 Schüler mit dieser Krankheit oder an der Progression maligner Geschwülste gestorben. Der Anteil der an Muskeldystrophie erkrankten Menschen in der Bundesrepublik wird mit 0,015 % angegeben (Beckmann, R., 1971, 18). Der Anteil in den genannten Schulen erhöht sich auf 5,8 %.

Die Anwesenheit von Schülern mit dieser Krankheit in unseren Körperbehindertenschulen prägt die pädagogische Situation. Der fast jährliche, nicht zufällige Tod eines Mitschülers fordert die Gestaltung dieser Situation.

Lehrkräfte aus den Schulen berichten, dass den Schülern mit progressiven Erkrankungen das Besondere ihrer Situation sehr früh bewusst wird. Aber sie erwerben ihr Wissen über ihre Krankheit auf informelle Weise. Die Wahrnehmung ihrer physischen Veränderungen und die Reaktionen der Erwachsenen darauf, aufgefangene Bemerkungen der Fachkräfte — Ärzte, Therapeuten, Lehrer — und der Eltern oder Verwandten des Kindes sowie Beobachtungen an anderen Schülern im fortgeschritteneren Stadium der gleichen Krankheit werden auf untrügliche Weise von den betroffenen Jugendlichen interpretiert.

Positive oder negative Veränderungen der Lernmotivation und des Verhaltens lassen vermuten, dass unterschiedliche Voraussetzungen und Bedingungen der Schüler und ihrer sozialen Situation zu verschiedenen Weisen der Verarbeitung ihres Wissens führen.

Äusserungen über Zukunftsvorstellungen werden zunehmend zaghafter, unbestimmter oder sie bezeugen Umfang und Wirksamkeit irrealen Wunschdenkens (z.B. Berufswunsch: Bodenpersonal der Weltraumforschung. Zukunftsvorstellung: Mitflug auf den Mond, um dort zu bleiben. – Lehrermitteilung). Resignativer Verzicht auf jede vorwegnehmende Zukunftsgestaltung kann in einer Phase des Krankheitsstillstands sofort einer Neuformulierung von Zukunftsplänen weichen. Ein Defekt des in den Lebensvollzug integrierten Elektro-Rollstuhls löst erneut Selbstunsicherheit und Depression aus, die alle Zukunftspläne wieder auslöschen.

Die Wahrnehmung dieser permanenten, offenen oder kaschierten Krisensituation muss dem Pädagogen die Frage aufdrängen, ob in ihr Handlungsfähigkeit zur Gestaltung dieser Situation überhaupt vermittelt oder erworben werden kann, wenn nämlich das, was den Schüler untergründig bestimmt und von dem der Pädagoge weiss, dass es ihn bestimmt, zwischen ihnen nicht zur Sprache gebracht wird.

Gegen die Thematisierung der Grenzsituation und der Todesnähe wird der Einwand erhoben, sie würde noch nicht vorhandene Ängste erzeugen oder schon vorhandene nur vermehren.

Nun gibt es genügend Belege dafür, dass sich das Bewusstsein der Kinder beim Eintritt in die Schule in der Regel schon längst mit der Wirklichkeit von Sterben und Tod beschäftigt hat und nun beginnt, eine affektive Einstellung zur Endlichkeit des Lebens zu entfalten (Asperger, H., 6 (1975) 521; eine Übersicht über empirische Untersuchungen dazu bei Larbig, W., 7 (1974), 246/247).

Zum engeren Kreis der Kinder, von deren Krisensituation hier gesprochen wird, gehören solche, die über eine Beschäftigung mit der Lebensbedrohung hinaus über eine grosse Leiderfahrung verfügen. In diesem Kreis darf der Pädagoge vermuten, dass in einigen seiner Schüler die Ahnung oder sogar das unbestechliche Wissen von ihrem unausweichlichen Ende lebt (Benholdt-Thomsen, C., 6 (1976) 699; Wunderli, J., 1976, 107 ff.).

Die Erwartung, ein seelisches Regulationsprinzip werde in Abfolge bestimmter Stadien – Verleugnung, Empörung, Verhandeln, Depression und dann Zustimmung (Kübler-Ross, E., 9 1975, 41 - 119) – die Verarbeitung der Todesgewissheit auch ohne pädagogische Hilfe leisten, ist nicht begründet (Asperger, H., 6 (1975) 523; Ammon, G., 15 (1971) 578).

Wohl wurde bei den Eltern dieser Kinder, die unheilbar erkrankten, die Folge dieser Verarbeitungsstadien nach Offenlegung der Prognose beobachtet (Asperger, H., 6 (1975) 524).

Aus der Beobachtung dieser Verarbeitungsfolge entnehmen die betroffenen Kinder mit ihrer gesteigerten Wachsamkeit die untrügliche Bestätigung ihres geheimen Wissens, dass etwas alle Nöte Übersteigendes um sich greift und nun auch die Eltern erfasst hat.

Abwarten, Ausweichen und Verschweigen angesichts der Krisensituation rechnen unbegründet mit einer unvermittelten, sich selbst entwickelnden Handlungsfähigkeit, – bei eingestandener Handlungsunfähigkeit der Erwachsenen. Oder das Ausweichen und Verschweigen will zum Ausdruck geben, dass es für die Endsituation eines kindlichen Lebens keine pädagogische Hilfe gibt. Es gibt pädagogische Hilfe ins Leben hinein, aber keine pädagogische Begleitung für den Ausgang des Lebens. Die unausgesprochene Begründung für dieses Nichthandeln und Nichthandelnkönnen lautet: Der Tod ist eine unannehmbare Wirklichkeit. Die schon durch den Gedanken an ihn ausgelöste "Kommunikationshemmung" (Tod und Kommunikationshemmung bei Ammon, G., a.a.O. 175) beweist das. Mit dem Gedanken an den Tod beginnt schon die Auflösung zwischenmenschlicher Verständigungsmöglichkeit.–Aus dem Umgang mit unheilbar kranken Kindern haben Kinderärzte jedoch die Auffassung gewonnen, dass es keine Frage mehr sei, "ob man mit einem Kind über seine Krankheit sprechen soll, sondern (nur) wie man das tut" (Braun, O.H., 2 (1976) 157/158 f; so auch Ansperger, H., 6 (1975) 925; Larbig, W., 7 (1974) 250 ff.).

### 3. Die Krisensituation des progressiv erkrankten Schülers als Zielkrise und Identitätskrise

Mit der Progression seiner Bewegungsbeeinträchtigung erfährt der Schüler eine unaufhaltsame Veränderung der Form seiner zeiträumlichen Anwesenheit. Die progressive Einschliessung in Unbeweglichkeit und die immer deutlicher werdende Abtrennung von der Zukunft werden als ohnmächtiges Abtreiben in Beziehungslosigkeit erlebt. Dieses Erleben hoffnungsloser Ohnmacht findet seinen Ausdruck in dem sarkastischen Situationskommentar eines Jugendlichen: "Wir Muskeldystrophiker kratzen doch alle ab, da gibt es keine Ausnahme, alles andere sind faule Vertröstungen" (Lehrermitteilung). An Zynismus grenzen Wetten unter muskeldystrophischen Jugendlichen, wer denn wohl als Nächster das folgende Stadium des körperlichen Verfalls erreichen werde (Lehrerbericht).

Eine Extremform verstiegenen Verhaltens stellt die feindselige Ausnutzung des Behindertenstatus in der Öffentlichkeit dar, unter Einkalkulierung der Reaktionshemmung Nichtbehinderter (Zechprellerei, hemmungslos anzügliche Kommentierung weiblicher Passanten im Schutz der Gruppe (Bericht aus Ferienfreizeiten).

Im Selbstbewusstsein des heranwachsenden Menschen kann sich durch Ausgrenzen der Erinnerung an Geburt und Tod die Einbildung verdichten, die ihm seine zeitliche und räumliche Präsenz als permanente Eigenleistung erscheinen läßt. Man hat sich selbst in der Hand, man kann sein Leben selbst in die Hand nehmen.

Veränderungen, die von den Lebensgrenzen Geburt und Tod her die jeweilige leibliche Präsenz bestimmen, werden zwar als Lebensphasen registriert, doch die Langsamkeit der Veränderung sorgt dafür, dass ein "Bewusstsein des Wandels" (Proust, M., 1964, 11 ff.) selbst nicht aufkommt und auch nicht der Gedanke, wer diesen Wandel denn tatsächlich vollziehe.

Das von einer progressiven Krankheit ergriffene Kind erlebt unabwendbar, dass sein Vordringen ins Leben in zunehmende Hinfälligkeit ausläuft. Bevor es dazu kommt, sein Leben in die Hand zu nehmen, ermüdet schon sein Zugriff zu den Dingen.

Die leibhaftige Bedrohung, die den kranken Schüler trifft, ist zugleich die Bedrohung seiner Beziehungen zur Welt. Der Leib des Menschen vollzieht seine Beziehungen zur Welt, weil er selbst ein Vermögen von dieser Welt ist, in der Welt und auf die Welt hin Lebenbewegungen zu vollziehen (Merleau-Ponty, M., 1966, 401). In diesem Umgang mit der Welt entfaltet sich all das an Beziehungsreichtum, mit dem sich das vollkommene Vertrauen des Menschen in seinen Leib unwillkürlich begründet (Maier, W., 1964, 79).

Die progressive Krankheit stört dieses Vertrauen. Im kranken Körper scheint die Welt eine von ihr gestiftete Bewegung gleichgültig zu verraten (Schmeichel, M., 1977).

Im progressiven Verfall kündigt der Körper in Intervallen ständig neu seine Identität auf. Wenn sich in dem Kranken die Konturen seiner erwachsenen Gestalt abzuzeichnen beginnen, kündigt sich in deren Umrissen bereits die Auflösung des erreichten Ausdrucks an. Der Körper, für alle der mühlose Ausweis klarer Zugehörigkeit zu Alter, Geschlecht und Herkunft (De Levita, D.J., 1971, 214 ff), beginnt sich zunehmend mit den Veränderungen zu identifizieren, die sich zu Alter, Geschlecht und Herkunft gleichgültig verhalten. Wenn Zukunftsorientierung eitel wird, welchem Zweck und welchem Sinn sollen in solcher Situation Lehren und Lernen folgen? Wenn Lernen keine Funktion für irgendeine Art Zukunft nach der Schule hat, welche "individuellen Letztziele" (Bleidick, U.) soll ein Lehrer gegen diese Zielkrise einem Schüler verständlich machen, dessen Lebenszerfall dem Lebensalter des Lehrers bereits weit vorausgeeilt ist. (Zum teleologischen Problem in der Pädagogik Behinderter: Bleidick, U., 1959, 60 - 68, 109 - 115; 1972, 287 - 316) Lehren und Lernen droht hier durch einen Motivationsschwund "behindert" zu werden, dessen gefährlichen Grund Nestle "Sinnfindungsschwäche" nennt (Nestle, W., 3 (1976), 175).

Je älter der Schüler wird, umso weiter entfernt sich ihm die Zukunft seines Lebens. Das Leben hält nicht, was es verspricht. Es gibt eine Unvollkommenheit in der Lebenswirklichkeit, die als Herausforderung zum Leben begriffen werden kann. Weil sowohl der Mensch in seiner leiblichen Existenz und die Welt, in der er lebt, unvollkommen sind, kommt Bewegung in ihre Beziehung. Unvollkommenheit der Welt und Unvollkommenheit des Leibes bilden Grund und Dynamik der Auseinandersetzung (Maier, W., 1964, 72 ff), des ständigen Austauschs, in dem sich die "Versprechen" zu erfüllen beginnen, die in der Wirklichkeit des menschlichen Leibes wahrnehmbar sind (Maier, W., 1964, 80).

Die negative Dynamik progressiver Erkrankungen wird diese Versprechen widerrufen. Der Kranke erfährt, dass die Auseinandersetzung zwischen seiner Leiblichkeit und der Lebenswelt buchstäblich distanzierend und die erlebte Unvollkommenheit progressiv ist. In dieser destruktiven Auseinandersetzung wächst dem Kranken auch die Wahrheit im Negativ zu: Das Leben ist nicht wahrhaftig. Es hält nicht, was es verspricht. Da sind Menschen im Umfeld des Erkrankten, die vorgeben, seine Gegenwart zu bejahen, aber sie können seine Anwesenheit nicht erhalten. Da ist ein Körper, der das Verlangen nach Vertrauen artikuliert, aber selber bei der Begründung des Vertrauens versagt. Die mit dem Körper gewährte sensumotorische und kognitive Erschliessung und Mitkonstitution der Lebenswelt führt nicht zur friedlichen Koexistenz mit dem eigenen Körper und zwischen Körper und Welt.

Die durch Lebensbegrenzung ausgelöste Zielkrise verschärft sich unter der progressiven Ausgrenzung von körperlichen Leistungen zur Identitätskrise.

Das Bewusstsein originärer Leistung einer zukunftsorientierten und phasenspezifischen Selbstrepräsentation wird irritiert. Der Körper verweigert Konzepte der Selbstdarstellung und die Vermittlung von Welt, wie sie andern gelingen. Die Koexistenz von Körper und Welt ist nicht zu halten. In dieser sich steigernden Auseinandersetzung im Progress der Krankheit erkennt der Schüler von sich aus nur wenige Positionen, auf die er sich zurückziehen kann, um seine Existenz und Wirksamkeit zu erfahren. Er kann sich in der zeitlichen Dimension auf die Gegenwart zurückziehen, um in fragloser Anpassung an schulische Leistungsanforderungen und Lehrererwartungen eine Folge punktueller Bestätigungen zu erfahren. Er kann in der sozialen Dimension mit verbalen Mitteln seinen Geltungsanspruch in der Gruppe behaupten wollen, indem er durch ironisch-kritische Interventionen den sich entfernenden Entwicklungsprozess der Gruppe stört. Dabei kann in verzweifeltem Trotz der Verlust an Sympathie vorangetrieben werden, um so dem leiblichen Tod den sozialen Untergang schon vorwegzunehmen.

Sowohl in der beflissenen Anpassung an die Forderungen der Schule, wie im oppositionellen Kommunikationsbruch droht der Schüler seine Identität auf bestimmte Merkmale zu fixieren, und damit zu verlieren. Identität bewahrt sich ja nur als dynamischer Prozess in zwischenmenschlichen Beziehungen, wenn durch Handlungen über ein neu gewonnenes Selbstverständnis mitmenschliche Verhältnisse neu belebt werden und wenn in mitmenschlichen Verhältnissen das Selbstverständnis erneut begründet wird.

Die Anwesenheit unheilbar kranker Kinder stellt die Frage nach ihrer Bedeutung für das Beziehungsgefüge Lehrer-Schülergruppe. Welche erzieherische Begleitung verbindet in dieser Situation Kind und Erwachsene, welche Motive bestimmen diese Verbindung? Wenn Handeln Sinngebung im Verständigungsvorgang zwischen Menschen ist, dann hat pädagogisches Handeln in dieser Grenzsituation die Aufgaben, die Bedeutung der Grenzsituation zu aktualisieren (Merleau-Ponty, M., 1966, 501). Oder es werden Handlungspläne entworfen, und vollzogen, die nur mit einer eingeschränkten Anwesenheit der Individuen rechnen, – ihr betroffener Teil bleibt exkommuniziert.

Das Handeln des Pädagogen in dieser Situation der Zielkrise und Identitätskrise steht vor der ungewohnten Schwierigkeit, ohne Zukunftsperspektive den Vorgang einer Verständigung einzuleiten.

Diese Verständigung ist zugleich die Annahme dieser konkreten, so gedeuteten Situation durch die Beteiligten. Diese Annahme ist wiederum die einzige Möglichkeit zu erfahren, ob die gegebene Bedeutung in der unabwendbaren Situation trägt und sie damit verändern kann.

## 4. Die zeitliche Verfassung des Lebens als pädagogisches Thema

Die Anwesenheit der einzelnen Mitglieder in menschlichen Lebenseinheiten ist nicht gleichbleibend intensiv und nicht gleichbleibend identifizierbar. Die Präsenz der Personen in ihren Lebenseinheiten unterliegt vielfältigen Einflüssen, die der Präsenz ihre jeweilige, zeitliche Verfassung geben. Die tageszeitliche, jahres- und lebenszeitliche Verfassung steht im Wechselspiel mit Faktoren, die in der Individualiät, in anderen sozialen Bindungen und damit auch in der Auseinandersetzung bestimmter Personen mit ihrer Behinderung liegen können. Die unstete Gegenwart von Personen fasst der Begriff Enantiotropie.

Enantiotropie ist das Phänomen des Wechsels und Eintauchens einer Person in die verschiedene Höhen- und Grenzzonen der Existenz. Dieses Eintauchen kann zur Erschwerung oder sogar zur zeitweiligen Unterbrechung verbaler Kommunikation führen, will aber nicht deren Abbruch bedeuten. Dem Phänomen der unsteten zeitlichen Verfassung personaler Präzens wird im pädagogischen Raum durchweg Randbedeutung zugewiesen. Als Abweichung von einer normalen Verfassung wird in ihr höchstens als Störfaktor eine zeitweilige Aufgabe erkannt. Ihre thematische Behandlung als Grundphänomen menschlicher Verfassung würde im pädagogischen Verständigungsvorgang das Aufkommen jener merkwürdigen Illusion verhüten, es gäbe da einen kontinuierlichen Fortschritt zu immer höheren Formen allseitiger Persönlichkeitsbildung und dann (nach der Schule) einen Eintritt in eine Zukunft unbegrenzter Möglichkeiten. Wenn zu einer Schüler-Lehrer-Gemeinschaft Personen mit begrenzter und schwindender Lebenserwartung gehören, ist die Zeit des gemeinsamen Wirkens wahrnehmbar unausweichlich in Bedrängnis geraten.

In Gruppenverhältnissen körperbehinderter Schüler gelingt vielen Lehrern der Aufbau eines gemeinsamen Erfahrungsfeldes, in dem ihnen und den Schülern die Fähigkeit wachsen, die Schwankungen personaler Präsenz Einzelner zu verstehen und Phasen der Absonderung zu tolerieren. Sie lernen Mittel einzusetzen, die Beziehungen wieder aufleben zu lassen. Dieses Leben mit den Schülern gestaltet sich für den Lehrer selber krisenhaft, weil er nicht von einer situationsexternen Position aus handelt, sondern selber ein Moment der Situation ist. In den Wechselbeziehungen ihrer Situation kann es zu der zweifachen Übereinstimmung in der Schüler-Lehrer-Einheit kommen, zur Verständigung über das, was allen gemeinsam ist, was man miteinander teilt und zur Verständigung über das, was als das Besondere, als das kennzeichnend Einmalige jedem Partner verbleibt. (Zur Identitätspolarität: Goffman, E., 1967; Krappmann, L., 1969; Vollmeyer, I., 1974.)

In der Gestaltung des Erfahrungsfeldes zwischen dem Pädagogen und den behinderten Schülern gelingt es dann auch, die Einmaligkeit der Personen gelöst zu sehen von den besonderen körperlichen Merkmalen der jeweiligen Schädigungsfolgen und Krankheiten. Im Handeln miteinander erhalten diese besonderen Merkmale und Auffälligkeiten eine Nebenbedeutung (Vollmeyer, I., 1974, 90).

Bei einem Schüler mit progressiver Muskelkrankheit bestehen diese auffälligen Merkmale in seiner motorischen Beeinträchtigung und in der progressiven Zunahme dieser Schwäche.

Das unzeitgemässe Eintreten des motorischen Verfalls, das bei einem alten Menschen nicht verwundern würde, müsste nun eigentlich so wenig wie jede andere Auffälligkeit den Blick für die individuelle Besonderheit des Partners verstellen. Dennoch macht es grosse Schwierigkeiten, den Fortschritt des Verfalls in gleicher Weise als Nebenbedeutung in die Wechselbeziehungen der Partner einzuordnen wie die körperliche Merkmale. Der Vollzug zwischenmenschlicher Beziehungen steht allgemein unter dem Gesetz der Zeit. Die Partnerschaft mit progressiv erkrankten Menschen wird jedoch unter dem Zeichen progressiven Zeitschwundes vollzogen. Als Grenzzeit ist die Zeit selber gezeichnet durch ein Merkmal, ein Stigma. Ob die stigmatische Zeit in der Gestaltung eines gemeinsamen Erfahrungsfeldes ebenfalls in eine Nebenbedeutung geraten kann, müsste sich durch ihre Thematisierung im Vollzug der Beziehungen zeigen. Dass die Zeit von besonderer Bedeutung auch für die Verwirklichung pädagogischer Pläne ist, wird wohl deswegen so selten bedacht, weil es allgemeine Überzeugung geworden ist, dass sie in genügendem Masse zur Verfügung stehe.

Einen wichtigen Hinweis auf die Beziehung zwischen Zeitverfassung und Persönlichkeitsverfassung gibt D. Claessens. Die Möglichkeit "langer Handlungsketten" begünstige den Aufbau von Verantwortung und die Bindung emotionaler Kräfte in der Abstimmung langfristiger Lebenspläne mit den Lebensplänen sozialer Gruppen. Kurze Handlungsketten resultieren aus Situationen mit geringer Möglichkeit zu vorausdenkendem Planen und sind damit Symptome für Unruhe und Unübersichtlichkeit. (Claessens, D., 1974, 998).

Wenn diese Beziehung zwischen Zeitverfassung und Persönlichkeitsverfassung nicht nur eine tatsächliche, sondern eine gesetzmässige sein sollte, dürfte die pädagogische Bewältigung der stimatisierten Zeit schwerlich möglich sein.

Die progressive Verkürzung der Lebenszeit weigert sich, in die Rolle einer Nebenbedeutung verwiesen zu werden. Wenn man nicht die Augen vor ihr verschliesst, muss man sie sehen.

In den Intervallen des Kräftsverfalls des progressiv Erkrankten thematisiert sie sich selber unerbittlich. Sie reduziert die Teilnahme des Schülers an den wechselnden Interaktionssystemen, in denen er sich als dieselbe Person auf vielfältige Weise geben und erleben konnte. Noch ist er Schüler, Klassenkamerad, Freund und Sohn. Wenn sein Lehrer und seine Mitschüler und andere es nicht gelernt haben, seine Grenzzeit in ihre Lebenszeit einzubeziehen, dann wird es einen

Zeitpunkt geben, von dem an er für den Rest seiner Zeit wieder nichts anderes ist, als was er am Anfang war – Kind seiner Eltern.

Ist man so sehr identisch mit seiner Zeit, dass man mit ihr geringer wird und dann vergeht, ohne mehr Teilnahme von der Umwelt erwarten zu dürfen, als der Schauspieler von den Kulissen, zwischen denen er agiert?

Doch es gibt das Dazwischentreten von Erlebnissen in den Zeitablauf, es gibt die wechselseitige Inanspruchnahme von Personen, die in der Zeit Gegenwart entstehen lässt.

Die starke Zukunftsorientierung schulischer Lernveranstaltungen steht immer unter einer gewissen künstlichen Zeitbedrägnis, aus der heraus dem sozialen Horizont der Gegenwart nur schwächere Aufmerksamkeit gewidmet werden kann.

Darf und kann sich aber die Aufmerksamkeit dem sozialen Horizont einer gegenwärtigen Situation öffnen, so verändert sich damit für das Erleben der Fluss der Zeitlichkeit. Erwartet die starke Zukunftsorientierung – ungeduldig – das augenblickliche Absinken von Zeitpunkten in die Vergangenheit, so erweitert die Eröffnung des sozialen Horizonts den gegenwärtigen Augenblick zu einem "Präsenzfeld" (Zur Bedeutung von Präsenzfeld und sozialem Horizont: Merleau-Ponty, M., 1966, 472 ff.).

Die Verbindung von Personen durch Verschränkung ihrer Zeiten durchzieht die Gegenwart mit einer Struktur aus leibhaftigen Erlebnissen, die durch die Nachhaltigkeit ihrer Ankündigung und ihres Nachklingens eine Dehnung der gelebten Zeit zu einem Feld von Gegenwart ermöglichen. Die Ausdehnung eines Zeitmoments zu einem quasi-räumlichen Präsenzfeld steht in Beziehung zur Resonanzfähigkeit des Leibes. In der Resonanzfähigkeit des Leibes ist das Bewusstsein des Präsenzfeldes gegeben.

Der pädagogische Umgang mit progressiv erkrankten Kindern hat ein Gegenwartsziel, die sozial-intentionale Gestaltung der Situation in einem Präsenzfeld. Ohne soziale-personale Beziehungen in einer gegenwärtigen Situation sind zukunftsbezogene Rehabilitationsziele nur mit einer Pseudomotivation anzustreben, die in jedem Moment der Zeit ihre Entlarvung befürchten muss.

Pädagogische Aufgaben in der Grenzzeit und Endzeit eines Lebens gelten der Ausdehnung der Gegenwart durch personale Zuwendung, die das Stigma der Zeit nicht übersieht, sondern es im Gegenteil mit einer Aufmerksamkeit erfasst, die aus diesem Zeichen selbst noch eine Steigerung erfährt.

Diese menschliche Beziehungsform, in der Einzelne miteinander auch für ihre Extremsituation Handlungsfähigkeit erwerben, kann Handlungsgemeinschaft genannt werden. Bei Merleau-Ponty findet sich zur Kennzeichnung dieser sozialen Verfassung, dieser wechselseitigen Beanspruchung unter dem Druck der Zeit der Begriff der "Koexistenz" (Merleau-Ponty, M., 1966 406). Pädagogische Koexistenz hat den Grund ihres Bestandes nicht in der Wirklichkeit erreichter schulischer Erfolge, sondern in den personalen Beziehungen, die auf wechselnde Weise den Ausdruck ihrer Lebendigkeit finden, auch in der Verwirklichung schulischer Aufgabenstellungen. Aber diese schulischen Leistungen in der Auseinandersetzung mit dargestellter Welt zählen nicht für sich, sie sind nicht die Realität, auf die es ankommt. Ihr Wert besteht darin, daß sie ein Ausdruck der vollzogenen Begegnung, des Zusammenwirkens, der Verständigung, der „Gegenseitigkeit" sind. In der Bewältigung von Aufgabenstellungen aus gegenseitigem Verstehen heraus ist jeder Einzelne in dem, was er ist, voll beansprucht und doch kann man das Ergebnis nicht verstehen ohne die erklärte Anwesenheit des Anderen. (V.v. Weizsäcker wählt den Ausdruck der Gegenseitigkeit für die eigentümliche Verborgenheit und Offenkundigkeit des Einzelnen im Anderen, um den Namen der „christlichen Liebe sowohl zu schonen wie zu erklären". Weizsäcker, V.v., 1967, 72). Verbindet man den Begriff dieser Gegenseitigkeit mit dem der Koexistenz, dann verdient der Begriff der Koexistenz den Vorzug vor dem der Integration. Der Begriff Integration operiert mit der Vorstellung übergeordneter Ganzheiten, zu deren Bildung oder Erneuerung der Einschluss der Einzelnen notwendig ist. Integration sieht also mehr die Funktion des Einzelnen für das Ganze und muß dieses Ganze als Wirklichkeit plausibel machen. Koexistenz meint die Beziehung Einzelner zu konkreten gemeinschaftlichen Wirkformen, ohne daß bereits ein großes übergeordnetes Ganzes als Legitimation für die gegenseitige Zuwendung zur Verfügung stehen muß.


## 5. Pädagogische Koexistenz als Lebensform in der Grenzsituation


Schulische Bildungsbemühungen, die Vermittlung und der Erwerb von Handlungsbefähigung nur in Zukunftorientierung verstehen, werden in der bezeichneten Krisensituation versagen, weil die Orientierung auf eine nicht gegebene Zukunft die Krisenhaftigkeit selber steigert. Wird die Verfassung eines Menschen als Grenzsituation seiner Lebenszeit verstanden, dann muß ihr ein Handeln entsprechen, das die Gestaltung der Gegenwart zur Koexistenz zum Ziel hat. Aufwand und Erfolg dieses Handelns und damit Koexistenz als Lebensform für Gegenwart sind frei von dem Zwang, ihre gesellschaftliche Verwertbarkeit nachweisen zu müssen. Das Handeln in Koexistenz hat imgrunde kein Ziel außer sich, es ist die Darstellung, der Ausdruck der Koexistenz selber. In der Koexistenz geht es immer auch um die Vermittlung von Sachen. Aber die Sachwelt wird nicht mehr getrennt von der Personenwelt gesehen. Die Erschließung und Vermittlung der Sachwelt geschieht durch Erschließung und Vermittlung der vielfältigen Perspektiven, die die Personen der Handlungsgemeinschaft teilen. Erkenntnis von Sachen ist immer Erkenntnis von Personen mit ihrer Perspektive von den Sachen und ist damit Erkenntnis von Personen als Zentren von Perspektiven ("... die Idee des Anderen als eines eigenen Perspektivenzentrums", Merleau-Ponty, M., 1966, 389). Das Kennenlernen von Sachen als Kennenlernen von Personen ist die dynamische Konstitution eines Gegenwartsvollzuges.

In ihm äußern einander die Partner in ihren Ansichten, überwinden Ansichten und kommen zu neuen Lebensäußerungen, von denen jeder weiß, auch der Pädagoge, daß er sie nicht aus sich selbst erzeugt hat, sondern daß man sie einander zu verdanken hat (Merleau-Ponty, M., 1966, 406). Das allgemeine Bildungsziel der Körperbehindertenschule - verantwortliche Handlungsfähigkeit - hat gerade auch als gegenwartsbezogene Aufgabenstellung Gültigkeit. Eine Verbindung dieser ersten allgemeinen Forderung mit dem Teilziel, Begrenzungen des Handelns überwinden oder anerkennen zu lernen, macht darauf aufmerksam, daß auch der Vollzug der Koexistenz als Bewältigung der Grenzsituation nur in gegensätzlichen Begriffen beschrieben werden kann. Koexistenz bedeutet hier, der Grenze nicht mehr ausweichen zu können und auch nicht mehr ausweichen zu wollen. Koexistenz heißt hier für jeden Partner, der Grenze als Wahrheit des eigenen Lebens nicht mehr ausweichen zu können (Böhme, G., 1968, 147). In der Annahme der Grenze allein wird die Möglichkeit ihrer Überwindung gesehen. Die Anerkennung der spezifischen Bedingungen der zeitlichen Verfaßtheit des Lebens wird zum Mittel der Gestaltung zwischenmenschlicher Beziehungen. Darin ist die zeitliche Verfaßtheit aufgehoben, - aber doch wohl wiederum nur für eine Zeit, die dann endgültig beendet, was sich wegen ihr und gegen sie verbinden wollte. Oder geschah die Aufnahme der Koexistenz doch aus dem tieferen Beweggrund, in menschlicher Koexistenz etwas zu finden, was außerhalb ihrer zu suchen nicht in den Sinn kommt, nämlich die zeitfreie Zusicherung der Existenz? Das Motiv zur Gestaltung der Koexistenz in der Zeitkrise ist keine Schöpfung der zusammenlebenden Partner und sie wissen auch, daß sie nicht seine Urheber sind, sondern sich ihm nur geöffnet haben. Mit unserer Existenz und ihren Krisen, mit unseren unvollkommenen Lebensvollzügen in einer unvollkommenen Welt ist die Entdeckung von Motiven gegeben, dem Handeln und der Handlungsgeschichte einen Sinn zu geben, von dem wir uns nur sagen können, daß er uns mit uns selber nahegelegt ist (Merleau-Ponty, M., 1966, 510, 517). Man kann in der Krise eines Menschen eine bloße Tatsache sehen, die man zur Kenntnis nimmt. Man kann in der Krise des Anderen eine Situation erkennen, die einen selber treffen kann und treffen wird und man kann auch dies als bloße Tatsache zur Kenntnis nehmen. Man kann aber auch entdecken, daß die Gestalt dieser Lebenskrise nicht losgelöst verstanden werden kann von der Art der zwischenmenschlichen Verhältnisse, in denen sie sich entwickelte. Die Verlorenheit einer Person in einem pädagogischen Beziehungsgefüge wird einem dann zum hinweisenden Zeichen auf die Verfassung aller Partner dieser Person. Die Verlassenheit einer Person in ihrer Situation zeigt die Handlungsunfähigkeit der übrigen Personen für die gleiche Grenzsituation an. Damit ist ein Motiv gegeben, sich dieser Tatsache zu stellen und handelnd Verhältnisse zu gestalten, in denen die Vereinzelung des Einzelnen aufgenommen wird. Es gibt das Motiv, den Anderen und damit sich selbst in der Grenzsituation aus der Isolierung zu lösen. Hier wird aus der Verknüpfung von Beziehungen mehr erwartet, als jeder bei sich selber zu finden weiß. Merleau-Ponty verweist in diesem Zusammenhang auf einen Satz bei Antoine de Saint-Exupery hin: „Der Mensch ist nichts als die Verknüpfung von Verhältnissen, und nur sie sind es, die für den Menschen zählen" (Merleau-Ponty, M., 1966, 518. In der deutschen Ausgabe dieser Quelle, im „Flug nach Arras", Hamburg 1958, 105, lautet die Fassung: „Der Mensch ist nichts wie ein Bündel von Beziehungen. Die Beziehungen allein zählen bei Menschen"). Die Gestaltung von Mitverhältnissen, so Plessner, eröffnet die „Identifikation eines jeden mit etwas, was keiner von sich aus ist" (Plessner, H., 1961, 71, 72, 73). In der Gestaltung von Mitverhältnissen geschieht die Weiterführung von Selbsterfahrung und Selbstdeutung. Eine Weiterführung von Selbsterfahrung und Selbstdeutung unter den Bedingungen der Grenzsituation erhofft der verantwortliche Pädagoge für alle Partner durch Gestaltung der Koexistenz einer Schülergruppe, in der unheilbar kranke Personen anwesend sind. Das allgemeine Bildungsziel der Schule - verantwortliche Handlungsfähigkeit - muß in der aktuellen Handlungsfähigkeit für die Gegenwartsmomente des Gruppenlebens seine Verwirklichung finden. Die Vermittlung und Differenzierung dieser spezifischen Handlungsfähigkeit geschieht dabei nicht in einem neutralen Vorfeld, sondern ist immer bereits spezifische Gestaltung der zwischenmenschlichen Beziehungen. Pädagogische Handlungsbefähigung in allen Gegenstandsbereichen ist eingeordnet in die Gestaltung der sozialen Beziehungen. Diese Gestaltung verwirklicht sich in sprachlichen und sprachanalogen Vollzugsformen und macht in diesen Vollzugsformen die jeweilige Situation aller Partner des Beziehungsgefüges füreinander erkennbar. Die sprachlichen und sprachanalogen Vollzugsformen als Darstellung und Gestaltung personaler Beziehungen und Situationen verdienen im Unterricht die gleiche Aufmerksamkeit, wie die didaktisch-methodische Aufbereitung sogenannter sachbezogener Themenstellungen. Damit ist nicht gemeint, soziale Ereignisse und deren Äußerungsformen jeweils zum Anlaß für exzessive Diskussionen zu nehmen oder sogar aus ihrem Anlaß die Gruppe zur Diskussion zu nötigen. Wenn in der Koexistenz eine gemeinsame Bewußtseinslage erreicht worden ist, so ist es wie in der inneren Sprache nicht mehr notwendig, die Bezugsgröße, das Subjekt, in den Aussagen ausdrücklich und umständlich einzuführen und auszuführen. Es genügen Andeutungen, um den Verständigungsvorgang fortzusetzen und zu vertiefen (Wygotski, L.S., 1974, 328 ff.). Die Zeitgestalt der Aussagen kann in Existenzformen der Gemeinsamkeit eine strukturelle Komprimierung erfahren, die vollkommen geeignet ist in einem fast Nichts an Zeit die lebenswichtige Kommunikation zu vollziehen. Diese Kommunikationsform wäre zu gewinnen, um in der Grenzsituation ausgehender Zeit Gegenwart sowohl zu verdichten wie auszudehnen. Die Leibsphäre ist mit ihrer Fähigkeit zur Erlebnisresonanz geeignet, im Fluss der Zeit Gegenwart zu behaupten. Gebärdensprache und die Ausdrucksformen des „coenästhetischen Kommunikationssystems", wie Rene Spitz den Formenreichtum analoger Verständigung nennt, verbünden sich mit der Intention, sich der Koexistenz gerade in bedrängter Zeit zu versichern (Spitz, R.A. 1969, 151 ff.). Spitz hält eine erneute Sensibilisierung für das Verstehen und Beantworten sprachanaloger Ausdrucksformen für möglich, die bereits in der frühen Kindheit zeitüberdauernde Zusammenhänge stifteten (Handberührungen, Hautkontakt, Gebärden und Rhythmen, Tonhöhe und Klangfarbe der Stimme u.a.m.). Die Krisensituation eines Schülers in seiner Gruppe ist somit als beredter Ausdruck für Angst, für erfahrene Konkurrenz- und Machtverhältnisse zu verstehen, die dem Ausleben von Gegenwart feindlich sind. Pädagogische Koexistenz wäre dagegen die sozial-kommunikative Vollzugsform einander folgender Momente eines Bildungsvorgangs. In ihr sind die Lernprozesse in allen Gegenstandsbereichen qualifiziert zu Ereignisfolgen des gegenseitigen Kennenlernens. Koexistenz verändert eine Klasse oder Lerngruppe zu einer Handlungsgemeinschaft, deren Mitglieder in der Gegenwart nicht konkurrierend die Entwürfe ihrer zukünftigen Gestalt besorgen, sondern die füreinander Zusammenwirkende sind. In der krisenhaften Eingrenzung der Lebenszeit einer Person werden die Partner der Koexistenz der Wahrheit ihrer Gegenwart auf jegliche Weise zum Ausdruck verhelfen.

Es kann sein, daß in der Darstellung dieser Wahrheit die Erwartung lebt, miteinander zu erfahren, daß es doch einen zeitüberlegenen Grund des Lebens gibt. Wenn es diesen Grund geben sollte, kann er nur in Begegnungen innerhalb der Zeitlichkeit erfahren werden. Zeitlichkeit und Sterblichkeit können nicht als ablösbare Merkmale unserer Verfassung begriffen werden, an deren Bestimmung vorbei wir zu unserem eigentlichen Wesen vordringen können. Zeitlichkeit und Sterblichkeit sind Vollzugsformen unserer selbst. In dieser Verfassung gewinnen wir Gegenwart. Daß Begegnungen in der Zeitlichkeit nicht ihre Enderfüllung einbegriffen erfahren, das begründet Trauer und Erinnerung, aber auch Vertrauen: Was in Begegnungen an Wertschätzung zum Ausdruck gelangen kann, das hat nicht ein jeder für sich erfunden. Vielmehr zeigt sich in Begegnungen eine Wertgebung der Menschen füreinander, für deren Vernichtung in dieser Begegnung der Sinn nicht mitgegeben ist. Gehört die Vermittlung dieser Erfahrung mit zum Bildungsauftrag der Schule? Gehört sie zum Bildungsauftrag einer Schule, in der Kinder ihr Leben beschließen? Die Anwesenheit progressiv erkrankter Schüler bewegt den Pädagogen zum Umdenken. Wenn er mit diesen Schülern das Verhältnis der Koexistenz gestaltet, rechnet er nicht mehr mit einer Welt, die als gesellschaftliche Konstruktion für den Schüler einen Platz vorgesehen hat, auf dem er einmal auf dem Weg über Lernziele, Stufenziele und Abschlüsse befähigt sein wird, eine Funktion in der Gesellschaft für die Gesellschaft zu übernehmen. Der Pädagoge will sich freigestellt verstehen dürfen auch zu gesellschaftlich funktionslosem Handeln, das darauf gerichtet ist, mit seiner Gegenwart die isolierende Macht einer Grenzsituation zu überwinden, - zu überwinden, indem er das Schweigen über sie aufhebt. Diese Freiheit zur Gestaltung einer derartigen Koexistenz muß vom Ordnungssystem Schule und durch die Solidarität der Kollegen abgesichert werden. Die Schule für Körperbehinderte versteht sich als menschliches Ordnungssystem, das Förderungen und Erwartungen an den Einzelnen deswegen heranträgt, weil sie bereit ist, sich selbst dem Einzelnen mit allem , was sie aufbieten kann, verfügbar zu machen. Sie muß deswegen die Gestaltung mitmenschlicher Verhältnisse ermöglichen, in denen die Partner das Vertrauen gewinnen, daß die zeitliche Begrenzung gelebter Beziehungen ihren Sinn nicht aufzuheben vermag.

# Zusammenfassung

Das Bildungsziel der Körperbehindertenschule mit seiner zentralen Forderung nach Handlungsfähigkeit wird in Beziehung gesetzt zur besonderen Situation progressiv erkrankter Schüler. Eine Analyse dieser Situation läßt sie als Ziel- und Identitätskrise verstehen. Die pädagogische Entsprechung einer so verstandenen Krise erfolgt in sozial-kommunikativer Gestaltung der Gegenwartsmomente im Bildungsgeschehen. In ihr wird die Einheit von Sach- und Personenbezug und damit pädagogische Koexistenz hergestellt. In pädagogischer Koexistenz wird Handlungsfähigkeit gewonnen, die zeitliche Verfassung der Partner zu thematisieren und Formen bedrohlicher Isolierung in das Vermittlungsgeschehen aufzunehmen.

# Literatur

Ammon, G.: Zur Psychodynamik des Todes, Med. Welt 15 (1971), 575 - 578

Asperger, H.: Das sterbende Kind, Communio 6 (1975), 518 - 527

Bennholdt-Thomsen, C.: Sterben und Tod des Kindes, der kinderarzt 5 (1976, 537 - 542 6 (1976), 691 - 699

Bleidick, U.: Das Ziel der Heilerziehung. Z. Heilpäd. 2 (1959) 60 - 68; 3 (1959), 109-115

Bleidick, U.: Pädagogik der Behinderten, Berlin-Charlottenburg 1972

Beckmann, R.: Muskelkrankheiten und ihre Bekämpfung, in: Freiburger Universitätsblätter, Freiburg 1971, H. 32

Böhme, G.: Der pädagogische Beruf der Philosophie, München-Basel 1968

Braun, O.H.: Das sterbende Kind und seine seelischen Probleme, der Kinderarzt 2 (1976) 155 - 162

Bürli, A.: Sonderpädag. Theoriebildung - Vergleichende Sonderpädagogik. Referate d. 13. Arbeitstagung d. Dozenten für So.-Päd. in Zürich, Luzern 1977. Darin: Schmeichel, M.: Das Problem des Bildungsziels für Schüler mit begrenzter Lebenserwartung i. d. Kb.-Schule

Claessens, D.: Handlungskette, in: Ritter, J. (Hrsg.) Historisches Wörterbuch der Philosophie, Basel-Stuttgart 1974

De Levita, D.: Der Begriff der Identität. Frankfurt 1971

Fachkommission zur Erarbeitung von Rahmenrichtlinien für den Unterricht an Schulen für Körperbehinderte. Unveröffentlichter Zwischenbericht 1975

Goffmann, E.: Stigma, Frankfurt 1967

Jetter, K.H.: Kindliches Handeln und kognitive Entwicklung. Bern/Stuttgart/Wiehn 1975

König, W.: Das Theorie-Praxis-Verhältnis im Urteil der Absolventen unserer Hochschule, in: PH-Informationen, Arg. PH Reutlingen 25 (1976) 3 - 9

Krappmann, L.: Soziologische Dimension der Identität Stuttgart 1969

Kübler-Ross, E.: Interviews mit Sterbenden Stuttgart/Berlin 1975

Larbig, W.: Zum kindlichen Toderserlebnis und zur Situation des todkranken Kindes im Krankenhaus, Praxis Kinderpsych. und Kinderpsychiatrie 7 (1974), 245 - 255

Maier, W.: Das Problem der Leiblichkeit bei J. P. Sartre und Maurice Merleau-Ponty, Tübingen 1964

Merleau-Ponty, M.: Phänomenologie der Wahrnehmung, Berlin 1966

Nestle, W.: Didaktik und Sonderpädagogik, Z. Heilpäd. 3 (1976) 167 - 180

Plessner, H.: Conditio humana, in: Propyläen-Weltgeschichte, Bd. 1, Berlin 1961, 33 - 86

Proust, M.: Auf der Suche nach der verlorenen Zeit, Bd. 1, Frankfurt 1964

Saint-Exupery, A. de: Der Flug nach Arras, Hamburg 1958

Schmeichel, M.: Die Schule für Körperbehinderte, Z.Heilpäd. 5 (1973), 398 - 413

Schmeichel, M.: Bestimmung der Sonderschulbedürftigkeit und schulorganisatorischen Konsequenzen, in: Heese, G. und Reinartz, A.: Aktuelle Beiträge zur Körperbehindertenpädagogik, Berlin-Charlottenburg 1974, 43 - 54

Schmeichel, M.: Vom Umgang des Lehrers mit Eltern körperbehinderter Kinder, in: Rheinweiler, R. (Hrsg.), Elternschaft und Rehabilitationsteam, Rheinstetten 1978 (in Vorbereitung)

Schönberger, F.: Körperbehinderungen - Ein Gutachten zur schulischen Situation körperbehinderter Kinder und Jugendlicher in der Bundesrepublik Deutschland, in: Deutscher Bildungsrat, Gutachten und Studien der Bildungskommission 35. Sonderpädagogik 4, Stuttgart 1974, 199 - 283

Spitz, R. A.: Vom Säugling zum Kleinkind, Stuttgart 1969

Vollmeyer, I.: Überlegungen zum Problem der Identität. Unveröffentlichte wissenschaftliche Examensarbeit, Reutlingen 1974

Weizsäcker, V. v.: Pathosophie, Göttingen 1967

Wunderli, J.: Vernichtung oder Verwandlung. Der Tod als Verhängnis und Hoffnung, Stuttgart 1976

Wygotski, L.S.: Denken und Sprechen, Frankfrut 1974

# Sozialpsychologie im Kontext einer handlungsorientierten Pädagogik der Körperbehinderten — Ein Grundriß, verdeutlicht an der Erstbegegnung zwischen Körperbehinderten und Nichtbehinderten*

*Franz Schönberger*

Psychologie ist Pädagogische Psychologie, insofern sie sich unter den Anspruch eines pädagogischen Zieles stellt. Besteht dies - wie in der Pädagogik der Körperbehinderten (Richtlinienkommission,˙1975) - in der Fähigkeit zu „verantwortlichem Handeln als Mitglied der Gesellschaft", so hat der Psychologe für und stets mit dem Pädagogen eine Psychologie beizubringen, die zeigt, wie Kinder, wie körperbehinderte Kinder in personaler Verantwortung und sozialer Einbindung handeln lernen. Als Sozialpsychologe liefert er Modelle und Befunde zum interaktional-kommunikativen Aspekt dieses Lernens: er artikuliert Handeln als soziales Handeln, Lernen als soziales Lernen.

Das Kind soll lernen zu *handeln*, und „Handeln besteht aus den Strukturen und Prozessen, in denen Menschen ihre sinnhaften Intentionen ausdrücken und mit deren Hilfe sie diese Intentionen in konkreten Situationen mehr oder minder erfolgreich verwirklichen. Das Wort 'sinnhaft' ('meaningful') bezieht sich auf die symbolische und kulturelle Ebene. Intentionen und Implementation (Verwirklichung.- F.S.) zusammen setzen voraus, daß in dem jeweiligen - individuellen oder kollektiven - Handlungssystem die Möglichkeit angelegt ist, Beziehungen zur Situation oder Umwelt in einer gewünschten Richtung zu verändern" (Parsons, 1976, 121).

*Sozial handeln* hieße demnach, in veränderbaren *Sozialsystemen* seine Intentionen verwirklichen. Und „Sozialsysteme sind geordnete Aggregate, in denen Menschen sich unter spezifischen Aspekten 'wahrnehmen' und bestimmte Empfindungen füreinander haben; Sozialsysteme bestehen aus interagierenden *Rollen* innerhalb von *Kollektiven,* deren spezifische Interaktion durch *Normen* geordnet wird, die in *Werten* begründet und an Werten orientiert sind. Die Struktur des Sozialsystems besteht aus dem Gefüge symbolischer Beziehungen zwischen diesen vier Kategorien von Elementen" (Parsons, 1976, 80).

Das allgemeine Ziel jeder Erziehung Körperbehinderter, im besonderen jedoch ihrer schulischen Bildung läßt sich demnach in der sozial-kommunikativen Dimension fassen als *Selbstverwirklichung in Solidarität:* als aktive Veränderung der eigenen Persönlichkeit dank des Sozial- und Kultursystems, als - vielleicht kleiner, aber konstruktiver - Beitrag zur Veränderung des Sozial- und Kultur-

---

* Dieser Beitrag erschien auch in der Internationalen Zeitschrift für Rehabilitationsforschung, Nr. 0 (1976). Dort wird auch die im Text angekündigte Fortsetzung veröffentlicht werden.

systems kraft der eigenen Persönlichkeit. Parsons (1976, 284 ff) unterscheidet später ein politisches und ein kulturelles „Subsystem der Gesellschaft", und zwar nach der unterschiedlichen Art ihrer solidarisierenden Wirkung. Dem politischen Subsystem gegenüber werde sich ein einzelner oder ein Mitglied einer Minoritätsgruppe „zu verschiedenen Stufen von Widerstand gezwungen sehen ... bis hin zur Revolution." In pluralistischen Gesellschaften suche man nach Formen legitimierter Opposition, welche ihre Konstruktivität aus der Rückbindung an „Minimalforderungen *gemeinsamer* Wertbindungen" im kulturellen Subsystem gewinne. - Diese kulturelle Minimalsolidarität vorausgesetzt, läßt sich auch der Standpunkt des marxistischen Persönlichkeitstheoretikers Sève (1973, 309) einholen, für den „das Eigentümliche einer Handlung ist, daß sie gesellschaftlich *etwas bewirkt".*

*Bewegungsbeeinträchtigung,* als das gemeinsame Merkmal jener, die wir als körperbehindert bezeichnen, stiftet einerseits besondere Formen des persönlichen Angewiesenseins auf die Gesellschaft: insofern *bedroht* sie *die Handlungsfähigkeit.* Gerade in diesem besonderen Angewiesensein liegt jedoch auch ihre systemsprengende, Handlungsfähigkeit fordernde und daher fördernde Kraft. Aus diesem Spannungsbogen heraus zu handeln, darin besteht die *soziale Kompetenz* des Körperbehinderten. Der Sozialpsychologe ist gefragt, wie man sie lernen und lehren kann.

Wenn es darum geht, sozial handeln zu lernen, wird er ein *handlungstheoretisches Interaktions- und Kommunikationsmodell* anbieten müssen. Das hier vorgeschlagene Modell *(Abbildung 1)*

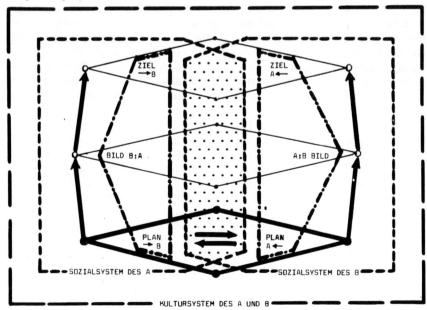

*Abbildung 1:Handlungssysteme und Gleichgewichtsprozesse in der dyadischen Interaktion*

99

versucht verschiedene theoretische Konstrukte zu vereinen, die für sich genommen geeignet sind, je besondere Problemanteile der sozialen Folgen von Bewegungsbeeinträchtigung geistig zu ordnen, die jedoch erst in ihrer Vereinigung so etwas wie ein halbwegs umfassendes und in sich stimmiges Konzept ergeben. Folgende Autoren haben mich dazu angeregt oder darin nachträglich bestärkt:

Argyle (1967) mit seinem für den motorisch Defizienten so wichtigen, weil am Paradigma motorischer Fertigkeiten gewonnenen Modell sozialer Fertigkeiten - ergänzt um den von ihm selbst später (1975) daran vermißten, von Watzlawik et al. (1974) herausgearbeiteten Charakter der Symmetrie bzw. der Komplementarität von Interaktionen zwischen zwei Partnern. Nicht nur für diese beiden Ansätze, sondern auch für alle folgenden sind Rückkoppelung und Gleichgewicht konstitutiv. Dies gilt ganz gewiß für das Modell der TOTE-Einheiten von Miller-Galanter-Pribram (1973); ihre Gedanken über Bild und Plan wurden für meine Auffassung von Stereotyp und Rolle wichtig. In den von diesen Autoren gesteckten Rahmen muß und kann man Piagets Auffassung einbeziehen, daß „die Erkenntnisse sich aus dem Handeln ableiten" (1974, 31); denn diese für die kognitive Entwicklung des Bewegungsbeeinträchtigten so entscheidende, von Jetter (1975) überzeugend angewandte Einsicht betrifft auch die Erkenntnisse über Menschen. - Ein Grundriß muß, will er nicht die Abstraktion bis zur unverständlichen Inhaltslosigkeit treiben, die Grundidee an einem Ausschnitt der gemeinten Wirklichkeit sichtbar machen. So wende ich in diesem 1. Teil des Grundrisses das Modell auf die *Erstbegegnung zwischen einem Körperbehinderten und einem Nichtbehinderten* an. Zur Ordnung der in dieser Situation auftretenden inneren und äußeren Prozesse bot sich eine Theorie an, die ursprünglich auch schon aus der Not entstanden ist, schier unzählige sozialpsychologische Daten auf einen gemeinsamen Nenner zu bringen: Festingers Theorie von der kognitiven Dissonanz (1957). Sie gibt in Verbindung mit Elementen der Stigmatheorie Goffmans (1970) und der von Barker (1948) herangezogenen Feldtheorie Lewins ein heuristisches Modell der Konfliktlösung durch Information ab. Allerdings wird es in unserem Zusammenhang erst als solches brauchbar, wenn man in der Dissonanz nicht nur einen dem Hunger vergleichbaren „noxious state", sondern auch ein fruchtbares, Tun und Denken vorantreibendes Ungleichgewicht (im Sinne des Berlyne'schen Konfliktbegriffs. - Berlyne, 1974) sieht. Nur so kann die klassische Dissonanztheorie ihres rein systematabilisierenden Charakters entkleidet werden. (Die Dauersituation des Körperbehinderten in unserer Gesellschaft ließe sich - im Gegensatz zu seiner Erstbegegnung mit Nichtbehinderten - besser mit Homans' Theorie vom „sozialen Austausch" fassen, meinte einmal Bergius (pers. Mitteilung). Damit wird er wohl recht haben. Denn Homans (1968), der behaviouristische Soziologe, schildert das neutestamentliche Gesetz der Wüste: Dollar um Dollar, Minute für Minute - nach dem niemand mehr gewinnt, als er investiert.) - Die methodische Beschränkung auf die dyadische Interaktion und die Akzentuierung des „Verhaltens-" und des „Persönlichkeitssystems" in dieser Zweierbeziehung geschieht unter bestmöglicher Berücksichtigung der von Parsons (1976) aufgewiesenen „Interpenetration", der wechselseitigen Durchdringung dieser System-klassen mit den beiden anderen: dem „Sozial - " und dem „Kultursystem".

Für den gewählten Wirklichkeitsausschnitt läßt sich *soziale Kompetenz des Körperbehinderten als mitverantwortliche Planung und Verwirklichung der Erstbegegnung mit dem Nichtbehinderten* definieren. „Daß der Behinderte in der Begegnung mit dem Nichtbehinderten die Funktion der Verhaltenssteue-rung übernehmen muß", hat Jansen (1972, 136) gefordert. Diese - nur als Leitidee aufzufassende - Forderung wird nur dann nicht zur Überforderung, wenn sich die mit ihr gemeinte hohe soziale Kompetenz operationalisieren läßt in „Aktivitäten und Verhaltensweisen, die in eine soziale Interaktion eingehen"; deren „Inbegriff" nennt man *soziale Performanz* (Graumann, 1972, 68). Diese Handlungen, in denen wie gesagt der Körperbehinderte die Erstbegegnung mit dem Nichtbehinderten in verschiedenem Umfang und in verschiedenen Graden der Differenziertheit, immer aber verantwortlich mitgestaltet, gehören zu den *Lernzielen sozial-kommunikativer Erziehung und Bildung.* Solche Handlungen lassen sich nicht zureichend lehren, solange man mehr oder minder zufällige Einzelfunde von Erfahrung und Erforschung lediglich naiv-empirisch auflistet oder intuitiv-hermeneutisch systematisiert. Dies kann vielmehr nur gelingen, wenn sich die Lernziele ableiten lassen aus einem zumindest einigermaßen konsistenten Erklärungs- und zugleich Veränderungsmodell, welches private Erfahrung und wissenschaftliche Forschung hypothetisch vorstrukturierbar und somit erst verifizierbar bzw. falsifizierbar macht: und zwar nicht beliebig, son-dern hingeordnet auf das allgemeine Bildungsziel. Unter diesen Anspruch ist auch der Versuch zu stellen, *Lernziele für die Erstbegegnung des Körperbe-hinderten mit einem Nichtbehinderten* zu definieren.

Als *Rahmenziel* läßt sich dem vorgeschlagenen Modell entsprechend (vgl. *Abb. 1)* formulieren: „Der Körperbehinderte soll lernen, zwischen seinen Zielen, Bildern und Plänen und jenen des ihm bisher persönlich unbekannten Nichtbehinderten jenes Gleichgewicht oder Ungleichgewicht selbst herzustellen, das beide der Selbstverwirklichung in Solidarität näherbringt".

Diese Regulierung der drei - in der *Abb. 1* als in den Winkeln veränderbar zu denkende Rhomben dargestellten - Gleichgewichtsprozesse kann ihm nur ge-lingen, wenn er die *kulturellen und sozialen Determinanten des persönlichen Plans* kennt, der sich im Verhalten seines nichtbehinderten Interaktionspartners vermutlich manifestieren wird. Denn je weniger Vorinformation er üben jenen besitzt, umso mehr ist er auf Hypothesen angewiesen, die er aus der Kenntnis des ihnen beiden gemeinsamen Kultur- und des ihnen teilweise gemeinsamen Sozialsystems begründen muß. Es geht also um die *vorwegnehmende Charakteri-sierung* der Erstbegegnung. Diese Charakterisierung unterscheidet sich von der Stereotypisierung dadurch, daß ihre Kategorien nicht bloß übernommen, sondern miterarbeitet, daß sie nicht thetisch, sondern hypothetisch und heu-ristisch sind. Ich sehe eine wichtige *Aufgabe* gerade *der schulisch-unterricht-*

*lichen Bildung* Körperbehinderter darin, *geistige Voraussetzungen für eine solche Charakterisierung* zu schaffen, indem sie das Verhältnis zwischen Körperbehinderten und Nichtbehinderten zu ihrem Gegenstand macht. So wird *geschichtliche Bildung* z.B. die Stellung des Körperbehinderten im kultur- und sozialgeschichtlichen Zusammenhang erhellen. *Sprachliche Bildung* kann nicht übersehen, wie Körperbehinderte sich selbst darstellen und wie man sie in den Massenmedien darstellt. *Politische Bildung* mag dem Körperbehinderten zeigen, was Faschismus, Kapitalismus, Kommunismus, was verschiedene Ideologien und Staatsformen ihm an Handlungsspielraum gewähren: festgemacht nicht nur an Programmen, sondern auch an Fakten. *Philosophisch-ethische und religiöse Bildung* werden sich dem Leiden als einer persönlichen wie gemeinschaftlichen Grenzsituation stellen müssen: soll der Körperbehinderte in einem Heroischen Trotzdem die Krücken zerbrechen, wie Würtz (1932) es empfahl? Soll er, dessen Antagonisten Briefs (1955) folgend, sein Leiden als Beruf in der Nachfolge des Jesus von Nazareth auffassen? Was legt man ihm denn sonst noch alles nahe? Schließlich muß es einmal auch *soziologische und psychologische Bildung* an unseren Schulen geben; nicht zuletzt sie wird in forschendem Lernen Erscheinungsformen und Strukturen des Verhältnisses von Körperbehinderten und Nichtbehinderten in unserer Gesellschaft zu erarbeiten haben.

Schon eine derart aspektreiche Thematisierung im Unterricht wehrt eher der Gefahr platten Typisierens - ,,So sind sie zu uns, die Nichtbehinderten!'' - als daß sie ihr Vorschub leistete. Im Rahmen sozialpsychologischer Erörterungen muß jedoch auch die - jene Charakterisierung ständig dialektisch aufhebende - *Individualisierung der Begegnung zwischen Körperbehinderten und Nichtbehinderten* voll zu ihrem Recht kommen. Sie ist Gegenstand sozialen Lernens als sozialem Handeln, d.h. Ertrag der Planung und Durchführung, immer und zumindest aber der Aufarbeitung tatsächlicher Begegnungen des Körperbehinderten mit dem Nichtbehinderten in Gruppen und als einzelner. Dies hat sich zu vollziehen in allen Fächern und Sparten der Förderung, auf jeder Entwicklungsstufe und damit auch auf jedem Intelligenzniveau: denn soziales Handeln war noch nie ein Privileg der Großen und Gescheiten. Es ist ein konstitutives Merkmal des vorgeschlagenen Modells, daß es für soziales Handeln schlechthin gilt. Handeln entwickelt und verwirklicht sich jedoch auf verschiedenen Niveaus der Strukturiertheit (vgl. dazu Seiler, 1973, 36 ff); daher ist es als Begriff auf diesen Formenreichtum nur analog anwendbar, ohne daß es jedoch seiner definitorischen Hauptmerkmale auf irgendeiner Stufe geistiger Entwicklung verlustig ginge, auf der noch sinnhafte Intentionalität zu erwecken ist. Diese analoge Gültigkeit behaupte ich daher auch für die aufzustellenden Lernziele, wenngleich es natürlich der mühsamen Reflexion und des unermüdlichen Erprobens bedarf, will man sie als ,,Stufenziele'' oder gar auf die individuellen Lernvoraussetzungen hin formulieren und konkretisieren.

Daß die *Begegnung des Körperbehinderten mit den meist nichtbehinderten Fachkräften und den von ihnen repräsentierten Institutionen* kaum je als einschlägiges Problem wahrgenommen wird, liegt zunächst sicher daran, daß Schule etwa, an der heute jeder herummachen darf, just dem Schüler immer noch als Sacrosanctum präsentiert wird – ein Zustand, den die CIEL-Arbeitsgruppe Reutlingen (1975) ändern will; zum anderen mag es daher kommen, daß diese Angelegenheit zu naheliegend und daher zu nahegehend ist. Lieber transportiert man Gäste heran. Dann findet in Kindergarten und Schule seine Fortsetzung, was in der Familie zu beginnen ̇pflegt: die Vertuschung und Verdrängung - nicht einmal so sehr der „Stigmatisierung" des Kindes als der „Normalität" seiner Bezugspersonen. Gerade in der Familie aber, in der soziales Lernen noch ganz eingebettet ist in Gefühlbeziehungen, könnte sich diese Auseinandersetzung so abspielen, daß das körperbehinderte Kind - um mit Goffman (1970) zu sprechen - lernt, „Spannungen zu managen" (128), ohne zum unspontanen „Kritiker der sozialen Szenerie zu werden" (139).

Die in konkreten Handlungsvollzügen ganz praktisch aufs Spiel gesetzte und damit theoretisch je neu in Frage gestellte Charakteristik der Begegnung zwischen Körperbehinderten und Nichtbehinderten ist somit *Aufgabe einer allgemeinen sozialen Pädagogik,* die weder - im Regelfalle - an den Sozialpädagogen, noch - im Problemfalle - an den Hauspsychologen delegiert werden darf. Vielmehr haben alle Erziehenden ihren Teil dazu beizutragen, daß der Körperbehinderte handlungsfähig, und das heißt sozial handlungsfähig wird. Noch einmal am Modell *(Abb. 1)* formuliert:

daß der Körperbehinderte lernt,

- sich ein *Ziel* zu setzen, statt einfach einer Norm zu gehorchen;

- sich ein *Bild* zu machen von sich selbst und dem anderen, statt einem Auto- oder Heterostereotyp aufzusitzen;

- zu planen und diesen *Plan* im sozialen Verhalten auf die Probe zu stellen, statt nur Verhaltensmuster abzurufen.


### Charakterisierung der Erstbegegnung zwischen einem Körperbehinderten und einem Nichtbehinderten

Die Handlungsfähigkeit des Körperbehinderten in dieser Situation steigert sich proportional zu seiner Fähigkeit, sie in Vorstellung und Denken vorwegzunehmen. Angel- und damit Ansatzpunkt dieser Vorwegnahme ist das *Bild,* welches sich der Nichtbehinderte - begründeten Vermutungen zufolge - vor und in der bevorstehenden Begegnung vom Körperbehinderten machen wird. Für die Konstruktion dieses Bildes wird er natürlich dieser Begegnung selbst Elemente entnehmen; dies wird der *impressive (rezeptive) Anteil des Wahrnehmungsbildes* sein, der *Effekt des Eindrucks.* Diesen Eindruck darf man aber nicht als „unmittelbar" mißverstehen. Ist er doch immer schon vermittelt durch den Raster der *individuell-kognitiven* und der *kollektiv-normativen Struk-*

*tur* der Vorstellungen und des Denkens: dieser Struktur entstammt der *expressive (projektive) Anteil* des Wahrnehmungsbildes - Einfallstor für Ängste und Wünsche angesichts beschädigter Leiblichkeit, wozu Meng schon 1938 eine empirisch-psychoanalytische Arbeit vorgelegt hat. Da nach unserer Voraussetzung der Körperbehinderte die individuellen Vorerfahrungen des Nichtbehinderten nicht kennt, kann er sie nur vorwegnehmen, insofern er in ihnen Brechungen kollektiver, d.h. aus der gemeinsamen Kultur und Gesellschaft stammender Vorstellungen erwarten darf. Er wird also Hypothesen bilden müssen über das *Vorstellungsbild vom Körperbehinderten,* welches der Nichtbehinderte in die Begegnung mit ihm einbringen wird; Hypothesen, wie er wohl - in der Terminologie Goffmans (1970) - die „virtuale soziale Indentität" eines potentiellen Sozialpartners im allgemeinen und eines körperbehinderten Sozialpartners im besonderen vorweg definieren wird. Wir denken beim Körperbehinderten in diesem Zusammenhang nur an den Träger eines „*visiblen* Stigmas", dem vielleicht auch schon reflektierte Eigenerfahrungen aus vergleichbaren Situationen zugute kommen: vor allem bei der Überlegung, wie wohl er selbst auf den Nichtbehinderten wirken wird - wie also vermutlich dessen impressiver Wahrnehmungsanteil beschaffen und zu beeinflussen sein wird. Jeder Körperbehinderte wird bald erfahren haben, daß er bei fast allen Nichtbehinderten in der Erstbegegnung mit einer *Diskrepanz zwischen* deren *Vorstellungsbild vom Sozialpartner und dem* in der Begegnung zu konstruierenden *Wahrnehmungsbild* rechnen muß - vor allem dann, wenn sie auf den Anblick eines ungewohnten Erscheinungsbildes nicht eingestellt sind und daher durch es überrascht werden. (Dem Management der Vorinformation kommt folglich große praktische Bedeutung zu; es bleibt jedoch in diesem Zusammenhang ausgegrenzt). Die Nichtbehinderten werden in der Regel gezwungen, im Moment die „aktuale soziale Indentität'" (Goffmann, 1970) ihres Partners in Abhebung von der „virtualen" (= ihren habituellen Vorstellungen entsprechenden) neu zu definieren. Da diese Diskrepanz zwischen zwei kognitiven Elementen, dem erwarteten und dem tatsächlichen Wahrnehmungsbild nämlich, besteht, bezeichne ich sie nach Festinger als *kognitive Dissonanz.* (Festinger, 1957, 13: „The dissonance might exist because of what the person has learned or become to expect ...".) Insofern sie in der eben gekennzeichneten Situation *durch das Erscheinungsbild des Körperbehinderten hervorgerufen* wird, hat sie als *ästhetische Dissonanz* Anteil am Gesamtbetrag der in dieser Begegnung entstehenden kognitiven Dissonanz. Von besonderer Bedeutung scheinen dabei zerebrale Störungen des mimischen, gestischen und pantomimischen Ausdrucks sowie des Ausdrucks der Sprechstimme zu sein; solche „Ausdrucksstörungen" bei Körperbehinderten führen nicht nur zu passageren „Eindrucksstörungen" bei Nichtbehinderten (Schönberger, 1963, 1966 a), sondern mindern vermutlich auch deren Status in der Gruppe (Schönberger, 1966 b, 1967).

Da sich die in eine Begegnung eingebrachten („virtualen") Handlungs-*Pläne* und ihre „aktualen" Modifikationen und Substitutionen nach dem virtualen bzw. aktualen Bild richten, ist auf der Plan-Ebene ein weiterer Anteil dieser kognitiven Dissonanz zu erwarten, der dann im „Verhaltenssystem" (Parsons) manifest wird (in *Abb. 1* symbolisiert durch den unteren Rhombus). Ich nenne diese Dissonanz die interaktionale, weil sie sich in der Interaktion selbst äußert. Die ihr entsprechenden Verhaltensweisen - in jüngerer Zeit von Jansen (1972) empirisch aufgezeigt und von Schönberger (1971) rollentheoretisch analysiert - pflegen jene, die der ästhetischen Dissonanz entsprechen, mehr oder minder zu resorbieren. Wie in der Genese des Bildes, so schlagen sich auch in der Plangenese zugleich individuelle und kollektive Erwartungen nieder; sie betreffen beide sowohl die Erstbegegnung als generelles, die Erstbegegnung mit Körperbehinderten als spezielles soziales Handlungsfeld. Den kollektiven Plananteil sollte man *Rolle* nennen, weil ich- Miller-Galanter-Pribram (1973, 97) folgend - meine, daß „die Rolle einer Person in einer beliebigen Gruppe mit Hilfe des Plans, dessen Ausführung jene Gruppe von ihr erwartet, definiert werden sollte". Dies nämlich erlaubt die bruchlose Integration wichtiger Bausteine der Rollentheorie in ein handlungstheoretisches Konzept. Für ein solches ist es ebenso wichtig, die Rollen - d.h. nun: *die kollektiven Plananteile - des Körperbehinderten und des Nichtbehinderten* als zueinander „*komplementär*" (Hartley-Hartley, 1955, 349) zu erkennen: der von der Gruppe beim einen erwartete Plan läßt sich nur in Entsprechung zu dem des anderen definieren. Sollte also der des Körperbehinderten schlecht definiert sein, so ist es auch der des Nichtbehinderten. Und genau so verhält es sich auch. Dies deshalb, weil die *Sozialsysteme des Körperbehinderten und des Nichtbehinderten* sich gemäß der jeweiligen Persönlichkeit und ihrer jeweiligen Situation unterschiedlich *„überlappen"*, so daß sich die Frage, inwiefern einer körperbehindert sei oder nichtbehindert, niemals generell, sondern immer nur ganz konkret beantworten läßt. Diese Betrachtungsweise stellt nichts anderes dar als die Hereinnahme des Barker'schen (1948), aus der Feldtheorie Lewins übernommenen Modells von den „*overlapping situations*" in das Modell der System- und Handlungstheorie. Die mit diesem feldtheoretischen Modell charakterisierte Problematik schlägt sich zum Beispiel in Reden und Gerede mancher Rehabilitationsfachkräfte nieder; an Festtagen beteuern sie: „im Grunde sind wir alle *behindert*", an Werktagen dann: „im Grunde sind wir alle *normal*". Dieses „Who is Who?", diese fliessenden Grenzen zwischen den beiden Sozialkategorien sind nichts anderes als die *unscharfe Definition der sozialen Identität* - und zwar *beider Interaktionspartner*. Daß es darüber hinaus Schwierigkeiten macht, den Körperbehinderten zu erkennen als einen typischen Vertreter seiner sozialen Schicht sowie seiner Familien-, Alters- und Geschlechts- und Berufsgruppe, als einen typischen Inhaber bestimmter Positionen und typischen Träger eines bestimmten Status (Schönberger, 1971): dies alles erschwert dem Nichtbehinderten nicht nur die Sicherheit spendende Stereotypisierung seines Gegenüber, sondern uno actu auch das Abrufen stereotypenkonformer Handlungspläne. *Die Situation entbehrt* für ihn ausreichender *normativer Strukturiertheit*: er droht das mitgebrachte Ziel aus dem Auge zu verlieren. Das ist also der quasi kollektive Anteil an der *„new psychological situation"*; so kennzeichneten Barker (1948) und nach ihm Meyerson (1963) ähnliche Phänomene - wiederum in Anschluß an Lewin. (Es gäbe weder „overlapping" noch „new situations" in diesem ganz speziellen Sinne, wenn es sich bei den Körperbehinderten um eine echte Minorität handelte. Darum hat Barker (1948) diesen Begriff auch sehr differenziert und nur recht analog auf sie angewandt. Doch hat man kurioserweise seine diesbezüglichen Aussagen so vergröbert tradiert, daß es jedem leicht fällt, ihn als Protagonisten einer *Minoritätentheorie* hinzustellen und hinzurichten.)

*Der individuelle Anteil* an dieser „neuen psychologischen Situation" besteht in den kognitiven und emotionalen Strukturierungsmöglichkeiten, welche sich der Nichtbehinderte in seinem bisherigen Handeln erworben hat. "Handlungsveränderungen", die für Strukturierungsprozesse Körperbehinderter typisch und als "Verhaltensstörungen" nur unzureichend faßbar sind, stellen Jetter-Schönberger (1978) dar. Insofern es ganz allgemein darum geht, ein Handlungsfeld neu zu strukturieren, ist (kognitive) Ambiguitätstoleranz und die ihr notwendig zuzuordnende (emotionale Frustrationstoleranz gefragt. Aber „begriffliche Strukturen und Systeme implizieren nie eine unbeschränkte Generalität" (Seiler, 1973, 18), geschweige denn emotionale Strukturen und Systeme. Beide dehnen sich erst „in einem allmählichen Generalisierungsprozeß ... auf 'Nachbarsituationen'" aus, die „ähnliche Aspekte" haben wie jene, in welchen sie erworben wurden (Seiler, ebd.). Das heißt, daß der Körperbehinderte in der Erstbegegnung zunächst nur mit jenem Strukturiertheitsgrad des Nichtbehinderten rechnen kann, den er in vergleichbaren - und das heißt in der Regel: seltenen - Situationen erwerben konnte. Dieser (im Sinne von Harvey-Hunt-Schroder, 1961, verstanden:) *kognitive Strukturiertheitsgrad* ist folglich in der Regel auch nicht höher zu veranschlagen als der normative: letztendlich natürlich auch deshalb, weil sie, als Aspekte sozialer Handlungsfähigkeit, nur die zwei Seiten einer Münze sind. Denn wie sollte einer informiert sein über Mittel und Wege zu mitmenschlicher Begegnung, wenn er nicht orientiert ist über deren Ziele und Zwecke? So läßt sich zusammenfassend sagen, daß die *interaktionale Dissonanz* in der unmittelbar verhaltenswirksamen *Diskrepanz zwischen virtualen und aktualen Handlungsplänen des Nichtbehinderten* besteht. Als aktuale Handlungspläne gelten jene, mit denen der Nichtbehinderte angesichts des seinen Vorstellungsnormen nicht entsprechenden Erscheinungsbildes des Körperbehinderten das Handlungsfeld strukturiert.

Ästhetische und interaktionale Dissonanz beim Nichtbehinderten *(Abbildung 2):* das ist der Erklärungszusammenhang, aus dem heraus der Körperbehinderte *Reaktionen und Aktionen* des Nichtbehinderten verstehend vorwegnehmen kann. So ziemlich alles, was Forschung in den letzten Jahrzehnten an solchen Verhaltensweisen zutage förderte, hat Seywald (1976, 1977) zusammengetragen und als Soziologin kritisch geordnet. Dieser Hinweis möge als Entlastung von der Aufgabe akzeptiert werden, mit der Vorlage eines neuen Modells gleichzeitig eine Bestandsaufnahme *aller* bisherigen Bemühungen zu leisten. Denn mir geht es hier nicht um die Vollständigkeit von Phänomenen, sondern um die Veränderbarkeit von Strukturen; anschauliche Beschreibung ist hier desgleichen nicht am Platz. Vielmehr spanne ich die Phänomene in den Rahmen eines Veränderungsmodells, nämlich des Modells von der kognitiven Dissonanz, derenästhetischen und deren interaktionalen Teilbetrag ich eben ausgeführt habe.

Jeder der beiden Teil-Dissonanzen entspricht eine bestimmte, relativ kurzdauernde, noch neutrale, stuporöse *Initial-Reaktion*. Auf diese folgen relativ persistierende, positive oder negative *Initial-Aktionen*. Als *positiv* sollen Aktionen gelten, in denen der Körperbehinderte als Interaktionspartner freundlich, als *negativ* solche, in denen er feindselig oder gar nicht angenommen wird. Den Begriff Initial-Reaktion bzw. -Aktion ziehen wir jenem der „originären Reaktionen" (Esser, nach Jansen, 1972, 127) vor, weil er anthropologisch unverfänglicher ist; er meint einfach Reaktionen und Aktionen, die „am Anfang" einer Sequenz von Verhaltensweisen und Handlungen zu stehen pflegen, und läßt offen, ob man diese „ursprünglicher" nennen sollte als die Ergebnisse langwieriger Integrations- und Verarbeitungsprozesse; auch sagt er nichts über deren „direkte" Beeinflußbarkeit aus, weil es nicht leicht fällt, sich darunter einen psychologisch klar zu definierenden Vorgang vorzustellen. - Einer Unterscheidung Neissers (1974) folgend ordne ich die Initial-*Reaktionen* den „präattentiven Prozessen" zu; erst in den Initial-*Aktionen* wird der Interaktionspartner als Gegenstand „fokaler Aufmerksamkeit" nach erworbenen Plänen kognitiv und emotional („physiognomisch") „rekonstruiert".

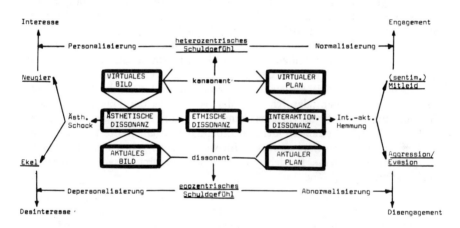

*Abbildung 2: Initial-Reaktionen und -Aktionen eines Nichtbehinderten in der Erstbegegnung mit einem Körperbehinderten — Tendenzen zu ihrer längerfristigen Integration und Verarbeitung*

*Der ästhetischen Dissonanz entsprechen*

als Initial-Reaktion der *ästhetische Schock* (Gebanntsein);

als Initial-Aktionen

positiv: Aktionen aus *Neugier,*

negativ: Aktionen aus *Ekel.*

*Der interaktionalen Dissonanz entsprechen*

als Initial-Reaktion die *interaktionale Hemmung* (Verhaltensunsicherheit);

als Initial-Aktionen

positiv: Aktionen aus (sentimentalem) *Mitleid,*

negativ: *aggressive* Aktionen (Ausstoßen, Unterdrücken),

*evasive* Aktionen (Ausweichen, Sich-zurückziehen).

Der Körperbehinderte wird nur dann „Steuerfunktionen" in der Erstbegegnung mit Nichtbehinderten übernehmen können, wenn er diesen signalisiert, daß er in Neugier und Mitleid, ja selbst in Ekel, Aggression und Evasion *erste Versuche* erkennt und anerkennt, sich aus dem quälenden Zustand affektiver und aktionaler Gelähmtheit zu befreien: Im Ekel, der sich z.B., wie bei Sartre (1963), als Grundbefindlichkeit menschlicher Existenz durchstehen läßt; in der Aggression, welche nach Schultz-Hencke (1951) nicht nur destruktiv, sondern auch konstruktiv zu sehen ist - ein Gedanke, der sich mit essentiellen Befunden der genetischen Psychologie Piagets deckt; schließlich in der Evasion, die in Trauer führen kann, aus der „das Ich nach der Vollendung der Trauerarbeit wieder frei und ungehemmt" hervorgehen kann (S. Freud, 1916). Solche Erkenntnis und Anerkenntnis erleichtert dem Nichtbehinderten *langfristig wirksame Integrations- und Verarbeitungsprozesse.* Im wesentlichen geht es darum, daß der Körperbehinderte seine Einsicht in die folgenden drei Zusammenhänge darstellen kann:

- daß (1.) *alle Initial-Aktionen,* auch die positiven (Neugier und sentimentales Mitleid) im gemeinsamen Kultursystem *tabuiert* und daher nicht nur ihm selbst, sondern auch dem Nichtbehinderten peinlich sind oder sein „sollen";

- daß man (2.) grundsätzlich - und abgesehen von den gerade beobachtbaren Verhaltensweisen des Nichtbehinderten - von dessen emotionaler und aktionaler *Ambivalenz* ausgehen kann; und daß die von ihm notwendig anzustrebende *Prävalenz* entweder der positiven oder der negativen Neigungen entscheidend davon abhängt, in welche Waagschale er das aktuale Verhalten des Körperbehinderten legen kann; dieser muß folglich erkennen und darstellen können,

- daß er (3.) den Nichtbehinderten in dessen initialen positiven Aktionen - aus Neugier und (sentimentalem) Mitleid - schon *auf dem Weg* sieht zu kognitiver und emotionaler Strukturierung der Situation unter dem Anspruch der *Solidarität beider Partner:* und zwar deshalb, weil diese Solidarität nur entstehen kann aus der Metamorphose der Neugier - als einer „Orientierenden Reaktion" (Berlyne, 1974, 107 ff) - zu mitmenschlichem *Interesse;* nur aus der Metamorphose des sentimentalen Mitleids - als einem herablassenden Angerührtsein — zur mitmenschlichen Teilnahme, zur Kompassion, zum *Engagement* (Binswanger, 1953, 254 ff). Nur so wird die Wandlung des Ekels zum *Desinteresse,* der Aggression bzw. Evasion zum *Disengagement* verhindert. (Die ausführliche Darstellung dieser Prozesse der *Personalisierung oder Depersonalisierung* ästhetischer, der *Normalisierung bzw. Abnormalisierung* interaktionaler Initial-Aktionen wird Gegenstand eines II. Teiles dieses Grundrisses sein).

Diese Postulate lassen sich raffen zu der Formel: der Körperbehinderte muß versuchen, dem Nichtbehinderten bei der *Reduktion der ethischen Dissonanz* zu helfen, welcher die *Initial-Reaktion des Schuldgefühls* entspricht. Man sollte in diesem Zusammenhang *heterozentrische* Schuldgefühle vom Typ der Betroffenheit unterscheiden von *egozentrischen,* die Ärger, aber nicht Trauer über sich selbst bekunden - und die sich so gut nähren lassen, daß mancher sich gut von ihnen ernähren kann. Die ethische Dissonanz besteht in der *Diskrepanz zwischen (virtualen) Normen und aktualen Formen des Handelns.* Man kann sie als Krise der personalen Identität, gleichsam also als Metakrise der sozialen Identität sehen: in der schuldhaften Betroffenheit liegt die Frage nach der eigenen geistigen Redlichkeit. Ihr entspricht nicht die Empfindlichkeit des Geltungs-, sondern die Verletzlichkeit des Selbstwertgefühls. (Man wird an dieser Stelle an die von Krappmann (1973) über Goffmans Stigmatheorie hinaus vorangetriebenen Analyse von Identitätskrisen erinnern müssen.) Interessenvertreter von Körperbehinderten sollten daher wissen, daß sie die Interessen der Körperbehinderten schlecht vertreten, wenn sie „Neugier" und „Mitleid" des Nichtbehinderten in Bausch und Bogen zurückweisen und verkünden, daß er sich um seine „Schuldgefühle" gefälligst selber kümmern solle; weil sie nämlich damit auch jene verletzen können, die sich um Interesse und Engagement redlich bemühen. Und auf die sind die Körperbehinderten angewiesen. Es wäre bedenklich, wenn ein Körperbehinderter dies nicht gerne hörte: denn gerade in diesem Punkt gleicht er recht eigentlich allen seinen Mitmenschen. Damit soll auch zum Ausdruck gebracht sein, daß die ethische, genau so wie die ästhetische und die interaktionale Dissonanz zwar ein Ungleichgewichtszustand im „Persönlichkeitssystem" (Parsons) ist; daß *ihre* Reduktion - entscheidend für die Reduktion der gesamten kognitiven Dissonanz - jedoch nur durch eine Veränderung der Handlungs*normen* zu erreichen ist. Dies allerdings nicht nur im Persönlichkeitssystem mittels Reue und Vorsatz, sondern auch und gerade im Sozialsystem mittels Information und Aktion. Soziale Normen werden sich teilweise schon ändern lassen durch eine Neubesinnung auf die im Kultursystem verankerten Werte; doch auch die sind wandelbar, und es ist niemandem verboten, wertschöpferisch zu wirken. Festinger (1957, 23) rechnet den Rekurs auf das „cultural level" zu jenen Formen der Dissonanzreduktion, die „durch

Hinzufügung eines neuen kognitiven Elements" und damit durch die Veränderung des kognitiven Bezugssystem bewerkstelligt werden.

Dieser Horizont mußte wieder sichtbar gemacht werden, damit die folgenden, ganz nüchternen Überlegungen zum Verhaltenssystem Perspektive bekommen.

**Individualisierung der Erstbegegnung zwischen einem Körperbehinderten und einem Nichtbehinderten: Lernziele**

Die vorwegzunehmenden *Initial-Aktionen* des Nichtbehinderten lassen sich nunmehr unterteilen in

- solche *mit Tendenz zur Solidarität:* Aktionen aus Neugier und (sentimentalem) Mitleid; aus heterozentrischem Schuldgefühl;

- solche *mit Tendenz zur Unsolidarität:* Aktionen aus Ekel und Aggression bzw. Evasion; aus egozentrischem Schuldgefühl.

Als Lernziele müssen - lerntheoretischen Überlegungen folgend - Verhaltensweisen des Körperbehinderten genannt werden, die zu den auf *Solidarität* gerichteten Initial-Aktionen des Nichtbehinderten *konvergent,* zu den auf *Unsolidarität* gerichteten *divergent* sind. Nach Festinger (1957, 19) geht es nun um die Reduktion der Dissonanz nicht durch Hinzufügung, sondern „durch Änderung eines kognitiven Elements." und zwar eines „behavioral cognitive element", des Verhaltens des Körperbehinderten nämlich. Es kann jedoch in unserem Falle nicht immer darum gehen, das Verhalten des Körperbehinderten so zu verändern, „that it is consonant with the environmental element" (ebd.), daß es mit dem Verhalten des Nichtbehinderten konvergiert. So verführe nur die übelste Anpassungspädagogik. In Ausrichtung auf das kulturelle Wertsystem, welchem das allgemeine Erziehungs- und Bildungsziel verpflichtet ist, müssen divergente Verhaltensweisen gewagt, muß die Kunst des dosierten Konflikts gelernt werden. An dieser Stelle müssen wir *die klassische Dissonanztheorie ausweiten,* indem wir sie aus der Einbahnstraße bloßer Systemstabilisierung herausführen und sie den Charakter eines *echten Gleichgewichtsmodells* gewinnen lassen. Dann läßt sich - entsprechend dem Modell in *Abb. 1* - erkennen, daß die Regulierung des Verhaltens (unterer Rhombus) unter Vermittlung eines sich ändernden Bildes von sich und dem Partner (mittlerer Rhombus) zu einer Veränderung der Intentionen (oberer Rhombus) führt: ein neuer Plan kann entstehen.

In einem Grundriß lassen sich *Lernziele* nur grob und ohne Ausschmückung bestimmen. Es sind die folgenden:

Der Körperbehinderte soll lernen, in der Erstbegegnung mit Nichtbehinderter handlungsfähig zu werden, indem er lernt,

- sich dem Neugierigen nicht zur Schau zu stellen, sondern sich ihm so zu erschließen, daß er Interesse an ihm gewinnen kann;
- sich dem Mitleidigen nicht auszuliefern, sondern sich ihm so anzuvertrauen, daß er zum Engagement bereit wird;
- sich vor dem Ekel Empfindenden nicht zu entblößen, sondern sich ihm so darzustellen, daß er nicht dem Desinteresse verfällt;
- sich anzuschließen, ohne sich einzudrängen, wenn er (aggressiv) ausgestoßen werden soll;
- sich zu wehren, ohne selbst zu unterdrücken, wenn er (aggressiv) unterdrückt wird;
- sich anzubieten, ohne sich anzubiedern, wenn man ihm (evasiv) ausweicht oder sich von ihm zurückzieht;
- zur Selbstfindung des Sich-schuldig-Fühlenden beizutragen in Mitverantwortung, aber ohne Selbstbeschuldigung.

So kann der Körperbehinderte verantwortliches Handeln lernen, indem er das des Nichtbehinderten fördert und sichert. - Es versteht sich von selbst, daß sich dies nur verwirklichen läßt durch eine Pädagogik, die Handlungsfähigkeit nicht nur auf ihr Panier geschrieben, sondern auch bei der alltäglichen Knochenarbeit stets im Visier hat. Und dabei gibt es dann unzählige Gelegenheiten, bei denen Begegnung zwischen Körperbehinderten und Nichtbehinderten problematisiert werden kann - gerade damit sie sich ansonsten ganz unproblematisch ereigne. Beide Seiten dürfen dabei sogar die Überzeugung hegen, dem politischen und kulturellen System der Gesellschaft einen Impuls in Richtung Solidarität zu geben.


## Zusammenfassung

Innerhalb der Pädagogischen Psychologie der Körperbehinderten hat die Sozialpsychologie zu zeigen, wie körperbehinderte Kinder lernen können, soziale Interaktion und Kommunikation verantwortlich zu planen und zu verwirklichen. Dazu wird ein handlungstheoretisches Modell vorgestellt, in welches Konstrukte integriert werden können, die sich schon bisher zur Ordnung wichtiger sozialer Folgen von Bewegungsbeeinträchtigung angeboten haben. Eines dieser Konstrukte ist die - als heuristisches Modell verstandene und ausgeweitete - Theorie Festingers von der kognitiven Dissonanz. Sie dient zur Anwendung des handlungstheoretischen Modells auf die Erstbegegnung des Körperbehinderten mit dem Nichtbehinderten, für die Lernziele formuliert werden. In einem geplanten II. Teil werden langfristige Integrationsprozesse dargestellt.

111

# Literatur

Argyle, M: The psychology of interpersonal behavior, Harmondsworth 1967

Argyle, M.: Soziale Interaktion, Köln 3 1975

Barker, R.G.: The social psychology of physical disability. Journ. Soc. Issues IV, 4, 1948

Berlyne, D.E.: Konflikt, Erregung, Neugier, Stuttgart 1974

Binswanger, L.: Grundformen und Erkenntnis menschlichen Daseins, Zürich 1953

Briefs, B.J.: Körperbehindertenfürsorge im Geiste der Caritas, Bigge/Ruhr 1955

CIEL-Arbeitsgruppe Reutlingen: Stücke zu einem mehrperspektivischen Unterricht – Teilcurriculum Schule/Einschulung, Erziehung, Stuttgart 1975

Festinger, L.: A theory of cognitive dissonance, Evanston 1957

Freud, S.: Trauer und Melancholie (1916) Ges. Werke, X, London 1949, S. 428 - 446

Goffman, E.: Stigma-Über Techniken der Bewältigung beschädigter Identität, 4.-5.¡. T.1970

Graumann, C. F.: Interaktion und Kommunikation, in: Handbuch der Psychologie, Bd. 7/2, Göttingen 1972

Hartley, E.L., Hartley, R. E.: Die Grundlagen der Sozialpsychologie, Berlin 1955

Harvey, O.J., Hunt, D. E., Schroder, H. M.: Conceptual systems and personality organisation, New York 1961

Homans, C. G.: Elementarformen sozialen Verhaltens, Köln/Opladen 1968

Jansen, G.W.: Die Einstellung der Gesellschaft zu Körperbehinderten, Rheinstetten 1972

Jetter, K.: Kindliches Handeln und kognitive Entwicklung, Bern 1975

Jetter, K., Schönberger, F. (Hrsg.): Verhaltensstörung als Handlungsveränderung. Beiträge zu einem Förderkonzept Körperbehinderter, Bern-Stuttgart-Wien (ersch. 1978)

Krappmann, L.: Soziale Dimensionen der Identität, Stuttgart 3 1973

Meng, H.: Zur Sozialpsychologie der Körperbeschädigten, Schweiz. Arch. Neurol. u. Psychiatrie, 40, 1938, S. 328 - 344

Meyerson, L.: Somatopsychology of physical disability, in: Cruickshank, W. M. (Ed.): Psychology of exceptional children and youth, New York 1963, S. 32 - 52

Miller, G.A., Galanter, E., Pribram, K. H.: Strategien des Handelns, Stuttgart 1973

Neisser, U.: Kognitive Psychologie, Stuttgart 1974

Parsons, T.: zur Theorie sozialer Systeme, Opladen 1976

Piaget, J.: Theorien und Methoden der modernen Erziehung, Frankfurt/M. 1974

Richtlinienkommission (Fachkommission zur Erarbeitung von Rahmenrichtlinien für den Unterricht an Schulen für Körperbehinderte – Sonderschulen): Unveröff. Zwischenbericht 1975

Sartre, J.- P.: Der Ekel, Reinbek bei Hamburg 1963

Schönberger, F.: Die Mimik zerebral gelähmter Kinder als sozialer Reiz. Heilpädagogik, Beiblatt der Z. Erziehung und Unterricht (Wien), 4. Heft/1963, S. 50 ff.

Schönberger, F.: Zur sozialpsychologischen Situation des zerebral gelähmten Kindes - Psychologie einer Entstellung. Heilpäd. Forschung, Bd. I, Heft 2, 1966a, S. 163 - 184

Schönberger, F.: Soziometrische Untersuchungen über zerebral gelähmte Kinder in einer Körperbehindertenschule. Z. exp. und ang. Psychol., 13, 1966b, S. 484 - 505

Schönberger, F.: Vorläufige Erwägungen zur soziopsychischen Situation einiger Behindertengruppen, in: Bundesministerium für Gesundheitswesen (Hrsg.): Intelligenz- und Verhaltensforschung bei körperbehinderten Kindern, Bad Godesberg 1967, S. 66-71

Schönberger, F.: Die Verhaltensunsicherheit gegenüber Körperbehinderten - ihre sozial-psychologische Analyse, in: Möckel, A. (Hrsg.): Sonderschule im Wandel, Rheinstetten 1971, S. 67 - 74

Schultz-Hencke, H.: Lehrbuch der analytischen Psychotherapie, Stuttgart 1951

Seiler, B. (Hrsg.): Kognitive Strukturiertheit, Stuttgart 1973

Sève, L.: Marxismus und Theorie der Persönlichkeit, Frankfurt/M 1973

Seywald, A.: Physiche Abweichung und soziale Stigmatisierung - Zur sozialen Isolation und gestörten Rollenbeziehung physisch Behinderter und Entstellter, Rheinstetten 1976

Seywald, A.: Körperliche Behinderung. Grundfragen einer Soziologie der Benachteiligten, Frankfurt-New York 1977

Watzlawik, P., Beavin, J.H., Jackson, D.D.: Menschliche Kommunikation, Bern [4]1974

Würtz, H.: Zerbrecht die Krücken, Leipzig 1932

# Rechnen oder Mathematik in der Sonderschule für lernbehinderte Kinder und Jugendliche?

*Werner Nestle*

Theorie und Praxis des Mathematikunterrichts in der Lernbehindertenschule sind in eine Phase grundlegender Umorientierung eingetreten. Die herkömmlichen Konzeptionen der „Anschauungsmethodiker", der „Zählmethodiker" und der „Ganzheitsmethodiker" für den Anfangsrechenunterricht und die Konzeptionen des „Sachrechnens" für den weiterführenden Rechenunterricht scheinen durch die Konzeptionen der „Neuen Mathematik" auch in der Lernbehindertenschule abgelöst zu werden (vgl. dazu den Entwurf zu den Rahmenrichtlinien im Fach Mathematik und die Unterrichtswerke von Schmidt u.a. und Begemann u.a.). Die folgenden Ausführungen sollen einen Beitrag leisten zur Begründung der Ablösung des herkömmlichen Sachrechnens und zur Beantwortung der Frage, ob die „Neue Mathematik" für Schüler der Lernbehindertenschule auch neue Fähigkeiten ermöglicht oder nur neue Probleme und Erschwerungen schafft (vgl. dazu Floer/Möller 1975).

## 1. Sachrechnen

Sachrechnen war in den herkömmlichen Konzeptionen der wichtigste Bereich des weiterführenden Rechenunterrichts. Im Bildungsplan der Sonderschule für lernbehinderte Kinder und Jugendliche in Baden-Württemberg heißt es z.B.: „Schwerpunkt des gesamten Rechenunterrichts bildet das gegenwartsnahe Sachrechnen" (Bildungsplan 1968, S. 344). In Rechenbüchern findet man Sachaufgaben folgender Art:

- „2 Brüder teilen sich 516 DM" (Klauer 1972, S. 37)

- „4 Freunde teilen sich 940 DM" (Klauer 1972, S. 37)

- „3024 Dm werden an 7 Personen verteilt" (Klauer 1972, S. 37)

- „Ein Maurer bekommt für eine Reparatur 15,21 DM von seinem Arbeitgeber. Er hat 3 Stunden gearbeitet" (Klauer 1972, S. 39)

- „Eine Werkzeugfabrik liefert 27 Werkbänke zu je 435 DM" (Klauer 1972, S. 45)

- „1 kg Butter kostet 7,20 DM. Wieviel kosten 3 kg, 5 kg, 6 kg, 2 kg, 4 kg, 7 kg?" (Goldau u.a. 1974, S. 23)

- „Ein Autofahrer legte die Strecke Köln - Berlin (560 km) mit einer Durchschnittsgeschwindigkeit von 80 km/Std. (Kilometer pro Stunde) zurück. Wie lange dauerte die Fahrt?" (Goldau u.a. 1974, S. 57)

- „27 Arbeiter sind mit der Legung einer Gasleitung beauftragt und brauchen zur Fertigstellung der Arbeit 18 Tage bei achtstündiger Arbeitszeit. Nach 12 Tagen kommen 9 weitere Arbeiter dazu, und die Arbeitszeit wird um eine Stunde verlängert.

  a) In welcher Gesamtzeit ist die Arbeit fertig?
  b) Wieviel Zeit wurde durch die einstündige Verlängerung eingespart?"

(Kultusministerium Baden-Württemberg 1975)

Folgende vier Merkmale des Sachrechnens sollten einer kritischen Beurteilung unterzogen werden:

Im Sachrechnen werden Mathematik und Realität aufeinander bezogen.
Sachrechnen soll der Lebensbewältigung dienen.
Die Sachaufgaben sind meist abstrakt und irreal.
Irreführende Schlußverfahren.


## 1.1. *Im Sachrechnen werden Mathematik und Realität aufeinander bezogen*

Sachrechnen „ist durch eine wechselseitige Begegnung zwischen Mathematik und Welt bestimmt" (Winter 1972, S. 100). Dabei kann es grundsätzlich zwei Blickrichtungen geben: Von der Mathematik zur Wirklichkeit und von der Wirklichkeit zur Mathematik. Im ersten Fall sucht man für mathematische Operationen praktische Anwendungsfälle, im zweiten Fall geht man von einem Lebensproblem aus und versucht, es mit Hilfe mathematischer Verfahren zu bewältigen. Viele Rechenbücher sind nach Sachbereichen wie „Haus und Familie", „In der Stadt", „Vom Bauen" usw. gegliedert. Es war vor allem im Rechenunterricht der Sonderschule für Lernbehinderte immer ein wichtiges Ziel, Schülern Sachaufgaben anzubieten, die lohnende und lösbare mathematische Probleme enthalten. Aber die Sachaufgaben enthalten keine echten Lebensprobleme. Durch die standardisierte Formulierung der Aussagen in der Abfolge der erforderlichen Rechenschritte und durch die Vereinfachung der Probleme zugunsten von „Kindertümlichkeit" werden echte Problemsituationen verhindert. Die Sachaufgaben sind meist künstlich erzeugte Anwendungsfälle der Grundrechenarten ( + - . : ). (vgl. dazu Damerow u.a. S. 145). Mit diesen gekünstelten Sachaufgaben gelingt es nicht, Mathematik sinnvoll auf Realität zu beziehen und zu zeigen, welche Vorteile die Mathematik zum Verständnis der Wirklichkeit bieten kann.


## 1.2. *Sachrechnen soll der Lebensbewältigung dienen*

Der Rechenunterricht soll „Anregungen im wirtschaftlichen Denken und Verhalten" geben (Bildungsplan 1968, S. 344). Diese Forderung ist berechtigt, weil jedermann mit abstrakten Geldwerten und mit Zeit-, Raum- und Gewichtsmaßen u.a. umgehen können muß. Dieser Umgang erfordert einsichtige Zahlbegriffe und die Beherrschung der Grundrechenverfahren. Wurzeln der Erziehung zum wirtschaftlichen Denken durch Rechenunterricht finden wir bei Pestalozzi: „Recht sehen und hören ist der erste Schritt zur Weisheit des Lebens; und rechnen ist das Band der Natur, das uns im Forschen nach Wahrheit vor Irrtum bewahrt, und die Grundsäule der Ruhe und des Wohlstandes, den nur ein bedächtliches und sorgfältiges Berufsleben den Kindern der Menschen beschert (Pestalozzi 1945, S. 219 f). Auch wenn wir die metaphysische Begründung des Rechnens bei Pestalozzi heute nicht mehr akzeptieren können, bleibt doch die Forderung und die Einsicht, daß Rechnen bei der Lebensbewältigung helfen kann und helfen muß. Ein ungelöstes didaktisches Problem liegt darin, den Mathematikunterricht auf allen Schulstufen und in allen Schularten so zu konzipieren, daß er auch zur individuellen Lebensbewältigung beiträgt. Dieser Forderung wird aber das Sachrechnen mit der Beschränkung auf die Grundrechenarten und mit den realitätsfernen Scheinproblemen der meisten Sachaufgaben überhaupt nicht gerecht. Wenn Mathematik zur Lebensbewältigung beitragen soll, muß man den Schülern auch zeigen, wie ökonomische Prozesse ablaufen, wie Preise, Löhne, Gewinne, Zinsen, Kapitalien u.a. ökonomische Werte gebildet werden. Es bedarf noch vieler didaktischer Anstrengungen, diese Bereiche so aufzuarbeiten, daß sie auch von Schülern der Lernbehindertenschule verstanden werden können.

## 1.3. Die Sachaufgaben sind meist abstrakt und irreal

Auch wenn die Aufgaben zum Sachrechnen wie die Beispiele 1 - 2 realitätsbezogen und konkret anmuten, sind sie eigentlich sehr abstrakt geraten. Der Grund ist darin zu suchen, daß nicht von einem echten Alltagsproblem ausgegangen und nach mathematischen Lösungsverfahren gesucht wird, um das Problem zu bewältigen. Stattdessen gingen die Schulbuchautoren umgekehrt vor: Ausgangspunkt waren isolierte mathematische Operationen wie das Dividieren und Multiplizieren. Um diese Operationen zu üben, konstruierte man einen Sachverhalt. Der Sachverhalt dient den Schulbuchautoren lediglich dazu, eine mathematische Operation zu verstecken, sie einzukleiden. Wichtig sind bei diesen Sachaufgaben eigentlich nur die mathematischen Formalismen, die geübt werden sollen; die Sachprobleme sind lediglich unwichtige „Aufhänger" der mathematischen Operation, und darum können sie beliebig ausgewechselt werden.

In den oben angeführten Sachaufgaben ist von „Brüdern", „Freunden" und „Geld" die Rede. Aber von diesen „Größen" ist lediglich die Anzahl wichtig, denn die Schüler sollen lernen, dreistellige Zahlen durch 2 und 4 zu dividieren. Die Brüder und Freunde könnten beliebig ausgetauscht werden, z.B. durch

116

Lastwagen und die Größe „Geld" durch die Größe „Volumen". Die Aufgabe könnte dann lauten: „2 Lastwagen fahren 516 m3 Erde zu einem Schuttabladeplatz" oder „2 Fahrräder kosten 516 DM". Das beliebige Austauschen der Größen wird möglich, weil es sich in den oben zitierten Sachaufgaben nicht um echte Alltagssituationen, sondern um künstlich erzeugte Scheinprobleme handelt, von denen man meint, sie seien lebensnah, einfach und kindertümlich. Stattdessen sind sie schwierig und abstrakt, weil sie nicht die Erfahrungen der Schüler in der Realität, sondern nur die Denkprozesse der Schulbuchautoren widerspiegeln. Schüler könnte z.b. interessieren, woher die Brüder 516 DM haben, ob sie diesen Betrag in gleiche Teile teilen, was man mit dem Geld anfangen könnte usw. Wenn ein Maurer eine Reparatur durchführt, könnte interessant sein, ob das eine gefährliche Arbeit war, ob er durch den Lohn Abgaben hatte, ob der Lohn im Vergleich zu anderen Löhnen gerecht war u.dgl. Wer Butter kauft, interessiert sich nicht nur für Gewicht und Preis, sondern auch für das Verbrauchsdatum, für die Marke und wenn man schon bis zu 7 kg kauft nach dem Mengenrabatt usw.

Neben dem Absehen von der Realität in den Sachaufgaben erschwert die Formulierung der Aufgaben deren Lösung. In vielen Rechenbüchern dienen Bilder und Skizzen lediglich der Illustration, aber nicht der Darstellung und Veranschaulichung mathematischer Strukturen. Die Sachaufgaben sind fast ausnahmslos als „Textaufgaben" formuliert. Durch die Präsentation in Texten werden auch sprachliche Qualifikationen gefordert, die den Charakter von Voraussetzungen zum Lösen der Aufgaben annehmen. So wird gerade für viele Schüler der Lernbehindertenschule der Weg zum Verständnis der mathematischen und logischen Struktur der Aufgaben sowie deren Lösungsmöglichkeiten verbaut durch gekünstelte und z.T. unzureichende Satzstrukturen.

Alternativen zu den üblichen Sachaufgaben wären komplexe Probleme z.B. „Einkaufen im Supermarkt". Das Problem könnte man den Schülern durch verschiedene Einkaufszettel, Preislisten, Zeitungsannoncen, Bildergeschichten und Texten präsentieren und sie dann *selbst* entscheiden lassen, was wichtig und wert wäre, berechnet zu werden. Dann müßten die Schüler Intuition und Kreativität entwickeln bei der Suche und Anwendung dafür notwendiger mathematischer Operationen. Die Notwendigkeit, neue Rechenverfahren zu lernen, wäre dann vom komplexen Problemzusammenhang her einsichtiger. Beim Ausgang von echten Problemstellungen müßten die mathematischen Strukturen kreativ zu den Sachverhalten hinzu erfunden und entwickelt oder hinzu gelernt werden. Bei einem solchen Vorgehen könnte den Schülern bewußt werden, daß die Sachverhalte nicht nach a priori gültigen Gesetzmäßigkeiten neutrale mathematische Strukturen annehmen, sondern daß es keine neutrale „Mathematisierung" der Sachprobleme gibt, weil jede Formalisierung eines Sachverhalts eine Veränderung des Sachverhalts bewirkt. Über die Ziele und die Perspektiven der Formalisierung von Sachverhalten durch mathematische Strukturen erfahren die Schüler aber in den Schulbüchern nichts.

## 1.4.  Irreführende Schlußverfahren

Viele Sachaufgaben werden im sogenannten „Schlußverfahren" gelöst. Man kann folgende Schlüsse unterscheiden:

Schluß von der Einheit auf die Mehrheit:

1 m Stoff kostet      45 DM
5 m Stoff kosten     225 DM

Schluß von der Mehrheit auf die Einheit

in 10 Std.      50 km Wegstrecke
in  1 Std.       5 km Wegstrecke

Neben diesen Schlüssen im geraden Verhältnis gibt es Schlüsse im umgekehrten Verhältnis:

27 Arbeiter brauchen     60 Std.
 9 Arbeiter brauchen    180 Std.

(vgl. Bauersfeld 1961, S. 462 f.).

Die in diesem Rechenverfahren durchgeführten Schlüsse setzen eine lineare Proportionalität zwischen Größen voraus und behandeln diese Proportionalität stillschweigend als einen logisch zwingenden Schluß. Proportionalitäten zwischen zwei Größen wie Zeit und Geld sind jedoch keine logische Angelegenheit (Ziegler 1969, S. 225 ff; Kirsch 1969, S. 75 ff). Logisch zwingend ist nur die Abbildung eines Größenbereichs auf sich selbst wie z.B. in der Prozent- und Zinsrechnung, wo ein Größenbereich durch den Prozent- bzw. Zinsoperator auf sich selbst abgebildet wird (Griesel 1973 Bd. 2, S. 203).

Durch die oft unreflektierte Anwendung des Schlußverfahrens wird suggeriert, die Größenbereiche, die aufeinander abgebildet werden, würden sich gesetzmäßig proportional verändern, d.h. es wird suggeriert, der achtfache Lohn bei achtfacher Arbeitszeit oder der fünffache Preis bei fünffacher Warenmenge oder die halbe Zeit bei doppelter Anzahl von Arbeitern sei eine Gesetzmäßigkeit. In Wirklichkeit verhalten sich die Proportionalitäten oft nicht linear, sondern progressiv bzw. degressiv: Es gibt Rabatte bei Preisen, Zuschläge und Abzüge bei Löhnen, eine qualitativ andere Arbeitsorganisation bei veränderter Zahl der Arbeiter und damit eine andere Proportionalität der Arbeitsleistung zur Arbeitszeit (vgl. dazu Vollrath 1973). Auch hier zeigt sich die Irrealität des Sachrechnens: In den Sachaufgaben werden Proportionalitäten unterstellt, wo es in Wirklichkeit gar keine gibt.

Ein weiteres Defizit des Sachrechnens ist die Gleichsetzung von Werten und Größen, bei denen es sich qualitativ um verschiedene Begriffe handelt. Größen wie „Weg", „Geschwindigkeit", „Volumen" u.dgl. sind durch Meßvorschriften eindeutig definiert. Die Meßergebnisse sind durch jedermann reproduzierbar, unabhängig historischer Bedingungen. Geldwerte beim Lohn, Preise bei Waren und Zinsen bei Kapitalien werden dagegen in politischen Auseinandersetzungen festgelegt. Deshalb sind sie von historischen Bedingungen gesellschaftlicher Normen und Werte abhängig. Die didaktische Konsequenz müßte sein, Preise einer Ware, Zinsen eines Kapitals und Löhne für bestimmte Einheiten der Arbeitszeit nicht mehr stillschweigend als natürliche Eigenschaften zu behandeln, in dem man durch Rechenoperationen Preise mit Warenmengen, Zinsen mit Kapitalien und Löhne mit Arbeitszeiten durch quasi logische Schlüsse verknüpft und von der *Bedeutung* von Begriffen wie „Preis", „Zins" und „Lohn" abstrahiert. Stattdessen sind die Bedeutungen dieser Begriffe aus dem sozioökonomischen Kontext heraus zu entwickeln (vgl. dazu das Beispiel von Effe u.a. 1976).

Zusammenfassend soll über das Sachrechnen festgehalten werden: Durch die herkömmliche Konzeption des Sachrechnens kann es kaum gelingen, einen wesentlichen Beitrag zur Lebensbewältigung der Schüler zu leisten, weil die im Sachrechnen behandelten Sachprobleme künstlich erzeugt sind und von realen Erscheinungsformen der Probleme abstrahieren. durch die Absicht, mathematische Formalismen auf Sachprobleme anzuwenden, werden die Sachprobleme reduziert auf die logische Struktur der mathematischen Formalismen, die eingeübt werden sollen. Dadurch wird aus der Gesetzmäßigkeit der mathematischen Struktur eine scheinbare Gesetzmäßigkeit der Sache abgeleitet. Rechenfertigkeit bedeutet in dieser Konzeption des Sachrechnens lediglich, in künstlich erzeugten Sachaufgaben vorkommende mathematische Strukturen zu erkennen, aber nicht, von echten Problemen ausgehend, mathematische Strukturen zu erfinden und mathematische Operationen einzusetzen und die Sachaufgaben alternativ zu strukturieren. Weitere Erschwerungen beim Rechnen in der Sonderschule für Lernbehinderte liegen in der Präsentation der Aufgaben. Die Bilder und graphischen Darstellungen in den Rechenbüchern dienen meist nur der Illustration, aber nicht einer differenzierten Erschließung des Sachproblems und der logischen Struktur der Aufgaben. Die Ineffektivität des Sachrechnens in der Lernbehindertenschule ist allgemein bekannt. Viele Lehrer und Didaktiker erhoffen sich von der Einführung der Neuen Mathematik einen besseren Mathematikunterricht. Es besteht aber die Gefahr, daß sich durch eine unkritische Übernahme der Neuen Mathematik die negativen Nebenwirkungen, die sich in der Grundschule zeigen, in der Lernbehindertenschule in verstärktem Maße wiederholen. Die folgenden Ausführungen sollen eine dikaktische Auseinandersetzung mit der Neuen Mathematik in der Lernbehindertenschule provozieren.

## 2. Neue Mathematik

Die Euphorie über die Neue Mathematik ist neuerdings gedämpft. Zum Teil breiten sich Ernüchterung und Resignation aus, weil die Neue Mathematik die hohen Erwartungen nicht erfüllt:

- mehr Chancengleichheit durch eine allgemeine schichtunabhängige Symbolsprache
- Vermeidung von Lernbehinderungen durch lange Phasen konkreten Handelns mit strukturierten Materialien
- Soziales Lernen durch Gruppenunterricht.

Stattdessen zeigt sich, daß

- Kinder aus sog. privilegierten Schichten auch in der Neuen Mathematik bevorzugt sind.
- die Neue Mathematik neue Formen der Lernbehinderung erzeugt, weil nicht alle Kinder gleichermaßen auf die logischen Blöcke ansprechen.
- soziales Lernen nicht stattfindet, weil die Stoffpläne überlastet sind und der Notendruck groß ist.

In der Phase der Zweifel und Kritik fällt der Entwurf zu den Rahmenrichtlinien für Mathematik in der Lernbehindertenschule, der Inhalte aus der Neuen Mathematik enthält. Die folgenden Ausführungen sollen auf einige Probleme aufmerksam machen, die der Lernbehindertenschule bei einer unkritischen Übernahme der Neuen Mathematik schwer zu schaffen machen könnten.
könnten.

## 2.1. Was versteht man unter ,,Neuer Mathematik"?

Teilbereiche der Neuen Mathematik sind:

- Mengenlehre
- Relations- und Aussagenlogik
- Geometrie
- Wahrscheinlichkeit, Statistik u.a.

Die Neue Mathematik basiert auf einem wichtigen Grundgedanken der Mengenlehre. Es geht darum, unterschiedliche Objekte des Denkens und der Anschauung (reale Objekte) zu einem jeweils Ganzen zusammenzufassen. Mengen z.B. bildet man dadurch, daß man beliebigen Gegenständen Eigenschaften zuordnet und die Gegenstände mit diesen Eigenschaften nach bestimmten Verknüpfungsregeln zu einer Einheit, zu einer Menge zusammenfaßt. (z.B. Gegenstände, die auf dem Tisch liegen und rot sind). Wichtig dabei sind die *Eigenschaften* (liegen auf dem Tisch, sind rot) und nicht mehr die Gegenstände selbst (vgl. dazu Griesel 1971, Bd. 1, S. 21 - 47).

Die Mathematiker der Bourbaki-Gruppe machten den Versuch, die Gesamtheit mathematischer Teilgebiete auf der Grundlage formallogischer Verknüpfungsregeln neu zu definieren, d.h. die gesamte Mathematik systematisch zu algebraisieren und zu strukturieren. Dabei wurden aus einfachen Grundstrukturen immer komplexere Strukturen aufgebaut. Mathematik wurde so zur Lehre der Strukturen. Bei der Neuen Mathematik ist konsequenter Formalismus entscheidend: Nicht die Gegenstände, mit denen operiert wird, sind am wichtigsten; sie sind als Inhalte des Denkens eigentlich völlig belanglos. Die ganze Aufmerksamkeit gilt den Beziehungen zwischen den Gegenständen, also den „Relationen", Man spricht deshalb auch von der „Weltvergessenheit" bzw. „Inhaltsneutralität" der Neuen Mathematik. Werden die Begriffe und Strukturen der Mathematik nicht immer wieder auf Sachprobleme bezogen, kann sich bei den Schülern Desinteresse an der Mathematik und/oder ein „logischer Rigorismus" entwickeln, der starre Schemata der Wahrnehmung liefert und die Wahrnehmung behindert. Aus einem falschen Erkenntnisinteresse und einem fragwürdigen Sicherheitsbedürfnis heraus werden im Extremfall die beliebigen Strukturaspekte der Mathematik für das Wesen der Dinge gehalten. Demjenigen, der die Wirklichkeit nur noch als mathematisches und/oder logisches Beziehungsgeflecht erfaßt und verarbeitet, ist nach Hegel „Hören und Sehen vergangen", denn er hat die Welt nur noch durch den Begriff im Griff. (vgl. dazu Hegel 1958, insbes. S. 36 - 66).

Das folgende Unterrichtsbeispiel soll zeigen, wie man einen Mathematischen Begriff in seiner einfachen Bedeutung aus komplexen Sachproblemen heraus entwickeln kann.

## 2.2. Einführung in den Bereich der Ordnungsrelationen

### 2.2.1.Mathematische Perspektive des Themas

„Eine Aussageform mit mindestens zwei Variablen beschreibt eine Relation. Anders formuliert: Durch eine derartige Aussageform läßt sich eine Relation angeben" (Griesel Bd. I; S. 230).

Beispiele:

    1.X ist schneller als Y.
    2.A ist stärker als B.
    3.C hat die gleiche Farbe wie D.
    4.D ist der Nachfolger von E.
    5.F ist die Mutter von G.

Ordnungsrelationen sind transitiv und antisymmetrisch.

*Transitivität*

Beispiele:

1. Wenn A schneller ist als B und B schneller ist als C, dann ist A schneller

121

als C.

2. Wenn X soviel Elemente hat wie Y und Y soviel wie Z, dann hat X soviel Elemente wie Z.

Im Pfeildiagramm wird die Transitivität durch Überbrückungspfeile dargestellt:

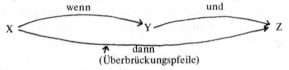

*Antisymmetrie*

Beispiele für Symmetrie:

1. Wenn A soviele Ecken hat wie B, dann hat B soviele Ecken wie A.

2. Wenn X so groß ist wie Y, dann ist Y so groß wie X.

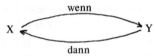

Beispiele für Antisymmetrie:

1. Es gilt nicht gleichzeitig:

   X ist schneller als Y und Y ist schneller als X und X ≠ Y

2. Es gilt nicht gleichzeitig:

   A ist > B, B > A und A ≠ B.

   Im Pfeildiagramm antisymmetrischer Relationen geht nie ein Pfeil von A nach B und gleichzeitig ein anderer zurück von B nach A, wenn A ≠ B.

Darstellung von Ordnungsrelationen im Pfeildiagramm:

$$A \rightleftharpoons B \longrightarrow C \longrightarrow D$$

*Abbildungen (Griesel Bd. 1, S. 264 ff)*

Bei Abbildungen geht es um Zuordnung von Mengen. Es werden **geordnete Paare** (Relationen) gebildet. Statt Relation verwendet man oft den speziellen Begriff der **Funktion** oder **Abbildung**.

Beispiele:

1. 1 I —f→ 90 Pf
   2 I —f→ 180 Pf

Jeder Größeneinheit wird eine andere Größeneinheit zugeordnet.

2.

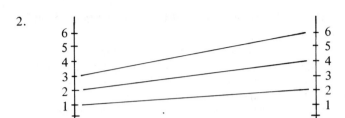

Jeder natürlichen Zahl wird das zweifache dieser Zahl zugeordnet

Relationen als Unterrichtsthema können nicht nur damit legitimiert werden, daß sie in der Mathematik eine große Rolle spielen. Relationen als Unterrichtsthema sind vielmehr dadurch zu rechtfertigen, daß sie im Leben der Kinder wichtig sind und zwar beim Vergleichen, Sortieren und Klassifizieren. Relationen können im Alltagsleben der Kinder als Denkhilfe fungieren und das Verständnis alltäglicher Probleme erleichtern. Allerdings darf sich ein Mathematikunterricht, der die Verwertbarkeit mathematischer Sachverhalte im Alltag anstrebt, nicht ausschließlich an der wissenschaftlichen Systematik der Mathematik orientieren, sondern vor allem an den Denk- und Handlungsschemata der Kinder und an ihren Alltagserfahrungen.

### 2.2.2 Didaktisch-methodische Perspektive

Mathematische Relationen sind abstrakte Konstruktionen des Verstandes. Vor allem für die Lernbehindertenschule stellt sich die Frage, wie man den Kindern diesen abstrakten Bereich sinnvoll erschließt. Dazu sollen zwei Postulate formuliert und begründet werden:

    a. Abstraktionen führt man ein über Repräsentanten.

    b. Abstraktionen führt man am effektivsten ein über Repräsentanten, die für die Schüler *sinnvoll* sind.

zu a: In sämtlichen Mathematikbüchern für allgemeinbildende Schulen werden mathematische Abstraktionen über Repräsentanten eingeführt. Man verwendet logische Blöcke, künstliche Lebenssituationen u.a. für die Schüler oft belanglose Anlässe. Die Repräsentanten spielen eine untergeordnete Rolle. Wichtig ist lediglich der mathematische Sachverhalt. Die Repräsentanten haben oft keinen Eigenwert; sie haben lediglich Dienstleistungsfunktion für das Ziel, mathematische Abstraktionen aufzubauen.

zu b: In diesem Unterrichtsversuch wird davon ausgegangen, daß auch die Repräsentanten einen Eigenwert besitzen, d.h. daß die Repräsentanten und die Art und Weise der Handlungen mit den Repräsentanten über die Qualität der mathematischen Abstraktionen mitentscheiden. Um Ordnungsrelationen und Abbildungen einzuführen, werden in diesem Unterrichtsversuch reale Bewegungsabläufe mit Spielzeugfahrzeugen verwendet, weil diese Repräsentanten für die Schüler aus folgenden Gründen sinnvoll sind:

- sie knüpfen an Alltagserfahrungen beim Spielen an, machen Spaß und motivieren von daher sehr stark,
- sie ermöglichen auch auf dem Gebiet physikalischer Probleme echte Entdeckungen und Erkenntnisse, weil hier gleichförmige Bewegungen hinsichtlich Zeit, Geschwindigkeit und Weg analysiert und experimentell erforscht werden können. Es geht hier nicht um die Herstellung einer simplen und stupiden Ordnungsrelation wie z.B. Klötze ordnen nach der Farbe oder nach der Anzahl der Ecken, die Kindern banal erscheinen muß, sondern es geht hier um eine experimentelle Ermittlung und Ordnung unbekannter Eigenschaften komplexer Bewegungsabläufe.

Medien dazu sind:

- 4 Motorfahrzeuge im Spielzeugformat (Fallereisenbahn, Lego-Eisenbahn, Fahrzeuge aus Fischer-Technik)
- Metronom und große Stoppuhr zur Messung der Fahrzeit
- Arbeitsblätter für die Hand der Schüler
- farbige Etiketten, um auf den Arbeitsblättern die Fahrzeuge zu repräsentieren.

### 2.2.3. Unterrichtsverlauf

#### a) Auseinandersetzungen der Schüler mit einer komplexen Situation

Der Lehrer baute eine Spielzeuganlage mit vier Motorfahrzeugen auf. Auf die Frage des Lehrers, was man damit machen könne, antworteten die Schüler:

- Verkehrsunterricht
- Spielen
- untersuchen, welches Fahrzeug schneller/stärker/länger/schwerer/teurer ist
- untersuchen, welches Fahrzeug die längste Zeit braucht
- untersuchen, wer die Fahrzeuge hergestellt hat.

Schüler und Lehrer einigten sich darauf, zunächst die Schnelligkeit der Fahrzeuge zu vergleichen.

#### b) Realabstraktion entwickeln durch Hypothesen und Experimente

Die Absicht, die Schnelligkeit der Fahrzeuge zu vergleichen, stellte die Schüler vor ein großes Problem: Sollte jeweils ein Fahrzeug mit einem andern verglichen werden oder sollten alle Fahrzeuge gleichzeitig fahren? Sollte die Zeit gestoppt werden bei jedem einzelnen Fahrzeug? Wenn ja, wie sollte die Strecke und die

Zeit gemessen werden? Die Schüler schlugen vor, die Schnelligkeit der Fahrzeuge paarweise zu vergleichen. Um die Fahrzeuge leichter benennen zu können, klebten die Schüler farbige Etiketten auf. So konnten sie folgende Vergleiche experimentell durchführen:

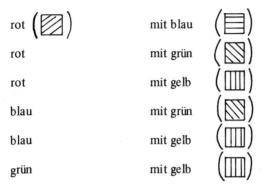

Die Schüler ordneten die Fahrzeuge nach ihrer Schnelligkeit.

*c) Abstraktion durch sprachliche und graphische Darstellung des Sachverhalts:*

Das rote Fahrzeug ist schneller als das blaue.
Das blaue Fahrzeug ist langsamer als das rote usw.
Tafelbild:

Wenn ⊟ schneller ist als ⧅ und ⧄ schneller ist als ⊟, ist dann ⧄ schneller oder langsamer als ⧄ ?

Mit dem Hinweis des Lehrers, daß ein Relationspfeil „ist schneller als ...." bedeutet, waren alle Schüler in der Lage, die Leerstellen auf dem Arbeitsblatt mit den entsprechenden Farben der Etiketten auf den Fahrzeugen zu kennzeichnen, die Relationspfeile vollständig einzutragen und die Relationen auf die Matrix zu transformieren. Andere Ordnungsrelationen konnten die Schüler entdecken, als sie die Fahrzeuge nach anderen Eigenschaften untersuchten und ordneten.

*Arbeitsblatt 1:*

*Aufgabe:* Ordne nach der Geschwindigkeit

a)

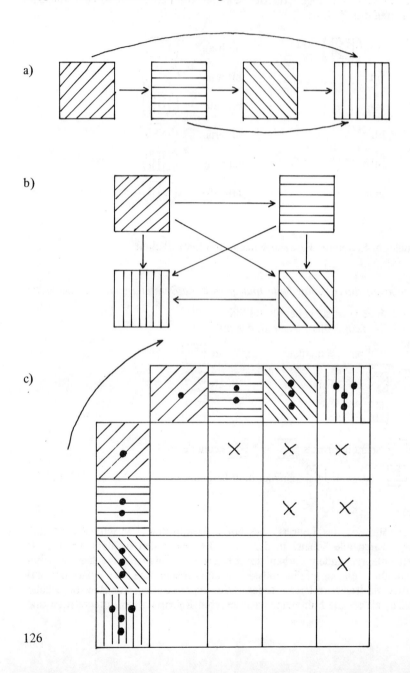

b)

c)

## 2.2.4 Kommentar zum Unterrichtsbeispiel

In den Mathematikbüchern und durch die strukturierten Materialien (z.B. die logischen Klötze von Dienes) wird den Schülern eine strukturierte Umgebung angeboten, in der sie genau die Situation vorfinden, die sie dazu führt, die entsprechenden Begriffe und Operationen zu bilden.

Meist sind die realen Dinge, mit denen die Schüler im Mathematikunterricht handeln, keine auf die Erfahrungen der Schüler bezogenen unmittelbaren Gegebenheiten mehr, die viele Merkmale und Handlungsmöglichkeiten aufweisen, sondern zugerichtete, „domestizierte" Lerndinge. Weil diese Lerndinge nicht mehr die Erfahrung der Schüler aus ihrer Lebenspraxis widerspiegeln, degenerieren sie im Bewußtsein vieler Schüler zu *sinnlosen* Dingen und können so effektives Lernen verhindern. Oft sind die Schüler in ein Korsett von Verhaltenserwartungen eingezwängt und haben zu wenig Gelegenheit zu zeigen, was sie alles können. Wenn die Schüler komplexe Problemsituationen mit unstrukturierten Materialien angeboten erhalten wie im oben skizzierten Beispiel, gibt man ihnen freie Lern-, Betätigungs- und Entdeckungsmöglichkeiten. Dementsprechend kann der Lehrer dann auch viel mehr Positives an den Kindern entdecken, als das mit einem Test je möglich ist. Wenn Lernvorgänge nicht simplifiziert werden wie in den üblichen Tests und in vielen Mathematikaufgaben, zeigen auch lernbehinderte Schüler große Fähigkeiten: Im skizzierten Versuch entwickelten sie vielerlei Möglichkeiten zur Untersuchung der Fahrzeuge: Untersuchung nach der Schnelligkeit, der Zugkraft, des Gewichts, der Länge, des Preises, der Herstellerfirma u.a. Bei der Untersuchung der Schnelligkeit, Fahrzeit und Zugkraft entwickelten sie Hypothesen und Experimente und lernten den Umgang mit Instrumenten zur Zeit- und Längenmessung. Nach der durch die Schüler durchgeführten Realabstraktion gelang ihnen der Übergang zu den Pfeilbildern ohne Schwierigkeit.

Dieser Unterrichtsversuch zeigt, daß auch „lernbehinderte" Schüler in der Lage sind, komplexe Situationen zu strukturieren, Eigenschaften der Objekte zu entdecken, experimentell zu untersuchen und in abstrakten Darstellungen zu präsentieren. Kein Test kann die vielen positiven Fähigkeiten erfassen, die die Schüler dabei zeigen. Wenn mathematische Begriffe und Strukturen aus Sachproblemen des Alltags heraus entwickelt werden, wird auch Mathematik zu einem Prozeß sozialen Handelns, in dem den Kindern die Entfaltung vielseitiger sinnlicher und kognitiver Kräfte möglich wird.


### Zusammenfassung und Ausblick


Die Frage, ob Rechnen oder Mathematik in der Sonderschule durchgeführt werden soll, kann nicht mit ja oder nein beantwortet werden. Beides ist notwendig: sowohl Sachrechnen als auch Inhalte und Verfahren der Neuen Mathematik. Allerdings bedürfen beide einer auf die Probleme und Ziele der Lernbehindertenschule bezogenen Revision:

- Das Sachrechnen bedarf einer gründlichen mathematischen Analyse, um die z.T. schiefen und falschen mathematischen Schlüsse den heute in der Mathematik geltenden Bedeutungen anzupassen.

- Das Sachrechnen kann profitieren durch Verwendung von Darstellungsmitteln aus der Neuen Mathematik (Diagramme, Matrices, Wertetabellen, Operator-Maschinen u.a.).

- Die Neue Mathematik wäre einer gründlichen didaktischen Analyse zu unterziehen, mit dem Ziel, die zur Lebensbewältigung der Schüler wichtigen Begriffe und Strukturen zu bestimmen und in die Lehrpläne aufzunehmen.

- Eine sonderschuldidaktische Forschung müßte Verfahren entwickeln, auch Schülern mit Lerndefiziten bessere Abstraktionen zu ermöglichen.

Entschieden zurückgewiesen werden muß ein Verfahren zur Neukonzeption des Mathematikunterrichts in der Lernbehindertenschule, das die Unzulänglichkeiten des Sachrechnens nur dadurch beheben will, daß einige zusätzliche Inhalte aus der Neuen Mathematik in den Lehrplan aufgenommen werden. Alle additiven und reduktiven Formen der Übernahme der Neuen Mathematik sollten abgelehnt werden. Für die Lernbehindertenschule sollte ein Mathematikunterricht entwickelt werden, der von Grund auf als soziales Handeln und als Mittel zur Lebensbewältigung konzipiert wird und in enger Verbindung zu anderen Unterrichtsfächern, insbesondere zum Sachunterricht steht.

## Literatur

Bauersfeld, Heinrich: Rechnen und Raumlehre. In: Handbuch für Lehrer, Hrsgg.von Alfred Blumenthal und a. Gütersloh 1961, S. 453 - 495

Begemann, Ernst u.a. (Hrsg.): Denken, Rechnen, Handeln. Mathematisches Aufbauwerk für sonderpädagogischen Unterricht. Dortmund 1976

Borgards, Wilhelm: Mehodische Behandlung der Rechenschwäche. Berlin-Charlottenburg 1973

Bourbaki, N.: Elements de Mathematique, Theorie des Ensembles, chapiter 3. Paris 1963

Damerow, P. u.a.: Elementarmathematik: Lernen für die Praxis? Stuttgart 1974

Duvert, L. u.a.: Relationen. Ordnung, Funktion, Abbildung. Freiburg 1971

Effe, Gertrud u.a.: Lohnerhöhungen in mathematischer Behandlung. Bamberg 1976

Entwurf für die Rahmenrichtlinien für die Schule für Lernbehinderte (Sonderschule). Unveröffentlichtes Manuskript.

Floer, Jürgen/Möller, Manfred: Mathematikunterricht für Lernbehinderte. In: Sonderpädagogik, 1975, H. 2 und 4

Funke, U.H.: Relationen und Funktionen im Mathematikunterricht der Sekundarstufe I. Braunschweig 1976

Gathen, Heribert: Neue Mathematik in der Schule für Lernbehinderte (Sonderschule). In: Sachunterricht und Mathematik in der Grundschule. 1974, H. 11

Goldau, Gerhard u.a.: Rechne mit mir. Bd. 7. Bonn Bad-Godesberg 1974

Griesel, Heinz: Die Neue Mathematik für Lehrer und Studenten. Bd. 1-3. Hannover 1971 ff.

Hegel, G.W.F.: Wissenschaft der Logik. Erster Teil. Die objektive Logik. Hrgg. von Hermann Glockner. Stuttgart 1958

Herzog, Gunter / Menzen, K.-H.: Wie Wahrnehmung durch Mengenlehre trainiert wird. In: Helmut Hartwig (Hrsg.): Sehen lernen. Kritik und Weiterarbeit am Konzept Visuelle Kommunikation. Köln 1976, S. 164 - 189

Kanter, G.O. Langenohl, Hanno (Hrsg.): Didaktik des Mathematikunterrichts. Berlin-Charlottenburg 1975

Kirsch, Arnold: Eine Analyse der sogenannten Schlußrechnung. In: Beiträge zum Mathematikunterricht 1968. Hannover 1969, S. 75 - 84

Klauer, K.J. (Hrsg.): Mein Rechenbuch. Düsseldorf 1972

Kultusministerium Baden-Württemberg. Mathematik-Aufgaben zur Schulfremdenprüfung 1974/75

Kultus und Unterricht. Bildungsplan der Sonderschule für lernbehinderte Kinder und Jugendliche in Baden-Württemberg. Sondernummer 2. Stuttgart 1968

Münzinger, Wolfgang: Moderne Mathematik, Gesellschaft und Unterricht. Weinheim und Basel 1972

Pestalozzi, Heinrich: Lienhard und Gertrud. Bd. 2 Hrgg. von Emilie Bosshart u.a.. Zürich 1945

Schmidt, Horst-Friedrich: heute für morgen. Mathematik 1. Bonn-Bad Godesberg 1975

Speichert, Horst: Umgang mit der Schule. Reinbek bei Hamburg 1976, S. 180 - 200

Vollrath, H.-J.: Ware - Preis - Relationen im Unterricht. In: Mathematikunterricht 1973, H. 6

Vollrath, H.-J.: Mathematische Behandlung von Problemen der Preistheorie in der Hauptschule. In: Beiträge zum Mathematikunterricht 1973. Hannover 1974, S. 259-265

Wilms, W.R.: Neue Mathematik für lernschwache Schüler. Berlin-Charlottenburg 1975

Winter, Heinrich: Gedanken zur Modernisierung des Sachrechnens in den Klassen 7 bis 10 der Hauptschule. In: E.Meyer: Mathematik in der Hauptschule Bd. 2 Stuttgart 1972

Winter, Heinrich: Die Erschließung der Umwelt im Mathematikunterricht der Grundschule. In: Sachunterricht und Mathematik in der Grundschule. 1976. H. 7

Ziegler, Th.: Die logische Struktur des Sachrechnens. In: Beiträge zum Mathematikunterricht 1968. Hannover 1969, S. 225-232

# Zur schulischen und sozialen Integration Lernbehinderter

*Wilhelm Pfeffer*

## 1. Problemstellung

Die Konzeption der Bildungskommission des Deutschen Bildungsrates will durch die weitgehende gemeinsame Unterrichtung Behinderter und Nichtbehinderter die Selektions- und Isolationstendenz im deutschen Schulwesen überwinden, „denn" - so wird lapidar festgestellt - „eine schulische Aussonderung der Behinderten bringt die Gefahr ihrer Desintegration im Erwachsenenleben mit sich" (Dt. Bildungsrat, S. 16). Damit ist ein Zusammenhang von schulischer Separation und sozialer Desintegration als Gefahr angezeigt. Überträgt man dies auf lernbehinderte Kinder und Jugendliche, so läßt sich folgendes Problem formulieren: Inwiefern gefährdet die schulische Separation die soziale Integration Lernbehinderter? Inwiefern begünstigt die schulische Integration die soziale Integration derer, die im jetzigen Schulsystem die Lernbehindertenschule besuchen müssen?

Bei der Erörterung dieser Problemstellung soll der Begriff „schulische Integration" als die „weitgehende oder überwiegend gemeinsame Unterrichtung von Behinderten und Nichtbehinderten" (Dt. Bildungsrat, S. 15 f., J. Muth, 1973, S. 111), also von Lernbehinderten und Nichtbehinderten verstanden werden. Der Begriff „soziale Integration" soll nicht auf das soziale Miteinander von Schülern aus unterschiedlichen Schichten mit unterschiedlichen Leistungsstärken, Fähigkeiten und Verhaltensmustern *in der Schule* (vgl. H. Eberwein, S. 72-96) beschränkt sein, sondern in einem weitesten Sinn als qualifizierte Eingliederung in die Gesellschaft verstanden werden. So gesehen kann man von der sozialen Integration eines einzelnen nur reden, wenn sie sich auf die für den einzelnen relevanten Bereiche gesellschaftlichen Lebens bezieht (z.B. Schule, Bildung - Beruf, Arbeit - Einkommen, Eigentum, Besitz - Grundbedürfnisse wie Ernährung, Kleidung, Wohnung und Schutz vor Willkür - Freizeit - Recht und Wahrung der Rechte - Mitgliedschaft in Vereinen und Verbänden ...) und diesbezüglich als soziale Kompetenz und Partizipation, sowie Selbst- und Mitbestimmung qualifiziert werden kann. Soziale Integration impliziert dann z.B., daß der einzelne in den für ihn relevanten Bereichen gesellschaftlichen Lebens die Möglichkeit hat, aus Einsicht, sozialer Verantwortlichkeit und Solidarität heraus die ganze Verhaltenspalette von Anpassung bis Widerstand (über Mitarbeit, Engagement, Kritik, Veränderung, Konflikt) je nach Notwendigkeit zu praktizieren. Soziale Integration übersteigt also auch das subjektive Gefühl sozialen Integriertseins und impliziert objektive Bedingungen und Mo-

130

momente der Handlungsmöglichkeiten des einzelnen in der Gesellschaft.[1]

Unter Annahme der eben skizzierten Begrifflichkeit lautet die Problemstellung: Inwiefern gefährdet die schulische Separation die qualifizierte Eingliederung Lernbehinderter in die Gesellschaft? Inwiefern begünstigt die schulische Integration die qualifizierte Eingliederung derer, die im jetzigen Schulsystem die Lernbehindertenschule besuchen müssen?

Im folgenden werden drei Modelle der Beschulung Lernbehinderter hinsichtlich ihrer Wirkung auf die soziale Integration untersucht.

## 2. Modell A: Soziale Integration durch schulische Integration bzw. Teilseparation oder Teilintegration

Das Modell A umfaßt jene Schulformen, in denen Schüler mit Lernschwierigkeiten in der allgemeinen Schule durch eigene Maßnahmen gefördert werden, und jene Schulformen für Lernbehinderte, die eine Teilintegration in die allgemeine Schule vorsehen. Für die Bundesrepublik konzipierte die Bildungskommission des Deutschen Bildungsrates ein kooperatives Schulzentrum, das bei Individualisierung und innerer Differenzierung in der allgemeinen Schule eim System von Förderstunden, Förderkursen und behinderungsspezifischer Hilfe mit dem Ziel der völligen Reintegration in die allgemeine Schule vorsieht (Dt. Bildungsrat, S. 66 - 102). Wenn dies gelingt, so werden viele Schüler in dem bedeutsamen gesellschaftlichen Bereich Bildung/Schule vor Desintegration bewahrt. Sie partizipieren an den allgemeinen Unterrichtsinhalten, erreichen die entsprechenden Ziele und sind in- und außerhalb der Schule nicht *wegen* der Schule isoliert und diskriminiert. Sie erhalten das Abschlußzeugnis der allgemeinen Schule und haben damit eine bessere Chance für den Übergang in Arbeit und Beruf. Sie sind keine Lernbehinderte und waren nie Lernbehinderte.

Für die Schüler der Lernbehindertenschule des kooperativen Schulzentrums besteht die Möglichkeit, auf dem Wege der Teilintegration in bestimmten Fächern am Unterricht der allgemeinen Schule teilzunehmen, und zwar mit dem Ziel, ihre guten Begabungen zu fördern und soziale Kontakte mit den Schülern der allgemeinen Schule zu ermöglichen. – Wo dies gelingt, wird die Chance für die soziale Integration verbessert.

Realisationen dieses Konzepts stellen in etwa die Schwedische Grundschule, das Münchener Modell und ein Schulversuch an einer hessischen Gesamtschule dar. Die Schwedische Grundschule umfaßt die Klassen 1-9. Für Schüler, die die erwarteten Leistungen nicht bringen können, gibt es zwei Möglichkeiten der Hilfe: den zugeordneten Spezialunterricht oder die Überweisung in eine der Spezialklassen. Der zugeordnete Spezialunterricht erfolgt an der jeder Grundschule angeschlossenen Schulklinik oder auch innerhalb der Stammklasse

---

1) O. Speck möchte „soziale Integration" als „Interaktionsdichte" vertstehen, die aus „Interaktionshäufigkeit und Interaktionsintensität" resultiert (so im Anschluß an H.D.Seibel 1972). – Dies reicht nach unserer Auffassung nicht aus, da solcherart Interaktion sowohl negativer als auch positiver Art sein kann. Es kommt doch auf die humane Qualität dieser Interaktionsdichte an!

in der Grundschule durch einen Speziallehrer, er ist zeitlich begrenzt (von einigen Wochen bis zu zwei Jahren), betrifft nur wenige Unterrichtsfächer (oft nur eines) und wird als Kleingruppenunterricht mit höchstens vier Schülern durchgeführt. Die völlige Reintegration in die Stammklasse ist jederzeit möglich. Die „Spezialklassen" hingegen sind für jene Schüler gedacht, die in der Schulklinik nicht genügend gefördert werden können. Sie sind additiv einer Grundschule (nicht jeder) angeschlossen. Den Unterricht erteilen Speziallehrer. Eine Reintegration in die Grundschule ist ebenfalls jederzeit möglich (skizziert nach S. Büch- Herrmann, 1973 und J.Muth, W. Topsch, 1972).

Dieses schwedische Beispiel zeigt, daß auch ein intensiver Förderunterricht die Notwendigkeit von Spezialklassen nicht aufhebt. Geht man davon aus, daß von den Spezialklassen die „Hilfsklasse" mit 2,263 % aller Grundschüler, die „Schulreifeklassen" mit 0,453 %, die „Leseklasse" mit 0,553 % und die „Observationsklasse" mit 0,081 % (vgl. S. Büch- Herrmann, S. 948) den Lernbehinderten in der Bundesrepublik entsprechen, so würde dies - übertragen auf Schweden - einen Anteil von 3,35 % „Lernbehinderter" (am) Gesamt der Grundschüler ausmachen. Es darf also vermutet werden, daß von den 4-6 % Lernbehinderten in der BRD bei einem entsprechenden Fördersystem 1-2 % der gegenwärtig Lernbehinderten in der allgemeinen Schule ihren Abschluß machen könnten.[1] Auffallend ist, daß in Schweden der Anteil der Spezialklassenschüler von Schuljahr zu Schuljahr stetig zunimmt ( von 0,29 % im 1. Schj. bis auf 3,51 % im 8. Schj. - vgl. S. Büch-Herrmann, S. 948).[2] Offenbar erreicht der intensive Förderunterricht sein Ziel nicht, eine Überweisung in eine Spezialklasse wird notwendig.[3] Überdies werden Vermutungen geäußert, daß der Förderunterricht an der schwedischen Grundschule auch als Abschiebemöglichkeit für schwächere und problematischere Schüler mißbraucht wird, was die Zunahme des Förderunterrichts um 40 % in den Jahren 1970 und 1971 mit erklären könnte (vgl. S. Büch-Herrmann, S. 951, O. Magne, S. 518 f., J. Muth, W. Topsch, S. 122)

O. Magne resümiert aus verschiedenen Untersuchungen zur schwedischen Sondererziehung das „deutliche" Ergebnis, daß die behinderten Schüler, insbesondere die leistungs- und verhaltensgestörten, oft von ihren nichtbehinderten Klassenkameraden abgelehnt und deshalb als Partner für die Veranstaltungen der integrierten Schule nicht akzeptiert werden (S. 520). Ähnlich heißt es von einem Schulversuch in Hessen, wo „Grenzfälle zwischen Sonderschule und Gesamtschule" (d.h. Schüler mit partiellen bzw. schweren Lernstörungen) innerhalb der Gesamtschule regelmäßig in einem oder mehreren Fächern getrennt vom jeweiligen Klassenverband Förderunterricht erhielten: „Durch die Förderungsmaßnahmen schienen Förderkursteilnehmer zur sozialen Randständigkeit zu

---

1) Die nach A. Sander, S. 28 anzustrebenden 2,5 % Lernbehinderter wäre demnach nicht erreicht.

2) Warum im 9. Schj. der Anteil wieder nur 1,41 % beträgt, wird bei S. Büch-Herrmann nicht deutlich

3) So berichten auch J. Muth und W. Topsch, daß ein gewisser Prozentsatz von Schülern einige Zeit nach der Rückführung aus der Schulklinik in die allgemeine Schule erneut in die Schulklinik aufgenommen werden muß (S. 122).

neigen" und: „Der Abstand zu den Leistungen der homogenen Stammklassen (Kontrollgruppen) konnte nicht verringert werden, sondern vergrößerte sich" (O. Scheidling, S. 493, vgl. R. Hagelgans, F. Selbmann, S. 70). Die ersten Ergebnisse vom Münchener Modell der schulischen Integration behinderter und nichtbehinderter Kinder (vgl. die ausführliche Beschreibung vom S. Prell und P. Link, S. 619-644) zeigen, daß sich trotz gemeinsamer Unterrichtung bei großer Heterogenität in bezug auf die Lernvoraussetzungen „der Abstand zwischen schwer behinderten und überdurchschnittlich befähigten Schülern mit zunehmenden Alter extrem vergrößert und lernbehinderte Schüler von dem gemeinsamen Unterricht kaum einen Lerngewinn haben" (P.S. Prell, P. Link, S. 620). Es ist sogar von Fällen die Rede, "wo sich bei extremen Merkmalsausprägungen die Heterogenität der Gruppenbildungen desintegrierend auswirkt" (ebd. S. 621).

Was die Teilintegration Behinderter in den Unterricht der allgemeinen Schule angeht, so muß mit ähnlichen Schwierigkeiten wie den bisher skizzierten gerechnet werden. A. Kniel stellt nach einer vorsichtigen Analyse amerikanischer Untersuchungen zur unterrichtlichen Teilintegration von "educable mentally retarded children" (IQ 50-75) fest, daß die These "Je häufiger der Kontakt, desto positiver die Einstellung zum Interaktionspartner" in dieser einfachen Form nicht haltbar sei. Er meint (hypothetisch), sie stimme nur, wenn die Interaktionen von behinderten Kindern und nicht behinderten Mitschülern in einem belohnenden Kontext ablaufen (S. 74).

Die Frage, ob das kooperative Schulmodell mit der weitgehenden gemeinsamen Unterrichtung Lernbehinderter und Nichtbehinderter auf den Wegen des Förderunterrichts und der Teilintegration die qualifizierte soziale Eingliederung begünstigen würde, soll mit einem "Ja – wenn..." beantwortet werden. Die derzeitigen Realisationen einer gemeinsamen Unterrichtung von Lernbehinderten und Nichtbehinderten weisen zwar sowohl in bezug auf Schulleistungen als auch auf soziale Integration innerhalb der Schule und Klasse kaum positive Ergebnisse für die Lernbehinderten auf. Sofern jedoch schwache Schüler durch dieses System den Abschluß der allgemeinen Schule erreichen, darf eine bessere Chance für eine qualifizierte soziale Integration angenommen werden. Ob dies auch für jene Lernbehinderten gilt, die in dem einen oder anderen Fach den Abschluß der allgemeinen Schule erlangen (bei Teilintegration also), bleibt erst durch tatsächliche Erfahrungen nachzuprüfen. Dennoch wäre es pädagogisch fatal, auf Grund dieser Ergebnisse den Gedanken der gemeinsamen Unterrichtung Lernbehinderter und Nichtbehinderter ad acta zu legen, da es noch keine diesbezüglichen Erfahrungen mit einer veränderten allgemeinen Schule in der BRD gibt. Wenn nämlich "die Integration der Behinderten in die Schule und Gesellschaft ... mehr eine Aufgabe" ist, "die dem Nichtbehinderten aufgegeben ist als eine Aufgabe, die sich dem Behinderten stellt" (J. Muth, 1973, S. 108), dann gilt es, das kooperative Schulzentrum im Zusammenhang mit einer grundlegenden Veränderung der allgemeinen Schule zu beurteilen. Aus den bekannten Bedingungen für die Integration Behinderter, die die allgemeine Schule erfüllen müßte (vgl. Dt. Bildungsrat sowie J. Muth, 1973, S. 111-117), seien hier nur einige akzentuiert und präzisiert:

— Die Grundschule muß von dem Leistungsdruck entlastet werden, der sich vor allem im dritten und vierten Grundschuljahr im Blick auf den Übergang zum Gymnasium entwickelt. Die Alternative wäre eine Orientierungsstufe im fünften und sechsten Schuljahr.

— Die allgemeine Schule muß, soll sie für das Leben in einer leistungsheterogenen Gesellschaft befähigen, selbst Ort sozialen Lernens sein, wo starke und schwache Schüler in *gemeinsamen* Lernprozessen bestimmte fundamentale Ziele zu erreichen suchen.

— Dem entspricht nicht jene Form der inneren Differenzierung, die langfristige Gruppenbildungen nach Leistung innerhalb der Klasse vorsieht, sondern eine "flexible innere Differenzierung", die bezogen auf die Ziele einer Unterrichtseinheit kurzfristig auf Lernschwächen zu reagieren vermag und einen kurzfristigen Wechsel von leistungsheterogenen und leistungshomogenen Lernsequenzen innerhalb einer Unterrichtseinheit impliziert (vgl. F. Lorentz u.a., S. 237-257, W. Klafki, H. Stöcker, S. 497-523, Arbeitsgruppe "Soziale Organisation", S. 489-512).

— Teilseparation durch Förderunterricht darf nicht überhandnehmen und sollte wirklich nur als zweiter Schritt nach der inneren Differenzierung in Frage kommen.

— Die Unterrichtsinhalte der allgemeinen Schule sind auf ihren Bezug zur gegenwärtigen und zukünftigen Lebenswirklichkeit der Schüler — auch der Schüler aus den unteren sozialen Schichten — zu überprüfen, soll die Beschäftigung mit den Inhalten zum Handeln befähigen.

— Die Ausbildung der Lehrer muß sich an der weitverbreiteten Tatsache der Lernschwächen von Schülern mindestens ebenso orientieren wie sie derzeit das fachwissenschaftliche Studium eines Unterrichtsfachs betont.

Überdies lassen neuere Ergebnisse der pädagogisch-psychologischen Diagnostik ein rigid institutionell getrenntes Schulsystem, wie es sich gegenwärtig als Grund- und Hauptschule einerseits und Lernbehindertenschule andererseits darstellt, nicht mehr zu. Kurzfristige, auf schulische Förderung zielende pädagogisch-psychologische Prognosen gewinnen den Vorzug vor langfristigen, auf Selektion zielende Prognosen im Umschulungsverfahren in die Lernbehindertenschule (H. Kautter/W. Munz 1974, H. Kautter/R. Kornmann/H. Probst 1976). Dies macht eine Schule erforderlich, die das Wechselspiel von Diagnose, kurzfristiger Prognose und gezielter Förderung zuläßt, d.h. für lernschwache Schüler: ein Schulsystem mit permanenter Durchlässigkeit zwischen allgemeiner Schule, Förderunterricht und Behindertenschule. . Das konzipierte kooperative Schulzentrum kann dem am meisten Rechnung tragen.

## 3. Modell B: Integration in die allgemeine Schule auf dem Weg der schulischen Separation

Das Modell B impliziert Schulformen, bei denen durch konsequente separierte Beschulung die Integration in die Normalschule angestrebt wird. Dazu gehören die Lernbehindertenschule mit den Maßnahmen der Rückschulung und Hauptschulabschlußprüfungen, die Baseler Kleinklassen und der Madison-Schul-Plan für behinderte Kinder (Santa Monica, Kalifornien).

Den genannten Schulformen ist gemeinsam, daß sie ihren Unterricht notwendigerweise ganz am Lehrplan der Normalschule orientieren und die Lernbehinderten so weit zu fördern suchen, daß sie entweder dem Bildungsgang der Normalschule zu folgen vermögen oder durch eine Prüfung den Normalschulabschluß erreichen.

Einen trefflichen Erfolg schulischer Reintegration melden die Baseler Kleinklassen. Etwa 10 % der Kinder eines Jahrgangs in Basel werden vom Kindergarten weg wegen fehlender Schulreife in die Kleinklassen A und B eingewiesen (die Kleinklassen A entsprechen etwa der Lernbehindertenschule in der BRD). Nach zwei Jahren in der A-Klasse werden schon 60 % der Kinder in den "Normverband" zurückgeschult (und kommen in der Regel auch nicht wieder zurück). Die übrigen 40 % besuchen die sog. C-Klassen. Von diesen werden nach drei weiteren Jahren 30 % in den Normverband zurückgeschult, die übrigen Schüler verbleiben in den C-Klassen bis zum achten Schuljahr. Danach besuchen sie im 9. Schuljahr das obligatorische Werkjahr. Die Baseler Kleinklassen weisen also bis zum 5. Schuljahr eine Rückschulungsquote von 75 % auf. Von den in den C-Klassen verbleibenden Schülern, die das Werkjahr absolvieren, bestehen 50 % "eine volle Berufslehre", 10 % "eine Berufslehre ohne geschäftskundliche Fächer" und 40 % werden in "anspruchsvolle Teilberufe" eingegliedert (skizziert nach F. Mattmüller, 1973). [1]

Für die Bundesrepublik liegen leider kaum Zahlen zur Rückschulung und zur Hauptschulabschlußprüfung vor. Überdies werden beide Maßnahmen in den einzelnen Bundesländern und auch von einzelnen Schulen sehr unterschiedlich durchgeführt. Es dürften jedoch kaum mehr als 10-15 % der Lernbehinderten sein, die durch Rückschulung oder Hauptschulabschlußprüfung wieder in die Normalschule integriert werden oder deren Abschluß erreichen.

Der Madison-Schul-Plan fördert die Kinder, die in der Normalschule versagen, in eigenen Klassen mit dem Ziel, sie nach einem Jahr wieder in die Normalschule zu integrieren. Diese Reintegration findet jährlich im Juni statt und ist obligatorisch (ausgenommen sind nur sehr schwache Schüler). Es wird gemeldet, daß etwa 20 % der integrierten Schüler nie wieder in die Förderklassen zurückge-

---

[1] Das Werkjahr ist die unterste Stufe von vier Möglichkeiten, das neunte Schuljahr zu absolvieren. Es ist für die Abgänger der C-Klassen und für leistungsschwache Normalschüler gedacht. Die Werkklasse wird von Normalschülern besucht, das Berufswahljahr von Realschülern, die Oberschüler sind in der Oberschule (nach G. Hausmann 1976).

schult wurden. Die Orientierung an der Normalschule geht bei diesem Plan so weit, daß das einzelne Kind sogar auf den Lehrer vorbereitet wird, zu dem es in der Normalschule kommt, indem es auf den von diesem Lehrer besonders geschätzten Gebieten eigens gefördert wird (skizziert nach F.M. Hewett, 1974). Hewett schreibt: "Ob ein behindertes Kind in der Normalklasse verbleiben oder vorankommen wird, hängt wesentlich davon ab, ob es mit dem individuellen Toleranzspielraum des Lehrers übereinstimmt" (ebd., S. 52).

In den beschriebenen Formen des Modells B wird den Schülern wie im Modell A in dem bedeutsamen Bereich Schule/Bildung die soziale Eingliederung ermöglicht. Die betreffenden Schüler *waren* einmal Sonderschüler, *sind es aber nicht mehr*. Das Abschlußzeugnis der Normalschule läßt bessere Chancen für die soziale Integration insgesamt erwarten. Die soziale Diskriminierung wird durch den Normalschulabschluß gemindert, die Schüler können ein positiveres Selbstbild aufbauen. Wie *weit* all dies jedoch über die Schule hinaus trägt, weiß man noch nicht. Die Ergebnisse der Werkjahrabsolventen in Basel sind erfolgversprechend.

Pädagogisch bedenklich ist die alleinige Orientierung des Unterrichts an der "Normal"-schule, an deren Inhalten und Lehr- und Lernpraktiken. So werden z.B. auch in Basel die Schüler der 2. A-Klasse im zweiten Halbjahr systematisch auf den Leistungsdruck in den Normalschulen vorbereitet (G. Hausmann, S. 10). Anderswo führt man in der Schule für Lernbehinderte in der Vorbereitung der Schüler auf die Hauptschulabschlußprüfung wahrhafte "Trimm-Dich-Aktionen" durch. Dies alles wirft Fragen auf. Soll sich die Lernbehindertenschule und die Lernbehindertenpädagogik den bestehenden Schulrealitäten beugen? Soll sie Abstinenz üben bezüglich des Geltendmachens pädagogischer Ansprüche für schwächere Schüler in Schule und Bildungspolitik? Schwächeren Schülern mutet man die Belastungen einer schriftlichen und mündlichen Prüfung zu, die Schüler der Hauptschule müssen – Gottseidank! – diese Prüfung nicht absolvieren. Die Formen des Modells B implizieren neben unbestreitbaren Erfolgen den drohenden Verlust pädagogischer Prinzipien in bezug auf schwächere Schüler zugunsten der Anpassung an die Inhalte, Ziele, Lehr- und Lernpraktiken der sog. "Normal"-schule.

Sowohl im Modell A als auch im Modell B bleiben Schüler, die nicht integriert unterrichtet und auch nicht in die allgemeine Schule reintegriert werden können. In den letzten Jahren hat man durch die Fixierung auf den Zusammenhang von schulischer Integration und sozialer Integration vergessen, daß das Ziel der sozialen Integration auch für jene Schüler gilt, die auch in integrativen Konzepten die Schule für Lernbehinderte besuchen müßten. Der Begriff der "sozialen Integration" aber ist umfassend, er gilt für alle Behinderten (vgl. O. Speck, 1973, S. 25 ff.). Damit ist die Frage nach den Bedingungen der qualifizierten sozialen Integration der separiert beschulten lernbehinderten Kinder und Jugendlichen gestellt:

## 4. Modell C: Soziale Integration bei durchgängiger schulischer Separation Lernbehinderter

Das Modell C ist identisch mit der derzeitigen Lernbehindertenschule, die zwischen 85 und 95 % ihrer Schüler ohne Reintegration in die Hauptschule "ins Leben" entläßt. Diese Schule hat es außerordentlich schwer mit ihrer Legitimation, da sie sich gleichsam selbst im Wege steht, wenn sie ihre Aufgabe der qualifizierten sozialen Integration zu lösen sucht.

— Ihre Schüler werden, *weil* sie die Sonderschule besuchen, diskriminiert und stigmatisiert. Das Fremdbild ihrer Umgebung spiegelt sich als Selbstbild wider (E. Höhn, I. Kaufmann, H. Pfeiffer, G. Homfeldt).

— Mit ihrem auf die Defizite und Defekte abgestellten Unterricht ist die Gefahr gegeben, die Schüler zu unterfordern oder auf den defizitären Ist-Stand zu fixieren und die Grenzen ihres Lernvermögens nicht auszuloten (vgl. G. Klein, 1973).

— Ihr Abschlußzeugnis stellt (von Ausnahmen abgesehen) ein Hindernis bei der Berufseingliederung dar, es dokumentiert hoheitlich Lernbehinderung für die außerschulische Umwelt der Jugendlichen und beschneidet ihre Chancen für die Zukunft ("Hilfsschülern ist die Zukunft beschnitten" – I. Kaufmann, S. 176).

— Die Folge der äußerst erschwerten Berufseingliederung ist die vorzeitige Festlegung auf Arbeit ohne Ausbildung oder Jugendarbeitslosigkeit. Von Krisen und struktureller Arbeitslosigkeit sind Ungelernte am meisten getroffen. [1]

— Die im Besuch der Lernbehindertenschule gründende soziale Stigmatisierung und Diskriminierung wirkt über die Schulzeit hinaus fort, belastet oder verhindert Freundschaften und führt zu einem Versteckspiel bis in die Ehe hinein. R. Appel: "Das Gefühl, durch den Besuch der Sonderschule vor anderen Menschen von vornherein diskriminiert zu sein, findet seinen Niederschlag in der Tatsache, daß viele Probanden ihren Ehefrauen, Bräuten oder Freundinnen den Sonderschulbesuch verschweigen" (1974, S. 85 vgl. die Belege S. 85-87).

Es ist offensichtlich, daß für lernbehinderte Jugendliche die Chance zur sozialen Integration im Sinne von sozialer Partizipation und Kompetenz sowie von Selbst- und Mitbestimmung in den für sie relevanten gesellschaftlichen Bereichen stark gemindert ist. Die Frage nach der sozialen Integration dieser Gruppe, die den Abschluß der Lernbehindertenschule erreicht hat (einschließlich jener, die lediglich ein Abgangszeugnis der Schule für Lernbehinderte erhalten können), muß

---

[1] G. Klein: "Für die Gruppe der Lernbehinderten z.B. wissen wir, daß in den zurückliegenden Jahren ca. 60-70 % eine Lehrstelle fanden, einzelnen Stichproben zufolge sind es heute 15-20 %, die noch eine Lehrstelle finden" (1975, S. 132). – A. Bartz kann aufgrund einer Erhebung zur Berufseingliederung von Abgängern der Hamburger Sonderschulen zeigen, daß von 1968-1975 immer weniger einen Ausbildungsvertrag erhielten. Im Jahre 1975 standen über ein Viertel vor der Arbeitslosigkeit (1976, S. 321-325).

bei aller Akzentuierung der schulischen Integration ebenfalls zentrales Problem der Lernbehindertenpädagogik bleiben. Wem das Ziel der sozialen Integration dieser Gruppe zu "utopisch" ist, mag von der sonderpädagogischen und gesellschaftspolitischen Aufgabe der Verringerung von Ungleichheit in bezug auf soziale Partizipation und Kompetenz sprechen, die es für leistungsschwächere Glieder dieser Gesellschaft herbeizuführen gilt.

An dieser Stelle sollen zwei Maßnahmen erörtert werden, die der erschwerten sozialen Integration Rechnung tragen. Sie beziehen sich auf den Lehrplan der Lernbehindertenschule und auf die außer- bzw. nachschulische Betreuung lernbehinderter Jugendlicher.

Erstens: Weil es um die qualifizierte Eingliederung der Lernbehinderten in unsere gesellschaftliche Wirklichkeit geht, gilt es, in unterrichtlichen Lernfeldern diese gesellschaftliche Wirklichkeit so zu repräsentieren, daß sich die Schüler in entsprechende Handlungsmöglichkeiten einüben können. Die Inhalte der gängigen Schulfächer stellen kaum Repräsentanten unserer gesellschaftlichen Wirklichkeit dar, an ihnen können die Schüler nur in geringem Maße für ihr gegenwärtiges und zukünftiges Leben Handlungsfähigkeit erwerben. [1]

Zweitens: Wenn der sozialen Integration lernbehinderter Jugendlicher so schwere Hindernisse im Wege stehen (s. oben), so dürfen sie dabei nicht länger allein gelassen werden und benötigen eine Hilfe, die auf ihre Umwelt verändernd einwirkt und gleichzeitig die Jugendlichen persönlich stützt. Wir sehen eine nicht geringe Chance dafür in einer entsprechenden Öffentlichkeitsarbeit und nachgehenden Betreuung. Ansätze zeigen sich da, wo Lernbehindertenschulen (Lehrer und Schüler) sich zum Zwecke der Aufklärung und des Diskurses an die Öffentlichkeit wenden, an den Mann auf der Straße wie an Politiker. Ansätze zeigen sich auch da, wo sich um eine Lernbehindertenschule Freundeskreise oder Fördervereine bilden, in denen sich einflußreiche Persönlichkeiten aus Kirche und Politik, Eltern und Lehrer der Schule sowie ältere Schüler und Jugendliche organisieren, um die Interessen der Schule und der aus der Schule entlassenen Schüler öffentlich wie privat geltend zu machen. [2] Die Hilfe für die lernbehinderten Jugendlichen soll sich einerseits darauf beziehen, den Jugendlichen Chancen für Arbeit und Beruf, Weiterbildung, Freizeit, Wahrnehmung der Rechte zuzuspielen und ihnen gleichzeitig bei der Wahrnehmung dieser Chancen zu helfen. Was den Erwerb von Qualifikationen für Arbeit und Beruf angeht, so könnten Einrichtungen hilfreich sein, die aus dem privaten wirtschaftlichen Konkurrenzkampf herausgenommen sind und doch von der Arbeit der Jugendlichen mitfinanziert

---

[1] An dieser Stelle sei auf die an der Curriculumtheorie orientierten Ansätze der CIEL-Arbeitsgruppen Reutlingen (mehrperspektivischer Unterricht), von G.G. Hiller 1975 und W. Nestle 1975 hingewiesen, wo versucht wird, Unterricht so zu konzipieren, daß durch ihn die Schüler für unsere gesellschaftliche (Alltags-) Wirklichkeit handlungsunfähig werden.

[2] Rolf Schäfer 1976. Vgl. auch die Berichte in "Sonderschule in Baden-Württemberg. Mitteilungsblatt des Landesverbandes Baden-Württemberg e.V. im Verband Deutscher Sonderschulen" 7 (1975) H. 3, S. 143 f., 7 (1975) H. 4, S. 176-182, 8 (1976) H. 2, S. 73-85.

und getragen werden, wo also Grundqualifikationen für die heutige Arbeitswelt gelernt werden können, ohne daß privatwirtschaftlicher Konkurrenzkampf negativ einwirkt. Indem es sich um Einrichtungen handelt, die von den Jugendlichen mitgetragen werden, wird ihnen der Charakter der unverbindlichen Spielwiese genommen, den manche berufsfördernde Einrichtungen anzunehmen drohen. Überdies besteht für Jugendliche, die es besonders schwer haben, die Notwendigkeit, ihnen einen Berater zur Verfügung zu stellen, der als Hilfestellung in Fragen der beruflichen Eingliederung, der Arbeitsplatzsuche, der Weiterbildung, der finanziellen Haushaltung, der Entwicklung von Lebensperspektive, in verfahrenen persönlichen Situationen ... fungiert. Hier wäre darauf zu achten, daß dies nicht zu "overprotection im Jugendalter" führt, indem also ein"Fachmann" das Leben des Jugendlichen in die Hand nimmt, was letztlich auf eine Entmündigung hinauslaufen würde. Die Hilfestellung muß die Selbstbestimmung des Jugendlichen anstreben, man könnte sie als "subsidiäre Befähigung zur sozialen Integration" bezeichnen. [1]

## 5. Fazit

Die pädagogische Aufgabe der qualifizierten sozialen Integration auch schwächerer Schüler erfordert eine Schule, die ihren Unterricht an der gegenwärtigen und zukünftigen Lebenswirklichkeit ihrer Schüler zu orientieren sucht, durch flexible innere Differenzierung auf die Lernprozesse leistungsheterogener Klassen zu reagieren vermag, dem sozialen Moment des Lernens zunächst so weit wie möglich den Vorzug gibt vor Teilseparation (d.h. sparierte Fördermaßnahmen) und völliger Separation (Behindertenschule), bei nicht zu umgehender Teilseparation oder völliger Separation die Möglichkeit unbürokratisch durchführbarer Teilintegration oder völliger Reintegration offenläßt und ein auf die unterschiedliche soziale Kompetenz der Schüler bezogenes, abgestuftes System subsidiärer Befähigung bei der sozialen Integration zu realisieren bereit ist.

Dies Postulate provozieren die Frage, *wer* es denn ist, der ihnen gegebenenfalls durch Verwirklichung entsprechen kann, es ist die Frage nach den kompetenten Akteuren und ihren Aktionen, nach den Handlungsebenen und Handlungsbereichen:

## 6. Akteure und Aktivitäten

6.1. Auf der Ebene der Bildungspolitik sind es Politiker, Parteien, Kultusminis-

---

[1] Vgl. zu diesem Ansatz auch E. Kleber, 1976, der der Sonderschule für Lernbehinderte vorwirft, sie betreibe eine Rehabilitation einer Elite (er bezieht dies auf die berufliche Integration), während die Rehabilitation für die übrigen Schüler der Lernbehindertenschule mißlinge: Er schlägt deshalb die Beachtung von unterschiedlichen Habilitationsstufen vor und zeigt auf, welche Rahmenbedingungen zu schaffen sind, wenn diese Habilitationsstufen erreicht werden sollen.

terien und Verbände, die die politische Basis für eine Veränderung unseres Schulwesens im oben beschriebenen Sinne schaffen können. Nachdem der Deutsche Bildungsrat mit seinen Empfehlungen seine Aufgabe erfüllt hat, ist es die Sache politischer Institutionen, nach kritischer Prüfung Stellung zu beziehen und zunächst durch entsprechende Schulversuche eine Grundlage für weitere Entscheidungen zu schaffen. Es ist vor allem Aufgabe des Verbandes Deutscher Sonderschulen, diesbezüglich politisch aktiv zu werden. Es gibt genügend Orte in der Bundesrepublik, wo das gegebene räumliche Nebeneinander von Grund- und Hauptschule und Sonderschule entsprechende Schulversuche ohne große Mehrkosten möglich macht. Weiterhin ist es Aufgabe der bildungspolitischen Akteure, die Grundschule von dem durch den Übergang in das Gymnasium provozierten Leistungsdruck zu entlasten, unter dem besonders schwächere Schüler zu leiden haben. Landespolitiker und Kultusministerien sollten dafür sorgen, daß in den Prüfungsordnungen für das Lehramt an Grund- und Hauptschulen dem Phänomen unterschiedlicher Lernvoraussetzungen der Grund- und Hauptschüler durch die Einführung entsprechender Studienelemente Rechnung getragen wird. Die außerschulische Hilfe und die nachgehende Betreuung sind durch institutionalisierte Maßnahmen zu unterstützen, die das schon gegebene persönliche Engagement einzelner Sonderschullehrer ergänzen und festigen. Als politischer Akteur läßt sich auch eine Interessenvertretung verstehen, wie sie der Förderkreis darstellt. Es ist an der Zeit, daß die lernbehinderten Kinder und Jugendlichen ähnlich wie andere Behinderten eine gewichtige Lobby erhalten (vgl. z.B. die Bundesvereinigung Lebenshilfe für die geistig Behinderten). Hier wäre auch der institutionelle Ort der Öffentlichkeitsarbeit und der nachgehenden Betreuung anzusiedeln, wo in freier Trägerschaft Hilfen zur sozialen Integration angeboten werden können.

6.2. Wenn auch bildungspolitische Aktivitäten letztlich die institutionelle Grundlage für die beschriebene Veränderung des allgemeinen Schulwesens sind, ohne das Mittun auf unteren Haundlungsebenen bleiben sie letztlich wirkungslos. Die örtlichen Schulen als Akteure einer unteren Handlungsebene müssen zusammen mit der unteren Schulverwaltung den Willen zur Veränderung aufweisen. Von seiten der Sonderschullehrerschaft der Lernbehindertenschulen wird diesbezüglich Resignation signalisiert. Die primäre Aufgabe auf dieser Handlungsebene ist der pädagogische Diskurs der Sonderschullehrer und der Grund- und Hauptschullehrer mit dem Ziel der gemeinsamen Willensbildung. Hierbei sind es allerdings sicher nicht zuerst großangelegte Konferenzen, sondern kooperative Kontakte einzelner Lehrer in Form von gegenseitigen Unterrichtsbesuchen, Fallbesprechungen bei Umschulungsverfahren, gemeinsamer Erprobung von Unterrichtsmaterialien, die die flexible Differenzierung ermöglichen etc. Diese kooperativen Kontakte stellen eine Vorstufe institutioneller Kooperation von allgemeiner Schule und Lernbehindertenschule dar. Aus ihnen resultieren gegebenenfalls auch Kontakte der Schüler beider Schulen, die jedoch gut vorbereitet sein müssen, sollen sich die entsprechenden Intentionen nicht in ihr Gegenteil verkehren. Der oben als politischer Akteur verstandenen Förderkreis wird in den meisten Fällen auf der Ebene der örtlichen Schule initiiert werden, sich zunächst auch auf Probleme der Schülerschaft der örtlichen Schule beschränken und erst später überörtlich politisch wirksam werden können, wenn sich mehrere Förderkreise zusammentun. Akteure dieser unteren Ebene können auch die Schüler einer Schule sein, insoweit der innerschulische Unterricht sich zu öffentlicher Praxis ausweitet wie die Projekte von P. Barth und J. Kallinich zeigen, wo Alltagsprobleme der Schüler und die in der Schule erarbeiteten Lösungen der Öffentlichkeit zugänglich gemacht und im öffentlichen Diskurs behandelt werden.[1]

6.3. Auf der wissenschaftlichen Handlungsebene stellen sich folgende Aufgaben für die Akteure Erziehungswissenschaft und Sonderpädagogik: Analyse integrativer Schulmodelle, Planung und wissenschaftliche Begleitung integrativer Schulmodelle in der Bundesrepublik, Planung, Durchführung und Evaluation integrierenden Unterrichts in leistungsheterogenen Gruppen der allgemeinen Schule, Ermittlung der gesellschaftlichen und psychischen Bedingungen qualifizierter sozialer Integration von Jugendlichen mit geringerer sozialer Kompetenz und daraus resultierend die Planung und Durchführung geeigneter Hilfen für den Unterricht und den ausserschulischen Bereich. Daß dies Kooperation von allgemeiner Erziehungswissenschaft, Didaktik und Fachdidaktik mit der Sonderpädagogik an den Studienstätten voraussetzt, ergibt sich von selbst - es hat sich nur noch nicht ergeben...

1) P. Barth, J. Kallinich 1976. Ähnliches geschieht dort, wo die Lernbehindertenschule durch ihre Schüler Aufklärung in der Öffentlichkeit zum Thema Lernbehinderung betreibt (z. B.: G. Klepzig, H. Wörnle 1973. Sonderschule in Baden-Württemberg 1976 Heft 2, S. 73-85).


## Literatur

Appel, R.: Soziale Entwicklung ehemaliger Sonderschüler. Bonn-Bad Godesberg 1974

Arbeitsgruppe „Soziale Organisation": Soziale Organisation, soziales Lernen und Differenzierung. In: Die deutsche Schule 67 (1975) S. 489 - 512

Barth, P. und Kallinich,: Unterricht als öffentliche Praxis - Fächerübergreifende Projekte in der Schule für Lernbehinderte. In: Zeitschrift für Heilpädagogik 27 (1976) Heft 3, S. 146-155

Bartz, A.: Ergebnisse aus Erhebungen über Abgänger der Hamburger Sonderschulen für Lernbehinderte (1968-1975). In: Zeitschrift für Heilpädagogik 27 (1976) Heft 5, S. 321-325

Büch-Herrmann S.: Spezialunterricht, besonders Hilfsunterricht, in der schwedischen Grundschule. In: Zeitschrift für Heilpädagogik 24 (1973) Heft 11, S. 941-954

Ciel-Arbeitsgruppe Reutlingen: Stücke zu einem mehrperspektivischen Unterricht. Einführung, Übersicht, Nutzungsvorschläge, Implementationsprogramm. Stuttgart 1976. Hier findet sich weitere Literatur zum mehrperspektivischen Unterricht.

Deutscher Bildungsrat. Empfehlungen der Bildungskommission: Zur pädagogischen Förderung behinderter und von Behinderung bedrohter Kinder und Jugendlicher. Zeitschrift für Heilpädagogik, Beiheft 11, Februar 1974

Eberwein, H.: Zur Integration sog. lernbehinderter und verhaltensgestörter Schüler in die allgemeine Schule oder Das neue Aufgaben- und Selbstverständnis des Sonderschullehrers. In: Iben, Gerd (Hrsg.): Heil- und Sonderpädagogik. Einführung in Problembereiche und Studium. Kronberg/Taunus 1975, S. 72-96.

Hausmann, Gitta: Bericht über das hochschulferne Blockpraktikum an Baseler Kleinklassen. Unveröffentlichtes Manuskript für den Fachbereich Sonderpädagogik an der Pädagogischen Hochschule Reutlingen 1975.

Hagelgans, R. und Selbmann, F.: Ein Beitrag zur Integration von „Grenzfällen" zwischen Sonderschule und Gesamtschule. Empirische Untersuchung zum sozialen Status von Förderkursteilnehmern in ihren Stammklassen einer integrierten Gesamtschule. In: Zeitschrift für Heilpädagogik 27 (1976) Heft 2, S. 62-71.

Hewett, F.M.: Behinderte Kinder in der allgemeinen Schule (Beschreibung des Madison-Schul-Plans für behinderte Kinder). In: Reynolds, Maynard C. und Davis, Malcolm D. (Hrsg.): Behinderte Kinder in der allgemeinen Schule. Berlin-Charlottenburg 1974, S. 47-55.

Hiller, G.G.: Notizen zur Entwicklung eines Curriculum für die Schule für Lernbehinderte. In: Kanter, Gustav O. und Langenohl, Hanno: Unterrichtstheorie und Unterrichtsplanung. Texte zur Lernbehindertendidaktik 1. Berlin-Charlottenburg 1975, S. 95-108

Höhn, E.: Der schlechte Schüler. Sozialpsychologische Untersuchungen über das Bild des Schulversagers. München 1967.

Homfeldt, H.G.: Stigma und Schule. Abweichendes Verhalten bei Lehrern und Schülern. Düsseldorf 1974.

Kaufmann, I.: Ergebnisse zum Selbst- und Fremdbild in der Einschätzung von Lernbehinderten. In: Baier, Herwig und Klein, Gerhard: Aspekte der Lernbehindertenpädagogik. Berlin-Charlottenburg 1973, S. 161-180

Kautter, H.und Munz, W. Verfahren der Aufnahme und Überweisung in die Sonderschule. In: Deutscher Bildungsrat. Gutachten und Studien der Bildungskommission, Band 34, Sonderpädagogik 3. Stuttgart 1974, S. 235-385

Kautter, H. und Kornmann, R. und Probst, H.: Zur Ausbildung von Sonderschullehrern im Fach Sonderpädagogische Diagnostik - Ergänzende Stellungnahme zum Lagebericht des Verbandes Deutscher Sonderschulen, Heft 1/1976. In: Zeitschrift für Heilpädagogik 27 (1976) Heft 8, S. 478-482.

Klafki, W. und Stöcker, H.: Innere Differenzierung des Unterrichts. In: Zeitschrift für Pädagogik 22 (1976) Heft 4, S. 497-523.

Kleber, W.: Versucht die Schule für Lernbehinderte nur die Rehabilitation für eine Elite? In: Zeitschrift für Heilpädagogik 27 (1976) Heft 2, S. 72-78.

Klein, G.: Kritische Analyse gegenwärtiger Konzeptionen der Sonderschule für Lernbehinderte. In: Baier, Herwig und Klein, Gerhard (Hrsg.): Aspekte der Lernbehindertenpädagogik. Berlin-Charlottenburg 1973, S. 286-306

Klein, G.: Zur beruflichen Eingliederung Behinderter. Einführungsreferat zum 7. Sonderpädagogischen Tag in Reutlingen. In: „Sonderschule in Baden-Württemberg. Mitteilungsblatt des Landesverbandes in Baden-Württemberg e.V. im Verband Deutscher Sonderschulen" 7 (1975) Heft 3, S. 131-136

Klepzig, G. und Wörnle, H.: Lernbehinderte klären über Lernbehinderte auf. Konstruktion eines Unterrichtsmodells. Wissenschaftliche Hausarbeit für die Erste Prüfung für das Lehramt an Sonderschulen, erstellt am Fachbereich Sonderpädagogik der Pädagogischen Hochschule Reutlingen, 1973.

Kniel, A.: Schulische Integration als eine Voraussetzung für den Abbau von Vorurteilen gegenüber Behinderten. In: Bärsch u.a.: Behinderte - inmitten oder am Rande der Gesellschaft. Berlin-Charlottenburg 1973, S. 61-77.

Lorentz, F.- und Metzler, H.: Praxis und Probleme flexibler Differenzierung im Großraumunterricht. Erfahrungen an der Gesamtschule Fröndenberg. In: Keim, W. (Hrsg.): Gesamtschule Bilanz ihrer Praxis. Hamburg 1973, S. 237 - 257

Mattmüller, F.: Eine Schule für sozio-kulturell benachteiligte Kinder. In: Baier, Herwig und Klein, Gerhard (Hrsg.): Aspekte der Lernbehindertenpädagogik, Berlin-Charlottenburg 1973, S. 89-119.

Muth, J.: Zur schulorganisatorischen Integration behinderter Kinder. In: Hellbrügge, Th. (Hrsg.): Probleme des behinderten Kindes. Fortschritte der Sozialpädiatrie Band 1. München-Berlin-Wien 1973, S. 105-118.

Muth, J. und Topsch, W.: Schulkliniken in Schweden - Ein Modell für die Förderung lernschwacher Kinder. In: Sonderpädagogik 2 (1972) Heft 3, S. 117 - 124.

Nestle, W.: Fächerübergreifender „Sachunterricht" in der Haupt- und Sonderschule. Beiträge zur Didaktik der Lernbehindertenschule 1. Stuttgart 1975.

Pfeiffer, H.: Untersuchungen zum Selbst- und Fremdbild lernbehinderter Sonderschüler. In: Vierteljahresschrift für Heilpädagogik und ihre Nachbargebiete 3 (1973)

Prell, S. und Link, P.: Das Münchener Modell der schulischen Integration behinderter und nichtbehinderter Kinder. Schulversuch nach Maria Montessori. In: Zeitschrift für Heilpädagogik 25 (1974) Heft 10, S. 619-644.

Sander, A.: Die statistische Erfassung von Behinderten in der Bundesrepublik Deutschland. In: Deutscher Bildungsrat. Gutachten und Studien der Bildungskommission Band 25: Jakob Muth (Hrsg.): Sonderpädagogik 1. Behindertenstatistik, Früherkennung, Frühförderung. Stuttgart 1973, S. 13-109

Schäfer, R.: Didaktik der Sonderpädagogik. Überwindung von Vorurteilen und Diskriminierungen lernbehinderter Sonderschüler. Wissenschaftliche Hausarbeit für die Erste Prüfung für das Lehramt an Sonderschulen, erstellt am Fachbereich Sonderpädagogik der Pädagogischen Hochschule Reutlingen 1976.

Scheidling, O.: Schulversuche an Sonderschulen in Hessen. In: Zeitschrift für Heilpädagogik 27 (1976) Heft 8, S. 491-496.

Seibel, H.D.: Abweichendes Verhalten und soziale Integration. In: Kölner Zeitschrift für Soziologie und Sozialpsychologie 1972, Heft 1. Sonderschule in Baden-Württemberg. Mitteilungsblatt des Landesverbandes Baden-Württemberg e.V. im Verband Deutscher Sonderschulen

Speck, O.: Soziale Integration behinderter Kinder durch institutionell gemeinsame und nicht-gemeinsame Erziehung. In: Hellbrügge, Th. (Hrsg.): Integrierte Erziehung. Fortschritte der Sozialpädiatrie Band 3. München-Berlin-Wien 1975, S. 25-33.

# Bemerkungen zur erziehungswissenschaftlichen Grundlage der Sprachbehindertenpädagogik[1]

*Werner Orthmann*

Eine breite Theoriediskussion beherrscht zur Zeit die Sonderpädagogik. Dies ist zum einen als Nachholbedarf für das der pädagogischen Rehabilitation zugrunde liegende erziehungswissenschaftliche Denken zu deuten. Zum anderen ist es auch Ausdruck des Suchens nach befriedigenden Grund- und Rahmenbedingungen, in denen eine Pädagogik für Behinderte Heimatrecht hat. Auch die Sprachbehindertenpädagogik entbehrt noch ihrer fundierenden Theorie. Im Fahrtwind der allgemeinen Pädagogik hat sie sich zunächst mehr praxisorientiert entwickelt. In einer zunächst einleitenden Weise soll hier den vielfachen Denkanstößen der Theoriediskussion im Hinblick auf Sprachbehindertenpädagogik gefolgt werden. Eine gewisse Akzentuierung gilt didaktischen Fragestellungen.

Dem aufmerksamen Beobachter der Entwicklung der Sprachheilpädagogik nach dem zweiten Weltkrieg müssen zwei Strömungen auffallen:

1. Der technologisch-pragmatische und institutionelle Auf- und Ausbau ist vorangekommen. Die Zahl der Schulen für Sprachbehinderte hat sich vergrößert. Früherfassungs- und Frühförderungsmaßnahmen sind in ihrer Bedeutung grundsätzlich anerkannt und werden zunehmend praktiziert. Lehr- und Lernmittel, audiovisuelle Medien und behinderungsspezifisches Arbeitsmaterial haben sich einen Markt aufgebaut. Empirische Forschungen und allmählich gesicherte Erkenntnisse bilden den Inhalt unserer Fachpresse. Die Ausbildung von Lehrern für das Lehramt an Schulen für Sprachbehinderte hat ihren wissenschaftlichen Standort erreicht.

2. Demgegenüber sind Versuche, die Einzelaktionen in Diagnostik, Therapie und Unterricht in einen ordnenden und strukturierenden Gesamtrahmen einzubringen, spärlicher. Der Mangel an einem erziehungswissenschaftlichen Fundament wird nicht nur von Praktikern, sondern auch von Studierenden postgradualer und grundständiger Art erkannt. Seit der Bundestagung „Eigenständigkeit der Sprachheilpädagogik" (München 1968) hat sich - von wenigen Ausnahmen abgesehen - nicht allzuviel getan.

Möglicherweise mag es hier und da Erstaunen auslösen, Theorie-Nachholbedarf in einer Epoche anzumelden, die doch geradezu charakterisiert ist von Forschungsdynamik. Eine kaum noch überschaubare Flut von Veröffentlichungen jeder hier maßgebenden Provenienz produziert doch dezidiert Wissenschaftlichkeit als „Charakteristikum des Zeitalters" (Schulz 1972, 12). Das Vorgehen könnte als paradox anmuten. Es soll nach zwei Richtungen hin begründet werden.

---

1) Diese Abhandlung erschien auch in der Fachzeitschrift: „Die Sprachheilarbeit", Hamburg (1977), 2

# 1. Allgemeine Aspekte

Eine unspezifische Beobachtung des allgemeinen Erziehungswesens unserer Zeit offenbart - sicher noch weiter verallgemeinbar - die bekannte und gesetzlich erscheinende Pendelbewegung jeder Entwicklung. Schwerpunkte im Erkennen und Verfolgen sachstruktureller Zusammenhänge verlagern sich fest polarisierend. Das wird immer dann erkannt und heftig beklagt, wenn Extremausschläge ereeicht sind. Für die im Zeitalter der Wissenschaft und Technokratie erreichte Polarisierung scheint sich der Zeitpunkt der Sättigung allmählich abzuheben. Forderungen wie die nach Humanisierung der Schule, nach Vermenschlichung des Apparates, nach mehr Menschlichkeit am Arbeitsplatz, nach Erziehung zu mitmenschlichem Verhalten anstelle unkritischer Erfüllung von funktionalen Desideraten der Wirtschaftswelt, werden immer häufiger. Die Frage nach dem *Sinn der Wissenschaft* wird gestellt. Mit einer unüberhörbaren Begriffsveränderung kennzeichnet Schulz unser Zeitalter eben nicht als das der Wissenschaft, vielmehr als eines der „Verwissenschaftlichung" (ebd. 12). Auch ohne diesen Begriff voll auszuleuchten, spürt man, daß er irgendwie greift und provokativ wirkt. Ich wähle ihn daher zur Begründung meines Vorgehens.

Es sei nur kurz darauf hingewiesen, daß diesem Begriff die „Vergleichgültigung der Wesensfrage" (ebd. 12) zugrundegelegt wird. Das Bedürfnis nach dem „Ganzen der Welt" schwindet, Wissen wird immer mehr „Reflexion auf mögliches Wissen", das sich „im Sinne technologischer Steigerung ständig überholt" (ebd. 13).

Didaktisch ist im Verfolg dieses Ansatzes dann so vorzugehen, daß weniger stark vorliegendes und verbindliches Wissen reproduziert und vermittelt wird. Da sich Wissenschaftstheorie von der klassischen Erkenntnistheorie emanzipiert hat und jegliche „apriorische Voraussetzung seinen Wirklichkeitsverständnisses" (Hiller 1973, 21) dem modernen Menschen nur noch historisch verständlich wird, werden didaktisch die Medien der Vermittlung, die Darstellweisen und Kodierungsformen, zentraler.

Man mag diese Entwicklung bedauern oder begrüßen, in unserer hochdifferenzierten und technologischen Kultur müssen wir uns ihr stellen. Auf die Entwicklung der Sprachbehindertenpädagogik bezogen läßt sich etwa feststellen: Seit einem Jahrhundert (wenn man die Heilkursusphase von A. Gutzmann als Beginn setzt) wird fast enthusiastisch aus verschiedenen humanwissenschaftlichen Bereichen ein Wissens- und Praxisgut kumuliert. Seine Nomenklatur hat Fremd-, Misch- und Eigencharakter. In verschiedenartiger Institution wird es unter verschiedenartiger Kompetenz verwaltet. Der erzielte Zustand kann als reichhaltiges und durchaus effektives Angebot an pragmatisch-technologischer Behinderten-hilfe bezeichnet werden.[2]) Das Ganze hat die Tendenz, sich eigengesetzlich zu vergrößern, so daß schon die Ebene des „Geschäfts mit der Behindertenför-derung" erreicht ist (Man denke an die Flutwelle an sprachförderndem Material). Natürlich ist diese Entwicklung auch positiv zu sehen. Daß die Sprachheilpäda-gogik traditioneller Art aus einem Dornröschenschlaf herauskommt und sich kräftig bemüht, ihre Forderungen anzumelden - wen sollte das nicht befriedigen? Die Verpflichtung zur Dankbarkeit wird wachgerufen, wenn die öffentliche Hand den vorschulischen und schulischen Ausbau für sprachbehinderte Kinder vorantreibt. In diesem Sinne ist „Nachholbedarf" - vergleichbar mit dem Wirt-schaftswunder - nötig gewesen, um die verheerenden Folgen der Entwicklung im NS-Staat und im Krieg auszugleichen. Die Fortschreibung der „pädagogischen Förderung behinderter und von Behinderung bedrohter Kinder und Jugend-licher" auf allen Ebenen von Legislative und Exekutive ist die konsequente Fortentwicklung des Sozialstaates.

## 2. Sonderpädagogische Aspekte

Daß dennoch die thematisierten Bedenken erhoben werden, ergibt sich durch die Besinnung. Daß diese erst aufgrund der Folgen einer ersten Entwicklungs-phase einsetzt, ist natürlich. „Krisen gehören zum Wesen des menschlichen Lebens. Sie sind notwendig, wenn es je eine höhere Ebene erreichen soll" (Boll-now 1966, 13).

Folgen wir dieser Besinnung. Manche meinen, es sähe so aus, als ob der materiale Ausbau von Teilbereichen im Sprachbehindertenwesen mit seiner technolo-gischen und pragmatischen Struktur einschließlich der fachpädagogischen Expertisen blühe. Demgegenüber werde aber erheblich geringere Energie in die verbindenden theoretischen Fundamente investiert. Dem „reichlich" auf der materialen Seite stände ein „wenig" auf der formalen gegenüber. Hier sind zwei alte pädagogische Grundbegriffe verwendet.

Wagenschein vereint in „formatio" produktive Findigkeit, „Enracinement" (Einwurzelung) und kritisches Vermögen. Er weist unterscheidend hin auf „informatio" (Orientierung) und „deformatio" unter Gleichsetzung zu „deformation professionelle" (Wagenschein 1970, 56).
Diese Bestimmungen lassen aufmerken. Wenn sie gar beunruhigen, desto besser! Besonders „Enracinement" (Einwurzelung) wird mit den Worten von Simone Weil packend geschildert (ebd. 58). Ihr Fehlen reißt aus dem „Allgesamt der Umwelterfahrungen". Die begriffliche Nähe zu „Verwissenschaftlichung" als Mangel des „Ganzen der Welt" und der „apriorischen Voraussetzung des Wirklichkeitsverständnisses" (siehe I) wird deutlich.
Sind die Forderungen nach "Kreativität" und "Kreativitätstraining" hier einzuordnen?

---

2) Diese hier zugespitzte Formulierung ist selbstverständlich richtig zu lesen! Daß es regional unterschiedliche Wege gibt, daß es auch in einer Phase der Konsolidierung an wichtigen For-derungen und fachlichen Auseinandersetzungen nie mangelt, ist unstreitig.

Dieser fast dialektischen Gegenüberstellung ist man sich nicht nur in der Sprachbehindertenpädagogik bewußt. [3] Sie gilt für die gesamte Sonderpädagogik. Wie anders ist es sonst zu verstehen, wenn z.B. Sonderpädagogik als eine "theorienarme Tatsachenwissenschaft" bezeichnet wird (Bittner 1976, 405). Man mag diese Formulierung für überzogen halten. Sie wird begründet mit dem Hinweis auf das "Überspringen einer geisteswissenschaftlichen Entwicklungsphase", wodurch ein Leerfeld entsteht, das geradezu verlockt, zum "Lieblingstummelplatz für maßlose systemkritische Behauptungen" (ebd. 405) zu werden.

Der Sog des "Leerfeldes" hat anscheinend auch eine nomenklatorische Verwirrung zur Folge. Sie ist oft genug von verschiedenen Seiten angesprochen worden. Man betrachte nur die Klassifizierungsversuche von Sprachstörungen und die gesamte "Griffigkeit" unserer behinderungsspezifischen Nomenklatur. Oder will man im Ernst behaupten, daß z.B. "sprachheiltherapeutische Behandlung" der Weisheit letzter Schluß ist? Mit vollem Recht spricht daher auch Bach von einer "Inflationierung und eine(r) entsprechenden Unschärfe des Behinderungsbegriffs" (Bach 1976, 396). In der Tat ist dieser Kernbegriff der Behindertenpädagogik keineswegs pädagogisch determiniert, sondern *er muß erst zur pädagogischen Relevanz manipuliert werden.*

Vielleicht läßt sich aus der also erst herbeizuführenden pädagogischen Stringenz auch erklären, daß Lehrer für sprachbehinderte Kinder — wie berichtet wird — geradezu einer schulpädagogischen Abstinenz huldigen und es ablehnen, "überhaupt noch als Lehrer im eigentlichen Sinne" (Aab u.a. 1974, 114) tätig zu sein. Sie wollten ihre Arbeit auf Sprachtherapie beschränkt sehen.

Die hier zutage tretenden theoretischen Implikationen sind offensichtlich. Sie bieten sich mehrschichtig. Die Zuweisung des sprachbehinderten Kindes an den "Lehrer" geht doch seit je von der Annahme aus, daß die gesamte psychosoziale Situation und Leistungsdynamik des Sprachbehinderten in einem pädagogischen Gesamtrahmen anzugehen ist. In ihm ist die sog. Sprachtherapie dann nur noch ein Aspekt der Gesamtaufgabe ("Alloplastische Lösung", Aab u.a., 116). Symptombeseitigung im Rahmen isolierter Sprachtherapie kann ebenfalls sinnvoll sein ("autoplastische Lösung", ebd. 116), bedarf aber durchaus nicht des umfassend pädagogisch ausgebildeten Lehrers. Wieweit ein Lehrer für Sprachbehinderte im erweiterten Verständnis von Pädagogik im vor-, neben- und nachschulischen Bereich therapeutisch tätig wird, bedarf nicht nur grundlegender theoretischer Überlegungen, sondern hat Konsequenzen in Ausbildung, Schulverwaltung und Berufsfeldabgrenzung zu anderen Rehabilitationsbereichen. Gerade an dieser Stelle scheint sich klar abzuzeichnen, daß es schwierig ist, ohne ein verbindendes theore-

---

[3] Aufgrund des besonders raschen Auf- und Ausbaus nach dem Krieg könnte eine "Phasenverschiebung" zwischen materialer und formaler Seite sogar begründet werden.

tisches Fundament pragmatische Aktionen zu konzipieren und zu formulieren. Hier wird natürlich auch wieder mal die Ambivalenzfrage der Schularbeit für Sprachbehinderte berührt, d.h. der "Dualismus" (Orthmann 1969) von Unterricht und Therapie. Beunruhigend ist nur zu wissen, daß schon vor einem halben Jahrhundert diese "Problematik der Sprachheilschule" (Hansen 1929) dargestellt wurde. Auch der Mangel einer "erziehungstheoretisch unterbauten Lehre von den Bildungsformen für Sprachgestörte" (Thoms 1929, 40) wurde zur gleichen Zeit beklagt. Daß wir heute wieder diese Forderung diskutieren, gereicht fast mehr ihren Urhebern denn uns Nachfahren zur Ehre! Mit desto stärkerem Engagement dürfen wir das thematische Anliegen verfolgen.

Es scheint sich also deutlich abzuheben, daß eine klare, tragende und verbindende theoretische Basis fehlt bzw. sich erst in Ansätzen abzuzeichnen beginnt. Als Notlösung, als Folge einer theoretischen "Sog"wirkung werden vielmehr verschiedenartige Modellvorstellungen von Behinderten oder Sprachbehinderten aufgegriffen und der bestehenden Praxis angepaßt. Diese Lage ist auch beschrieben worden als Stadium einer "unreflektierten Paradigmakonkurrenz" (Thimm, bei Bleidick 1976, 413).

Unter einem Paradigma ist die Festlegung eines Vorverständnisses zu verstehen, eines Interpretationsrahmens, welcher das Formulieren von Hypothesen leitet und welcher naturgemäß nur relative Gültigkeit hat. Es wird durch einen consensus omnium zur Basiserklärung erhoben (nach Bleidick 1976, 411).

Abbildung 1: Paradigmatische Behinderungsbegriffe (nach Bleidick)

| *Personorientierter* Begriff von Behinderung | Bh. als individuelle Kategorie: Ursachen in der Person, auch bei exogener Auslösung mehr oder weniger personzentriert. Persönliches Schicksal. Die Relativität der Bh. nach sozialen Bezugsgruppen erfährt weniger Beachtung. |
|---|---|
| *Interaktionistischer* Begriff von Behinderung | Bh. als Zuschreibungsprozeß von Erwartungshaltungen der Gesellschaft. Die Devianz des bh. Individuums wird in die soziale Interaktion verlegt. Der Bh. weicht von Normen ab, weil er in unerwünschter Weise anders ist. Soziale Kontrollmechanismen etikettieren ihn als bh. Stigmatisierung, Typisierung. |
| *Systemorientierter* Begriff von Behinderung | Bh. eine von Verwaltungsstatus des Bildungswesens erzwungene Ausdifferenzierung. Nach dem Bürokratiemodell haben Son- |

| | derschulen f. Bh. eine Entlastungsfunktion für das Regelschulwesen. Verwaltung und Erziehung überlagern sich durch Qualifikations- u. Selektionsmechanismen. Schule produziert mittels Auslesedruck Schulversager als Behinderte. |
|---|---|
| *Gesellschaftstheoretischer* Begriff von Behinderung | Bh. begreifbar aus Produktions- und Klassenverhältnissen. Resultat kapitalistischer Ausbeutung. Schule für Bh. eine dem Arbeitsmarkt vorgelagerte Institution mit der Aufgabe, Bh. für niedere Tätigkeiten einer industriellen Reservearmee auszubilden. Forschungsansatz aus feststehender Gesellschaftstheorie. |

Diese paradigmatischen Sichtweisen auf die Behinderung sind begrenzt. Verabsolitiert man sie, entstehen Teilsichten und damit Zerrbilder der Wirklichkeit. Sie sind auch durchaus nicht randscharf und abgrenzbar. Sie haben mehr idealtypischen Charakter. Das besagt noch nichts gegen ihre Notwendigkeit. Arbeits- und Forschungsansätze haben auch einen ökonomischen Aspekt. Der Forscher muß oft eine Zeitspanne begrenzt, kanalisiert vorgehen. Wie lange er es durchhält, ist Bestandteil des Forscherlebens. Wie und wann die Frage nach dem "Ganzen der Welt" ihn beunruhigt, ist offen. Nur eine solche Bewegung aber ist wohl imstande, Einzelergebnisse (Paradigmatische Sichtweisen) zum Gesamtrahmen einer Behindertentheorie zu vervollständigen.

Im Grunde stellen die paradigmatischen Ansätze im einzelnen das dar, was etwa als multifaktorielles Störungsgefüge auch in der Sprachbehindertenpädagogik zusammengefaßt ist. Sie finden sich im Kommunikationsmodell von Becker-Sovák (1971), in der umfassenden Definition des Sprachbehinderten von Knura (1974), in der Modellvorstellung von Sprachbehindertenpädagogik von Orthmann (1976). Sie lassen sich vereinzelt als begrenzte Raster definieren, denen man mit der Fragestellung begegnet: Welche pädagogische Relevanz kommt diesem Ansatz zu? Welche pädagogischen Konsequenzen sind abzuleiten?

Das personorientierte Paradigma will persönliche Defekte heilen. Das interaktionistische Paradigma muß Umwelt- und Lehrerverhalten beeinflussen, Verhaltensmanagement betreiben. Der systemorientierte Ansatz will die Schule optimieren, der gesellschaftstheoretische Zugriff muß die politische Gestalt der Gesellschaft reformieren.

Solche mehr oder weniger einsträngigen Erklärungs- und Handlungsstrategien werden ebenfalls mehr oder weniger entschieden vertreten. Eine verabsolutierte

Therapie wird ebenso praktiziert wie die enthusiastische Proklamierung neuer Schulformen, gesellschaftstheoretisch begründete pädagogische Implikationen stehen ebenso im Raum wie verkündigungsartige Slogans nach dem Muster "Alle Behinderten-Deine Partner".

Der Begriff "Behinderung" kann also nicht per se als pädagogischer erkannt werden. Er muß — es bleibt vorerst nichts anderes übrig — durch Erklärungen und Zusätze in die pädagogische Nomenklatur "eingenistet" werden. Bleidick erhebt ihn dadurch zur pädagogischen Relevanz, indem vorauszusetzen ist, daß Behinderung "als entscheidende intervenierende Variable in der Erziehung" auftritt (1972, 84). Behinderung wird dann "Behinderung der Erziehung" oder "Erziehungsbehinderung". Seine Auch-Verwendung in arbeitsrechtliche, sozial-rechtlichen, medizinischen u.a. Sinne erleichtert den Umgang mit ihm gewiß nicht. [4]

In deutlich akzentuierter erziehungswissenschaftlicher Konsequenz nehmen Heese-Jussen-Solarova (im weiteren zitiert als: Heese u.a.) den Behinderungsbegriff auf. Die von Bleidick vorgeschlagene pädagogische Dimensionierung von "Behinderung" wird verstärkt: Behinderung gilt dem Pädagogen (hier: dem Sonderpädagogen) als "erziehungsbedeutsames Phänomen (Heese u.a., 1976, 424). Das "differentium spezifikum" des Behinderungsbegriffs bei pädagogischer Einnistung zielt — wie könnte es anders sein — auf die "Störung der Bildsamkeit" (Bleidick ebd. 87) oder "Behinderung der Erziehbarkeit und Bildsamkeit" (Heese u.a., ebd. 425).

Festzuhalten bleibt aber immer, daß der Begriff "Behinderung" zum einen weit genug ist, verschiedene Weisen menschlicher Not zu umfassen, zum anderen genügend eng manipuliert werden muß, wenn er z.B. pädagogisch dimensioniert wird.

Im Sinne einer *Entwicklung* muß ferner Behinderung (als pädagogische Kategorie) als ein *erreichter Zustand* eingeschränkter Erziehbarkeit und Bildsamkeit erkannt werden. Die Beschreibung der *Zustandsentwicklung* verlangt nach einer differenzierenden, kausalbezogenen Nomenklatur.

Hinzu kommt, daß auch die pädagogische Dimensionierung von Behinderung (als Störung der Erziehbarkeit und Bildsamkeit) diese noch in einer umfassenderen Oberbegrifflichkeit stehen läßt. Wie ist diese Behinderung der Bildsamkeit zu verstehen? Der Sprachgebrauch sträubt sich etwas, etwa zu folgern: Die Behinderung der Erziehung (in einem obergrifflichen Sinne) wird erzeugt durch eine Behinderung des Hörens (in einem "kausal" spezifischen Sinn). Die zur "Behinderung" führende Entwicklung wird in diesem Verständnis von Heese u.a. durch eine Terminologie beschrieben, die — im übertragenen Sinne — vor oder außerhalb von Behinderung angesiedelt zu sein scheint. Die Behinderung wird durch eine *Schädigung* ausgelöst. Zwischen Schädigung und Behinderung herrscht ein dynamisches System. Es gibt Schädigungen, die sich infolge entwe-

---

4) Siehe Bericht über das Kolloquium zum Begriff der Behinderung. Zeitschr. f. Heilpäd. 1976, H. 7

der günstigen Umweltbedingungen oder gelungener Prävention nicht zur Behinderung auswachsen. Von großer Bedeutung ist stets, wie die *Umwelt* eine Schädigung beantwortet (Normproblem). Schädigung und Umweltantwort können zu einer *Lebenserschwerung* führen, die ihrerseits wiederum erhöhte Umweltabhängigkeit produziert (circulus vitiosus). Lebenserschwerungen gibt es im dringlichen Bereich (Blindheit, Taubheit), im intraindividuellen Bereich (Schicksalsproblematik), im Sozialbereich (Kontaktbarriere). Schädigung und Lebenserschwerung wirken auf den Menschen als lernfähiges System verhaltensbeeinflussend. Das Ergebnis kann *abweichendes Verhalten* (Verhaltensdeviation) sein. Hier findet Sondererziehung ihr stärkstes Wirkungsfeld.

Abbildung 2: Erziehungswissenschaftliches Behinderungsmodell
(nach *Heese-Jussen-Solarova*)

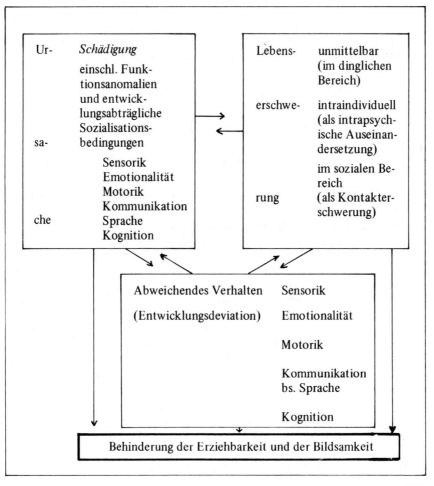

In der Regel gilt also, wenn das Modell hier richtig interpretiert wird: Die Behinderung (als pädagogische Dimension der beeinträchtigten Bildsamkeit und Erziehbarkeit) entsteht, wenn einem Individuum eine Schädigung widerfährt, daraus eine Lebenserschwerung resultiert, woraus im ganzen eine Entwicklungsdeviation hervorgeht.

Teilgrößen dieses Systemkomplexes können sich beeinflussen (verstärken oder abschwächen). Einige Behinderungen können bereits durch die Schädigung fundiert, andere durch Zuschreibungs- und Definitionsvorgänge bestimmt werden.

Ein Rest an Unstimmigkeit ist aus dem Begriff Behinderung nicht eliminierbar. Außerdem muß der Begriff, weil er so Verschiedenartiges zu verbinden sucht, notwendigerweise eine gewisse "Randunschärfe" haben (Heese u.a., ebd. 427).

### 3. Sprachbehindertenspezifische Aspekte

Diese Ausschnitte aus der Theoriendiskussion sollen nun abschließend mit aktuellen Fragestellungen der Sprachbehindertenpädagogik verbunden werden. Zunächst sei festgestellt, daß sich die allgemeine Stoßrichtung dieser Diskussion – von der hier nur ein kleiner Ausschnitt zugrundegelegt wird – auf wenige Kernfragen beschränkt.

Im Protokoll des Behinderungs-Kolloquiums (Molitoris 1976, 445) werden genannt:

1. Behinderung ist eine relative Größe. Sie ist veränderbar durch pädagogische Einwirkungen.

2. Behinderung geht zumeist von Schädigung aus und enthält Deprivation, Isolation u. a. .

3. Behinderung beeinträchtigt die Erziehung, bedarf also pädagogischer Maßnahmen.

4. Behinderung ist durch Prävention einschränkbar.

Verbindet man meine einleitenden Feststellungen mit den Ergebnissen eines Teiles der Theoriediskussion, dann läßt sich feststellen, daß die Sprachbehindertenpädagogik zunächst voll in diese Auseinandersetzung eingelassen ist. Sie hat nicht nur die hier angedeuteten Begriffserklärungen im ganzen und für sich zu reflektieren, sondern einen guten Teil facheigener Begriffsproblematik, der ihr bis heute zu schaffen macht. Der Weg von der traditionellen „Sprachheilpädagogik" der zwanziger Jahre bis zur (weithin durchgesetzten, aber nicht allseitig gebräuchlichen) „Sprachbehindertenpädagogik" ist ein einziger Beweis für diese Feststellung. Zumindest sollte die Auseinandersetzung um die Nomenklatur nun rasch im Sinne einer einheitlichen Verständigung „vom Tisch" [5].

Für die weitere Fundierung einer Theorie des Gegenstandsbereichs „Sprachbehindertenpädagogik" im Rahmen einer „Pädagogik der Behinderten" (Bleidick 1972, 205) sind durchaus nicht unbeträchtliche Vorarbeiten geleistet. Erstaunlicherweise wurden gewisse „Brennpunkte" solchen Unterfangens schon von

---

[5] Möglicherweise könnte eine vom Verf. eingeleitete regelmäßige Zusammenkunft der Vertreter unserer Sparte in Lehre und Forschung einige Anstöße geben.

Hansen (1929) und Rothe (1929) erkannt und formuliert. An weiteren Vorarbeiten, sozusagen auf einer ersten Ebene der Bestandsaufnahme und einleitender Überlegungen, hat es auch nicht gefehlt (z.B.: Knura 1974, 1975. Orthmann 1969 und 1976, Becker-Sovák 1971).

Ich möchte diesen Ansätzen etwas folgen und dabei didaktische Fragestellungen akzentuieren.

Ausgangspunkt ist die Definition von Sprachbehindertenpädagogik, die in folgenden Weisen vorliegt:

1. Sprachbehindertenpädagogik ist die Theorie und Praxis von Erziehung, Bildung und Rehabilitation sprachbehinderter Kinder, Jugendlicher und Erwachsener (nach Knura, 1974, 143).

2. Sprachbehindertenpädagogik ist die Theorie und Praxis der Erziehung und Bildung sprachbehinderter Menschen mit dem Ziel der Rehabilitation (nach Knura, 1975, 130).

3. Sprachbehindertenpädagogik ist Theorie und Praxis der Erziehung, Bildung und der hier einbeschlossenen Behandlung sprachbehinderter Kinder und Jugendlicher (nach Orthmann, 1971, 36).

In diesen drei pädagogischen Definitionen muß, wenn nicht von vornherein eine Zwitterstruktur angelegt sein soll, Erziehung (und Bildung) als Kernbegriff gelten.

Die ausdrückliche Einschränkung „und der hier einbeschlossenen Behandlung" (Orthmann) ordnet diese dezidiert der Erziehung zu.
In stringenter Weiterentwicklung hat Knura den Begriff „Behandlung" zur Gänze durch „Erziehung" ersetzt. In weiteren Ausführungen zu ihrer unter 2) zitierten Definition tritt nämlich das Wort „Behandlung" nicht auf, vielmehr werden unter „Erziehung" auch Beseitigung oder möglichst weitgehender Abbau der individuellen Sprachstörung im motorischen, sensorischen, kognitiven, usw. Bereich beschrieben.

Alle Ableitungen also von pädagogischen Handlungsfeldern gegenüber Sprachbehinderten und deren theoretische Begründung können nach diesen Definitionen immer nur verstanden sein unter dem Aspekt der Erziehung, mithin unter dem erziehungswissenschaftlichen Denkansatz.

Unter dieser Prämisse muß die *pädagogische Dimension* der Schädigung und Lebenserschwerung (hier: der Sprachschädigung) erkenntlich gemacht werden. Sie erst *eröffnet* das Arbeitsfeld des Pädagogen für Sprachbehinderte. Die auf verschiedenen Ebenen von Sprache möglichen Schädigungen (phonetisch-phonologische, morphologische, syntaktische, semantische, pragmatische Ebenen, einzeln und/oder kombiniert) interessieren sub specie educationis, indem sie - und das ist ja hier angezielt - die Ebene der rein instrumentellen Schädigung verlassen und über die Erweiterungen von Lebenserschwerung und Deviation zur umfassenderen Behinderung durchgestoßen sind. In dieser Formulierung könnte man - und das wird nur zu häufig getan - die immanente Feststellung erkennen, daß sozusagen *reine Schädigungen* dieser Edukationsbezogenheit nicht bedürfen und nur einer ebenso *reinen Therapie* zugänglich wären. Solche Träger einer Schädigung (es wird auch von Störungen oder Fehlern gesprochen) seien noch nicht expressis verbis (sprach) behindert und könnten daher mit einer vor oder neben Pädagogik liegenden Förderung (Therapie) saniert werden.

Das hier entstehende Unbehagen ob solcher Differenzierungen hat ja mindestens seit Gründung der ersten Klasse für Sprachbehinderte (Halle 1910) die Gemüter bewegt. Die Fragestellung führt dann letztlich zur Weiterung, daß Therapie für einen sprachbehinderten Schüler im Grunde zu trennen sei von Erziehung (und Bildung). In dem Moment nun, in dem jedoch der sprach*behinderte* Schüler der Sonderschule für einen bildenden und erziehenden Schulunterricht übergeben wurde, stießen die beiden Tätigkeiten aufeinander. Die schulorganisatorisch zu verbindenden Aktionen von Erziehung und Therapie in der Einheit der Schulstunde riefen das Problem des Dualismus im Unterricht der Schule für Sprachbehinderte auf den Plan. Die Geschichte unserer Sonderpädagogik wird zum nicht geringen Teil von diesen Auseinandersetzungen geprägt (Orthmann 1969). Additiv- und Synchron-Modelle wurden erprobt (Therapie wird in Bezug auf Unterricht vor, zwischen und nachgeschaltet, Therapie wird mit einzelnen Schülern während des Unterrichts für andere betrieben). Karl Cornelius Rothe (1929) versuchte bekanntlich mit dem Begriff der *Umerziehung* einen Verschmelzungsprozeß einzuleiten. Seine Gedanken werden m.E. in anderer Sicht heute wieder aufgenommen. Sie gehen in unsere behindertenspezifische *Didaktik* ein.

Es erscheint heute möglich, das durch die sog. ,,Therapie" belastete und dualistisch gesehene (auch ambivalent bewertete) Unterrichtsgeschehen zu entzerren, wenn man dem erziehungswissenschaftlichen Denkansatz auch hier folgt. Solarova (1971) hat den verdienstvollen Versuch unternommen, Erziehung und Therapie in ihrer Wesensbedeutung für den Pädagogen zu untersuchen. Von den Therapieformen der medikamentösen, chirurgischen, physiologischen und psychologischen kommen für die ,,Behandlung" der Sprachschädigung Wort und Bewegung, physio- und psychotherapeutische Formen, zur Wirkung. Ihr Ziel ist die Initiierung von Lernvorgängen zur Erreichung höherer Funktionssicherheit und -stabilität sprachlicher Teilleistungen. Dieser lerntheoretische Determination, also absichtsvolle Einwirkung auf Lernprozesse oder Lernen zu lehren oder Lernfähigkeit anzuregen usw. kennzeichnen aber präzis ,,Unterricht". Mit Recht bezeichnen Becker-Sovák daher solche Fördermaßnahmen wie Artikulationstraining, Redeflußübung, grammatikalische Schulung u.ä. als ,,rehabilitative Spracherziehung", die sich ,,fast ausschließlich in Form des Unterrichts" vollzieht und auf die ,,Merkmale des Schulunterrichts" zutreffen (1971, 242). Somit ist schlicht zu sagen, daß der Begriff ,,Sprachtherapie" ohne aufwendige Manipulierungen auch in der Pädagogik verwendbar ist. Er beinhaltet in der Regel eine Form von Unterricht.

Um nur anzudeuten, daß die pädagogischen Terminologie-Reserven gar so arm nicht sind, um auf nomenklatorische Anleihen angewiesen zu sein, ließe sich schlußfolgern: Was als lerntheoretisch fundierte Arbeit zwecks Schulung sprachlicher Teilfunktionen erkannt und traditionell oft „Therapie" oder „Behandlung" genannt wird, kann ohne weiteres auch Sprachheitunterricht, sprachkorrektiver Unterricht, Sprachübung, Sprachtraining o.ä. *pädagogischer* bezeichnet werden!

In Anbetracht aber der Beobachtung, daß eingefahrene (obwohl nicht ganz befriedigende) Bezeichnungen sich zähe halten und neue (wenn auch fachlich besser „greifende") sich nur zögernd durchsetzen, werden wir wohl mit „Therapie" in unseren Schulen noch eine Zeitlang weiterleben müssen. Wissen sollten wir jedoch, daß mit dieser Benennung nichts anderes als eine Weise von Unterricht gemeint ist.

In diesem Zusammenhang seien auch noch folgende Bemerkungen gestattet:

1. In Abhebung von Arbeitsbereichen von Logopäden und Therapeuten gegenüber Lehrern wäre für die Schule eine erziehungswissenschaftlich einsträngige Nomenklatur von Vorteil für alle Bereiche.

Dort, wo also reine „Therapie" beheimatet ist, geschieht wesensmäßig natürlich auch in der Regel eine Art begrenzten Unterrichts. Doch ist dieser Bereich dann klar abgehoben von Erziehungswissenschaft und Schule. Er ordnet sich den Heilberufen ein.

2. Mit der Verwendung von Begriffen wird ja mehr gemeint als bloße Etikettierung. Ihre Nennung ruft eine gewisse Grundsatzorientierung, eine hinter dem Ganzen stehende Gesamtauffassung, ein Strukturbewußtsein, auf.

3. Durch eine gewisse „Fascination" von Begriffen können auch einengende und verfremdende Wirkungen für ein Arbeitsfeld ausgelöst werden.


In Würdigung also des Wesens von Therapie und Unterricht läßt sich mit Solarova feststellen: „Erziehung, Unterricht und jene Therapieformen, um die es hier ausschließlich geht, (sind) *wesensgleich* (1971, 55). Damit aber bewirkt die Hereinnahme „therapeutischer" Aktionen in den Schulunterricht keine pädagogische Wesensverschiebung. Es wird lediglich das Medium des Unterrichts - die Sprache - neben ihrem medialen Aspekt streckenweise zum Gegenstand des Unterrichts. Daß solche Aspektverlagerungen nun in einer methodisch grenzbewußten Weise, d.h. im bildungsdidaktischen Horizont des verhandelten Unterrichtsthemas zu verbleiben haben, ist das zentrale Anliegen des Schulunterrichts für Sprachbehinderte.

Was schon Rothe „vollständige Verschmelzung" (1929,99) von Therapie und Unterricht nennt, was Becker-Sovák als kaum voneinander loslösbar und als „Prinzip" (1971,228 und 243) kennzeichnen (den Zusammenhang von rehabilitativer Spracherziehung mit anderen Wirkungsbereichen im Bildungs- und Erziehungsprozeß), greift auch Werner auf unter Charakterisierung von „Integration sprachtherapeutischer Maßnahmen" (1972,87 ff) im Unterricht bzw. als „Therapieimmanenz" (1975,77 ff).

Im Grunde besinnen wir uns damit auch auf das, was Bleidick (1972,84) durch den Hinweis auf das Axiom der Bildsamkeit von Herbart in Erinnerung ruft. Indem wir verpflichteterweise nach besonderen Möglichkeiten suchen, angesichts behinderter Erziehbarkeit und Bildsamkeit unseren Schülern beim Lernen zu helfen, sind wir gezwungen, auch im herkömmlichen Sinne „Therapie" zu berücksichtigen. Die Verflechtung der wesensgleichen Wirkungsbereiche „Therapie" und „Unterricht" ist in der Regel ziemlich hoch anzusetzen. Ob durch aspketive Stimulierung zur Bildung grammatikalisch korrekter Satzmuster (Dysgrammatiker-„Therapie") nur „Therapie" geleistet wird und nicht auch weithin Kognition geschieht oder ob durch den didaktisch-methodisch effektiven Verlauf einer Unterrichtsphase nur Kognition sich vollzieht und nicht auch „therapeutische" Wirkung mitgeschieht - wer vermag diese komplexen Zusammenhänge zu entwirren?

Einer pädagogisch axiomatischen Sicht folgend und die Begriffsabklärung von Solarova aufnehmend bezeichnen wir sprachrehabilitativ („therapeutisch") akzentuierte Phasen im Unterrichtsverlauf als *pädotherapeutische Aspekte*. Es sollte erkannt werden, daß es sich hier um nicht immer präzis und minutiös klar abgrenzbare Aktionen handelt, sondern eben mehr um Sichtweisen (Aspekte) auf den Verlauf des Schulunterrichts. Solche pädotherapeutischen Aspekte richten sich streckenweise auf die *engere* Sprachstörungssymptomatik (Ebenen der Phonetik-Phonologie, Syntax, Morphologie, Semantik, Pragmatik), mal auf die *weitere* Symptomatik (Sozialverhalten, Kommunikation, Motorik, Aufmerksamkeit, Konzentration, Motivation u.a.) Streckenweise haben sie *allgemeine* Geltung, d.h. sie wenden sich an die Gesamtheit der sprachbehinderten Schüler der Klasse (etwa Grundsätze der Sprecherziehung, der Hörerziehung, des muttersprachlichen Prinzips), mal gelten sie für *einzelne* Schüler oder pathospezifische *Gruppen* (etwa gruppenspezifische Arbeitsblätter für Dysgrammatiker, für LRS-Schüler oder Sprecherleichterungshilfe für einen Stotterer) (Orthmann, 1976 a).

Die Zusammenfassung der „therapeutisch"-didaktischen Überlegungen in Verbindung mit unserem Ausgangspunkt gestattet nunmehr, ein für uns spezifisches „Integrationsmodell zur Erziehung Sprachbehinderter" vorzulegen.

Im Zuge der erziehungswissenschaftlich konsequenten Vorgehensweise wird zunächst nach der *pädagogischen Dimension* der vorliegenden Schädigung, d.h. nach ihrer Auswirkung auf den Erziehungs- und Bildungsprozeß gefragt. Synchronisiert mit dieser Überlegung ist die *Transformation* in pädagogische Entscheidungsfelder. Sie wird operationalisiert durch Bezeichnung *didaktischer Daten* einschließlich der hier immanenten *pädotherapeutischen Aspekte*.

Wie jedes Modell hat auch dieses Schwächen. Es soll keine Vollständigkeit beinhalten, sondern nur eine Denkrichtung in Bezug auf pädagogische Pragmatik verdeutlichen.

Es liegt mir daran, abschließend zu betonen, daß vielleicht eine zu glatt anmutende Machbarkeit der Fördermaßnahmen, möglicherweise noch verstärkt

*Abbildung 3: Integrationsmodell zur Erziehung Sprachbehinderter*

| **Behinderung** als pädagogische Kategorie | fragt nach der →<br>d.h. nach der | **pädagogischen Dimension** einer psychosomatischen Schädigung ↓ |

Behinderung der **Erziehbarkeit** und **Bildsamkeit**

Hieraus ergeben sich ↓

| **Pädagogisch relevante Behinderungsdaten** | **Pädagogische Transformation** | **Didaktische Daten** *Pädotherapeutische Aspekte* |
|---|---|---|
| *Sensorik* | | |
| auditive Perzeption | Diese pädagogisch | Hörerziehung |
| visuelle Perzeption | relevanten Daten | visuelles Wahrnehmungstraining |
| Kinästhetik | werden *intentional* | Kinästhetisches Wahrnehmungs- |
| | (Planung) | training |
| *Emotionalität* | und *funktional* | |
| Affektinkontinenz | (Erzieherhaltung) | Sozialintegrations-Einflüsse |
| Expansiv-aggressives Verhalt. | permanent | Aggressionsabfuhr |
| Frustrationstoleranz | *operationalisiert* | Psychische Hygiene |
| | in | Kreativitätstraining |
| *Motorik* | | Körpererziehung |
| Grobmotorik | | Rhyth.-musikalische Erziehung |
| Feinmotorik | | |
| Artikulationsmotorik | | Sprecherziehung |
| Lateralität | | Berücksichtigung der Lateralität |
| *Soziabilität - Kommunikation* | | Soziales Training |
| Soziale Position | | Rollenspiel |
| Rollenverhalten | | Gesprächstraining |
| Partnerverhalten | | Kommunikative Förderung |
| Spielverhalten | | |
| Sprachliche Interaktion | | |
| *Kognition* | | |
| Begriffsbildung | | Muttersprachliche Erziehung |
| Generalisierung | | Intensive Sprechform |
| Transfer | | Rehabilitative Denkerziehung |
| *Sprache* | | |
| phonetisch-phonologische Ebene | | Artikulationstraining |
| morphologisch-syntaktische Ebene | | Grammatikalisches Training |
| semantische Ebene | | Begriffstraining |
| pragmatische Ebene | | Sprachhandlung |

durch einen technischen Medienverbund in unseren Schulen, abzuweisen ist. Das Agens effektiver Hilfe bleibt die *personale Resonanz* hinter jeglichem Geschehen- unseres Bereichs. Ob also der Lehrer für Sprachbehinderte sich im Bild des Regisseurs zu erkennen meint oder ob er nicht auch - trotz aller „Verwissenschaftlichung" - ein wenig vom Künstler für sich beanspruchen kann (Die Waldorf-Schulbewegung nennt ihre Zeitschrift „Erziehungskunst"), auch eine solche Fragestellung sollte für eine theoretische Grundsatzbesinnung mit anklingen.

# Literatur

Aab, J., Pfeiffer, T., Reiser, H., Rockemer, H.-G.: Sonderschule zwischen Ideologie und Wirklichkeit. Für eine Revision der Sonderpädagogik. Juventa Verlag, München 1974.

Bach, H.: Der Begriff der Behinderung unter dem Aspekt der Multidimensionalität. In: ZfH (1976), S. 396 – 404.

Becker, K.-P., Sovak, M.: Lehrbuch der Logopädie. VEB Verlag Volk und Gesundheit, Berlin 1971.

Bittner, G.: Behinderung unter dem Aspekt der Persönlichkeitsentwicklung. In: ZfH (1976), S. 405 – 407.

Bleidick, U.: Metatheoretische Überlegungen zum Begriff der Behinderung. In: ZfH (1976), S. 408 – 415.

–: Pädagogik der Behinderten. Marhold Verlag, Berlin 1972.

Bollnow, O.F.: Sprache und Erziehung. Kohlhammer Verlag, Stuttgart 1966.

Hansen, K.: Die Problematik der Sprachheilschule. Marholf Verlag, Halle (Saale) 1929.

Heese, G., Jussen, H., Solarova, S.: Behinderung im erziehungswissenschaftlichen Sinn. In: ZfH (1976), S. 424 – 427.

Hiller, G.G.: Konstruktive Didaktik. Pädagogischer Verlag Schwann, Düsseldorf 1973.

Knura, G.: Sprachbehinderte und ihre sonderpädagogische Rehabilitation. In: Deutscher Bildungsrat, Bd. 35. Klett Verlag, Stuttgart 1974, S. 103 – 198.

–:Sprachbehindertenpädagogik. In: Sonderpädagogik im Grundriß (Bach, H.). Marhold Verlag, Berlin 1975, S. 129 – 138.

Molitoris, K.: Bericht über die Verhandlungen des Kolloquiums zum Begriff der Behinderung. In: ZfH (1976), S. 441 – 446.

Orthmann, W.: Zur Struktur der Sprachgeschädigtenpädagogik. Marhold Verlag, Berlin 1969.

–: Sprachheilpädagogik – Sprachbehindertenpädagogik – Sprachsonderpädagogik. In: Die Rehabilitation. (1971) 1, S. 33 – 39.

–: Sprachbehindertenpädagogik. In: Sonderschule in Baden-Württemberg. Sonderheft (1976), S. 28 – 30.

–: Sprachbehindertenpädagogik. In: Kluge, K.-J. (Hrsg.): Sonderschuldidaktik. Wissenschaftliche Buchgesellschaft, Darmstadt (1976 a).

Rothe, K.C.: Die Umerziehung. Marhold Verlag, Halle (Saale) 1929.

Schulz, W.: Philosophie in der veränderten Welt. Neske Verlag, Pfullingen 1972.

Solarova, S.: Therapie und Erziehung im Aufgabenfeld des Sonderpädagogen. In: Sonderpädagogik (1971), S. 49 – 58.

Thoms, P.: Die pädagogische Arbeit an Sprachgeschädigten in ihren Wandlungen. In: Vox (Phon, Laboratorium der Universität Hamburg, 1929), S. 36 – 41.

Wagenschein, M.: Verstehen lernen. Beltz Verlag, Weinheim 1970.

Werner, L.: Zur Integration sprachtherapeutischer Maßnahmen in das Planungsmodell für Unterricht der Berliner Schule. In: Die Sprachheilarbeit (1976), S. 87 – 92.

–: Therapie-Immanenz in der Schule für Sprachgeschädigte. In: Die Sprachheilarbeit (1975), S. 77 – 83.

# Theoretische Aspekte und praktische Ansätze zum Training der auditiven Fähigkeiten in der Therapie von Artikulationsstörungen *

*Tilman Walther*


## 1. Untersuchungen zur Sprachwahrnehmung bei artikulationsgestörten Kindern

Ausgehend von der Tatsache, daß die Sprachentwicklung und der Spracherwerb von den Möglichkeiten des Hörens und der auditiven Wahrnehmung abhängig sind, liegt es nahe, für die Therapie von artikulationsgestörten Kindern hier kurz einige Untersuchungen näher zu erläutern, die gerade diese Verknüpfung von Hören und Sprechen und die Sprachwahrnehmung beinhalten.

### 1.1. Das Hören in der Artikulationsbehandlung

Die Verwendung der eigenen Hörkontrolle – eine der vier Grundsätze von M. Seeman (1969) für die Übungsbehandlung beim stammelnden Kind – soll beim normalhörenden sprachgestörten Kind die auditiven Wahrnehmungsfunktionen mit Hilfe von systematischen Hörübungen so schulen, daß die einzelnen Laute unserer Sprache exakt wahrgenommen und richtig unterschieden werden können. Daß gerade im Bereich der phonematischen Differenzierung oder Sprachlautdifferenzierung bei Stammlern erhöhte Schwierigkeiten und Ausfälle bestehen, konnte eine Reihe von Untersuchungen und Veröffentlichungen übereinstimmend nachweisen (vgl. hierzu: A. Schilling/H. Schäfer, 1962; Ch. Theiner, 1968; E. Seidl, 1971; E. Götz, 1972; J. Datko, 1972 und 1974; H. Schäfer, 1973 und 1975; K. Buck, 1974; P. Raez/P. Witt, 1975). In dieser Richtung wird auch die Einteilung von A. Schilling (1963) gesehen, der unter "sensorischem Stammeln" die Kinder mit Artikulationsstörung versteht, die die Fehlrealisation des entsprechenden Lautes nicht hören, weder bei sich selbst noch bei anderen Sprechern. Von "konditioniertem Stammeln" spricht er dann, wenn das Kind zwar die Fehlrealisation bei anderen erkennt, die eigene fehlerhafte Artikulation aber nicht bemerkt. Und im Sinne von Ch. van Riper/J.V. Irwin (1970) wird man zu letzterem feststellen, daß zwar der "interpersonale Kreisprozeß" (= das Fremdhören) intakt ist, der "intrapersonale Kreisprozeß" (= das Eigenhören) jedoch nicht voll funktioniert.

### 1.2. Sprechereignis und Hörereignis

Bei der Beschreibung des Sprechereignisses und des Hörereignisses geht H. Hörmann (1970) von zwei (allerdings unterschiedlichen) Standpunkten aus: von der

---

* Der Artikel erschien auch in der Fachzeitschrift "Die Sprachheilarbeit", Hamburg 1977, H. 2

physikalischen Artung der stimulierenden Lautsequenz und vom Auditiven, nämlich von dem, was der Empfänger hört. "Das ganze, Sprecher und Hörer verbindende Ereignis kann also in drei verschiedenen Terminologien beschrieben werden: der artikulatorischen, der akustischen und der auditiven" (H. Hörmann, 1970, S. 35). Dabei besteht nun eine höhere Übereinstimmung zwischen den artikulatorischen und den auditiven Dimensionen des Sprechereignisses als zwischen den akustischen und auditiven Dimensionen. Dies kann in enger Verbindung gesehen werden mit der Motor-Theorie von Liberman, nach der die Rückmeldung der Sprachartikulation Auswirkungen auf die Sprachwahrnehmung zeigt. "Da der einlaufende akustische Stimulus im Hörer die Tendenz auslöst, diesen Laut selbst zu produzieren und diese Tendenz als Vorbereitung zur Artikulation, als In-Bereitstellung-Gehen der entsprechenden Muskeln für den Hörer selbst wahrnehmbar wird, können die Dimensionen dieser propriozeptiven Stimuli als weitere Unterscheidungskriterien herangezogen werden" (H. Hörmann, 1970, S. 68). Dies kann in dem von H. Hörmann korrigierten Schema der Motor-Theorie Libermans näher verdeutlicht werden (vgl. Abb. 1):

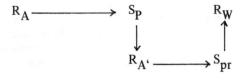

Abb. 1: Korrigiertes Schema der Motor-Theorie der Sprachwahrnehmung von Liberman (nach H. Hörmann, 1970, S. 69, Abb. 17)

"Die artikulatorische Response $R_A$ des Sprechers bildet einen physikalischen Stimulus $S_P$, der zu einer sub-manifesten artikulatorischen Response $R_{A'}$ im Hörer führt. Der Hörer wiederholt sozusagen andeutungsweise das, was der Sprecher getan haben muß, um den akustischen Stimulus $S_P$ zu produzieren. Die artikulatorischen Innervationen und Bewegungen, welche der Hörer durchführt ($R_{A'}$), werden propriozeptiv als ein bestimmtes Reizpattern ($S_{pr}$) empfunden. Diese sozusagen als Echo selbstproduzierte Stimulation führt dann erst zur Wahrnehmung $R_W$ selbst" (H. Hörmann, 1970, S. 69).

Interessant in dem weiteren Zusammenhang sind die Ausführungen von G.E. Arnold (1970), der feststellt: "Das Hörsinnessystem leitet auf peripher-impressiver (zentripetal-afferenter) Nervenbahn die Schalleindrücke zum akustischen Wahrnehmungs- und weiterhin Erinnerungszentrum und schließlich zur sensorischen Sprachregion. Diese ist trotz gemeinsamer Unterbringung im Temporallappen mit der corticalen Hörregion nicht identisch" (R. Luchsinger/G.E. Arnold, 1970, 2. Bd., S. 54), weshalb beispielsweise ein die gehörten Worte nicht mehr verstehender sensorischer Aphasiker dennoch Umweltgeräusche einwandfrei verarbeiten und entsprechend reagieren kann.

## 1.3. Hören und Legasthenie

Von den Beiträgen zur Erstlesemethodik einerseits und den Untersuchungen zur Auffassungsweise des Schulanfängers andererseits gingen starke Impulse zur intensiveren Berücksichtigung der auditiven Wahrnehmung und ihrer Förderung aus. Die Ergebnisse von B. Bosch (1961), L.F. Katzenberger (1967) und E. Schmalohr (1968) weisen auf, daß die auditive Diskriminationsfähigkeit gegenüber der visuellen bei den Schulanfängern geringer ausgebildet ist und sie somit besonders trainiert bzw. gefördert und berücksichtigt werden sollte. So wurden für die Betreuung, Behandlung und Prophylaxe der Legasthenie u.a. auditive Wahrnehmungsprogramme mit speziellen Übungen entwickelt (stellvertretend für die große Anzahl von vielfältigen und unterschiedlichen Möglichkeiten und Ansätzen sei hier der Fernstudienlehrgang "Legasthenie" (1974) erwähnt).

In dem Bereich der Diagnostik zentraler Hörstörungen wurden dichotische Untersuchungen durchgeführt (vgl. H. Feldmann, 1960 und 1965), die manche neuen Ansätze und Einsichten ermöglichen. Bei diesen dichotischen Diskriminationstests werden jeweils zwei verschiedene Wörter genau simultan angeboten, ein Wort auf dem linken Ohr, das zweite Wort genau zur gleichen Zeit auf dem rechten Ohr. Durch willkürliche Lenkung der Aufmerksamkeit ergeben sich verschiedene Möglichkeiten der auditiven Verarbeitung; so kann z.B. die Aufmerksamkeit allein auf ein Ohr gerichtet werden, während das andere Ohr vollständig von der bewußten Wahrnehmung ausgeblendet wird. Im täglichen Leben geschieht dies z.B. bei der sog. "Cocktail-Party-Situation": "Viele Menschen sprechen zur gleichen Zeit in einem Raum, und doch ist ein Beobachter in der Lage, einem bestimmten Sprecher zuzuhören und alles andere aus seiner bewußten Wahrnehmung zu verdrängen. Er kann aber auch nach Belieben zwei oder mehreren Gesprächen gleichzeitig folgen, indem er jeweils für einige Sekunden dem einen oder dem anderen lauscht, und bei nicht anspruchsvoller Unterhaltung gelingt es ihm durchaus, den Sinnzusammenhang der verschiedenen Gespräche aufzufassen" (H. Feldmann, 1965, S. 295).

Mit diesen dichotischen Untersuchungen und in Verbindung mit der ERA-EEG-Computer-Audiometrie untersuchten H.G. Chüden/H.M. Weinmann (1975) Legastheniker und kamen zu dem Ergebnis, daß zwischen den beiden Hirnhälften dieser Kinder wenig Synchronisation zu finden sei. Es wird angenommen, daß gewissermaßen die "Arbeitsteilung" der beiden Hirnhälften nicht entsprechend funktioniere bzw. die Hemisphären miteinander um die Dominanz streiten würden. Die Untersuchungen lassen vermuten, daß es sich dabei (bei der Legasthenie) um eine diffuse zentrale Schädigung handelt, weil das Überwiegen einer Seite nicht festgestellt werden konnte. Ob allerdings mit der Weiterentwicklung altersentsprechender dichotischer Sprachtests ein Instrumentarium für die Frühdiagnostik von Legasthenie auf diesem Wege gegeben sein wird, bleibt noch abzuwarten.

## 2. Notwendige Strukturierung des Trainings der auditiven Fähigkeiten

### 2.1. Zum Begriff "Hörerziehung"

Der Begriff der "Hörerziehung" wurde hauptsächlich vor dem Hintergrund der Hörgeschädigten und der Hörgeschädigtenpädagogik gesehen. So wird von G. Lindner (1966) Hörerziehung im Sinne spezieller Übungen für die Kinder mit angeborenem und vor dem Spracherwerb betroffenem Hörschaden verwendet, und sie beinhaltet den Aufbau akustischer Erfahrung und Sprache. Demgegenüber spricht er von "Hörtraining" im Zusammenhang mit schwerhörig gewordenen Erwachsenen, bei denen der schon einmal vorhandene und verfügbar gewesene akustische Besitz wieder verfügbar gemacht werden soll.

Bei K.-P. Becker/M. Sovák (1971) wird der Begriff der Hörerziehung auf den intra- und interpersonellen Wahrnehmungsbereich allgemein ausgeweitet. "Die Hörerziehung erstreckt sich ... nicht nur auf Hörgeschädigte (Hörreste und Schwerhörige), sondern ebenfalls auf normalhörende Sprachgestörte. Sie bezieht sich dann auf die Ausbildung verbal-akustisch-gnostischer Fähigkeiten, z.B. der phonematischen Differenzierung, und die Befähigung zur bewußten Sprach-Hör-Kontrolle" (K.-P. Becker/M. Sovák, 1971, S. 238).

In diesem Sinne ist die Hörerziehung ein durchgehendes Prinzip im Unterricht für Sprachbehinderte (als therapie-immanenter und behinderungsspezifischer Unterricht) und in der Artikulationsbehandlung, in der ein automatisches Kontrollsystem im Sinne einer Feedback-Theorie mit den Grundfunktionen Abtasten - Vergleichen - Korrigieren (vgl. Ch. van Riper/J.V. Irwin, 1970) aufgebaut bzw. wiederhergestellt werden soll.

Wir möchten diese Hörerziehung bei artikulationsgestörten - normalhörenden - Kindern nicht als "Schärfung und Differenzierung des Gehörs" (Richtlinien ..., 1970, S. 548), sondern als Training oder eine Schulung der auditiven Fähigkeiten verstanden wissen, wobei den Bereichen der Geräusch- und besonders der Sprachwahrnehmung, der Lautklangdurchgliederung und Lautdifferenzierung, dem auditiven Gedächtnis und der Steigerung der Konzentrationsfähigkeit für den auditiven Bereich besondere Bedeutung zukommt.

### 2.2. Zum Problem eines systematischen Trainings

Unverzichtbare Bestandteile eines guten Therapieaufbaues sind für den Praktiker — wie eingangs erläutert — Hörerziehung und damit die Verwendung der eigenen Hörkontrolle. Besonders deutlich werden jedoch die Schwierigkeiten der Hörerziehung, wenn der Forderung nach systematischer Hörschulung in einem systematischen Übungsaufbau entsprochen werden soll.

Solch eine Hörerziehung oder ein Training der auditiven Fähigkeiten sollte nicht nur ein durchgängiges Unterrichtsprinzip sein, sondern über die "sporadische Hörerziehung" (vgl. K.H. Pöhle, 1972) hinaus im Sinne einer systematischen und gezielten Hörerziehung entsprechende und notwendige Stufungen berücksichtigen. In diesem Zusammenhang führten G. Petermann/Ch. Theiner (1970) aus, daß die Hörerziehung nur dann wirklich zum Erfolg führen kann, wenn methodisch und inhaltlich richtig vorgegangen wird.

Jeder Sprachheilpädagoge und jeder, der sich mit der Behandlung von Artikulationsstörungen oder z.b. auch mit dem Symptomenkomplex der Legasthenie beschäftigt, ist von der Notwendigkeit eines solchen systematischen Trainings und seines entsprechenden Aufbaus überzeugt. Was ihm allerdings fehlt, sind exakte diesbezügliche Handreichungen. So gibt es hierfür bisher noch kaum Ausführungen und Programme, zumal diese systematischen Hörübungen im Rahmen der Therapie wiederum einerseits von Art und Ausprägung der vorliegenden Störung und andererseits generell von den Lernvoraussetzungen des Kindes abhängig und geprägt sein müssen.

### 2.3. Das auditive Training auf der Grundlage gesprochener Sprache

Aus den o.g. Untersuchungsergebnissen und Hinweisen, besonders denen von H. Hörmann (1970) und G.E. Arnold (1970), müssen wir uns die Frage stellen, ob es im Sinne einer systematischen Schulung der auditiven Fähigkeiten bei Kindern mit Artikulationsstörungen noch vertreten werden kann, daß die Übungen zur Wahrnehmung und Differenzierung von Geräuschen so betont werden, daß also – besonders wenn wir die fertigen Übungsprogramme und -empfehlungen betrachten – hauptsächlich im nichtsprachlichen oder vorsprachlichen Bereich gearbeitet wird. Um ein Beispiel von D.J. Johnson/H.R. Myklebust (1971, S. 98) aufzunehmen, die einerseits zwar feststellen, daß Kinder mit auditiv-rezeptiven Defekten häufig ein besonderes Training benötigen, um ihre Fähigkeiten der Lautunterscheidung zu verbessern, und die andererseits ausführen, daß diese Kinder zwar zwischen dem Klopfen an der Tür und dem Telefongeklingel unterscheiden, aber die kleinen Unterschiede beim Telefon und der Haustürglocke nicht erkennen, so muß doch überlegt werden, ob durch das Training der Wahrnehmung und Verarbeitung nicht-sprachlicher Schallreize gezielte Hilfen für die Sprachwahrnehmung und Sprachverarbeitung erfolgen. D.h. es ist kaum anzunehmen – und dies müßte noch durch genauere und konsequente Untersuchungen nachgeprüft werden –, daß durch das Lernen der Unterscheidung von z.B. "Schlüssel-Rasseln" und "Fahrrad-Klingeln" eine direkte positive und gezielte Einwirkung auf die phonematische Differenzierungsfähigkeit, also auf die Unterscheidung z.B. der Laute "s" und "sch" sowohl isoliert als auch in gesprochenen Wörtern, ausgeht.

Selbstverständlich – und dies sei ausdrücklich betont – hat das Training der nichtsprachlichen auditiven Auffassung und Differenzierung (meistens mit Hilfe von Geräuschen und Klängen) eine positive Auswirkung. Wir sehen diese Auswirkung hauptsächlich in den Bereichen der Förderung der auditiven Konzentration und Aufmerksamkeit und des auditiven Gedächtnisses. Diese Übungen eigenen sich somit als Basistraining recht gut, sollten aber möglichst bald zurücktreten zugunsten der Übungen für die Wahrnehmung und Verarbeitung gesprochener Laute und Sprache. In diesem Sinne legt I. Dietrich (1972) in der Hörerziehung besonderen Wert auf die Sprachwahrnehmung und wendet sich gegen reine Geräuscherziehung: "Isoliert an das Ohr herangetragene akustische Elemente verhindern die selbsttätige Unterscheidung, verhindern das Hörenlernen im eigentlichen Sinne" (I. Dietrich, 1972, S. 165). Jedoch würden wir auch die in ihren weiteren Ausführungen dargestellten "Hörbilder", in denen durch aktives Nachschaffen die sprachinhaltliche Seite bestimmter Begriffe erarbeitet wird, noch zu allgemein ansehen für ein spezielles Training der bei artikulationsgestörten Kindern meist vorhandenen Sprachlautdifferenzierungsschwäche.

Als ein Ansatz in dieser Richtung dürften die Untersuchungen und die "Konzeption eines Programms zur Therapie der auditiven Wahrnehmungsschwäche bei stammelnden Kindern" von P. Arnoldy/A. Holtmann (1976) gelten, wobei allerdings nur für einen Teilbereich, nämlich den der "Laute Verbinden" auf der Diagnostik-Grundlage des Psycholinguistischen Entwicklungstests (PET) von M. Angermaier (1974) hier ein mögliches Programm aufgezeigt wurde. Dieses Programm übt nach einem Basistraining (u.a. Hörkonzentration, Hörerfahrung, akustische Aufmerksamkeit) besonders die Teilbereiche Geräusche (GD), Wörter (WD) und Laute Differenzieren (LD) und dann Laute Verbinden (LV). Ähnliche Untersuchungen und spezifische Programmvorschläge müßten in größerer Zahl angeregt und durchgeführt werden.

## 2.4. Zum Konzept von v. Riper/Irwin

Für einen systematischen Aufbau der Artikulationsbehandlung unter besonderer Berücksichtigung der auditiven Prozesse und Strukturen bietet die akustisch-auditive Feedback-Theorie von CH. van Riper/J.V. Irwin (1970) einen Rahmen. So würde hier anhand von praktischen Beispielen auf der Grundlage des genetischen Korrekturprozesses Dimensionen und Wirkungen des Hörens in der Therapie von Artikulationsstörungen dargestellt. (Siehe hierzu und zu den weiteren Ausführungen dieses Abschnittes T. Walther, 1978.)

Ausgehend von der Ansicht, daß die Sprache in ihrem artikulatorischen Aspekt von einem Kontrollsystem überwacht wird, das durch jahrelanges Üben im Prozeß des Spracherwerbs erworben wird, werden die Grundfunktionen der automatischen Kontrollmechanismen im Sinne der Feedback-Theorie folgendermaßen erläutert: Abtasten – Vergleichen – Korrigieren. Der Artikulationsgestörte muß primär den Rückfluß seiner produzierten Laute auditiv überprüfen. Meist sind nicht – wie man erwarten könnte – die Abtaster defekt, wie z.B. bei einer Hörschädigung, sondern ihr Einsatz erfolgt nicht funktionsgerecht. Deshalb mißlingt ihm der exakte Vergleich zwischen der eigenen Aussprache und dem sprachlichen Standardmuster, das für jeden Laut bzw. jedes Wort die durchschnittliche Aussprache aller Individuen einer Gruppe, zu welcher der Sprecher gehört, repräsentiert. Geringfügige Abweichungen werden bei diesem Vergleichen toleriert, ohne daß ein Auftrag zur Korrektur gegeben wird. Wenn der Unterschied zwischen der abweichenden Lautgebung und dem gebräuchlichen Muster bewußt wird, dann wird die Stellung der Artikulationsorgane solange geändert, bis der normgerechte Laut hervorgebracht ist.

Das stammelnde Kind muß also außer Hören und Vergleichen auch lernen, seine Artikulationsbewegungen zu variieren, richtige artikulationsmotorische Stellungen zu suchen und festzuhalten. Schließlich muß der gefundene richtige Laut gefestigt werden. Dies geschieht erst dann, wenn das Ohr richtig wahrgenommen, gespeichert und ihn über das artikulatorisch-auditive Feedback fixiert und stabilisiert hat.

Die sowohl für den Spracherwerb als auch für die Korrektur von Sprechfehlern grundlegenden Vorgänge des Abtastens von Standardmustern, des Vergleichens und des Berichtigens der eigenen Lautprodukte sind fast ausschließlich an die Wahrnehumgsfunktion des Hörens gebunden. Sie werden im Laufe der sprachlichen Entwicklung gelernt, wobei die auditive Kontrolle des Sprechers zunehmend zurücktritt und kinästhetisch-taktile Feedbacks die dominierende Kontrollfunktion einnehmen. Dies ermöglicht, daß die Aufmerksamkeit beim Sprechen von der Signalbedeutung der Laute auf ihre semantische Bedeutung übergehen kann. Kern jeder Artikulationsbehandlung ist demnach Hörerziehung im Sinne einer Reaktivierung der akustisch-auditiven Sprechkontrolle. Eine Vernachlässigung dieser Funktion erschwert und verlängert den eigentlichen Korrekturvorgang und stellt den Behandlungserfolg in Frage. Bei der Systematisierung einer so verstandenen Hörerziehung wird unterschieden:

1. der Abtastvorgang

a) der interpersonale Kreisprozeß (= Aktivierung des Fremdhörens), wobei die Sprache anderer durch immer weiter differenzierendes Hinhören auf die Lautgestalten hin abgetastet wird, um eine genaue Vorstellung von Standardlauten zu erhalten und die normwidrige Realisation bei anderen Sprechern wahrzunehmen;

b) der intrapersonale Kreisprozeß (= Aktivierung des Eigenhörens), wobei die richtigen und falschen Sprechlaute bei sich selbst erkannt und die eigene Sprache in ihrer Lautstruktur wahrgenommen werden soll. Dies geschieht über das verzögerte, das simultane und das antizipatorische Feedback;

2. der Vergleichsvorgang, wobei die Standardmuster der Sprachumwelt mit der eigenen Lautproduktion verglichen werden;

3. danach kann der Berichtigungsvorgang einsetzen mit dem Suchen, Fixieren und Stabilisieren des Ziellautes.

Dieser systematische – und in der Praxis gut realisierbare – Aufbau erscheint uns als eine günstige Möglichkeit, der Forderung nach systematischer Hörerziehung und der Ausgestaltung der entsprechenden Übungen wenigstens in den großen Hauptstufen gerecht zu werden. Die Aufgabe des Praktikers wird es sein, dieses Konzept störungsspezifisch differenziert (für das entsprechende, zu therapierende Kind, das mit all seinen Störungen und Möglichkeiten gesehen werden muß) zu ralisieren und auszubauen.

### 3. Einsatz von Trainingsprogrammen
Zur erleichterten und gesicherten Durchführung der Hörerziehung in der Artiku-

lationsbehandlung könnte man auf die verschiedensten Anregungen in der Literatur zurückgreifen. Jedoch zeigt die Sichtung der gewaltigen Anzahl von Trainingsmaterialien, Übungs- und Arbeitshilfen, Sprach- und Wahrnehmungsprogrammen für den schulischen und vor allem vorschulischen Bereich überraschend (vgl. T. Walther, 1978), daß nur wenig spezielles und systematisches Material für den auditiven Funktions- und Wahrnehmungsbereich vorhanden ist. Begründet sein mag dies darin, daß das Gebiet der auditiven Wahrnehmung sehr lange am Rande der empirischen Forschung lag und erst in der letzten Zeit stärker in das Blickfeld des Interesses gerückt ist.

### 3.1. Anregungen zu Übungen und Programmen für den auditiven Bereich

Gute Impulse hierzu gingen aus von der Erstlesemethodik und den Untersuchungen zur Auffassungsweise des Schulanfängers sowie von den therapeutischen Möglichkeiten der Legastheniker-Therapie (vgl. unsere obigen Ausführungen). Weitere Anregungen kommen aus dem Bereich der rhythmisch-musikalischen Erziehung, wobei in überwiegend nicht-sprachlichen Übungen vor allem die Unterscheidung von Geräuschen, Klängen und Tönen, Tonlängen und Tonhöhen und die Lautnachahmung geschult werden. Des weiteren wird an den Ausbildungsinstituten für Sonderschullehrer im Rahmen von wissenschaftlichen Examensarbeiten versucht, neben den vorhandenen Vorschlägen und Materialien für die Schulung und Förderung der phonematischen Differenzierungsfähigkeit auch Trainingsprogramme für die auditive Wahrnehmung insgesamt zu entwickeln (wie z.B. F. und H. Hägele, 1973; P. Arnoldy, 1974; R. Lang/ R. Obert, 1975; P. Arnoldy/ A.Holtmann, 1976). Wie die Autoren E. Brauneis/ K. Enenkel/ F. Frank (1973) in ihren Untersuchungen darauf hinweisen, daß bei Sprachgestörten das akustische Sprachverständnis deutlich unter den Werten sprachgesunder Kinder liegt, so kann dies jedoch durch richtige und vor allem frühe (möglichst vorschulische) logopädische und sonderpädagogische Maßnahmen wieder bis zum Alter von etwa acht Jahren ausgeglichen werden. Dies bedeutet aber, daß neben der sowieso im Bereich der Sprachbehindertenpädagogik notwendigen und auch praktizierten Früherfassung und Frühbetreuung sprachgestörter Kinder im therapeutischen Bereich durch gezielte und systematische Übungen dieses Defizit in den auditiven Fähigkeiten möglichst schnell, kurzfristig und gründlich angegangen wird.

### 3.2. Darstellung vorhandener Programme

Auf der Basis der bisherigen Überlegungen und abgeleiteten Notwendigkeiten möchten wir einige auf dem Markt befindliche Übungs- und Trainingsprogramme für den auditiven Bereich darstellen (vgl. hierzu die Übersicht auf Seite 171) und kurz besprechen unter dem Gesichtspunkt, diejenigen Übungsanteile herauszufinden, welche in ein systematisches Training der auditiven Fähigkeiten im Rahmen der Therapie artikulationsgestörter Kinder aufgenommen werden könnten. Wenn diese Übersicht und Darstellung auch unvollkommen ist und bleiben muß, so wird sie hier als bescheidener Beitrag und Hilfestellung für den in der praktischen Arbeit tätigen Lehrer und Therapeuten gesehen und der kritischen Prüfung empfohlen.

1) Fackelmann, J.: „hören und üben 1"

    (Materialien zur akustischen Wahrnehmungsdifferenzierung für Legastheniker); R. Oldenbourg-V., München/M. Prögel-V., Ansbach, 1975

In einem Basistraining (Arbeitsblätter 1-15) geht es u.a. darum, Laute zu erkennen, zuzuordnen und zu lokalisieren:

Arbeitsblätter 1 - 4:  Wörter mit gleichem Anfangslaut als gleichlautend zu erkennen.

Arbeitsblätter 5 - 7:  Bestimmte Laute innerhalb eines Wortes erkennen und einem akustisch vorgegebenen Laut zuordnen.

Arbeitsblätter 8 - 9:  Die Anzahl der Laute eines Wortes bestimmen und symbolisieren können.

Arbeitsblätter 10-12:  Vorgegebene Laute innerhalb eines Wortganzen wiedererkennen und lokalisieren.

Arbeitsblätter 13-15:  Akustisch gebotene Wortbilder auflösen, in Teile zerlegen und neue Wortganze als Wortteile erkennen.

Im speziellen Programm (Arbeitsblätter 16-80) steht die Unterscheidung einzelner Laute als spezieller Legastheniker—Kurs im Mittelpunkt (z.B. Unterscheidung von „ü" und „i" = Arbeitsbl. 16-24). Weiterhin finden sich im Lehrerhandbuch eine Reihe von Anregungen, Übungen und Beispielen für die einzelnen Übungsstufen.

Unsere Forderungen, daß beim Training der auditiven Fähigkeiten möglichst rasch mit gesprochenen Lauten und Wörtern gearbeitet wird, finden hier ihre Anwendung. Ohne ein Vorprogramm wird gleich mit Sprache gearbeitet. Für die Therapie Artikulationsgestörter wären die hier als Basisprogramm ausgewiesenen Übungen günstig und denkbar in den Bereichen der Schulung des Fremd- und Eigenhörens (= inter- und intrapersonale Kreisprozesse) und in den Stufen des Abtastens und Korrigierens (im Sinne des oben ausgeführten Konzeptes von Ch. van Riper/J.V. Irwin, 1970).

2.) Fritze, Ch./Probst, W./Reinartz, A. und E.:

„Hören - Auditive Wahrnehmungsförderung"

(Übungs- und Beobachtungsfolge für den Elementar- und Primarbereich); W. Crüwell-V., Dortmund 1976

Dieses umfassende Konzept zur auditiven Wahrnehmungsförderung mit seinen vielfältigen Übungen und Realisierungsanregungen gliedert sich in seiner Übungsabfolge in sechs inhaltliche Bereiche:

1. Schallquellen - Schallerzeugung (Übungsabschnitte 1-9)
2. Diskriminiation (Übungsabschnitte 10-18
3. Schalleigenschaften (Übungsabschnitte 19-27)
4. Lautmalerische und emotionale Qualitäten von Sprache und Musik (Übungsabschnitte 28-36)
5. Klanggestalten und graphische Zeichen (Übungsabschnitte 37 – 45)
6. Langzeitkonzentration (Übungsabschnitte 46-54)

Jeder Übungsbereich, der sich in je neun Übungsabschnitte unterteilt, geht zuerst das außersprachliche, dann das sprachliche Feld an.

3) „Spiele mit Geräuschen"

(Zur auditiven Wahrnehmungserziehung); Klett-V., Stuttgart 1973
In Lizenzausgabe ist dieses Spiel (inhaltlich gleich) erschienen als: „hör - was ist das?" O. Maier-V., Ravensburg 1974

Ausschließlich im nichtsprachlichen Bereich wird hier mit Geräuschen gearbeitet und in mehreren Spielmöglichkeiten die Geräuschwahrnehmung und -differenzierung, die Zuordnung von Geräuschen zu Bildern und die Geräuschnachahmung geübt. Aufgrund unserer aufgestellten Forderungen ist dieses Spiel am Beginn eines allgemeinen Basisprogramms für kurze Zeit einsetzbar, um Höraufmerksamkeit, Hörkonzentration und Hörgedächtnis zu trainieren. Im Konzept von v. *Riper/Irwin* wäre dieses Spiel evtl. vor dem dort dargelegten Übungsbeginn zu sehen.

4) Heuß, G.E.: „Sprich genau - hör genau"; O. Maier-V., Ravensburg 1973

Mit mehreren Spielmöglichkeiten sollen hier die Zuordnung und die Unterscheidung ähnlich klingender Wörter und die phonematische Differenzierungsfähigkeit geübt werden. Als Teilübungsaspekt könnte dieses Spiel in den ersten beiden Stufen (Abtasten und Vergleichen) des dargestellten Übungskonzeptes eingesetzt werden.

5) Schüttler-Janikulla, K.: „Lauter Laute"

(Bilder zur Förderung der akustischen und optischen Differenzierungsfähigkeit für Vorschulkinder, Schulanfänger und Legastheniker); Finken-V., Oberursel 1975

In den Spiel- und Arbeitsblättern (jeweils mit Lösungsbeispielen) werden folgende Lernziele angesteuert:

1. Aus unterschiedlichen Sätzen gleiche Wörter herausfinden (Blätter 1.1 - 1.2)
2. Aus unterschiedlichen Wörtern gleiche Teile herausfinden (Blätter 2.1 - 2.2)
3. Unterschiedliche Länge von Wörtern erkennen (Blätter 3.1 - 3.3)
4. Reimwörter auf gleiche Endsilben bestimmen (Blätter 4.1 - 4.3)
5. Finden der Wörter mit gleichen Anlauten (Blätter 5.1 - 5.14)
6. Finden der Wörter mit gleichen Auslauten (Blätter 6.1 - 6.8)
7. Finden der unterschiedlichen Inlaute bei ähnlich klingenden Wörtern (Blätter 7.1 - 7.2)

8. Aus dem Anlaut eines Wortes und einem zweiten Wort ein neues Wort bilden; aus verschiedenen Anlauten ein neues Wort bilden (Blätter 8.1. - 8.2)

Dieses Übungsmaterial arbeitet wieder ausschließlich im - von uns gewünschten - sprachlichen Bereich. Die einzelnen Übungen könnten entsprechend ihren Lernzielen in den unterschiedlichen Stufen des Hörtrainings eingesetzt werden als ergänzende und vertiefende Übungsanteile.

6) Heidorn, G.: ,,Laute und Bilder''

(Spiele und Übungen zur akustischen und visuellen Unterscheidungsfähig-Keit); H. Schroedel-V., Hannover 1973

Von den drei Übungsteilen (Akustische Unterscheidungsfähigkeit - Reihungen von links nach rechts - Visuelle Unterscheidungsfähigkeit) interessiert uns in diesem Zusammenhang der erste Teil mit den Blättern A bis G:

1. Anlaute unterscheiden und gleiche Anlaute herausfinden (Blätter A-D)
2. Gleiche Auslaute wahrnehmen und einander zuordnen (Blätter E1-F2)
3. Wörter herausfinden, die einen gegebenen Laut enthalten (Blatt G)

Mit manchen Anregungen und Spielmöglichkeiten trainiert dieses einfache Übungsmaterial die Lautwahrnehmung und Lautunterscheidung, was wiederum günstig einzusetzen wäre in einem speziellen Teilbereich eines systematischen Hörtrainings mit Sprache.

4. Ansatzpunkte für weitere Untersuchungen

Aufgrund der unstrittigen Annahme, daß systematische Hörerziehung bzw. gezielte Schulung der auditiven Fähigkeiten in der Therapie von Artikulationsstörungen - und nicht nur hier! - von dringender Notwendigkeit ist, finden wir jedoch wenig Anregungen für einen überzeugend klaren und systematischen Aufbau und dementsprechend konzipierte Übungshilfen. So wäre durch weitere Untersuchungen zu klären, ob eine gezielte Förderung der Sprachlautwahrnehmung und -verarbeitung durch ein allgemeines auditives Übungsprogramm, das überwiegend mit Geräuschen arbeitet, erreicht werden kann und welche spezifische Sonderheiten hierbei vorliegen müßten. Des weiteren sollten für verschiedenene Störungsbilder (sensorisches Stammeln, konditioniertes Stammeln, Dysglossien, Dysphasien usw.) und entsprechende Altersstufen (Vorschulalter, erste Klassen, Grundschulalter o.ä.) zielorientierte und störungsspezifische Trainingsprogramme erstellt und überprüft werden. Darüberhinaus könnten aus den vorhandenen Übungsmaterialien die einzelnen Teilübungen in ein behinderungsspezifisch adaptiertes Programm eingesetzt und in der Praxis erprobt werden.

In diesem gesamten Umfeld sind noch viele Fragen offen, vor allem auch die der exakten diagnostischen Möglichkeiten und Interpretationen. Ebenso müßte noch abgeklärt werden, wie einer auf dieser Diagnostik aufgebauten gezielten systematischen Schulung der auditiven Funktionen im Rahmen einer Sprach- und Übungstherapie bei artikulationsgestörten Kindern und Jugendlichen optimal Rechnung getragen werden kann.

## 5. Zusammenfassung

Unser Anliegen war es, durch einige Überlegungen und Anregungen gewisser- maßen schlaglichtartig Probleme und Untersuchungsergebnisse aufzuzeigen, die bei der Gestaltung einer systematischen Schulung der auditiven Fähigkeiten in der Therapie von Artikulationsstörungen eine Rolle spielen könnten. Auf dem Hintergrund der Feedback-Theorie von van Riper/Irwin, die gute Ansätze für die Realisierung unserer Forderungen nach einem systematischen Aufbau in der Praxis aufzeigen, sollte - unserer Meinung nach - in den Trainingspro- grammen zur Förderung der auditiven Wahrnehmung viel mehr die Übungs- möglichkeiten im sprachlichen Bereich realisiert werden und die Übungen mit Geräuschen und Klängen in nichtsprachlicher Form lediglich als kurzzeitiges Basisprogramm erscheinen. Anhand einiger ausgewählter Übungsmaterialien wurden die einzelnen Teilbereiche und Übungsziele dargestellt, um im Sinne praktischer Anregungen Realisierungsmöglichkeiten für ein systematisches Hörtraining aufzuzeigen. Viele Fragen müssen in diesem Zusammenhang noch offen bleiben, und es wäre wünschenswert, wenn dem Bereich der auditiven Wahrnehmung und speziell der Entwicklung von ensprechenden Diagnose- und systematischen Trainingsprogrammen in Forschung und Praxis mehr Bedeutung eingeräumt werden könnte.

*Übersicht über die ausgewählten und besprochenen Materialien und*
*Übungshilfen zum Training der auditiven Fähigkeiten*

| | | | |
|---|---|---|---|
| 1. | Fackelmann, J.: hören und üben 1 (Materialien zur akustischen Wahrnehmungsdifferenzierung für Legastheniker) | Lehrerhandbuch; Arbeitsblock (Arbeitsblätter); Tonband | R. Oldenbourg-V., München/ M. Prögel-V., Ansbach 1975 |
| 2. | Fritze, Ch./Probst, W./Reinartz, A.u.E.: Hören – Auditive Wahrnehmungsförderung (Übungs- und Beobachtungsfolge für den Elementar- und Primarbereich) | Lehrerhandbuch (mit Wandbildern und Bildern f. Gruppenarbeit); Arbeitsblock; Tonband | W. Grüwell-V., Dortmund 1976 |
| 3. a) | Spiele mit Geräuschen (zur auditiven Wahrnehmungserziehung) | Spiel (Bildmaterial, Schallplatte, Beiheft) | Klett-V., Stuttgart 1973 |
| b) | hör – was ist das? (Ein Spiel mit Bildern und Schallplatte) | desgl. | O. Maier-V., Ravensburg 1974 |
| 4. | Heuß, G.E.: Sprich genau – hör genau | Spiel | O. Maier-V., Ravensburg 1973 |
| 5. | Schüttler-Janikulla,K.: Lauter Leute (Bilder zur Förderung der akustischen und optischen Differenzierungsfähigkeiten für Vorschulkinder, Schulanfänger und Legastheniker) | Mappe (Arbeitsblätter) | Finken-V., Oberursel 1975 |
| 6. | Heidorn, G.: Laute und Bilder (Spiele und Übungen zur akustischen und visuellen Unterscheidungsfähigkeit) | Mappe (Spiel- und Übungsblätter); Begleitheft | H. Schroedel-V., Hannover 1973 |

# Literatur

Abel-Struth, S.: Hörwelt und Musik. In: Deutscher Bildungsrat, Gutachten und Studien zur Bildungskommission 84/1; Die Eingangsstufe des Primarbereichs, Band 2/1: Spielen und Gestalten. Stuttgart 1975

Angermaier, M: Psycholinguistischer Entwicklungstest (PET), Weinheim 1974

Arnoldy, P.: Auditives Wahrnehmungstraining zur Prophylaxe einer Leserechtschreibschwäche. Unveröffentl. Examensarbeit, Heidelberg 1974

Arnoldy, P./Holtmann, A.: Konzeption eines Programmes zur Therapie der auditiven Wahrnehmungsschwäche bei stammelnden Kindern – Training des Bereiches "Laute Verbinden" (LV) auf der Diagnostikgrundlage des Psycholinguistischen Entwicklungstests (PET). Unveröffentlichte Diplomarbeit, Heidelberg 1976

Baudisch, W.: Untersuchungen zur akustisch-artikulatorischen Differenzierung und Generalisierung von lautsprachlichem Material bei neun- bis zehnjährigen debilen Kindern. In: Die Sonderschule 14:120-123 (1969)

Becker, K.-P./Sovák, M.: Lehrbuch der Logopädie. Berlin 1971 (2. Aufl. Berlin 1975 und Lizenzausgabe Köln 1975)

Beckmann, G./Schilling, A.: Hörtraining. Stuttgart 1959

Bosch, B.: Grundlagen des Erstleseunterrichts. Ratingen 1961

Brauneis, E./Enenkel, K./Frank, F.: Eine Untersuchungsreihe des akustischen Sprachverständnisses bei normalen und sprachgestörten Kindern aus logopädisch-pädagogischer und phoniatrischer Sicht. In: Folia phoniat. 25: 466-472 (1973)

Buck, K.; Die partielle akustische Lautagnosie – Untersuchung bei körperbehinderten Kindern. Unveröffentl. Examensarbeit, Reutlingen 1974

Chüden, H.G./Weinmann, H.M.: ERA und dichotischer Feldmann-Test bei Legasthenikern. In: Arch. Oto-Rhino-Laryng. 209, 97-105 (1975)

Datko, J.: Die phonematische Differenzieungsfähigkeit bei Stammlern und normalsprechenden Kindern (Entwicklung eines Prüfmittels mit anschließender Untersuchung). Unveröffentl. Examensarbeit, Reutlingen 1972

Datko, J.: Prüfmittel zur phonematischen Differenzierungsfähigkeit (Weiterentwicklung der gezeichneten zu einer fotografierten Version. Mit einer Zusammenfassung der aus der Schulpraxis gewonnenen Überprüfungsergebnisse). Unveröffentl. Examensarbeit, Reutlingen 1974

Dietrich, I.: Sprachliche Arbeit bei Kindern mit rezeptiven Störungen im Bereich der akustischen Wahrnehmung unter besonderer Berücksichtigung der Hörerziehung. In: Die Sprachheilarbeit 17: 162-169 (1972)

Feldmann, H.: Untersuchungen zur Diskrimination differenter Schallbilder bei simultaner, monauraler und binauraler Darbietung. In: Arch. Ohr.-, Nas.-, u. Kehlk.-Heilk. 176: 601-605 (1960)

Feldmann, H.: Dichotischer Diskriminationstest, eine neue Methode zur Diagnostik zentraler Hörstörungen. In: Arch. Ohr.-, Nas.- u. Kehlk.-Heilk. 184: 294-329 (1965)

Fernstudienlehrgang "Legasthenie". Studienbegleitbriefe 1-5. Weinheim 1974; mit Elternbuch "Legasthenie – Sprechen und Spielen", München 1974

Götz. E.: Die phonematische Differenzierungsfähigkeit – Entwicklung und Erprobung eines Übungsprogrammes für Vorschulkinder und Schulanfänger. Unveröffentl. Examensarbeit, Reutlingen 1972

Hägele, F. und K.: Entwicklung eines Arbeitsmittels für die Differenzierung der akustischen Wahrnehmung. Unveröffentl. Examensarbeit, Reutlingen 1973

Hörmann, H.: Psychologie der Sprache. Berlin/Heidelberg/New York 1967 bzw. 1970

Johnson, D.J./Myklebust, H.R.: Lernschwächen. Stuttgart 1971

Jussen, H.: Akustische Probleme in der Stimm- und Sprachbehandlung. In: Zeitschr. für Heilpäd. 13:541-548 (1962) und 14:1-12 (1963)

Katzenberger, L.F.: Schulanfänger und Lesenlernen. In: Schule und Psychologie 14:345 ff. (1967)

Lang, R./Obert, R.: Akustisches Wahrnehmungstraining beim lernbehinderten Leseanfänger. Unveröffentl. Examensarbeit, Reutlingen 1975

Lindner, G.: Physiologie, Pathologie und Psychologie der auditiven Sprachauffassung. In: Die Sonderschule 5:242-261 (1960)

Lindner, G.: Grundlagen der pädagogischen Audiologie. Berlin 1966 (2. Aufl. 1975)

Luchsinger, R./Arnold, G.E.: Handbuch der Stimm- und Sprachheilkunde; Band II: Die Sprache und ihre Störungen. Wien/New York 1949 bzw. 1970,3

Orlowa, I.: Einige Besonderheiten der Lautanalyse bei Hilfsschulkindern. In: Die Sonderschule 20:73-79 (1975)

Petermann, G.: Entwicklung der phonematischen Differenzierungsfähigkeit sprachgestörter Vorschulkinder. In: Die Sonderschule 12:175-178 (1967)

Pöhle, K.P.: Hörerziehung. In: Die Sonderschule 17:199-207 und 281-293 (1972)

Raez, P./Witt, P.: Vergleichende Untersuchung der phonematischen Differenzierungsfähigkeit bei stammelnden und dysgrammatisch sprechenden Vorschulkindern und noch sprachgestörten Vorschulkindern. Unveröffentl. Examensarbeit, Reutlingen 1975

Richtlinien für Erziehung und Unterricht in der Sonderschule für sprachbehinderte Kinder und Jugendliche in Baden-Württemberg. In: Kultus und Unterricht 19:536-560 (1970), Sondernummer 1

Riper, Ch. van/Irwin, J.V.: Artikulationsstörungen. Berlin 1970 (2. Aufl. 1976)

Schäfer, H.: Bildwortserie zur Lautagnosieprüfung und zur Schulung des phonematischen Gehörs. In: Die Sprachheilarbeit 18:83-89 (1973)

Schäfer, H.: Die neue ,,Bildwortserie''. In: Die Sprachheilarbeit 20:22-27 (1975)

Schilling, A.: Akustische Faktoren bei der Entstehung von Sprachstörungen - Folgerungen für die Therapie. In: Akustische und motorische Probleme bei der Sprach- und Stimmbehandlung (Tagungsbericht 1962 in Hildesheim) Hamburg 1963, S. 35-56

Schilling, A./Schäfer, H.: Beitrag zur Prüfung der ,,Partiellen akustischen Lautagnosie'' bei stammelnden Kindern mit einem Agnosieprüfverfahren. In: Arch. Ohr.-, Nas.- u. Kehlk.-Heilk. 180:823-827 (1962)

Schmalohr, E.: Zur akustischen Durchgliederungsfähigkeit als Voraussetzung des Lesenlernens bei 4- 6-jährigen Kindern. In: Schule und Psychologie 15:295 ff (1968)

Seeman, M.: Sprachstörungen bei Kindern. Berlin 1955 bzw. 1969

Seidl, E.: Begründung und Entwicklung eines Übungsmittels zur phonematischen Differenzierung bei 5-7-jährigen Kindern. Unveröffentl. Examensarbeit, Reutlingen 1971

Signer, M.: Hörtraining bei akustisch differenzierungsschwachen Kindern. Bern/Stuttgart 1975

Sonnenberg, K.E./Materna, F.: Nachweis zentraler Hörstörungen innerhalb der neurologischen Polysymptomatik der Legasthenie. In: Folia phoniat. 27/61-67 (1975)

Stolle, H.: Außersprachliche Schallereignisse für die Hörerziehung Sprachkranker. In: Akustische und motorische Probleme bei der Sprach- und Stimmbehandlung (Tagungsbericht 1962 Hildesheim), Hamburg 1963, S. 77-78

Theiner, Ch.: Untersuchungen zur phonematischen Differenzierungsfähigkeit. In: Die Sonderschule 6: 1. Beiheft, 2-15 (1968)

Theiner, Ch.: Die Unterscheidung zwischen fehlerhaft und richtig gebildeten Sprachlauten durch stammelnde Vorschulkinder. In: Die Sonderschule 14:110-112 (1969)

Walther, T.: Medien zum störungsspezifischen Training der auditiven Fähigkeiten. In: Lotzmann, G. (Hrsg.): Aspekte auditiver, rhythmischer und sensomotorischer Diagnostik, Erziehung und Therpaie. München/Basel 1978

Wolf, H.: Ergebnisse von frequenzanalytischen Untersuchungen an außersprachlichen Schallereignissen. In: Akustische und motorische Probleme bei der Sprach- und Stimmbehandlung (Tagungsbericht 1962 Hildesheim) Hamburg 1963, S. 79-81

174

# Praktikanten gehen in die Schule — Überlegungen zum Selbstverständnis eines Studienganges

*Christoph Ertle*

Vorbereitung für den Alltag des Lehrers sei, so sagen die einen, im Grund nicht möglich - die Probe aufs Exempel Ausbildung müsse an Ort und Stelle in der künftigen Tätigkeit stattfinden, ein angemessenes Übungsfeld dafür gebe es nicht.

Andere setzen auf die Schulpraktische Ausbildung alle Hoffnungen; ein solch schwerer Beruf sei dringend auf Training unter entlastenden Bedingungen - stundenweises Unterrichten, Anleitung durch Mentoren, begleitende Übungen an den Hochschulen - angewiesen, der Ernstfall trete ohnehin früh genug ein.

Zwischen diesen Tendenzen, vielleicht auch noch darüber extrem hinaus: wissenschaftliche Lehrerbildung sei schädlich und verbildend, am besten sei eine Meisterlehre oder gar ein Anlernverhältnis. Und auf der anderen Seite: Die Lehrerbildung habe längst noch keinen vergleichbaren Stand differenzierter Technologie, schulischen Managements und computergesteuerter Didaktik erreicht, wie es auf ihren Gebieten Medizin und Naturwissenschaften selbstverständlich vorweisen können und deshalb sei hier vor allem Forschungsarbeit in der Pädagogik zu leisten, zwischen diesen Tendenzen siedeln sich gegenwärtig Überzeugungen über Wert oder Unwert schulpraktischer Ausbildung an. Man geht wohl nicht fehl, besonders die Extreme auch als Ausdruck enttäuschter Hoffnungen auf eine absolut praktikable Schulpädagogik anzusehen: wie anders soll man sich die Abwendung von einem sicherlich keineswegs idealen, aber doch auch im ganzen vertretbaren Rahmen gegenwärtiger Konzepte schulpraktischer Ausbildung an den Lehrerbildungsstätten erklären? Dies schließt Zweifel an der Wirksamkeit keineswegs aus - im Gegenteil, doch sollte kein Verdikt und auch kein hartes Mißtrauen das letzte Wort sein. Fragen wir, ob nicht die Schulpraktische Ausbildung verborgene Kräfte wachrufen, die das Vorfeld künftiger Praxis beleben könnten. Vielleicht gehört dazu, daß sich der Lehrer selbst neu entdeckt, danach fragt, was ihn fördert und ihm neue Perspektiven eröffnet, und ob er von hier aus auch seine Schulkinder neu entdecken könnte. -

Doch zunächst: Es gibt meines Wissens keine einzige Ausbildungs-, Prüfungs- oder Studienordnung, die Schulpraxis vermissen ließe; sie gehört zum festen Bestandteil des Fächerkanons mit hochschuldidaktisch verschieden strukturierten Angeboten, einer komplizierten Organisation und einer Fülle von Mitarbeitern, insbesondere als Ausbildungslehrer und Mentoren in den Schulen.

175

Auf dem Hintergrund der jüngsten bildungspolitischen Entwicklung mit ihrem Ruf nach mehr Praxis ist eine Verstärkung des Austauschs zwischen Schule und Hochschule festzustellen; die Veranstaltungen zur Einführung in die Schulpraxis als erster Konfrontation der künftigen Lehrer mit dem angesteuerten Berufsziel sind nachdrücklich in die Diskussion der Erziehungswissenschaftler und Fachdidaktiker geraten *). Die Hochschule sucht Aufschluß darüber zu erhalten, wie ihre Absolventen mit dem Hinausgestoßenwerden, bzw. Hinausdrängen in die Schule zurechtkommen und welches Urteil sie unter dem Eindruck Lehrer zu sein, ihrer zurückliegenden Ausbildung beimessen *).

Der Prozeß des Anfreundens zwischen Erziehungswissenschaft und Schulpraxis geht indessen nur mühsam voran; vermutlich mußte erst der Höhenflug zur Idee von einer reinen Erziehungswissenschaft als Inbegriff einer Theorie von Schule und Unterricht angetreten werden um endlich gewahr zu werden, daß eine Theorie auch für den grauen Schulalltag auf der Erde gut sein muß.

Entwertung, Skepsis gehen über in Hoffnungen und Erwartung, pendeln zurück und fordern dann doch dazu heraus, sich mit diesem Thema erneut zu befassen. Es bietet an, dies dies konkret für den eigenen Arbeitsbereich zu tun, den Lehrbereich Verhaltensgestörtenpädagogik im Fachbereich Sonderpädagogik der Pädagogischen Hochschule Reutlingen, für dessen Schulpraxis ich seit einer Reihe von Jahren verantwortlich bin. Und dabei ließe sich fragen: Wie ist ein neuentwickeltes 4-semestriges Zusatzstudium als ein theoretisches Studium, das es ist, mit der Aufgabe zurechtkommen, Lehrer für eine Praxis auszubilden, in der es vor allem um verhaltensgestörte Kinder und deren pädagogische und schulische Förderung geht.

Die Gefahr liegt nahe in einen eher beschaulichen Rückblick einzutreten, wenn diese Auseinandersetzung nicht unter zwei Gesichtspunkten geführt wird; *einmal:* als der Lehrbereich Verhaltensgestörtenpädagogik mit dem WS 68/69 sich an die Konzeption dieses neuen Studienganges machte, war schon bald erkennbar, daß von Anfang an nach dem Sinn jener Praxis gefragt werden mußte, auf die hin sich die Studierenden bewegten. Diese Frage blieb zugleich auch an das Studium selbst gerichtet, und es bietet sich an, Unruhe und Hektik in der bisherigen Arbeit des Lehrbereichs mit Unsicherheiten im Wahrnehmen eben dieser Sinnfrage zusammenzubringen. Sicher hat solche Unruhe die Diskussion immer wieder aus der Erstarrung hinausbugsieren können und es ist deshalb auch nach der Beschaffenheit dieser Unruhe zu fragen. Geschieht dies nicht, dann liegt es nahe sich dem Traum von einer irgendwie begründeten heilsamen Unruhe hinzugeben - und wer hat schon Lust, sich halbwegs Schönem hinzugeben wenn es vielleicht Schöneres gibt. *Zum Zweiten:* die Theorie-Praxis-Diskussion, eine zeitlang zum Ritual jeder zünftigen Konfrontation unter Aufgeklärten erstarrt, hat die Beziehungen zwischen Lehrer und Schüler einseitig nach dem Muster von Abhängigen unter sich interpretiert, wobei der Lehrer

---

*) Vgl. W. König, Das Theorie-Praxis-Verhältnis im Urteil der Absolventen unserer Hochschule, PH-Information Nr. 25, 1976, Hrsg. PH Reutlingen.

*) Fachbereichsübergreifender Arbeitskreis an der PH Reutlingen.

ein Quentchen mehr Spielraum besitzt. Es kann hier nicht untersucht werden, wieweit dies stimmt - Schule kann sich niemals aus Abhängigkeiten völlig lösen; kaum in den Blick gekommen ist dabei, daß Beziehungen in der Schule sich als differenziert und veränderbar erweisen und Abhängigkeiten oft als geradezu auf den Kopf gestellt, scheinbar klare Positionen durcheinandergewirbelt erscheinen.

Die Frage nach dem Sinn und die Klärung der Beschaffenheit von Beziehungen zwischen Kindern und Erwachsenen, Kinder unter sich, Erwachsenen unter sich hängt für unser Verständnis eng miteinander zusammen; die Eigenart von Beziehungen ist Ausdruck einer bestimmten Sinngebung: wenn es also der Sinn von Schule wäre, brave Untertanen zu schaffen, dann könnte kaum erwartet werden, daß Lehrer und Schüler ihr Zusammenleben auf freies Erleben abstimmten. -

Je mehr ich mich mit der Schulpraxis des Lehrbereichs Verhaltensgestörtenpädagogik beschäftigte, umso stärker erwachte der Eindruck es mit einem kämpferischen Unternehmen zu tun zu haben, wobei der Kampf z.t. mit unsichtbaren Waffen geführt wird; das Ganze trägt menschliche und noch mehr allzumenschliche Züge. Veränderungen vollzogen sich oft kaum merklich, und ich verstehe heute die Veränderungen zwischen Praktikanten und Kindern, Klassenlehrer und Praktikanten, Dozenten und Praktikanten als Wandlungen im Umgang mit Beziehungen; damit gerät auch die Sinnfrage in den Blick, nämlich worauf solche Veränderungen abzielen und woher sie die Berechtigung dafür nehmen.

Um diesen Zusammenhang zwischen dem Sinn der Schulpraktischen Ausbildung und der Gestaltung von Beziehungen zu begründen, bedarf es ausführlicher Darlegungen. Ich möchte dies tun, indem ich

1. einen Rückblick auf die Entwicklung der Schulpraktischen Ausbildung des Lehrbereichs gebe,

2. eine Analyse des Selbstverständnisses der Praktikanten - Eindringlinge, totale Lehrer oder Experten auf Zeit - versuche und

3. Möglichkeiten künftiger Schulpraxis skizziere.


## 1. Entwicklung der Schulpraktischen Ausbildung des Lehrbereichs

Der Anfang des Studienganges im Jahr 1968 war geprägt von Zügen eines Aufbruchs zu neuen Ufern. Es gab wenige präzise Vorstellungen über die Inhalte des neuen Studienganges und über die künftige Struktur einer Schulpraktischen Ausbildung; die Dozenten hatten ihre Erkenntnisse über auffällige Kinder für die Schule weithin erst einmal zu entwickeln. Der Aufbruch war erfüllt von Ideen, in einer neuen Schule ideale Ziele zu verwirklichen und Überkommenem eher skeptisch als offen gegenüberzutreten; es lag auf der Hand, daß dabei vorliegende Theorien über auffällige Kinder insbesondere auf ihre verhaltensändernden Momente hin überprüft wurden, - die Erfolge, wie sie von heilpädagogischer Seite vorgewiesen wurden, erschienen unter dem Eindruck ungestümer Sehnsucht mancher Studierender, zusammen mit den Kindern die eigene Selbstbefreiung voranzutreiben und damit Beweise für die nahezu unbegrenzte Veränderbarkeit menschlichen Verhaltens zu liefern, allzu gering. Als theoretische Zugängen für solches Verständnis dienten Überlegungen u.a. aus der frühen sozialkritischen Psychoanalyse, wobei insbesondere Arbeiten von S. Bernfeld, W. Reich aber auch des Schulreformers A. S. Neill zu nennen sind. Und der Wunsch lag nahe, von der Faszination dieser Autoren für sich selbst zu profitieren, wobei die strenge Form der klassischen Psychoanalyse als Methode der Psychotherapie seelischer Krankheiten beliebig auf alle möglichen Wunschvorstellungen nach Selbstheilung übertragbar schien - das Ergebnis war herbe Enttäuschung über ausgebliebene Erfolge, im weiteren Verlauf heftige Wut, weil sich die Zustände eher verschlimmerten.

In der Schulpraxis des Anfangs wirkte sich der Drang nach Veränderung in engagierten, aber gleichwohl z.T. unglücklichen Heilungsversuchen aus, die in der Konfrontation mit den eher beharrenden Kräften in den Praktikumsstellen zu unguten Erfahrungen führten, später im Schuldienst aber einen Realitätsschock auslösten. So wenig wie Vorstellungen „von einem totalen Ausagieren von Bedürfnissen" oder „von einer chaotischen Eingangsphase" - in manchen Praktikumsberichten nachzulesen - zu irgendeiner Zeit im Lehrkörper vertreten worden sind, so verführerisch war offenbar die Absicht, ungesteuerte Kräfte auf die Bühne des Klassenzimmers zu zerren, davon Heilung zu erwarten und zugleich war sicher, dann auch Destruktion mitzuerleben zu müssen. Die psychoanalytische Kinderpsychotherapie, auf die sich manche in ihrem totalen Engagement beriefen, lebt davon, daß der Analytiker chaotisches und depressives kindliches Verhalten zu steuern versucht indem er über die Bearbeitung in einem langwierigen Prozeß die handlungsfähigen, ich-nahen Kräfte der kindlichen Persönlichkeit stärkt. Im Blick auf den Anfang will nicht so leicht in den Sinn, daß aus dieser frühen Zeit Praktikumsberichte von seltener Dichte und anspruchsvoller Reflexion schulischer Alltagsarbeit vorliegen, *) aber vermutlich ist solche Diskrepanz Ausdruck der gedanklichen Spannweite dieser Zeit. - Es gehört folgerichtig in diese Pionierzeit, Form und Inhalt der Schulpraktischen Ausbildung aus solchem Grundverständnis her abzuleiten. Die Schulen an Heimen, mit der Bitte Gastgeber zu sein konfrontiert, gaben einer geblockten mehrwöchigen Schulpraxis gegenüber dem sonst üblichen Schulpraktischen Tag den Vorzug; der Lehrbereich schloß sich aus organisatorischen Gründen an und sah zugleich die eigenen Vorstellungen von größtmöglicher Intensität in der Betreuung schwieriger Kinder damit verknüpft. Doch nimmt aus heutiger Sicht wunder, wie schnell damals unter dem Druck der Heime die seit Jahrzehnten bewährten Rahmenbedingungen für die Behandlung schwieriger Kinder wie sie die Kindertherapie sämtlicher theoretischen Richtungen ihrer

---

*) Auf kasuistisches Material habe ich in früheren Arbeiten zurückgegriffen, u. a. Im Vorfeld der Psychotherapie, Sonderpädagogik 2 (1972), S. 26ff. u. Kindliches Erleben u. schulisches Lernen, Praxis der Kinderpsychologie 23 (1974), S. 11ff.

Arbeit zu Grunde legt, verlassen wurde - alle Verfahren arbeiten über längere zeitliche Distanz, regelmäßig und mit einzelnen Stunden pro Woche. Nun geht es hier zwar nicht um Therapie, was immer man darunter verstehen mag, sondern um Schule, was immer man darunter verstehen mag - allemal aber um Arbeit mit auffälligen Kindern, um konkrete Angebote, um ein Bündnis zwischen Kind undLehrer für Lernerfahrungen, um einen räumlichen und zeitlichen Rahmen - die geblockte Praxis müßte Vorteile, die sie gegenüber dem Schulpraktischen Tag angeblich haben soll erst noch beweisen. Aber auch andere Momente machen die damalige Zustimmung schwer verständlich: Die ständige Präsenz der Praktikanten an den Vormittagen, oft auch nachmittags, verbunden mit dem Wunsch elterliche und das heißt ja wohl sehr vielseitige Funktionen zu übernehmen, mußten bei gleichzeitigem vollem Studium (der Lehrbereich hatte seine Veranstaltungen auf die Nachmittage gelegt), noch dazu unter der Unruhe des Semesteranfangs, Situationen heraufbeschwören, die als Ausdruck der Unmöglichkeit, so vielerlei unter einen Hut zu bringen, auf riesenhafte Enttäuschungen bei Praktikanten und bei Kindern regelrecht zusteuerten. Man richtete sich, je nach Naturell, darauf ein: manche schienen den Eklat am Schluß als mit dem Praktikum eben so gegeben, fatalistisch einzuplanen. Andere wollten die Idee einer fraglosen Koppelung von Blockpraxis und intensiver Arbeit nicht preisgeben und suchten sich innerhalb dieses Rahmens gegen Enttäuschungen abzusichern, doch der Schulalltag wirkte unter solchen Belastungen zermürbend. Veränderungen schienen fern, zumal viele Praktikanten gerade aus schmerzlichen Erfahrungen für sich selbst wichtige Erkenntnisse gewannen und die Ausbildungslehrer die Trennung von Praktikums- bzw. freien Zeiten im Interesse der Arbeit mit den Kindern beizubehalten gedachten. - Mit dieser Lösung fuhr man jahrelang, z.T. recht, z.T. schlecht und das Risiko des Anfangs machte der Routine Platz. Erschöpfungen und Mißmut hatten sich bis zum nächsten Termin mit anderen Praktikanten verflüchtigt, so, als gäbe es keinen Austausch unter den betroffenen Studierenden. Der Block, kritisiert und verwünscht, blieb ein stabiles Element des Studienganges bis in die jüngste Gegenwart. Diese Beharrung war sicher nicht zufällig. Ein krasses Mißverhältnis der Zahl nach zwischen Ausbildungslehrern und Studierenden bestimmte das Zusammenleben; auf einigen wenigen Lehrern ruhte über Jahre hinaus fast die gesamte Ausbildungsfunktion und gerade in deren Beurteilung war die Bilanz der Praktika offenbar im ganzen günstig - weshalb sollte dann geändert werden? Manche der Praktikanten sahen meist von der ersten Schulstunde an dem Schicksal Prüfungslektionen ins Auge und hatten am Ende damit einen Teil ihres Examens absolviert - sollten sie sich für Veränderungen verkämpfen? Die Dozenten arrangierten sich insoweit, als sie, trotz der Massierung von Terminen gerade zu Semesterbeginn, eine Menge menschlicher und fachlicher Erfahrungen machten.

Aber es kam noch ein Moment hinzu. Die Gruppe der Ausbildungslehrer geriet über ihre wichtige Stellung, bei gleichzeitigen gruppendynamischen Bewegungen, wie es für ein Kollegium auch notwendig ist, in einen Zustand von

Exklusivität; wo um der Arbeit willen Konfrontation zwischen Schule und Hochschule wäre erlösend gewesen, übte man sich in Zurückhaltung - alle Beteiligten fühlten sich in gegenseitiger Verpflichtung verstrickt die deshalb so unentwirrbar schien, weil die freundschaftlichen Beziehungen keiner Belastung standzuhalten schienen, und dies mußte bedenklich stimmen. - Die intensive Diskussion aus der Anfangszeit war verlorengegangen; die farblose Routine muß allerdings auch als Antwort auf die zeitweise von außen beargwöhnte Arbeit des Lehrbereichs verstanden werden, z.T. hervorgerufen durch manche unglücklichen Aktivitäten von Absolventen. Die Studierenden zogen daraus die Folgerung, sich einer möglichst schnellen, stromlinienförmigen Ausbildung zu unterwerfen, bei der es in erster Linie um das Inhalieren exakt vorgegebener, anwendbarer Fakten für die Schulpraxis ging, so, als ob selbst die Erwartung der Dozenten, dann doch wenigstens eigene Nuancen einzubringen, an Zumutung grenzte. Doch hat auch dies eine andere Seite: das Recht der Studierenden auf Konkretionen in einem pädagogischen Studium, was ja keineswegs mit starrem Schulmeistertum identisch zu sein braucht. Die Skepsis der Dozenten im Lehrbereich gegenüber vorschnellen, „sicheren" Eingriffen kann diese nicht davon entbinden entsprechende Forderungen sehr ernst zu nehmen; für die Suche nach vertretbaren Handlungsformen und deren Vermittlung wird noch auf Jahre hinaus Arbeit zu investieren sein. Das Fundament dazu, so scheint mir, ist gelegt. - Der berechtigte Apell war allerdings nur langsam erkennbar geworden. Er kleidete sich in Lethargie, Farblosigkeit und fast völligen Verlust an eigene Initiative auf Seiten der Studierenden. Die Wandlung war unmerklich auf leisen Sohlen gekommen und doch schien alles auf den Kopf gestellt. Während Ideen und Utopien anfangs ungestüm hervorschossen und es immer wieder Mühe kostete Schule und Unterricht als Arbeitsfeld des Lehrers ins Gedächtnis zu rufen, so waren eben dieselben Brennpunkte jetzt zum Inbegriff von Verhaltensgestörtenpädagogik erklärt worden; der Umgang mit schwierigen Kindern schien in Tafel, Kreide, Schulbuch, Arbeitsmittel. Wissensoptimierung zum Zwecke besserer Einsicht in falsches Verhalten, aufzugehen. Waren Wißbegier und Suche nach Neuem zunächst von drängender Ruhelosigkeit getrieben, so blieb der Blick jetzt starr, das Zusammensein mit auffälligen Kindern, dessethalben man sich einem weiteren Studium unterzog und dabei an verändertes Sehen, anderes Empfinden und neues Handeln dachte, schien lediglich noch über Kategorien wie Methodik, feine und allerfeinste Lernziele und spezielle didaktische Kniffe verstehbar. Die Frage schließlich, was das alles denn für einen Sinn haben könnte, und vor allem, was man in den vier Semestern eigentlich mit sich selbst zu tun beabsichtige - diese Frage, in der Anfangszeit idealistisch und mit Zügen von Realitätsflucht zu beantworten versucht, drohte unterzugehen im Pochen auf restaurative Normen.

Mir selbst werden Zustände eigener Verzagtheit wieder lebendig, wenn das Wettern gegen Lethargie wirkungslos geblieben war und die Schulpraxis zu einer Rutschbahn in die Karriere flotter Unterrichter zu werden drohte. Die Verzagtheit war vielleicht auch deshalb so bedrückend, weil ich mich selbst kaum noch

gegen die neuen Maßstäbe zu wehren wußte; denn der Zustand der Studierenden und der eigene spiegelt doch ein und dieselbe Misere wieder: wenn ein
wichtiger Studienteil die Frage nach dem Sinn verloren hat und alle Beteiligten -
Ausbildungslehrer, Studierende und Dozenten - phlegmatisch werden, Praktika
mit ihrer Fülle konkreter hochinteressanter Pädagogik zum notwendigen Übel
verkommen, dann ist es berechtigt, entweder die Arbeit an den Nagel zu hängen
oder aber neu zu beginnen. - Mit dem Beginn des Grundständigen Studiums
der Sonderpädagogik im SS 1974 kamen neue Momente ins Spiel; es ging um
allererste Begegnungen mit Kindern in der Schule - Vorsicht, Unerfahrenheit
aber auch Lernbereitschaft beherrschten die Szene. Es hätte sich also angeboten, dies zum Anlaß gründlicher Besinnung zunehmen und womöglich auf
einen akzeptablen Status der Schulpraktischen Ausbildung im Bewußtsein
der Beteiligten hinzuarbeiten. Unter dem Druck bisher nicht aufgetretener
Studentenzahlen gingen der Lehrbereich zunächst in eine andere Richtung,
und die Umwandlung der bisherigen geblockten Praxis zugunsten des Schulpraktischen Tages beherrschte die Diskussion. Eine veränderte Organisation
also sollte das Mißbehagen an der Konzeption heilen, und tatsächlich stützten
sich die entsprechenden Argumente auch auf sehr persönliche Erfahrungen.
Den Dozenten ging es um eine Lösung, die den Besinnungsprozeß über praktische Arbeit möglichst lange in Bewegung halten sollte - viele Eindrücke aus
dem Unterricht können nicht kurzfristig geklärt werden; gerade hierfür sollten
Praxisanleitungsgruppen angeboten werden, die vom zeitlichen Kontinuum leben. Einige der Ausbildungslehrer schlossen sich diesem Trend an, andere waren
längere Zeit nicht bereit, den Sicherheit bietenden Block preiszugeben. Nicht
nur die Befürworter des Schulpraktischen Tages, sondern auch die Vertreter
der Blockregelung begannen ihre Positionen pointiert zu vertreten und das
lange Zeit allzugute Einvernehmen zwischen Hochschule und Schule sah sich
auf die Probe sachlicher Übereinstimmung gestellt. Aufs ganze gesehen blieb
die Frage nach der günstigen Organisation im Vordergrund und erst langsam
rückten Überlegungen wieder ins Blickfeld, wie Ausbildung, Schulpraktische
Ausbildung und künftige Berufsfunktion in einen Sinnzusammenhang gebracht
werden könnten.

## 2. Selbstverständnis der Praktikanten

Etwa zur gleichen Zeit, als der Streit um die Form der Schulpraxis noch für
Bewegung sorgte, setzten Auseinandersetzungen über das Selbstverständnis
der Praktikanten ein. Was in der Zeit des Anfangs noch unter der Schwelle
schwerer persönlicher Kränkungen gehalten worden war, belastete später insbesondere den Beginn der Praktika: die z.T. schockierenden körperlichen Attacken, denen viele Praktikanten ausgesetzt waren, in manchen Berichten dra-

stisch geschildert, auch heute noch eindrücklich nachlebbar.

Auch als es den Kindern längst zur regelmäßigen Selbstverständlichkeit geworden war, daß Praktikanten in die Schule kommen, und deren Stellung in den Klassen als „schon Lehrer, aber nocheinmal Praktikanten" ausführlich erläutert worden war — änderte sich an der feindlichen — bösen Einstellung wenig. Woran mag es gelegen haben?

Offenbar hatten die Kinder den zentralen Konflikt der Praktikanten wahrgenommen, die immer wieder erklärten: *„Wir erleben uns als Eindringlinge".* Die Reaktion der Kinder: „Haut ab, was wollt ihr hier?" Wer sich als Eindringling fühlt, wird kaum mit freundlichem Empfang rechnen dürfen. Es überwog der Eindruck, diesen Zugang zur Schule unter weitgehender Preisgabe eigener Interessen gewinnen zu müssen, die ja handfest genug sind. Für manche Praktikanten war der Weg insofern klar, als sie meinten sich über Unterwerfung, Schmerzen und Verzicht die Bereitschaft zur Mitarbeit erkaufen zu können, doch trat das Gegenteil ein: Die Kinder reagierten auf solcherart Werbung mit noch stärkeren Attacken, vermutlich ein Weg, sich Schuldgefühle vom Leib zu halten.

Zugleich mit der Person der Praktikanten verfielen auch alle vorbereiteten und z.T. selber hergestellten Arbeits- und Lernmittel der Zerstörungswut - aus dieser Eskalation, bei der die Praktikanten Wut und Schmerz mehr und mehr verleugneten, schien es keinen Ausweg zu geben. Es ist klar, daß sich diese Wut mehr und mehr auf andere am Unternehmen Schulpraxis Beteiligten richtete, zunächst auf Ausbildungslehrer, dann aber zunehmend auf die Dozenten. Sie erreichte uns allerdings nur mittelbar über Bemerkungen hinter vorgehaltener Hand, und zeitweise kamen wir uns so vor wie bei dem bekannten Kinderspiel von der „Stillen Post": ein Wort kommt, phantasiereich entstellt oder ausgesponnen an den Ausgangspunkt zurück, doch blieb im Gegensatz zum Kinderspiel, Resignation zurück. Die Idee eines neuen Unterrichts, erwachsen aus dem Verdruß einer Arbeit mit gelangweilten Schülern schien nur unter Bedingungen weitgehender Preisgabe eigener Position realisierbar. Und so schien es stimmig: Kinder sind lustlos, wenn der Lehrer Stoff paukt und Wissen fordert, Kinder bekommen wieder Lust, wenn der Lehrer sich zurückzieht, die Kinder sich selbst überläßt. Der wahre Kern in dieser Sequenz bekam ein ganz irres Gewicht und zeitigte zerstörerische Wirkungen. Es ist nicht zu bezweifeln, daß gerade zu dieser Zeit äußerst ungünstige Umstände diesen Zustand so forcierten: Viele, z.T. sehr schwer gestörte Kinder, die sich nicht mehr mit den Kategorien einer am Neurosemodell orientierten Diagnose und daraus entwickelten pädagogischen Konsequenzen ausreichend erfassen ließen; hinzu kam, daß es der Blockregelung wegen unmöglich war, die Enttäuschungen der Praktikanten rechtzeitig in Praxisanleitungsgruppen zu bearbeiten. Es muß hier aber auch vom Mangel an einer ins Detail zielenden handlungsorientierten Pädagogik für verhaltensgestörte Kinder die Rede sein, wir wußten zwar ziemlich genau, wie Unterricht ungünstig erschien, wir hatten auch Vorstellungen von einem veränderten Unterricht, wie aber solcher Unterricht sich realisieren ließe, dafür fehlten uns praktische Vorstellungen.

So muß die anschließende zweite Periode, die allerdings keinen sehr großen Einfluß hatte auch als Antwort auf diesen Stand wenig entwickelter praktischer Theoriebildung verstanden werden. Sie war gekennzeichnet von dem Drang, *die Lehrerrolle ganz zu übernehmen und zwar so total,* wie nicht einmal der Klassenlehrer sie verstand. Auf den gekränkten Rückzug folgte der kraftstrotzende Aufmarsch, begleitet von genau dosierten Stundenrationen, Drill von Formalien und der Androhung brachialer Gewalt mit dem Erfolg, daß die Kinder parierten aber ihre Arbeitslust um nichts größer wurde. Kein Zweifel: auch dies entsprang gleicher Ratlosigkeit; der Klassenlehrer ist für die Kinder Ausdruck von Beständigkeit, Garantie von Dauer, den die Kinder trotz aller Konflikte im Schulalltag nicht bereit sind, sich einfach auch nur für begrenzte Zeit rauben zu lassen. Die Szene blieb gespalten: einer kleinen Gruppe von Studierenden schienen parierende Kinder leibhaftiger Beweis für die Wirksamkeit klarer Methoden; andere waren weniger denn je bereit, Pädagogik mit Unterdrückung zu identifizieren - doch blieben die Konturen eines Auswegs nach wie vor verschwommen.

Zwischen den Extremformen siedelten sich zahlreiche Varianten an, von langen Diskussionen in allen Gremien des Lehrbereichs begleitet, und eine Reihe wichtiger Änderungen im Ablauf der Schulpraxis sind Anregungen, die wir Studierenden verdanken - sie müssen hier summarisch genannt werden. Bei allen standen die Organisation der Praktika und methodische Fragen so sehr im Vordergrund, daß andere Zugänge, die genauso nahegelegen hätten, lange Zeit wie ausgeblendet blieben, nämlich: wozu das alles sollte gut sein, was da so intensiv bedacht wird, welche künftige Funktion der Lehrer denn da erprobe und insbesondere, was es denn heißt, verhaltensgestörten Kindern in einer Gruppe gegenüberzustehen. Die Zeit schien reif, auf diese Fragen nach dem Sinn eines Lebens in der Schule Antworten zu suchen. -

Veränderung bahnten sich diesmal entscheidend über eine Besinnung bei einzelnen Ausbildungslehrern an; sie hatten erkannt, wie sehr sie durch die jahrelange Arbeit mit schwierigen Kindern zermürbt waren, während die schulischen Erfolge manchesmal hinter ihren Erwartungen zurückblieben.

Die Ausbildungslehrer taten nun etwas, was ihnen neuen Auftrieb verlieh: sie begannen zu fragen, was sie eigentlich selbst noch angeregt oder gar von den Stühlen gerissen könnten vorkommen, wenn sie sich zu Gästen bei sich selbst erklärten. Und sie kamen zur Erkenntnis, daß Faszination kaum noch von bestimmten methodischen Kniffs ausgehen, sondern eher von persönlich geprägtem vorgestelltem Stoff. Die überkommenen Vorstellungen vom besonderen Umgang mit schwierigen Kindern, die ja bei aller Unklarheit noch immer wenigstens einen Konsens über den Ausgangspunkt neuer Diskussion bescherte - sie sollten nun auf einmal nicht mehr gültig sein, der Stoff wieder zurückkehren wie eine alte Kutsche aus der Remise?

Gewiß hatte die Gewichtung der stofflichen Seite eine wichtige Präzisierung bisher noch nicht scharf wahrgenommener Eindrücke gebracht, unter Bedingungen allerdings, die jeder Stoffhuberei einen Riegel vorschiebt: Die Idee des persönlich geprägten Stoffes war von einem vehementen und ursprünglich - naiven Zugriff des lern- uns wissensbegierigen Lehrers begleitet. Was z.B. läßt bestimmte Tiere sich so und nicht anders verhalten? Wie schaffen sie sich ihren Lebensraum, was läuft mitten in unserer Welt ab, von dem wir zeitlebens keine Ahnung haben? Vor allem aber: Welche Methode kann man in den Dienst solchen Erkenntnisinteresses stellen. Und wie können die Kinder an solchen Neuigkeiten beteiligt werden? Das hatte weniger mit neuen didaktischen Konzeptionen oder gar Lehrmethoden für Verhaltensgestörtenschulen zu tun als vielmehr mit einem veränderten Selbstverständnis des Lehrers von seinem Handeln als Lehrer selbst. Gewiß mögen äußere Faktoren, die z.B. mit Organisation von Schule und Klima in einem Kollegium grob genannt sind, begünstigend gewirkt haben, doch war die Veränderung im Grunde sehr stark vom Bewußtwerden des Umgangs mit sich selbst innerhalb des Umgangs mit den Kindern geprägt. Und dieser neue Umgang trug sichtbare Früchte: Es ließen sich die Momente psychischer Ökonomie, angenehmer Selbstdarstellung und der Beruf Kinder zu erziehen und zu unterrichten, glücklich miteinander verbinden. Im Grunde war damit aber mehr geschehen: es schien so, als sei das Ideal von einer universalen Bezugsperson ins Wanken geraten, denn diese schulische Konsequenz hieß Abschied vom Universallehrer zugunsten eines verteilten Unterrichtsauftrages im Sinn eines modifizierten Fachlehrers.

Was ursprünglich einer schulischen Auffassung geradezu diametral entgegenzustehen schien - die Preisgabe der universellen Bezugsperson Klassenlehrer, bot sich nun als bedenkenswertes neues Argument an. Es ist mir wichtig, auf ein mögliches Mißverständnis hinzuweisen, wonach über die Variante „modifizierter Klassenlehrer" eine Preisgabe des erzieherischen, besonders auf die Arbeit mit schwierigen Kindern abgestimmten Engagements erfolge - das Gegenteil ist der Fall; es geht darum, den Lehrer vom Druck permanenter Beziehungen mit ein und denselben Kindern zu entlasten und den Kindern ihrerseits auch wechselnde Angebote persönlicher und sachlicher Art zu geben.

Dies hatte bestimmte Konsequenzen für den Praktikumsablauf. Es lag nahe, einmal den Unterricht auf wenige zentrale Themen im Sinn von Epochenunterricht zu konzentrieren. So bot z.B. der Arbeitstitel Südamerika in einem 7./ 8. Schuljahr eine ganze Reihe von Zugängen, weil die beteiligten Lehrer meinten, ganz unverstellt ihre eigenen Interessen an dem Rahmenthema, Verkehrswege, Landwirtschaft und Ernährung - in die Schule mitbringen und die Kinder auf Zusammenhänge hinweisen zu können, die ihnen selbst wichtig waren. Es ist ohnehin zu fragen, ob Kinder nicht deshalb häufig ihre Interessen verdecken, weil sie von den Erwachsenen auch nichts anderes erleben. Als Folge der veränderten schulorganisatorischen Planung bot sich der Schulpraktische Tag an, wo nun einzelne Praktikanten ihre eigene Expertenschaft sollten über mindestens ein Semester ausweisen.

Über die Konzentration auf zwei Fächer hinaus führt der Schulpraktische Tag auch zu einem Disengagement und damit zu einer Veränderung des ursprünglichen pädagogischen Konzepts. Wir können über die Wandlungen im einzelnen noch nicht auf der Basis breiter Erfahrung berichten - die ersten höhersemestrigen Praktikanten sind erst gegenwärtig dabei, Erfahrungen zu sammeln - in jedem Fall aber sind die ursprünglichen Konditionen und Inhalte des Themas Schulpraxis in der bisherigen Form nicht mehr aufrechtzuerhalten: das Zusammengehören geblockter Praxis mit der nahezu ständigen Verfügbarkeit eines unzerstörbaren Lehrers - so etwa läßt sich zugespitzt die Position beschreiben, von der aus für viele der Weg begonnen hatte.

Die jüngste Vergangenheit sah anders aus, und spätestens hier setzte die grundsätzliche Überlegung ein, nun auf breiter Basis, ob sich nämlich die veränderte Schulpraxis mit einem lediglich formalen Vergleich erfassen läßt, oder ob damit nicht auch eine Neubesinnung über die Funktion des Verhaltensgestörtenpädagogen verbunden sein muß. *Die „Expertenschaft auf Zeit"*, wie ich die Grundposition der 3. Periode nennen möchte, wäre also einer Überprüfung zu unterziehen, wobei sich zeigen müßte, ob dies nur eine weitere modische Antwort ist auf die Forderung des Studiums eben schulisch zu praktizieren, oder ob damit auch Perspektiven einer prinzipiellen Identität von künftigem Lehrer und gegenwärtigen Praktikanten erkennbar sind. Ich meine damit, daß die vielen sehr kunstvollen Rechtfertigungen über die Schwäche des Praktikantenstatus etwas über die Folgen nicht zustandegekommener Konfrontation mit Kindern aussagen; argumentiert wird regelmäßig umgekehrt: der Praktikantenstatus sei an allem schuld. Aber wer würde sich erlauben zu sagen, der Lehrerstatus per se sei schuld am Scheitern von Unterricht? Mir sind die Argumente über renitente Kinder und mangelnde Unterstützung durchaus bekannt, aber wer soll schließlich für die Autonomie des Praktikanten und künftigen Sonderschullehrers geradestehen - andere oder er selbst?

### 3. Möglichkeiten künftiger Schulpraxis

Bei der Diskussion um die optimale Form schulpraktischer Ausbildung ging es zunächst um „konkrete" Argumente. Die geblockte Schulpraxis zu Semesterbeginn läßt Praktikanten und Dozenten auf mehreren Hochzeiten zugleich tanzen. Am Schluß blieben genug Zweifel übrig, ob denn physische Erschöpfung und Enttäuschungen das letzte Wort über eine Arbeit sein dürfen, die eben auch zugleich reiche Erfahrungen vermittelt hat.

Und es war klar, daß der persönliche Gewinn auch unter Bedingungen gesucht wurde, die weniger schillernd waren. Oder anders ausgedrückt: was bringt Lehrer dazu - und Lehrer sind alle am Unternehmen Praktikum Beteiligten - ein wochenlanges Übermaß an Arbeit auf sich zu nehmen, unter dem sie zugleich leiden? Und was ist der Preis, der für diesen Lernzuwachs zu entrichten ist? Ließen sich solche Eindrücke anders nicht gewinnen? Ich kann mich des Eindrucks nicht erwehren, als ob wir eben alle doch von der Idee bestimmt waren, Praktika seien verordnet und damit abzuleisten, die vielbeschworene Beziehung zwischen Lehrer und Kind, ansonsten mit dicken Buchstaben aufs Panier der Verhaltensgestörtenpädagogik geschrieben - wo war sie geblieben?

Zugespitzt hieße dies: die Praktika waren eine Zeitlang darauf angelegt, Beziehungen zu verhindern, bzw. Beziehungen unter derart erschwerten Bedingungen zustande kommen zu lassen, daß gar keine andere Wahl blieb, als aus solchen Beziehungen zu fliehen. Wir haben uns in unserer Antwort zunächst auf eine organisatorische Antwort festlegen wollen, aber es ist eine Scheinantwort geblieben. Und auch die veränderte Argumentation, die von Flucht aus der Beziehung spricht, greift noch zu kurz. Wie ist es zu verstehen, daß Lehrer sich für keinen anderen Weg entscheiden konnten als den, der verhindert was sie sich zu lernen vorgenommen haben?

Diese auffällige Konstellation hat auch etwas mit den Kindern zu tun, mit ihren Erwartungen, oft nach totaler Präsenz des Lehrers, mit ihren Wünschen fast in ihn hineinzuschlüpfen, mit ihm zu verschmelzen und ihn unmittelbar danach wegzustoßen, zu zerstören um gleich wieder Annäherung zu suchen - vielleicht ein extrem ungünstiger Verlauf aber viele Kinder, mit denen wir es zu tun haben agieren in diesem Rahmen. Und wer will sich schon auf ein solches Wechselbad einlassen? Ich meine, daß man die Organisationsform der Schulpraktischen Ausbildung als Versuch beschreiben kann, Antworten auf dieses Problem zu suchen. Und wie man es auch drehen und wenden mag - die Antworten sind bisher eher beziehungsvermeidend ausgefallen. Unter diesem Aspekt erscheint auch eines der Hauptargumente der Blockvertreter in neuem Licht. Es gehe um Beziehungen mit schwierigen Kindern, die früh vernachlässigt, nunmehr bester Zuwendung und dies auf dem Weg ständiger Präsenz des Lehrers bedürften - so sagen sie. Abgesehen davon, daß selbst das längste Praktikum immer nur ein befristetes Arrangement ist und der schwierige Anfang rasch auf ein noch schwierigeres Ende zugeht - auffälliges Verhalten ist zwar Ergebnis und Ausdruck gestörter primärer Beziehungen, aber ausschließlich quantitativ orientiertes Denken simplifiziert einen schwierigen Zusammenhang, indem es die Bedingungen außer acht läßt, unter denen Beziehungen zu Vätern und Müttern zustande kommen. Verhaltensstörungen lassen sich nicht einfach über besonders hohe Dosen von Zuwendung zum Verschwinden bringen, so wie man Küken mit Rotlicht wärmt oder Bienen Zucker zufüttert. Das Mißverständnis liegt dort, wo unter dem Druck kindlicher Unarten vergessen wird, wie eng das Wohlergehen des Kindes vom Wohlergehen des Lehrers abhängt und umgekehrt.

Für den Erzieher folgt daraus, daß Wohlergehen ihm nicht nur Spielraum verschafft, erselbst zu sein, sondern auch darüber nachzudenken und zu erleben, ob seine erzieherischen Handlungen bei den Kindern ankommen oder ob sie nicht *noch mehr Verwirrung stiften als ohnehin herrscht.* Oder: Praktikanten legen ihre pädagogischen Ideen so für sich aus, daß sie kaum noch von der Seite der Kinder weichen, *Quälereien geduldig auf sich nehmen,* bis sie ihre eigene Enttäuschung konstatieren und selbst wütend werden. Das Ende des Praktikums ist dann ernüchternd – der Praktikant ist froh, daß er alles hinter sich hat, die Kinder fühlen sich, zumal nach beschwörenden Versprechungen, oft enttäuscht und im Stich gelassen. Schließlich: *Praktikanten halten sich auf Distanz,* dozieren Stoff und machen sich weiß, Kinder ließen sich gerne belehren – die einfachsten Erfahrungswerte scheinen vergessen. Alle drei Skizzen, des Unruhestifters, des Lammfrommen und des Distanzierten sind individuelle Antworten auf die Anforderung des Praktikums und niemand wird behaupten wollen, irgendeine Praktikumsform könne dies verhindern – weder das Blockpraktikum noch der Schulpraktische Tag garantieren allein per Organisation befriedigende Lösungen. Das Problem sitzt tiefer; zu fragen ist, von welchem Verständnis der Genese und der Erscheinungsformen von Verhaltensstörungen ausgegangen wird, vor allem aber was eigentlich das Handeln des Verhaltensgestörtenpädagogen bestimmt, seine Ziele, seine Verfahren und seine Überlegungen über seinen Standort als Lehrer.

Wenn ich es recht sehe, war das Unbehagen am mangelnden Persönlichen Gewinn Anlaß, das Praktikum neu zu bedenken. Einige Studierenden waren sich zu schade, wochenlang in einem Zustand von Unbehagen und Zweifel mit Kindern zusammenzusein. Sie begannen nach Bedingungen zu fragen, die weder die fatale Stellvertreterfunktion, ("Der Lehrer bin ich") noch die des Alternativlehrers ("Ich mache alles ganz anders") und schon gar nicht die des Lehrers aus dritter Hand ("Ich bin hier ja nur ein kleiner Praktikant") übernehmen sollte, sondern die Gegebenheiten der Schulklasse, die einen Lehrer hat, einen Stunden- und Jahresplan dazu und die aus Kindern besteht, die mit Fug und Recht darauf bestehen, auch nach Beendigung des Praktikums ihrer selbst sicher zu sein. Und dies kann auch als Antwort auf die Frage des Lehrers verstanden werden, wie er es mit seiner Selbstachtung hält.

Das Praktikum bestimmt sich einmal vom zeitlichen Umfang her, zum zweiten von den formalen Anforderungen und schließlich von den Bedingungen eines Unterrichts mit verhaltensgestörten Kindern. Und wenn die Vermutung über den engen Zusammenhang von persönlichem Gewinn und pädagogischen, bzw. unterrichtender Handlungsfähigkeit zutrifft, dann müssen die Unwägbarkeiten in einem solchen Unterricht erneut zur Kenntnis genommen werden. Dazu gehört, daß Unterricht mit solchen Kindern schwierig ist, und daß es sich mit keiner Methode wird einfach machen lassen. Wir haben es nötig wieder zu lernen, was es heißt, die für das Kind bekömmlichen Seiten väterlicher und mütterlicher Autorität konkret werden zu lassen. Und von hier aus ließen sich auch die Rahmenbedingungen eines Praxisverständnisses abstecken, für das kurze Studium und für die lange Zeit danach:

– Kinder können von niemanden auf der Welt mit kurzfristigen pädagogischen Absichten umgekrempelt werden, so oft auch irgendwelche Scharlatane ausziehen werden, solches zu versuchen.

- Kinder in der Schule haben ihren Lehrer, der sich Mühe mit ihnen gibt und der seine Arbeit bedenkt – so gut oder so schlecht das auch sein mag. Ihn zu verdrängen hieße fahrlässige Traumatisierung ohnehin traumatisierter Kinder heraufbeschwören.

- Praktikanten kommen als Erwachsene in die Schule und bringen Erfahrungen aus dem Umgang mit Kindern mit. Sollten sie wirklich nicht in der Lage sein, an irgendeiner Stelle mit Kindern in Beziehung zu treten und zunächst einfach zu sehen, was Kinder vor ihren Augen tun?

- Praktikanten machen Praktika, auf die sie sich einzurichten haben, in denen sie aber auch nicht alleingelassen sind. Was hindert sie daran, vorsichtig, zur Not auch heftig und unüberhörbar an die für sie bekömmlichen väterlichen und mütterlichen Seiten der Mentoren und der Dozenten zu appellieren?

# Konzeptbildungen bei Verhaltensgestörten

*Fritz Mewe*

In diesem Beitrag werden einige Gedanken, die wesentliche Merkmale Verhaltensgestörter in einen einsichtigen Zusammenhang bringen, vorgestellt. Einleitend sollen die beiden Begriffe des Themas kurz erläutert werden. daran anschließend sind in einem ersten Abschnitt die Verhaltensstörungen als Einschränkung flexiblen Handelns, in den folgenden Abschnitten die Ursachen und therapeutische Konsequenzen dargestellt.

Ein Konzept kann als komplexe Handlung (Reaktion), bezogen auf differenzierbare Reize, definiert werden. Dafür ein Beispiel: Ein kleines Mädchen hat unter seinen Spielsachen auch eine Puppe und ein Steiftier. Mit beiden geht es unterschiedlich um. Während es die Puppe badet, anzieht, auszieht, kämmt und in den Puppenwagen zum Ausfahren legt, wird es das Steiftier besonders abends umarmen, mit ihm schmusen, sich im Bett an es kuscheln, mit ihm einschlafen und aufwachen. Hier sind Puppe und Steiftier Beispiele für unterscheidbare, also differenzierbare Reize, die auf sie bezogenen komplexen Handlungen die Konzepte.

Unter Verhaltensstörung sollten Verhlatensweisen, die von einer Gruppennorm abweichen und die die Gruppe negativ bewertet, verstanden werden. Die Gruppe ist in dieser Definition nicht festgelegt, man kann beipsielsweise an ein Volk, Klasse oder eine soziale Schicht denken. Nach dieser weiten Definition gehören zu den Verhaltensstörungen u.a. Neurosen, Psychopathien, Kriminalität oder auch einfache Schulleistungsstörungen.

## 1. Verhaltensstörung bedeutet Einschränkung des Handelns

Für die Entwicklung der Hypothese, ein wesentliches Charakteristicum der Verhaltensstörung sei die Einschränkung der Verhaltensvielfalt, soll von einem Beispiel ausgegangen werden: Eine Schulklasse, in der sich normale, ein aggressivund ein gehemmt verhaltensgestörter Schüler befinden, bespricht ein Gedicht. Die normalen Schüler zeigen ein sehr flexibles, variationsreiches Verhalten. Aktivitäten, wie sich melden, spontan dazwischenreden, den Nachbarn boxen, etwas aufschreiben, aus dem Fenster gucken oder sich zurückziehen wechseln in bunter Reihenfolge. So variationsreich verhält sich der aggressiv Verhaltensgestörte nicht. Obwohl er sich auch einmal etwas aufschreibt oder mitdiskutiert, ist er überwiegend mit Aggressionen (anderen zu drohen, sie zu beschimpfen und zu boxen) beschäftigt. Der gehemmt Verhaltensgestörte, der auf Befragen des

Lehrers zwar auch einmal antwortet oder sich gegen zu starke Angriffe ver-
teidigt, ist überwiegend inaktiv. Die Verhaltensgestörten zeigen somit keine
qualitativ anderen, sondern nur weniger verschiedene und zeitlich anders ver-
teilte Handlungsweisen als die Normalen. Den größten zeitlichen Anteil nehmen
jeweils die aggressiven bzw. die gehemmten Aktivitäten ein, das Verhalten ist
damit weniger variabel, stärker eingeschränkt und stereotyper. Das verdeutlicht
die Abbildung 1, in der davon ausgegangen wird, daß Normale und Verhaltensgestörte gleiche Gedächtnisspeicherkapazitäten, IQ usw. besitzen. Wären diese
bei den Verhaltensgestörten geringer, so würde sich dieses Modell noch ver-
einfachen.

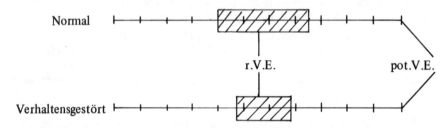

Abb. 1: Darstellung der im Gehirn gespeicherten potentiellen Verhaltenseinheiten (pot. V.E.), die bei Normalen und Verhaltensgestörten als gleich
groß angenommen wird und die Menge der realisierten Verhaltenseinheiten (r.V.E.), die bei beiden Gruppen unterschiedlich ist.

Es soll im Folgenden eine einzelne Handlung, z.B. das „Sichmelden", einer
detaillierteren Analyse unterzogen werden. Insbesondere interessiert hier der
Augenblick bevor sich der Schüler meldet. Was geht in dem Kopf des Schülers zum Zeitpunkt (t) vor der Handlung (v.H.) vor sich? Offenbar wird der Schüler in den Sekunden vorher, bewußt oder unbewußt, einen Suchprozeß über
seinem Gedächtnisbesitz ablaufen lassen, um diejenige potentielle Verhaltens-
einheit, die diese Situation (arbeiten an dem Gedicht) am besten löst, zu finden.
Zu diesem Zeitpunkt t.v.H. kennt der Schüler also die optimale Verhaltens-
einheit (V.E.) noch nicht. Er wird sie nur dann finden, wenn alle potentiellen
V.E. 'n die gleiche Chance, ausgewählt zu werden, haben. Nur so können V.E.
'n, die auf den ersten Blick unbedeutend erscheinen, es in Wirklichkeit aber
gar nicht sind, auch berücksichtigt werden. Einem flexiblen, gut angepaßten
Verhalten geht also ein Zeitraum t.v.H., in dem der Suchprozeß abläuft, voraus.
Er wird je nach Problemschwierigkeit verlängert und kann Stunden, ja manchmal sogar Tage dauern.

Es soll jetzt angenommen werden (die Begründung erfolgt unter 2.), daß bei
den Verhaltensgestörten die einzelnen potentiellen Verhaltenseinheiten (z.B.
den Nachbarn boxen, aus dem Fenster gucken, sich melden) nicht alle die
gleiche Chance ausgewählt zu werden besitzen. Es liegt keine Gleichverteilung
ihrer Auftretenswahrscheinlichkeit vor. Das ist in Abb. 2 dargestellt. Ihr Gedächtnisbesitz ist stärker geordnet, die Redundanz ist höher. Auf das oben an-

190

geführte Beispiel übertragen heißt das, der aggressive Schüler zeigt ein geordneteres Verhalten in dem Sinne, daß die Aggressionen häufiger als andere Verhaltensweisen auftreten und das Gesamtverhalten daher auch leichter vorhersagbar ist.

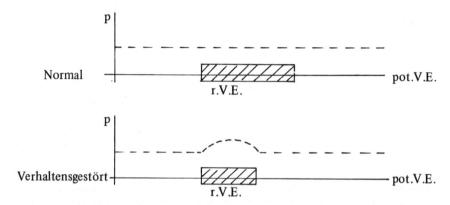

Abb. 2: Verteilung der Auftretenswahrscheinlichkeiten (p) von pot.V.E.'n. Bei den Verhaltensgestörten liegt eine höhere Ungleichverteilung (Redundanz, Ordnung) vor. Abkürzungen s. Abb. 1.

Was kann nun dieses Denkmodell leisten? Aus ihm sind viele typische Eigenarten Verhaltensgestörter ableitbar. Dafür einige Beispiele:

*Verhaltensgestörte haben weniger Phantasie*

Die Gleichverteilung der Auftretenswahrscheinlichkeiten im Zeitpunkt t.v.H. bedeutet für den Normalen doch nichts anderes, als daß ihm zu dieser Situation sehr viel einfällt, was er tun könnte. Diese vielen Einfälle, von denen unter realistischen Gesichtspunkten nur ganz wenige zu verwirklichen sind, imponieren als Phantasiereichtum. Phantasie scheint im Leben eine oft unterschätzte, wichtige Rolle zu spielen. Das wird exemplarisch aus einem Unfallbericht deutlich. An einem Nebeltag im Herbst 1975 ereignete sich auf bundesdeutscher Autobahn ein Auffahrunfall, in den ca. 130 Autos verwickelt waren. Ein Zeitungskommentator schrieb, er sei nicht gewillt, solche Unfälle als unabwendbares Schicksal hinzunehmen. Diesen Leuten habe es schlicht an Phantasie gefehlt. Sie versäumten es, sich vorzustellen, was alles hinter der undurchdringlichen Nebelwand hätte sein können, z.B. liegengebliebene Autos wegen Benzinmangel, Pannen usw. Mehr Phantasie hätte zu einem sicheren Verkehrsverhalten geführt. Ohne Phantasie, so könnte man schlußfolgern, gibt es in komplexen Situationen kein optimal angepaßtes Verhalten.

Aus dem Modell in Abb. 2 geht nun hervor, daß die Verhaltensgestörten phantasieärmer sind, was auch empirische Untersuchungen nahelegen. Der Entwicklungspsychologe Heinz Werner (4) testete den Phantasiereichtum 4-jähriger Kinder mit dem Rorschachverfahren und stellte bei den phantasielosen eine erhöhte motorische Unruhe fest. Die gleiche Untersuchung bei älteren Kindern ergab zusätzlich zur Unruhe noch erhöhte Aggressivität und Abhängigkeit von der Umgebung. Leonard Goldberg bestätigte Heinz Werners Ergebnisse (4). Schließlich stellten G.Spivach und M. Levine Phantasiearmut bei den Kindern fest, die mit dem Gesetz in Konflikt gekommen waren.

## Verhaltensgestörte wenden sich ihrer Umgebung verstärkt zu

Neben dem allgemeinen Symptom der Phantasiearmut wird auch die stärkere Zuwendung des Verhaltensgestörten nach außen mit Hilfe dieses Modells verständlich. Der Informationssuchprozeß über dem eigenen Gedächtnisbesitz führt zu keinem größeren Informationsgewinn. Es liegt ja schon fest, welche potentiellen V.E. 'n benutzt werden sollen. Die Zuwendung zum eigenen Gedächtnis ist damit uninteressant, langweilig, sie bringt nichts Neues. Die Befriedigung des Bedürfnisses nach Reizvariation (Neugierde) ist für die Körperfunktionen genauso wichtig wie essen und trinken. Da der Verhaltensgestörte aufgrund der hohen Ordnung im eigenen Gedächtnis wenig Interessantes findet, ist er stärker auf äußere Reizvariation angewiesen. Die Bedeutung der Reizvariation wird aus sogenannten Reizdeprivationsexperimenten (Reizentzug) deutlich (2). Nimmt ein Mensch über längere Zeit nur immer dieselben Reize wahr, ist er bald nicht mehr in der Lage, sich zu konzentrieren, Denkaufgaben zu lösen oder sich zu orientieren. Hieraus ist die Notwendigkeit, das Bedürfnis nach Reizvariation zu befriedigen, ersichtlich. Der Verhaltensgestörte kann es durch selbst gespeicherte Informationen weniger als Nichtverhaltensgestörte, er versucht es durch intensive Außenzuwendung zu kompensieren. So ist er mehr auf Außeninformationen angewiesen. Reizdeprivierte Organismen greifen unkritisch nach jeder angebotenen Information (Hirnwäscheprinzip). Die immer wieder bei bestimmten Verhaltensstörungen feststellbare hohe Beeinflußbarkeit erklärt sich somit durch das Angewiesensein auf Außenreize. Seine Erfahrung stellt ihm relativ wenig Alternativen zur Verfügung, die er den Außeninformationen gegenüberstellen kann (geringe Selbständigkeit).

## − Geringes Lernen aus Erfahrung

Wenn für den Verhaltensgestörten das eigene Gedächtnis uninteressant ist, wendet er sich diesem nur wenig zu. Eigene Erfahrungen werden für gegenwärtige und zukünftige Situationen ungenügend ausgewertet. Über die sogenannten „Psychopathen" wird besonders häufig berichtet, daß sie unfähig sind, aus Erfahrung zu lernen. Weitere sie kennzeichnende Merkmale wie „Leben im Augenblick", fehlende Zeitperspektive" oder „fehlendes Planungsvermögen" müssen ebenfalls in diesem Zusammenhang genannt werden. Nach dem beschriebenen Modell hängen diese Charakteristica eng miteinander zusammen:

Wer vorhandenes Wissen nicht für aktuelle Situationen benutzt, wird es auch für später nicht verwenden. Er plant nicht für die Zukunft, er lebt „dem Augenblick". Er macht immer wieder die gleichen Fehler.

Beschäftigt man sich weniger mit eigenen Erfahrungen, sind sie einem auch nicht so intensiv bewußt, was auch ein niedriges Problembewußtsein einschließt. Konflikte und Probleme, die sonst wiederholt durchdacht werden, verschwinden schneller aus dem Bewußtsein. Das entsprechende Urteil über den Verhaltensgestörten lautet dann meist, er mache es sich zu leicht.

— *Geringe Selbstverantwortung*

Was heißt Selbstverantwortung? Offenbar kann man sich nur dann für seine Handlungen verantwortlich fühlen, wenn man Handlungsalternativen hat. Liegen diese nicht vor, so muß diese eine Verhaltensweise durchgeführt werden ohne daß man die Möglichkeit, sich zu entscheiden, hatte. Die eigene Verantwortung entfällt damit. Das Modell zeigt, daß dem Verhaltensgestörten relativ wenig Alternativen bewußt sind. dies imponiert als geringes Verantwortungsgefühl

## 2. Ursachen für die eingeschränkte Verhaltensvariabilität

Im folgenden seien einige Ursachen für die Ungleichverteilung der Auftretenswahrscheinlichkeiten potentieller V.E. -n genannt.

— *Verhaltensgestörte können Unordnung schlechter ertragen*

Im Modell war gezeigt worden, daß flexibles Handeln die Gleichverteilung der Auftretenswahrscheinlichkeiten (= Unordnung) voraussetzt. Sie bedeutet Auflockerung vorhandener Denkstrukturen und Neuansatz. Dies Lösen vom Alten, vom Gewohnten ist recht schwer zu ertragen. Wie schwierig das ist, kann man schon bei einfachen Denkaufgaben feststellen: Es muß, um sie zu lösen, ein gewisser Widerstand überwunden werden. Deshalb wird meist zuerst versucht, neue Probleme mit alten Methoden anzugehen, bevor man dann nach neuen Lösungsstrategien sucht. Je entspannter eine Situation ist, desto besser kann Unordnung ertragen werden. Die Lebensdaten vieler Verhaltensgestörter zeigen, daß es ihnen gerade an Selbstsicherheit und innerer Ausgewogenheit fehlt. Sie halten sich stärker an vorhandene Ordnungen, um ein Gegengewicht gegen die innere Unsicherheit zu haben. Beispiele dafür lassen sich täglich in jeder Verhaltensgestörtenklasse finden. Man denke nur an die Schwierigkeiten, Stundenpläne zu verändern. Es bedarf dann meist langer Diskussionen, warum gerade an diesem Tag Sport- und Deutschstunde getauscht werden müssen.

*– Handeln unter Zeitdruck*

Verhaltensgestörte erleben häufiger Situationen, die ein sofortiges Handeln erfordern. Um aus vielen Alternativen die richtige V.E. zu wählen, bedarf es Zeit. Schnelle Entscheidungen erlauben nur eine geringe Informationsverarbeitung. Die Anamnesen Verhaltensgestörter zeigen eine überdurchschnittliche Anzahl von wenig geplanten und schlecht strukturierten Situationen. Von der Umgebung werden plötzliche Anforderungen oder nicht erwartete Aufgaben gestellt. Somit fehlen Gelegenheit und Zeit, entsprechende Informationsverarbeitungsprozesse (Gleichverteilung der Auftretenswahrscheinlichkeiten und Selektion) zu trainieren.

*– Feste Situations-Reaktionsverbindungen*

Verhaltensgestörte erleben häufiger Situationen, die mit bestimmten Reaktionen fest verbunden sind. Aus Gedächtnisuntersuchungen weiß man, daß Informationen, die mit Gefühlen verbunden sind, besser behalten und leichter assoziiert werden als gefühlsneutrale Informationen. Nun steht es außer Frage, daß Verhaltensgestörte wesentlich seltener sachliche, gefühlsneutrale Situationen erfahren als andere Personen. Die Bindung zwischen solchen Situationselmenten und den durchgeführten Reaktionen ist damit stärker, ein umfassender Suchprozeß nach neuen V.E. 'n in vergleichbaren Lagen wird reduziert. Außerdem kommt es mit Zunahme der Emotionen zu einer undifferenzierteren Situationsbetrachtung. Eine Übergeneralisierung wird wahrscheinlich. Handlungsprinzipien werden falsch angewendet.

## 3. Therapeutische und pädagogische Konsequenzen

Es gibt zwei allgemeine Ansätze, um eine Änderung einer gestörten Persönlichkeit zu erzielen. Man kann einmal versuchen, die Probleme, die zu der Störung führten, zu lösen. So wird in den meisten klassischen und neueren Psychotherapiemethoden vorgegangen. Zum andern kann man bei den verbliebenen positiven Persönlichkeitsbereichen ansetzen, diese fördern und sich davon eine heilsame Auswirkung auf die gestörten Bereiche erhoffen. Hier wird von individuellen Problemen abstrahiert, wodurch auch eine Gruppenarbeit besser möglich wird. Dieser zweite Ansatz ist deshalb auch für die Schule geeigneter und soll jetzt weiter verfolgt werden. Es geht im nächsten Abschnitt nicht so sehr um neue, sondern um das Durchsichtig-machen schon vorhandener Methoden. Das Modell ermöglicht dessen besseres Verständnis, wodurch ihre Wirkungen genauer abgeschätzt werden können. Aus dem bisher Gesagten ergeben sich wohl drei wesentliche Konsequenzen zur Förderung Verhaltensgestörter: Stärkung der Selbstsicherheit, des Interesses am eigenen Gedächtnisbesitz und der Phantasie.

*– Stärkung der Selbstsicherheit*

In vielen Therapiemethoden ist die Stärkung der Selbstsicherheit als wesentliche Strategie enthalten. Die Akzeptierung des Patienten, das Bemühen, ihn zu verstehen und seine Aussagen für wichtig zu halten, sind dafür Beispiele. Der Sinn dieser Maßnahme wird jetzt etwas deutlicher. Der Patient hat dadurch die Möglichkeit, sich von zu starren Ordnungen zu lösen, Unordnung über eigenem Gedächtnisbesitz zu ertragen und dadurch die Bedingungen für ein flexibles Verhalten zu schaffen.

*– Interesse am eigenen Gedächtnisbesitz*

Das Interesse am eigenen Gedächtnisbesitz, das ja für ein selbständiges, verantwortungsvolles und planendes Handeln notwendig ist, kann durch Gespräche über wichtige eigene Erlebnisse und auch über angenehme Erfahrungen erweitert werden. Urlaub, Hobbys, aber auch durchsprechen des Lebenslaufs haben sich als nützliche Anknüpfungspunkte erwiesen. Der Patient merkt dann selbst, wie interessant seine gespeicherten Erfahrungen sind. Das motiviert ihn, weitere Informationen aus seinem Gedächtnis zu nutzen.

*– Förderung der Phantasie*

Die wesentlichste und umfassendste Konsequenz ist wohl die Phantasieförderung. Sie ist der stärkste Mechanismus für den Prozeß der Gleichverteilung der Auftretenswahrscheinlichkeiten. Für diese Gleichverteilung hat der Organismus in gewissem Umfang schon selbst gesorgt durch die ca. 3-4 nächtlichen Traumphasen, die bei jedem Menschen nachweisbar sind. Die Erweiterung der Traumarbeit durch das Training, Träume zu behalten und weitere Einfälle dazu zu sammeln gehören ebenfalls hierher. Es ergibt sich jedoch eine völlig neue Interpretation der Träume: Sie werden ja meist als Unordnung erlebt. Personen können hier zugleich Onkel und Tante sein. Fahrräder können fliegen, schwimmen usw. Durch den Traum wird die vom realen Leben her aufgezwungene Zuordnung der gespeicherten Gedächtniselemente teilweise wieder aufgelöst. Dem Organismus wird die Möglichkeit gegeben, Erfahrungen auch unabhängig von ihrer wirklichen situativen Zuordnung für neue Situationen zu verwenden. Die Ökonomie der Lernprozesse, insbesondere aber des Transfers, ist wahrscheinlich ohne träumen kaum möglich. Traumdeprivationsexperimente zeigen das Entstehen neurotischer Symptome, Konzentrations-, Leistungs- und Gedächtnisstörungen (1). Umgekehrt lassen sich durch solche in den Träumen erreichten Umstrukturierungen und Neuordnungen Probleme lösen, ja es kommt dabei sogar zu nobelpreiswürdigen Erkenntnissen (3). Auch Freuds Interpretation, Träume seien in erster Linie Wunscherfüllungen, könnte hier ohne allzugroße Abstriche eingeordnet werden: Der Wunsch stellt ein Problem dar. Mit Hilfe eines Suchprozesses werden ihm neue Elemente als mögliche Lösungen zugeordnet. Eines allerdings ist unterschiedlich zu vielen bisherigen Traum-interpretationen. Bedeutungserklärungen oder Gewichtungen der Träume scheinen unwesentlich, ja können den Suchprozeß sogar behindern.

Eine Förderung der Phantasie ist auch durch das Auffinden von Assoziationen möglich. Sie wird nicht nur in klassischen Psychotherapien, sondern auch in vielen Gesellschaftsspielen genutzt.

Andere Fördermaßnahmen wie freies und gebundenes Spiel, Regression im Brainstorming, Musizieren usw. seien hier nur noch erwähnt.

## Zusammenfassung

Die zentrale Hypothese dieser Arbeit, Verhaltensstörung bedeute im wesentlichen eine Einschränkung der Handlungsvielfalt, wurde an einem wahrscheinlichkeitstheoretischen Modell demonstriert. Einige Charakteristika Verhaltensgestörter, wie geringe Phantasie, Extraversion, Lernbeschränkung und geringe Selbstverantwortung, konnten, stellvertretend für viele andere, aus dem Modell abgeleitet und in einen einfachen Zusammenhang gebracht werden. Die Ursachen der eingeschränkten Verhaltensvariabilität und die therapeutisch-pädagogischen Konsequenzen, die vor allem zu einer neuen Interpretation schon vorhandener Therapietechniken führten, wurden beschrieben.

## Literatur

1. Diamond, E.: Schlafen wissenschaftlich, Hamburg 1964
2. Legewie, H. und W. Ehlers: Knaurs moderne Psychologie, München 1972
3. Selye, H.: Vom Traum zur Entdeckung, Düsseldorf 1965
4. Singer, J.L.: Phantasie: Grundlage der Lebensfreude Psychologie heute 11/1976 S. 20 ff.

# Handlungsentwürfe zur Konfliktlösung

*Hans Schell*


## 1. Der Konfliktbegriff

Konflikte zwischen Schülern und zwischen Lehrern und Schülern gehören zu den alltäglichen Erlebnissen aller am Unterricht beteiligten Personen und werden vor allem von den Lehrern als unerwünschte Begleiterscheinungen des Lehr- und Lernprozesses gesehen, welche die Verwirklichung von Unterrichtsabsichten beeinträchtigen oder gar verhindern.

Häufig unreflektiert und unbewußt, aber nicht minder kräfteverzehrend und Aktivitäten lähmend, bleiben Konflikte, die sich aus Dissonanzen zwischen Curriculum und realitätsnahem Unterricht, zwischen pädagogischem Wisssen und praktischen Erziehungsmaßnahmen, zwischen Mittelschichtnormen und Wertmaßstäben sozio-ökonomisch schwacher Gruppen herleiten.

Zusätzliche Belastungen ergeben sich für Lehrpersonen, wenn deren Unterrichtsziele und Realisierungsabsichten nicht mit den Interessen und formalen Zwängen der Schulaufsichtsbehörde übereinstimmen.

Ehe verschiedene Theorieansätze in der Konflikproblematik vorgestellt werden, möchte ich zunächst am Beispiel eines Schüler-Schüler-Konflikts [1] die wichtigsten Aspekte des Konfliktbegriffs und der Konfliktbedingungen aufzeigen; in einem zweiten Teil sollen dann verschiedene Strategien der Konfliktlösung entwickelt werden, die in der Regel auch auf andere Konfliktformen übertragbar sind.

*Beispiel:* Ein Sonderschullehrer hat in der 4. Stunde ein Lesestück vorgetragen und teilt anschließend ein sogenanntes Arbeitsblatt aus, das in Kleingruppen zu bearbeiten ist. Jeweils vier Schüler setzen sich nach freier Wahl zusammen und dann fallen folgende Äußerungen:

A "Ich finde die Fragen blöd, ich mache nicht mit"

B "Wir lesen erst mal alles durch"

C "Vielleicht können wir früher nach Hause, wenn wir schnell was hinschreiben"

D "Ich habe einfach keine Lust"

Während sich B und C die Informationsblätter durchlesen, rücken A und D näher zusammen: "Sind das blöde Hammel, Streber ..." Auch B und C unterhalten sich: "Schreib Du doch mal, ich habe eine Idee"

---

[1] Das Ergebnis einer Schülerbefragung weist auf die Bedeutung von Schüler-Schüler-Konflikten in Lernbehindertenschulen hin. Im Anhang befindet sich eine Zusammenstellung der Schüler-Antworten.

Nach etwa 5 Minuten "Laßt mal sehen, was ihr da für einen Mist schreibt", A und D holen sich das beschriebene Blatt und lachen darüber. B und C verlangen sehr ärgerlich das Blatt zurück, alle 4 schreien durcheinander, bis das Blatt in einzelne Fetzen zerrissen wird.

An diesem Beispiel sollen einzelne Kriterien eines Konflikts verdeutlicht werden. Den spontanen Schülerantworten ist zu entnehmen,

— daß verschiedene Ziele angestrebt werden
— daß sich diese Ziele im Hinblick auf den Arbeitsauftrag widersprechen
— daß unterschiedliche Motive gleichzeitig wirksam sind
— daß die Motive dynamischen Charakter haben

Konflikte können demnach beschrieben werden als Vorgänge oder Aktivitäten, die nicht miteinander zu vereinbaren sind, und deren unterschiedliche Kräfte in der Konfrontation nicht aufgehoben werden, sondern weiterhin wirksam bleiben und sich gegenseitig sogar verstärken können (Deutsch 1976, Rocheblave 1973).

Diese beschreibende Ebene muß nun in Richtung einer erklärenden und einer bewertenden Analyse ergänzt werden, oder anders formuliert: warum entstehen Konflikte und wozu können Konfliktlösungen beitragen.

Die Frage nach der Ursache von Konflikten kann nun auf verschiedenen Ebenen gestellt werden. So suchen gesellschaftstheoretische Modelle die Ursache auch von Konflikten, die sich im Raum der Schule manifestieren, in gesellschaftlichen Widersprüchen. Soziologische Ansätze machen konfliktgeladene Situationen an inkompatiblen Rollen fest, sozialpsychologische Untersuchungen betrachten konfligierende Interessen von Gruppe und Individuum und persönlichkeitsorientierte Theorien versuchen Konflikte aus intra- und/oder interpersonalen Spannungen zu erklären. Die so schematisch aufgezeigte Hierarchie von Gesellschaft — Gruppe — Individuum kann im folgenden nicht berücksichtigt werden, stattdessen sollen insbesondere Merkmale und Handlungsansätze diskutiert werden, welche die konkrete alltägliche schulische Konfliktsituation betreffen. Dabei sollte immanent eine aktuell gesehene Konfliktsituation in ihrer umfassenden Dimension, d.h. mit ihren jeweiligen Bezügen zu objektiven Verhältnissen und zu subjektiven Voraussetzungen, erschlossen werden.

Bisher liegt noch kein systematischer Entwurf vor, der gleichermaßen emotionale, kognitive und soziale Variablen im Konfliktgeschehen in ihrer Wechselwirkung berücksichtigen könnte, im weiteren versuche ich deshalb relevante und typische Charakteristika dieses Problembereichs aufzuzeigen.

Die meisten Konfliktdefinitionen haben folgende Kriterien gemeinsam

— Vohandensein mehrerer Verhaltenstendenzen
— Gleichzeitigkeit in ihrem Auftreten
— Unvereinbarkeit
— Gegenseitige Beeinflussung

Charakteristisch für diese Kriterien scheint mir die Wertfreiheit zu sein: in keinem der genannten Beschreibungsmerkmale lassen sich Hinweise auf die häufig negativen Bedeutungen des Konfliktbegriffs feststellen; die Auswirkungen eines Konflikts, d.h. Zielaspekte bleiben in diesen Definitionsansätzen unberücksichtigt.

Im alltäglichen Sprachgebrauch dagegen kommt dem Begriff Konflikt eine negative Bedeutung zu; Assoziationen wie Gefahr, Gewalt und Krieg bestimmen die emotionalen Inhalte dieses Begriffs. Auch der Schüler-Schüler-Konflikt wird im allgemeinen unter diesen negativen Vorzeichen gesehen. Daraus folgt, daß ein großer Teil der Lehrenden sich eine konfliktfreie Unterrichtssituation wünscht.

Doch ist es nicht gerade die Konfliktsituation, die zu neuartigen Strategien im kognitiven, sozialen und emotionalen Bereich anregt, die notwendige Abgrenzungen in der Auseinandersetzung mit der sozialen Umwelt ermöglicht und damit die Entwicklung der Ich-Identität unterstützt. Diese unterschiedliche Bewertung des Konfliktgeschehens versucht Deutsch (1976) an den Folgen eines Konflikts zu verdeutlichen, indem er diese qualitativ als konstruktive bzw. destruktive Prozesse beschreibt. „Ein Konflikt hat immer dann destruktive Folgen, wenn die Teilnehmer mit dem Ergebnis unzufrieden sind und das Gefühl entwickeln, daß sie aufgrund des Konflikts verloren haben. Ein Konflikt hat aber produktive Folgen, wenn alle Teilnehmer mit den Ergebnissen zufrieden sind und das Gefühl haben, daß ihnen der Konflikt einen Gewinn erbracht hat. In den meisten Fällen wird ein Konflikt, in dem die Ergebnisse für alle Beteiligten zufriedenstellend sind, konstruktiver sein als ein Konflikt, der für einige befriedigend und für andere unbefriedigend ist."

Über die weitere Konfliktdynamik entscheidet daher die eher konstruktive oder destruktive Qualität der Interaktion. Das heißt, der These, Konflikte müßten vermieden bzw. reduziert werden, die zum Beispiel den Ausführungen einer Reihe von Autoren (Gordon 1972, Potthoff und Wolf 1975, Seiß 1975) zugrunde liegt, kann die Auffassung gegenübergestellt werden, psychische Spannungszustände ermöglichten erst die Einleitung von Lernprozessen und ein wesentlicher Aspekt in der Sozialisation habe der Erziehung zur Konfliktfähigkeit (Mertens 1974) zu gelten.

Neben der Bedeutung, die Konflikte im individuellen Bereich haben können, müssen auch positive Möglichkeiten im zwischenmenschlichen Erfahrungsfeld berücksichtigt werden. „Ein Konflikt zwischen Lehrern und Schülern oder zwischen Schülern hat immer auch einen positiven Akzent, da die Beteiligten wertvolle Sozialerfahrungen sammeln und Methoden der Konfliktbewältigung erlernen können, so z.B. besteht die Notwendigkeit zu einem Kompromiß" (Becker u.a. 1976, S. 15). Nach dieser Dichtomisierung von Konflikten nach erwünschten und störenden Formen der Kooperation kommt es also darauf an, in der aktuellen konfliktgeladenen Situation pädagogische Maßnahmen zu finden die zur aktiven Konfliktbearbeitung und -bewältigung beitragen. Bei der Annahme von destruktiven und konstruktiven Konflikten kann demnach die

Grundfrage nicht mehr lauten: wie können Konflikte vermieden werden? Sondern: wie können in einer Konfliktsituation konkurrierende Prozesse zugunsten von kooperativen Lösungsstrategien verändert oder vermieden werden. Diese positive Wendung muß nun allerdings insofern eingeschränkt werden, als das Ergebnis nicht jeden Konflikt in kooperativem, alle Interessen der beteiligten Parteien berücksichtigendem Gleichgewicht bestehen, sondern es wird in vielen Situationen auch darauf ankommen müssen, daß die Konfliktpartner lernen, eigene Bedürfnisse zurückzustellen, Spannungen zu ertragen, kurz Verzicht und Frustrationstoleranz zu üben.

Neben diesen Zielaspekten finden sich weitere Klassifikationsmerkmale zur Differenzierung von Konflikten: so stehen den intrapersonalen und intragruppalen entsprechend die interpersonalen und intergruppalen Konfliktformen gegenüber (Deutsch 1976). Verbunden mit den dynamischen Kriterien des „Erreichen-wollens" (Appetenz) und des „Vermeidens" (Aversion) eines Zieles lassen sich folgende Konflikt-Typen ableiten (Thomae 1974):

*Appetenz-Appetenz-Konflikte:* 2 Schüler wollen auf den gleichen Stuhl sitzen.

*Aversions-Aversions-Konflikte:* Ein Schüler möchte keine Hausaufgaben machen, hat aber gleichzeitig Angst vor eventuellen Sanktionen.

*Appetenz-Aversions-Konflikte:* Schüler möchten zwar gute Noten, wollen im Unterricht aber nicht mitarbeiten.

Diese Typologie muß um einen weiteren Gesichtspunkt ergänzt werden und zwar im Hinblick auf die Differenzierung nach Binnen- und Außenkonflikt: Bei Außenkonflikten liegen die Ursachen in Situationsvariablen begründet, die bei einer erfolgreichen Konfliktlösung erkannt und modifiziert werden müssen. Binnenkonflikte sollen nach Minsel (1976) ihre Ursachen „in erstarrten persönlichen Haltungen, Einstellungen oder Empfindungen" haben, die u.E. jedoch nicht ohne äußere Bedingungen denkbar sind. Andererseits bedingen interne Konflikte unangepaßtes Verhalten und können damit vor allem interpersonelle Spannungen auslösen. Es wird nun darauf ankommen, in einer aktuellen Problemsituation beiden Anteilen, den inneren sowie den äußeren gerecht zu werden und vor allem die Analyse ihrer Wechselwirkungen so weit zu treiben, damit sich Ansätze für pädagogische Interaktionen ableiten lassen. Die in den verschiedenen psychologischen Disziplinen je nach theoretischen Vorannahmen hervorgehobenen Aspekte und die davon abzuleitenden unterschiedlichen und teilweise widersprüchlichen Konzepte zur Lösung von Konflikten werden bei Ulich (1971) und Thomae (1974) referiert. Beide Autoren bilden die Problematik vorwiegend auf der Ebene von intraindividuellen Konflikten ab, d.h. die Ursache von konflikthaltigen Situationen und Aktivitäten wird primär auf subjektive Bedingungen reduziert. Bei dieser Betrachtungsweise darf nicht übersehen werden, daß subjektive Strukturen in Interaktion mit der objektiven Umwelt gebildet werden, daß also intrapersonale Konflikte Ausdruck für interpersonale und objektivierte Spannungen, Widersprüche und äußere Gegensätze sind, oder sich aus Dissonanzen zwischen Individuum und Umwelt herleiten.

Ulich (1971) versucht im Unterschied zu anderen Richtungen, wie lerntheoretischen oder kognitiven Erklärungsansätzen, den Konflikt auf dem Hintergrund einer eher integrativen Persönlichkeitstheorie zu verstehen. Er geht dabei
von kognitiv-affektiv-evaluativen Bezugssystemen aus, wobei jede Erlebnis-
und Verhaltensweise einer Person von diesen Bezugssystemen her zu verstehen
sind. Das heißt die individuellen Gedanken, Wahrnehmungen und Handlungen
„erfahren von dort her stets eine bestimmte Qualifikation und Wertung" (Ulich
1971, S. 148). Eine solche Bewertung führt dann zu einer Orientierung über
soziale Beziehungen, z.b. über meine Position in einer bestimmten Bezugsgruppe
mit den damit verbundenen emotionalen Bedeutungen. Wichtig scheint in
diesem Zusammenhang die zeitliche Dimension zu sein. Nur aufgrund des
Vergleichens mit früheren Zuständen und der zukünftigen Bedeutung einer
Information gelingt eine vollkommene Orientierung. Als Bedingung für die
Entstehung eines Konflikts nimmt Ulich das gleichzeitige Bewerten eines Er-
eignisses oder einer Handlung in mehreren Bezugssystemen an. Als Lehrer
bewerte ich die Schulunlust in Oberklassen der Lernbehindertenschule einmal
im Bezugssystem „Alltagserfahrung" und komme zu der Bewertung „weniger
Rechtschreibübungen und mehr Vorbereitung auf den Beruf" andererseits
verbietet mir die Bewertung im Bezugssystem „Lehrplan" den Verzicht auf
Rechtschreibübungen. Es stehen sich also 2 Bewertungen gegenüber, die bei
annähernd gleichem Stärkegrad keine Entscheidung zulassen und damit zu
Unsicherheit im Unterrichten dieses Faches führen müssen.

## 2. Modell für den Entstehungsprozeß eines Konflikts

Bei dem Versuch, die Genese und den Verlauf eines Konflikts zu strukturieren,
orientieren wir uns zunächst an der aktuellen Konfliktsituation. Von dem
dargestellten Beispiel ausgehend, sind wenigstens 2 gegenläufige Verhaltenstendenzen zu berücksichtigen, die miteinander unvereinbare Ziele verfolgen:
z.B. Gruppenarbeit durchführen - Gruppenarbeit boykottieren:

```
┌─────────────────┐
│ aktuelle        │
│ Situation       │
└─────────────────┘
```

Die Situation ist insofern für die Entstehung eines Konfliktes ausschlaggebend,
als ohne das Vorhandensein und die Wirksamkeit von Außenreizen Konflikte
kaum denkbar sind. Situationen, die in sich schon latente widersprüchliche
Handlungsaufforderungen bergen - wie z.B. Gruppenarbeit, die nicht von allen
Schülern geschätzt wird oder gar Konkurrenz fordernde Arbeitsformen - können

201

als konfliktauslösende Reizkonfigurationen betrachtet werden. D.h. die aktuelle Schulsituation ist insofern für den Konfliktprozeß bedeutsam als sie durch ihre mehrdimensionale Bedingtheit schon latent widersprüchliche Handlungsaufforderungen in sich birgt. Im Bereich Unterricht sind hier vor allem 3 Variablen zu beachten, die nach Potthoff und Wolf (1975) als „sachlichen Gegebenheiten", "Aktivitäten und Reaktionen des Schülers" sowie "Aktionen und Verhaltensweisen des Lehrers" beschrieben werden. Sie bilden die grundlegende Struktur bei der Entstehung von Konflikten und sind Gegenstand der Situationsanalyse, die am Anfang eines Lösungsversuches stehen muß.

Es genügt jedoch nicht, nur aktuelle Beziehungen zwischen Strukturelementen des didaktischen Dreiecks zu erfassen; da jede einzelne Variable durch eine Vielzahl von antezedenten Bedingungen bestimmt wird, kann eine situationsadäquate Lösungsstrategie nur unter Berücksichtigung eines solchen Hintergrundwissens gefunden werden. Wenn in dem eingangs dargestellten Konfliktbeispiel nach den Ursachen des unterschiedlichen Verhaltens von A D und B C gefragt wird, zeigt sich deutlich, daß der aktuellen Konfliktsituation eine Phase vorausgeht, in der aufgrund von Interaktionen zwischen den am Unterricht beteiligten Personen Motive, Einstellungen, Handlungstendenzen aktualisiert werden. Das einer Konfliktsituation vorausgehende Lehrerverhalten wie z.B. Disziplinierungsmaßnahmen, die Form der Begründung von Arbeitsaufträgen, vielleicht das Desinteresse des Lehrers am Unterricht in der letzten Stunde können in gleicher Weise Vorbedingungen für die Entstehung eines Konflikts sein, wie Erlebnisse der Schüler im Elternhaus, in den Schulpausen und in Freizeiten, die dem Unterricht vorausgehen. So könnten B und C schon immer großen Gefallen an Arbeitsblättern oder Gruppenarbeit gehabt haben, während A D in ihrer Lerngeschichte mit Gruppenarbeit Unlustgefühle verbinden. Allzu häufig werden nur bestimmte Personengruppen oder einzelne Schüler mit sogenannten Verhaltensschwierigkeiten für eine Konfliktentstehung verantwortlich gemacht.

Schulkonflikte werden, wie Naschold (1974) ausführt, häufig in einem einfachen „Sündenbockmodell" erklärt, nach dem „Emotionen bestimmter Personen und Personengruppen als Konfliktursache gesehen" werden. So könnten beispielsweise Verhaltensstörungen, die sich in extremer Aggressivität, Ängstlichkeit und Unaufmerksamkeit äußern, konfliktauslösend wirken; aber doch nur deshalb, weil Unterricht so organisiert ist, daß er solchen Schülern nicht gerecht werden kann, wenn keine Therapiemöglichkeiten angeboten werden können.

Diesem vereinfachten Erklärungsmodell, das häufig dem Lehrerverhalten gegenüber sogenannten Störenfrieden zugrundeliegt, können sozialpsychologische Ansätze entgegengesetzt werden, die beispielsweise das Störverhalten bestimmter Schüler oder allgemeine Konflikte zwischen den verschiedenen Konfliktträgern im schulischen Bereich auch auf „institutionelle Bestimmungsfaktoren, wie die Organisationsform der Schule, widersprüchliche Rollenerwartungen an Lehrer und Schüler und andere" berücksichtigen (Andreas 1975, S. 195).

In dem Erklärungsmodell von Naschold (1974) werden Schulkonflikte auf Widersprüche in der gegenwärtigen Gesellschaftsstruktur zurückgeführt, die sich in der Schulwirklichkeit abbilden. So wirken sich z.B. schichtspezifische

202

Sozialisationsformen und deren gesellschaftliche Bedingungsvariable nicht nur auf die Schulorganisation aus, sondern sind häufig Ursache von Konfliktprozessen im Unterricht.

Konfliktpädagogik bedarf daher einer Ausweitung von der aktuellen Konfliktsituation und den unmittelbar wirksamen Situationsvariablen auf die Sozialisationsbedingungen des Schülers auf die allgemeine Schulorganisation und damit auch auf Wertortientierungen der Gesellschaft.

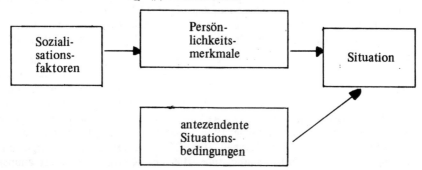

Zusammenfassend läßt sich feststellen, daß die Konfliktgenese nicht nur von aktuellen Situationen, sondern ganz wesentlich von zeitlich vorausgehenden Interaktionen und Geschehnissen bestimmt wird, die bestimmte Emotionen, Absichten, Einstellungen und Pläne aktivieren. Gleichzeitig sind überdauernde Strukturen einer Persönlichkeit wie z.B. Wertorientierungen, bestimmte erlernte Reaktionsweisen im motorischen, affektiven und kognitiven Bereich wirksam. Sowohl diese relativ stabilen Persönlichkeitsmerkmale als auch die unmittelbar vor der Konfliktsituation erfahrenen Erlebnisse oder Beziehungsaspekte bedingen durch ihre Gegensätzlichkeit zur aktuellen Situation den Konflikt und sind daher bei der Erstellung von Konfliktlösungsstrategien zu beachten. Konflikte werden allerdings weniger ihrer Verursachung wegen zu einem zentralen Thema in den Erziehungswissenschaften gewählt, sondern haben in den Konsequenzen ihre Bedeutung. Konflikte, vor allem solche mit destruktivem Charakter führen in den meisten Fällen zu starken affektiven Reaktionen; Zorn, Weinen, Wutausbrüche und Angstzustände sind häufige Konsequenzen, die sich unmittelbar aus einer Reaktionsblockierung ergeben. So verhalten sich in unserem eingangs aufgezeigten Konfliktbeispiel alle 4 Partner verärgert, die einen (A und D), weil sich ihre Partner mit der Aufgabe auseinandersetzen, B und C, weil ihnen ihr Produkt weggenommen wird. Schließlich wird das Streibobjekt von beiden Parteien in einer Rauferei zerstört.

Als Folgeerscheinungen von Konflikten können Emotionen in 2 Formen auftreten. Einmal soll Angst vor einer „identitätsbedrohenden traumatischen Zuspitzung des Konflikts" warnen und eine „vorläufige Verdrängung von Triebimpulsen oder Verleugnung von Realitätsforderungen bewirken" (Andreas 1975). Angst als Signal könnte also den Abbruch oder eine Einschränkung des Konflikts einleiten (Vermeidungseffekt). Diskrepanzen oder Entscheidungsschwierigkeiten, die nicht nur die kognitive Struktur betreffen, sondern ihren Ursprung auch in gegensätzlichen affektiven Strebungen haben können, äußern sich in Form von Ängsten und Unsicherheit, die Vermeidungshandlungen als einfache konfliktregulierende Prozesse einleiten.

Erst bei sehr hohem Erregungsgrad, der sich aus stark konfligierenden Verhaltenstendenzen ergibt, werden Reaktionsformen dargestellt, die vorwiegend auf Abfuhr der Spannung ausgerichtet sind, wie z.B. Aggressionen. Dabei besteht die Gefahr, daß diese Abfuhr bei interpersonellen Konflikten in der Regel den Kontrahenten trifft und damit zu einer Eskalierung des Konflikts führt.

Das ursprünglich sachorientierte Ziel wird aufgegeben, an seine Stelle treten Bemühungen, mit Hilfe von motorischen Reaktionen den Erregungszustand abzubauen. Ulich (1971) nennt als wesentliche Konsequenz eines Konflikts eine gewisse Planlosigkeit und den „Verlust der eindeutigen Zielbezogenheit und Wertorientierung", die als Auswirkung eines hohen affektiven Erregungsgrades zu verstehen ist (Krohne 1976), und weist auf „Desorientiertheit in der Ziel– und Zukunftsbezogenheit" hin. Die Zahl der rationalen Argumente verringert sich mit zunehmender Intensität des Konflikts. Eine Zusammenfassung der unmittelbaren Konfliktkonsequenzen gibt Minsel u.a. (1975) S. 143:

| Durch Konflikte betroffener psychischer Bereich | Beispiele für Konfliktauswirkungen |
| --- | --- |
| Kognition | Rigides Denken, verminderte Interessenbreite, geringer Ideenreichtum, verminderter Sprachschatz |
| Emotionalität | starke Erregung, Verunsicherung, Stimmungsschwankungen, verminderte Motivation |
| Verhalten | Flucht, Stottern, Übersprungsbewegungen, Schüchternheit, starke Abhängigkeit |
| Sensorik/Physiologie | starke Wahrnehmungsselektivität, erhöhte psychogalvanische Reaktion, Schlafstörungen, Überempfindlichkeit |

Sind nun Personen, unabhängig von Alter und Position, ungelösten Konflikten ausgesetzt, die sich über längere Zeiträume hinweg erstrecken, kann sich eine Fixierung dieser negativen Begleiterscheinungen anbahnen. Die Auseinandersetzung mit der Umwelt erfolgt dann nach Einstellungen und Verhaltensweisen, die in verschiedenen Abstufungen als „neurotisch" bezeichnet werden müssen, was sich in einer geringen Zukunftsorientierung, einer Realitätsverzerrung und damit einer Fehlanpassung äußert.

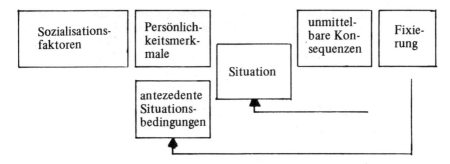

Fixierungen wirken sich als manifeste Persönlichkeitsmerkmale oder Verhaltensstrategien steuernd auf das Erleben von Konfliktsituation aus oder können als
Ursache von neuen Konfliktsituationen betrachtet werden. In ähnlicher Weise
führen Desorientierung, hoher Erregungsgrad zu großer Unsicherheit in der
Einschätzung von antezedenten Situationsbedingungen, so daß durch Fehl-
interpretationen die Entstehung neuer Konflikte zu befürchten ist.

Dies bedeutet, daß die auf einer Zeitachse dargestellten Beschreibungskate-
gorien nicht nur als Entwicklungsreihe zu verstehen sind, sondern sich teilweise
wechselseitig bedingen. Nach der Analyse des Konfliktprozesses und der Beschreibung des Konfliktbegriffs sollen in den nächsten Abschnitten theoretische
Ansätze zur Erklärung des Terminus Handlungsentwurf diskutiert und Pläne
zur Konflitregelung aufgezeigt werden.

### 3. Der Begriff des Handlungsentwurfs

Handlungsentwürfe im Umgang mit Konflikten umfassen entsprechend der
Strukturierung der Konfliktgenese und der daran beteiligten Subjekte nicht nur
Verhaltensstrategien in der unmittelbaren Konfliktsituation, sondern auch
langfristig wirksame Lerninhalte im Sinne von Handlungsmustern, die koopera-
tive Prozesse anbahnen und begünstigen. Die Realisierung dieser Ziele in einem
Programm zur Konfliktbewältigung impliziert

– das Bereitstellen von Handlungsentwürfen zur Beilegung aktueller Konflikte
  für die beteiligten Parteien und mögliche, nicht direkt betroffene „Schlichter"
  (Regelung des Konfliktverlaufs)

– Handlungsentwürfe für die Aufarbeitung von Gegensätzlichkeiten, die Konflikte ausgelöst haben (Konfliktverarbeitung)

– Prophylaktische Maßnahmen durch die Umgestaltung möglicher konflikt-
  trächtiger Konstellationen (Konfliktvermeidung)

– langfristig wirksame Sozialisationspraktiken, die zu einer Desensibilisierung
  im subjektiven Ertragen von Dissonanzen führen und Individuen dazu befähigen, „mit Konflikten progressiv umzugehen" (Mertens 1974, 15)

Um die Problematik der theoretischen Zuordnung dieses skizzierten Konflikt-lösungsprogramm zu verdeutlichen, wird im nächsten Abschnitt versucht, den Begriff Handlungsentwurf näher zu bestimmen. Handlung wird in psychologischen Termini als eine „komplexe Abfolge von koordinierten und umweltbezogenen Bewegungen, die ein Individuum ausführt" (Dorsch 1969) verstanden, wobei der Aspekt des Intentionalen, die Zielgerichtetheit des Handelns im Vordergrund steht, gegenüber dem Reaktions– oder Verhaltensbegriffs des Behaviorismus, nach dessen Konzeption menschliches Handeln auf meßbare Reiz-Reaktionsverbindungen reduziert wird, Erst mit Toman (1932) werden intervenierende Variablen zwischen Reiz und Reaktion angenommen, die eine Strukturierung von Informationen und Eigenaktivität des Organismus bewirken. Eine Weiterentwicklung dieses Ansatzes unter Betonung der aktiven Informationsverarbeitung in strukturalistisch orientierten Konzeptionen unter Miller, Galanter und Pribram (1960) führten zu der im Behaviorismus vernachlässigten Verbindung zwischen Kognition und Handlung: „Es geht darum zu beschreiben, wie die innere Vorstellung, die ein Organismus vom Universum hat, die Handlungen steuert" (S. 22). Ein Erklärungsmodell dafür bietet die sogenannte Tote– Einheit, ein Schema, welches die Hypothese des Reflexbogens durch ein kognitives Prüfsystem ersetzt. Piaget (1973) betont in seinem genetisch–strukturalistischen Ansatz vor allem die Bedeutung der sich ergänzenden Akkomodations– und Assimilationsprozesse bei der Konstruktion von Handlungsschemata.

Auch in soziologisch–rollentheoretischen Konzepten impliziert der Handlungsbegriff als wesentlichsten Gesichtspunkt die Interaktion zwischen Subjekt und den die Umwelt repräsentierenden Strukturen und Normen, die vor allem das soziale Feld bestimmen. Als Voraussetzung für aktives Handeln gilt der „ständige Prozeß der Antizipation und der Interpretation der Bedeutung und des Sinnes von wahrgenommenen Handlungen und der ausschließenden Definition von Bedürfnissen und Erwartungen" (Mertens 1974, 93). Im psychoanalytischen Persönlichkeitsmodell Freuds wird vor allem der dynamische Aspekt des Handelns als ein Kompromiß zwischen unbewußten und triebgesteuerten Impulsen des Es, den Normen eines Über–Ichs, den Anforderungen der Umwelt, so daß Handeln, repräsentiert durch die Instanz des Ichs, ein Bemühen darstellt, der Triebbefriedigung und dem Realitätsprinzip gleichermaßen gerecht zu werden.

Der Begriff des Handlungsentwurfs, ist erst seit der „kognitiven Wende" (Miller, Galanter und Pribram 1973, S. 7) die mit Piaget und Bruner vollzogen wurde, anwendbar. Während in der Terminologie der Reiz–Reaktions–Psychologie Verhalten als Abruf von gelernten Gewohnheiten (Habit–Hierarchie) bei entsprechender Reizsituation verstanden wird, erlaubt die Annahme kognitiver Strukturen, denen nach Seiler (1973) die Funktion der Reizselektion, der Informationskategorisierung, der Bedeutungsgebung, der Entscheidungsfolgen und der Impulskontrolle zukommt, eine an individuellen Strukturen und erfahrenen Inhalten ausgerichteten Planung von Handlungen.

Miller, Galanter und Pribram (1973, S. 27) sprechen in diesem Zusammenhang von einem „Bild", das aus all dem angehäuften, organisierten Wissen, das der

Organismus über sich selbst und seine Umwelt gesammelt hat", das „alles einschließt, was der Organismus gelernt hat, sowohl Worte und Tatsachen ... als auch Beziehungen zu anderen Dingen." Diese Bilder sind veränderbar durch neue Lernerfahrungen, sie können neu strukturiert werden, was u.a. die Voraussetzung für Modifikationen im Handeln bedeutet. Diese gespeicherten Inhalte bilden die Grundlage von Handlungsplänen - in der Computersprache könnte der Begriff Programm eingesetzt werden, wobei vor allem die hierarchische Anordnung von „Instruktionen" als Charakteristikum genannt werden muß. Mit Plänen lassen sich, „die wahrgenommene Struktur der psychologischen Gegenwart und die erwartete Struktur der Zukunft so aufeinander abstimmen, daß intendierte Ziele" (Ulich 1971) durch den Vollzug von Handlungsentwürfen erreicht werden können. D.h. mit Hilfe von Plänen wird die Verbindung zwischen Orientiertsein und Handeln hergestellt.

Die genannten Autoren Miller, Galanter und Pribram (1973) entwickelten folgendes Modell:

Informationen werden einer Überprüfung oder Bewertung unterzogen, inwieweit sie einem beabsichtigten antizipierten Ziel entsprechen *(Test)*, Ergibt sich in dieser Testphase eine Dissonanz zwischen gegenwärtigem Zustand und erwünschtem Vorhaben, werden Operationen in Gang gesetzt (Operation), welche die Inkongruenz reduzieren und nach einem weiteren Überprüfungsprozeß (Test) festgelegt sind, so daß eine Handlung ausgeführt werden kann (Exit)

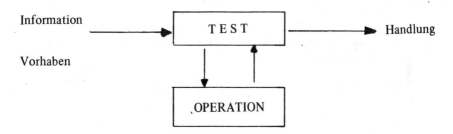

Ein Plan für eine Handlung besteht immer aus einer Test- und einer Operationsphase, wobei komplexen Handlungen ein mehrere Unterpläne umfassender Entwurf mit einer Vielzahl von Prüf- und Operationsvorgängen zugrunde liegt. Der Aufbau von Handlungsentwürfen zur Konfliktlösung kann danach nicht als ein Lernen oder ein Übernehmen von vorfabrizierten Handlungsanweisungen verstanden werden, sondern erfolgt über die Vermittlung von Prüf- und Operationsformen, die erst in ihrer Beziehung zueinander kongruenzstiftende Handlungsstrategien ermöglichen.

Wir verstehen diese Test-Operation-Test-Exit-Einheit als ein Grundmodell, das — wenn auch nicht in Übereinstimmung mit den Autoren, welche diese Konstruktion entwickelten — sowohl durch triebtheoretische Ansätze der Psychoanalyse als auch durch Konzeption und Ergebnisse der Interaktions- und Kommunikationsforschung ergänzt werden muß. Eine kognitive Interpretation des Handlungsbegriffs kann zwar den auf der Bewußtseinsebene registrierbaren Strategien gerecht werden, erfaßt damit aber weder motivationale noch emotionale Komponenten, wie z.B. Bedürfnisse oder Ängste, die häufig eine Entwicklung von Handlungsentwürfen oder deren Einsatz bedingen. Der Begriff Handlungsentwurf kann daher nicht nur kognitive Pläne in verinnerlichten Operationssystemen meinen, sondern muß etwa im Sinne des symbolischen Interaktionismus auch die Wechselbeziehung zwischen kognitiven und affektiven Prozessen oder in der Terminologie der Psychoanalyse die Kompromisse zwischen den Instanzen Es, Ich, Über-Ich beinhalten.

In den folgenden skizzenhaften Ausführungen über Handlungsentwürfe für Konfliktlösung steht zwar das *Tote*-Modell als Strukturierungshilfe im Vordergrund; wir beabsichtigen jedoch, da die Genese von Konflikten und Lösungsversuche nicht nur kognitiv interpretiert werden können, die emotional-affektiven Anteile von Handlungsentwürfen in dieses Konzept als Variable einzubringen, welche die Planung und Realisierung von Handlungen aufgrund ihrer hemmenden oder aktivierenden Wirksamkeit entschieden beeinflußt, aber auch der kontrollierenden und kanalisierenden Funktion kognitiver Prozesse ausgesetzt ist.

## 4. Pläne für Konfliktlösungen

Die Gliederung dieses Abschnitts über die Vermittlung von Handlungsentwürfen zur Konfliktlösung erfolgt nach den eingangs erwähnten Kategorien der Entstehung von Konflikten. Unser Interesse gilt dabei vor allem Handlungsmöglichkeiten in der Prozeßphase „Unmittelbare Konfliktfolgen"; Handlungsentwürfe für die Veränderung konfliktbedingender Variablen werden nur skizziert und in einem zweiten Teil veröffentlicht.

### 4.1. Handlungsentwürfe der Lehrperson bei Schüler-Schüler-Konflikten

Gehen wir von der Realsituation der Schule aus, dann wird ein Konflikt meistens erst in der Phase „unmittelbare Folgen" entdeckt und erfordert dann auch erste Lösungsstrategien. Psychischen und physischen Aggressionen, Versuchen aus dem Felde zu gehen (in mehrerem Schüler-Schüler-Konflikt-Beispiel: Verärgerung und Handgemenge, Zerreißen von Arbeitsblättern), muß mit situationsadäquatem Lehrerverhalten begegnet werden, da ein extrem hoher emotionaler Anregungsgrad, die Blockierung kognitiver Prozesse und konfligierender Bedürfnisse einem effektiven Unterricht und einer Realisierung pädagogischer Intentionen nicht sehr förderlich sind. Vor allem erschweren solche extrem affektiv ausgerichteten Reaktionen sozial angemessene Lösungsmöglichkeiten im Sinne von konstruktiven Konflikten.

Die Voraussetzungen für den erfolgreichen Einsatz bestimmter Lösungsstrategien liegen — wie sicher allgemein bekannt — in der Veränderbarkeit der verursachenden Variablen, die nur in einer intensiven Analyse der jeweiligen Prozeßphase eines Konflikts erkannt und beurteilt werden können. Für adäquate Reaktionen, wenn der Konflikt in vollem Gange ist, und Konsequenzen wie Aggressionen etc. rasches Handeln erfordern, wäre ein solches umfassendes Überprüfen der verursachenden Variablen unrealistisch.

Praktikabel scheint uns folgendes Modell zu sein:

1. Gewinnung von Informationen über die Folgeerscheinungen eines Konflikts durch Verhaltensbeobachtung

   a) Information über Stärkegrad der Emotionen
   b) Information über Gefahr der Ausweitung
   c) Information über Gefährdung von Personen oder Objekten

2. Bereitstellen von Handlungsentwürfen zur Einschränkung der Konfliktfolgen

   Die konkrete Fragestellung lautet: Wie kann ein Lehrer oder Erzieher

   a) die affektive Erregung abbauen oder modifizieren
   b) eine kognitiv kontrollierte Orientierung wieder herstellen?

Eine Orientierung an lerntheoretischen Konzepten würde in der aktuellen Situation z.b. bei aggressivem Verhalten den Verzicht auf Verstärker nahelegen, d.h. dem Wutausbruch sollen keine erfolgversprechenden Handlungen folgen können wie z.b. Prestige vor der Klasse, damit die zukünftige Auftretenswahrscheinlichkeit einer solchen Verhaltensweise möglichst gering gehalten wird. Strafen werden zwar häufig angedroht oder auch ausgeführt, um solche affektiven Reaktionen zu extinguieren, steigern aber in der Regel die emotionale Erregung. Mit Röhm (1971) müssen wir das Ignorieren von Affekten, das sich als weitere Handlungsmöglichkeit nach lerntheoretischen Konzepten anbietet, als Ergebnis einer zweifelhaften Schreibtischpsychologie bezeichnen.

Diesen äußerst fragwürdigen Methoden gegenüber forderten psychoanalytische Ansätze im Sinne von Katharsiseffekten Möglichkeiten zur Abfuhr von emotionalen Spannungen, in dem Affekte ausgelebt werden oder in kulturell gestattete Bahnen gelenkt werden.

Auf der Basis dieses hier nur in Tendenzen angedeuteten subjektiven Wissens (Bilder) über Möglichkeiten, emotionale Vorgänge bei den am Konflikt beteiligten Personen zu steuern, können nun Handlungsentwürfe (Pläne) zur Reduzierung des affektiven Niveaus unter Beachtung der Situationsbedingungen in *Tote*-Einheiten nach den Modell-Vorstellungen von Miller u.a. (1973) entwickelt werden.

| Absicht | Prüfung | Operationen |
|---|---|---|
| Abbau von Affekten | Prüfung der Diskrepanz zwischen gewünschter und realer Situation | innere oder äußere Handlungen, welche diese Diskrepanz verringern |

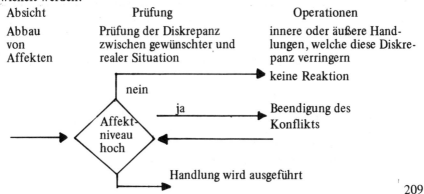

Da aber im Hinblick auf die Vielzahl von verschiedenen Situationsvariablen mehrere Operationen zu überprüfen sind, ist diese eindimensionale Sichtweise zu vereinfachend. Die genannten Autoren nehmen daher hierarchische Pläne an, wobei komplexere Pläne eine Reihe von Unterplänen umfassen, die als gleichzeitig parallel ablaufende Prozesse verstanden werden können (Neisser 1974). Eine Veranschaulichung bietet folgendes Schaubild, in dem exemplarisch einige Operationen und Prüfkriterien zueinander als *Tote*-Einheiten in Beziehung gesetzt sind:

*Beispiel für einen hierarchischen Plan zur Konfliktregelung*

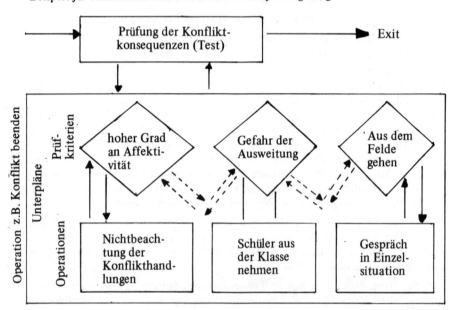

Jede geplante Handlung zur Beseitigung von Konfliktkonsequenzen sollte vor ihrer Ausführung einer solchen Prüfphase unterzogen werden, wobei jede einzelne Operation, wie z.B. das Gespräch in Einzelsituation, wiederum einer Fülle von Tests und untergeordneter Operationen bedarf, bis die Realisierung eines überprüften Planes als Disziplin- oder Erziehungsmaßnahme in der jeweiligen Konfliktsituation erfolgen kann. Im einzelnen können folgende Pläne oder realisierbare Verhaltensindikatoren bei der Konfliktbewältigung eingesetzt werden, die sowohl lerntheoretische, psychoanalytische als auch rationale Elemente beinhalten (zusammengestellt nach Becker u.a. 1976).

1 Verlagerung in die Lerngruppe

       den Konflikt in der Lerngruppe zur Diskussion stellen
       die Lerngruppe nach dem Ereignis befragen
       die Lerngruppe nach den Konfliktursachen befragen
       die Lerngruppe nach einen Ausweg suchen lassen

2  Zuwendung des Lehrers

   Verständnis zeigen
   Gefühle akzeptieren und varbalisieren
   Äußerungen umschreiben
   ein Hilfsangebot machen
   sich solidarisch erklären

3  Engagement des Lehrers

   sich betroffen zeigen
   sich enttäuscht zeigen
   sich verärgert zeigen

4  Apelle des Lehrers

   auf eine Norm oder Regel verweisen
   an die Einheit der Beteiligten appellieren
   nach der Allgemeinverbindlichkeit eines Verhaltens fragen
   um eine Erklärung bitten
   für den eigenen Standpunkt um Verständnis bitten

5  Nicht klassifizierbare Indikatoren

   humorvoll reagieren
   mit einer anderen Aktivität antworten
   ignorieren
   den Versuch der Konfliktbewältigung aufschieben

Aus der Vielzahl der Handlungsmöglichkeiten, die Becker u.a. aufführen, wird
deutlich, daß der Entscheidung für eine Reaktion in der ersten Phase der Konfliktregelung eine ganze Reihe von Überprüfungen unter Berücksichtigung der
am Konflikt beteiligten Personen und Umstände zugrunde liegen sollte, wenn
nicht nur eingeschliffene Reaktionsmuster ablaufen sollen. Die Unsicherheit
für Lehrer im Umgang mit Konflikten liegt allerdings nicht nur in der Komplexi-
tät von Handlungsentwürfen begründet; sich zum Teil widersprechende Operationsformen in unterschiedlichen theoretischen Ansätzen wie z.B. die Kathar-
sis-Hypothese und lerntheoretische Verstärkungsprinzipien bei der Reduktion
von gefahrbezogenen Emotionen verhindern eindeutige Entscheidungen in den
Prüfphasen und begünstigen die Entwicklung vereinfachter, eindimensionaler
Handlungsstrategien, die nur einen Teil der an Konfliktregelungen zu beachten-
den Faktoren in die Prüfphase miteinbezogen haben.

Eine zweite Erschwerung bei der Erstellung von Handlungsstrukturen in der
Phase „Umgang mit Konfliktkonsequenzen" ergibt sich aus der ungenügend
zuverlässigen Einschätzung dieser Konfliktkonsequenzen. Droht z.B. ein Schüler
aus dem Fenster zu springen, so müßten Handlungsentwürfe je nach Ernsthaftig-
keit dieses Vorhabens sich unterscheiden. In ähnlicher Weise bleibt die Wirksamkeit solcher Schlichtungsaktionen in Frage gestellt, wenn über Erwartungs-
haltungen der sich im Konflikt befindenden Individuen keine Informationen
vorliegen oder ein Lehrer in seiner Schlichterrolle aufgrund erfahrungs- und

persönlichkeitsbedingter Handlungsorientierungen nur eine Ausweitung des Konflikts erreicht. An dieser Stelle scheint es mir notwendig zu sein, nochmals darauf hinzuweisen, daß die Entwicklung von Handlungsentwürfen des Lehrers nicht nur einen kognitiven Prozeß darstellt, sondern daß auch emotional bedingte Bewertungen, die vorwiegend aus der Interaktion der Lehrperson mit den Konfliktpartnern und aus der subjektiven Lerngeschichte abzuleiten sind, jene konfliktregelnden Operationen und Tests steuern. D.h. nicht nur die kognitiv erklärbaren Operationen der Lehrperson in ihrer „Schlichterrolle" bedürfen der Überprüfung; vielmehr sollte es das Anliegen eines Lehrers sein, sich seiner emotionalen und affektiven Regungen und deren Auswirkung auf Konfliktlösungsprozesse bewußt zu werden. Schließt man den letzteren Aspekt des Lehrer-Selbstkonzepts zunächst mal aus, so sind die Entscheidungen in der Prüfphase und damit die Auswahl der zur Ausführung gelangenden Entwürfe im wesentlichen von der Situation und den Lösungsmustern der beteiligten Kontrahenten abhängig. Vor allem in der Lernbehindertenschule, wo z. T. extreme familiäre Sozialisationsbedingungen oder Wertorientierungen sozioökonomisch benachteiligter Gruppen aufgrund der Abweichung von im Schulbereich gültigen Mittelschichtsnormen die Rolleninteraktion von Lehrer und Schüler erschweren, gelingt die Wahrnehmung und Bewertung von Schülerverhalten in Konfliktsituation nur, wenn der Lehrer als die konfliktregelnde Person über die Erwartungen, Bedürfnisse und deren Ausdruck im aktuellen Handeln genügend Information besitzt. Dies wiederum setzt Kenntnisse über die familiale Sozialisation der an Konflikten beteiligten Schüler und über gruppenspezifische Handlungsmuster voraus.

Im Bereich der Lernbehindertenschule, vor allem in oberen Klassen bevorzugen die Schüler häufiger Lösungen in Form von Aggressionen im Vergleich zu Gruppen, die eher der Mittelschicht zuzurechnen sind. Hinweise dafür enthalten z.B. Studien über Aggressivität bei Lernbehinderten von Abe (1973), Mandel (1959), Wittmann und Probst (1975). Die Sozialisationsgeschichte der meisten Lernbehinderten legt eine intensive emotionale Beteiligung am Konfliktgeschehen bei weniger Alternativen über reflektierte Lösungsformen nahe. Dies würde bedeuten, daß in der Lernbehindertenschule in der Phase der Konfliktregelung mit starken Affekten und der entsprechenden kognitiven Desorientierung zu rechnen ist und Handlungsentwürfe vor allem Operationen enthalten müssen, die eine soweit notwendig, momentane Unterbrechung oder eine Kanalisierung und spätere Analyse des Affektgeschehens leisten können.

4.2. *Die Vermittlung von Handlungsentwürfen zur Konfliktregelung für und bei Schülern*
Es ist eine irrige Meinung, nur der Lehrer müsse in seinem Disziplinierungs-Inventar Maßnahmen bereithalten zur Erstellung und Ausführung von Handlungsentwürfen in Konfliktsituationen, sondern jeder Schüler (auch der Sonderschüler) müßte im Besitz eines Instrumentariums sein, das eine Reduzierung der negativen Begleiterscheinungen eines Konflikts bewirkt. Solche bei den Konfliktträgern verinnerlichten Handlungsmuster machen den Einfluß externaler Vorschriften und Handlungsanweisungen unnötig. Das Konzept einer Erziehung

zur Konfliktlösung zielt daher auch auf eine Vermittlung von Handlungsentwürfen und Strategien des Planens ab.

Die Lernziele lauten:

Bereitstellen von Handlungsentwürfen bei Aggressionen und Frustrationen, Streit mit anderen.

Bereitstellen von Handlungsentwürfen, die einer Desorientierung in der aktuellen Konfliktsituation entgegenwirken.

Auch wenn in neuen Curricula für die Sonderschule diese Ziele nicht erwähnt sind, sollten sie im Zentrum der Erziehung stehen, da ein so komplexes Gebilde wie Schule und Schulklasse von seinen Repräsentanten ein hohes Maß an sozialer Kompetenz, und dazu gehört auch die Fähigkeit, Konflikte zu erkennen und zu lösen, fordert. Nicht unerwähnt bleiben darf hier die Wirksamkeit dieser realisierbaren Ziele auf die außerschulische Bewältigung von sozialen Situationen.

Methodisch gesehen reichen die Möglichkeiten vom direkten Aufzeigen und Erarbeiten von ärgerreduzierenden Plänen in aktuellen Situationen bis zur Literatur über solche Konfliktfolgen und entsprechenden Vermeidungsreaktionen. Pikas (1974) gibt in seinem Buch „rationale Konfliktlösung", das für Realschüler geschrieben wurde, konkrete Handlungsanweisungen in Prozeßform und zwar zunächst Hilfen für die Einschränkung von Wutgefühlen. Er versucht über physiologische Ursachen, also über die Adrenalinschüttung aufzuklären und fährt dann fort: „Es muß ein klein bißchen der Wunsch bestehen, daß man aus dem Erregungszustand herauskommt." Ein solcher Wunsch kann m.E. nicht herbeigewünscht werden, sondern jedes Kind müßte Handlungsmuster internalisiert haben, die bei hohem Ärgerniveau einspringen. Z.B.: Bevor ich zuschlage oder zurückschlage, versuch ich es mit den Worten „Hören wir doch auf" ... In Anlehnung an Pikas könnten solche Handlungsentwürfe in folgender Weise strukturiert werden:

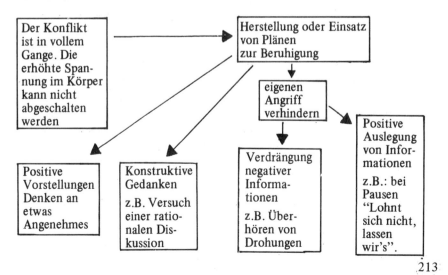

Bei Pikas ist eine deutliche Absicht zu erkennen, den emotionalen Erregungen bei einer gleichzeitigen Aktivierung von rationalen Prozessen (Herstellung der Orientierung) zu begegnen.

Doch führen seine Anmerkungen in dem Abschnitt „Wie man sich abreagiert" nicht über die Feststellung hinaus, daß „wenn du dem andern nicht schadest oder ihn verletzt und somit den Konflikt verstärkst und wenn deine Reaktionen als angebracht erscheinen, dann kann auch ein Aggressionsausbruch einen konstruktiven Beitrag leisten" (S. 93). Aufgrund eines engen Wechselverhältnisses zwischen Kognition und Emotion können Emotionen in der Tat „gedanklich geklärt, beurteilt und verändert" (Oerter/ Weber 1975, S. 121) werden; sie sind einer rationalen Beeinflussung zugänglich. Hier kommt vor allem der Verbalisierung von Gefühlen eine kathartische Wirkung zu: „Kinder und Jugendliche müssen es lernen, über ihre Emotionen zu sprechen und diese angemessen auszudrücken, was klärend und entlastend zu wirken vermag (Oerter und Weber 1975, S. 123). Verbale Beschimpfungen, wie sie häufig in Schüler-Schüler-Konflikten praktiziert werden, die Anwendung von Kraftausdrücken sollten als notwendige Übel im Rahmen einer Konfliktregelung als Handlungsentwurf gestattet und bei einzelnen Schülern um Affektstaus zu vermeiden, sogar gefördert werden. In ähnlicher Weise erlauben auch heftige motorische Reaktionen, denen aber in unserem derzeitigen Schulalltag leider keine Beachtung eingeräumt wird, d.h. der Rückzug in Spiel- oder Aggressionsräume, eine Abreaktion von Emotionen. Auch solche ungewohnten Operationen müßten Schülern für die Entwicklung von Handlungsentwürfen zur Konfliktregelung angeboten werden.

Die Schwierigkeit, solche Entwürfe bei Lernbehinderten zu vermitteln, besteht darin,

1. – daß solche Pläne oft diametral den gelernten Handlungsentwürfen und dem praktizierten Verhalten der sozialen Umgebung (Eltern, peer-group) entgegenstehen,

2. – daß die Organisation der Lernbehindertenschule häufig nur die Gelegenheit für das Gespräch über Konflikte erlaubt, aber keine realen Lösungsstrategien zuläßt.

3. – daß bei Lernbehinderten – als Vermutung geäußert – kognitive Strukturen z. Teil zu wenig differenziert sind, um solche Pläne zu entwickeln.

Dies bedeutet für den Erziehungsprozeß eine kontinuierliche, möglichst frühzeitige Auseinandersetzung der Schüler mit Fragen zur Konfliktlösung und mit *Plänen* zur Konfliktlösung. Eine große Bedeutung bei der Bildung solcher Pläne kommt auch dem Einsatz von Jugendliteratur und Lesestücken zu; durch die Identifikation mit Modellen in den verschiedenen Erzählungen können auch Handlungsentwürfe dieser Vorbilder übernommen und anhand individueller Pläne realisiert werden. Diesen frommen Wünschen stehen allerdings gesellschaftliche Tendenzen gegenüber, Konfliktlösungen mit Gewalt vorzunehmen und vor allem Handlungsanweisungen dafür, in großen Mengen auf den Markt zu werfen.

214

Der Erwerb und die Konstruktion von Handlungsentwürfen betrifft nicht nur Erziehungspersonen in ihrer Eigenschaft als Schlichter, sondern sollte Inhalt eines gesamten Erziehungsprogramms sein, das Kindern den Umgang mit ihrer sozialen Umwelt erleichtert.

Die am Beispiel „Konfliktfolgen" aufgezeigten Planungen können auch auf die andern Phasen in modifizierter Form übertragen werden und ergeben dann mit der Berücksichtigung aller an Konflikten beteiligten Variablen ein differenziertes Handlungsmodell für Schüler und Lehrer. Mit der Beseitigung der neg. Begleiterscheinungen eines Konflikts kann dann die eigentliche Lösung, nämlich reflektierte eine Auseinandersetzung über Ziele und Ursachenbeseitigung eingeleitet werden.

## 5.  Handlungsentwürfe in der Konfliktsituation

Der am häufigsten beschriebenen und der für die Konflikterziehung auch entscheidende Prozeß vollzieht sich in der Situationsanalyse. In Anlehnung an Metzger (1972[2]), der diesen Begriff innerhalb des Problemlösens verwendet, könnte man folgende Funktion dieses Vorgangs herausstellen: „Heraushebung derjenigen Eigentümlichkeiten der Ausgangslage (der Voraussetzungen) die naheliegende Lösungen erschweren oder verhindern." Wir haben die Konfliktsituation bisher als den Zeitpunkt und Zeitabschnitt beschrieben, in dem gegenteilige Meinungen ausgesprochen oder entsprechende Handlungen durchgeführt werden. In der Situationsanalyse soll die Struktur sämtlicher an der Konfliktsituation beteiligten Personen und deren Ziele, Bezugssysteme und Handlungsentwürfe erfaßt werden. Interaktionsverläufe, —möglichkeiten und —bedingungen bedürfen einer differenzierten Betrachtung, wenn Konflikte nicht nur auf direkte, sichtbare Ursachen zurückgeführt werden sollen. In der Regel erkennen wir nur die Spitze des Eisbergs; der Rest des Konfliktgeschehens verläuft in kaum zugänglichen unterirdischen Bahnen.

Einen ausgezeichneten Überblick über die an einem Konflikt beteiligten Variablen und deren Wechselwirkung gibt Naschold (1974) und Andreas (1975). Sie berücksichtigen dabei die wesentlichsten Dimensionen vom ökonomischen System bis zur aktuellen Konflikthandlung. Konfliktlösung bedeutet unter dem Aspekt der Sozialisierung, des Sozialmachens Aufklärung über die Hintergründe solcher Gegensätzlichkeiten. Vielleicht kann dadurch auch die Bereitschaft, den Lösungsprozeß zu unterstützen, gefordert werden. Wenn ein Schüler weiß, daß hinter den Forderungen des Lehrers ein Curriculum, ein Schulrat oder gar industrielle Interessen stehen, wird der Konflikt in der Schulsituation wahrscheinlich weniger häufig aktualisiert werden. Leider erreichen wir oft nur eine Verschiebung des Konflikts in eine andere Ebene. In einem überschaubaren Rahmen kann eine solche Situationsanalyse auch in der Schulklasse gelingen; es ist allerdings nicht in jedem Konfliktfall notwendig und möglich, die letzten Zusammenhänge zu ergründen.

Sehen wir die gesamte Situations-Analyse als einen großen übergreifenden Handlungsentwurf an, dann lassen sich 3 große Felder für die Prüfphase im Bereich Schule unterscheiden:

Sachliche Gegebenheit
Lehrerverhalten
Schülerverhalten

Diese Felder können als Strukturelemente der pädagogischen Situation bezeichnet werden und stehen wie schon aus dem Begriff „Struktur" zu entnehmen ist, in Beziehung zueinander. Da Konflikte sich in der Regel in Abhängigkeit von diesen Variablen entwickeln „wird jede auf Beilegung des Konflikts abzielende Analyse bei der Überprüfung dieser Strukturelemente anzusetzen haben." (Potthoff und Wolf 1975). Soweit die Lehrperson aktiv die Situationsanalyse übernimmt, wird sie in einer ersten Beobachtungsphase Informationen über sein eigenes Verhalten, Schülerverhalten und die sachlichen Gegebenheiten einholen; dies kann über eigene Beobachtungen und über Mitteilungen der Kontrahenten oder der übrigen Schüler geschehen.

Dieser Phase folgt eine Ziel-Diskussion, ein Gespräch über mögliche Strategien zur Realisierung der unterschiedlichen Ziele und Überlegungen zu alternativen Lösungsansätzen, die nach Möglichkeiten sämtliche am Konflikt beteiligten Personen und verursachende Bedingungen einschließen.

Eine ausführliche Darstellung dieser Abschnitte und ein Überblick über Möglichkeiten der Konfliktbewältigung durch eine Veränderung von situationalen Bedingungen und durch Beeinflussung von Persönlichkeitsvariablen folgt an anderer Stelle.


Zusammenfassung:

In den Ausführungen über Handlungsentwürfe für Konfliktlösungen wurde versucht, deutlich zu machen, daß der Konflikt nicht unbedingt als ein aus der Erziehung zu verbannender Prozeß zu verstehen ist. Neben der Entwicklung der Konfliktfähigkeit kann als Ziel einer Konfliktpädagogik das Bereitstellen, Internalisieren und Strukturieren von Operationen festgelegt werden, die sowohl Schüler als auch Lehrer anregen, unter Beachtung der variierenden, am Konfliktgeschehen beteiligten Bedingungen und Faktoren eigenständige Handlungsentwürfe zu erstellen und zu realisieren, welche kooperative Lösungsmöglichkeiten bei konkurrenzorientierten Konflikten erlauben.

Schwierigkeiten in der Vermittlung solcher Operationselemente entstehen vor allem aus den zum Teil sehr unterschiedlichen Theorieansätzen über den Handlungsbegriff und aus schulischen und gesellschaftlichen Bedingungen, die nur einen minimalen Spielraum für die Realisierung von Konfliktlösungsplänen gewähren. Die Hinweise bezogen sich in der Regel auf Schüler-Schüler-Konflikte, die einen erheblichen Teil der vordergründig sichtbaren Gegensätzlichkeiten im Bereich der Schule ausmachen und vor allem auch von den Schülern selbst als sehr störend empfunden werden (siehe Anhang). Einer kritischen Diskussion bedarf die Übertragbarkeit der aufgezeigten Ansätze auf andere Konfliktformen der Schulsituation.

**Anhang**

Mit den im Referat dargestellten Bemerkungen zur Konfliktpädagogik wurde beabsichtigt, Handlungsentwürfe zur Lösung von Konflikten zu erstellen und zu analysieren, die auch aus der Sicht der Schüler das Unterrichtsgeschehen am meisten zu belasten scheinen. Gemeint war der Schüler-Schüler-Konflikt, über dessen faktische Bedeutung innerhalb der Schulkonflikte keine Angaben vorliegen, der aber sowohl bei Schülern als auch bei Lehrern erhebliche Unlustgefühle hervorruft.

Eine Befragung von Schülern der achten Klassen aus einer Sonderschule für Lernbehinderte (N = 30) in den Jahren 1975 und 1976 führte zu folgenden Ergebnissen:

Welche Eigenschaften haben die meisten Deiner Mitschüler?

| | | | | |
|---|---|---|---|---|
| rücksichtslos | 22 | hilfsbereit | 11 |
| egoistisch | 4 | selbstbewußt | 6 |
| fleißig | 5 | ordentlich | 9 |
| gehorsam | 6 | faul | 19 |
| ehrlich | 9 | streitsüchtig | 27 |

Was stört Dich in der Schule am meisten?

| | |
|---|---|
| Noten | 8 |
| Ausflüge | 1 |
| Diktate | 12 |
| Zeugnisse | 3 |
| Schimpfworte bei Lehrern | 13 |
| Schimpfworte bei Schülern | 2 |
| Strafen | 8 |

| | |
|---|---|
| Lob (für gute Leistungen) | 1 |
| Gruppenarbeit | 6 |
| Zwang | 9 |
| Schulordnung | 7 |
| Klassen mit 30 Schülern und mehr | 9 |
| Unterricht, in dem man lernen muß | 5 |
| Schüler, die immer stören | 19 |

Die Fragen sind einer Zusammenstellung von Ullmann (1974) entnommen. Die wenigen Werte, die dieser Mini-Umfrage (pilot-study) entnommen sind, weisen darauf hin, daß vorwiegend Störverhalten einzelner Schüler und Streitigkeiten der Schüler untereinander als Belastung von den einzelnen Kindern dieser Lernbehindertenschule empfunden werden.

# Literatur

Abe, J.: Zum Problem der Aggressivität in der heilpädagogischen Literatur. In: Mitglieder der Studiengangseinheit Heil- und Sonderpädagogik der Universität Marburg: Kritik der Sonderpädagogik. Gießen 1973

Andreas, R.: Emotion und sozialer Konflikt in Schule und Unterricht. In: Oerter, R. und Weber, E. (Hrsg.): Der Aspekt des Emotionalen im Unterricht und Erziehung. Donauwörth 1975

Becker, G.E., Dietrich, B. und Kaiser, E.: Konfliktbewältigung im Unterricht. Bad Heilbrunn 1976

Deutsch, M.: Konfliksregelung. München 1976

Dorsch, F.: Psychologisches Wörterbuch. Hamburg 1970

Gordon, Th.: Familienkonferenz. Hamburg 1974

Krohne, H.W.: Angst und Angstverarbeitung. Stuttgart 1975

Mandel, R.: Aggressivität bei Schülern. Bern 1959

Mertens, W.: Erziehung zur Konfliktfähigkeit. München 1974

Metzger, W.: Psychologie in der Erziehung. Bochum 1972

Miller, G.A., Galanter, E. und Pribram, K.H.: Strategien des Handelns. Stuttgart 1973

Minsel, W.-R.: Spannungsreduzierende Verhaltensformen in pädagogischen Konfliktsituationen. In: Seiß, S. (Hrsg.): Beratung und Therapie im Raum der Schule. Bad Heilbrunn 1975

Minsel, W.-R., Kaatz, S. und Minsel, B.: Lehrerverhalten II. Unterrichtsentscheidung und Konfliktanalyse. München-Berlin-Wien 1976

Naschold, F.: Schulreform als Gesellschaftskonflikt. Frankfurt 1974

Neisser, U.: Kognitive Psychologie. Stuttgart 1974

Piaget, J.: Einführung in die genetische Erkenntnistheorie. Frankfurt 1973

Pikas, A.: Rationale Konfliktlösung. Heidelberg 1974

Potthoff, W. und Wolf, A.: Pädagogische Konflikte in der Schule. Freiburg 1975

Rocheblave-Spenle, A.: Psychologie des Konflikts. Freiburg 1973

Röhm, H.: Kindliche Aggressivität. Starnberg 1972

Seiler, B. (Hrsg.): Kognitive Strukturiertheit. Stuttgart 1973

Thomae, H.: Konflikt, Entscheidung, Verantwortung. Stuttgart 1974

Ulich, D.: Konflikt und Persönlichkeit. München 1971

Ullmann, D.: Aggression und Schule. München 1974

Weber, E.: Emotionalität und Erziehung. In: Oerter, R. und Weber, E. (Hrsg.): Der Aspekt des Emotionalen in Unterricht und Erziehung

Wittmann, L. und Probst, H.H.: Psychologische Unterschiede zwischen Unterschicht- und Mittelschichtschülern in der Lernbehindertenschule. In: Kornmann, R. (Hrsg.): Diagnostik bei Lernbehinderten. Neuburgweier 1975

Wulf, Ch. (Hrsg.): Wörterbuch der Erziehung, Stichwort Konflikt. München 1974

# Darstellung und kritische Bewertung eines Beispiels für die Planung und Realisierung eingreifenden verhaltensmodifikatorischen Handelns im Unterstufenunterricht der Sonderschule für Lernbehinderte

*Udo Schoor*

## 1. Einleitung

Die Zahl der Veröffentlichungen zum Thema Verhaltenstherapie bzw. Verhaltensmodifikation in der Schule hat in letzter Zeit rapide zugenommen, ohne daß — wie ich auf Grund meiner Erfahrungen vermute — verhaltensmodifikatorische Maßnahmen in der Schule vermehrt durchgeführt würden. Die Lehrer lesen und kaufen, doch den Profit haben offenbar nur die Autoren. Das hat meiner Meinung nach verschiedene Gründe: Die Lehrer werden im Schulalltag mit Problemen konfrontiert, für deren Lösung sie oft nur tradierte Verhaltensmuster aus ihrer eigenen Schulzeit bereitstellen können. In der Lehrerausbildung werden diese Verhaltensmuster infrage gestellt, doch der Aufbau alternativer Konzepte erhält in der Ausbildung noch wenig Raum. Die Verhaltenstherapien als angeblich einfach durchzuführende Verfahren, die pragmatisch eingesetzt werden können — d.h. im Unterricht, wo sich die Störungen auch manifestieren — versprechen nun die Lösung pädagogisch-psychologischer Probleme mit Hilfe effektiver, erfahrungswissenschaftlich erprobter therapeutischer Strategien.

Wenn die Strategien vom Lehrer dann doch nicht angewandt werden liegt das u.a. daran, daß sich die Begriffe, Methoden und empirischen Befunde der Verhaltenstheorie nicht einfach auf den Schulalltag übertragen lassen, und daß verhaltensmodifikatorische Programme individuelles Eingehen auf das Schülerverhalten erfordern, was mit zeitlichem und technischem Aufwand verbunden ist und theoretisches Hintergrundswissen voraussetzt. Hinzu kommen die kritischen Einwände von Lehrern und Wissenschaftlern gegen die Ziele und Methoden der Verhaltenstherapien, und die noch unzureichende Aufklärung über die Planung und Durchführung von konkretem verhaltensmodifikatorischem Handeln im Unterricht. Dieses Konglomerat aus Schuldgefühlen, Erwartungen und Desillusionen, persönlichen —, unterrichtlichen — und wissenschaftlichen Ansprüchen, Thesen und Antithesen verunsichert den Praktiker letztlich so, daß er auf gewohnte Verhaltensmuster zurückgreift.

Im Folgenden soll zunächst ein konkretes Beispiel einer verhaltensmodifikatorischen Maßnahme im Unterstufenunterricht der Lernbehindertenschule vorgestellt werden, um an Hand des Fallbeispiels Charakteristika der Verhaltensmodifikation aufzuzeigen und thesenartig formulierte Kritik zu kommentieren. Mit dieser Vorgehensweise sollen Möglichkeiten und Grenzen verhaltensmodifikatorischen Handelns im Unterricht aufgezeigt werden, damit Entscheidungen für oder gegen Verhaltensmodifikation im Unterricht begründeter getroffen bzw. neu überdacht werden können.

Nicht intendiert ist eine ausführliche Darstellung verhaltenstherapeutischer Methoden und Techniken, und eine Einführung in verhaltenstheoretische Begriffe.

## 2. Fallbeispiel

### 2.1. Datenbeschaffung

Die unsystematische, episodische Beobachtung von 15 Schülern einer 2. Klasse der Lernbehindertenschule durch Klassenlehrer, Mentor und Studenten während eines Schulpraktikums (vgl. dazu Schmid 1976) ergab, daß einige Schüler das Unterrichtsgeschehen störten, indem sie − scheinbar grundlos − in der Klasse umherliefen, andere Kinder belästigten und Tätlichkeiten heraufbeschworen. Ein erstes systematisches Beobachten ergab, daß vor allem Dieter durch nicht-unterrichtsbezogenes Umherlaufen in der Klasse auffiel.

Um das Problemverhalten von Dieter analysieren zu können, versuchten wir über systematische Kurzzeitbeobachtung weitere Daten über die Struktur jener Situationen zu erhalten, in denen das Verhalten auftrat, sowie über die Häufigkeit und Dauer des Problemverhaltens. Da die diagnostische Tätigkeit als Vorbereitung für praktisches, verhaltensmodifikatorisches Handeln dienen sollte[1], geschah die Datenerhebung gleichsam unter der Folie verhaltenstheoretischer Konzepte (vgl. dazu Kanfer/Saslow 1974, Schulte 1974): wir interessierten uns vor allem für die Reizbedingungen, die dem Problemverhalten voraus- bzw. nachfolgten, und für die Bedingungen, unter denen das Verhalten seltener auftrat.

### 2.2. Datenanalyse

Die Auswertung der Daten ergab, daß Dieter im Vergleich zu seinen gleichaltrigen Mitschülern mit Abstand am häufigsten und am längsten in der Klasse umherlief, und daß das Problemverhalten weitgehend unabhängig von Tag, Tageszeit, Lehrer, Zahl der anwesenden Personen, Fach und Unterrichtsarrangement auftrat. Folge dieses Verhaltens war, daß Dieter öfters ermahnt wurde, und die Mitschüler sich über ihn beschwerten oder ihn tätlich angriffen. Wir vermuteten, daß Dieter noch nicht hinreichend gelernt hatte, Instruktions- und Reaktionsphase zu unterscheiden bzw. daß er noch nicht die inhaltliche Verknüpfung von Handlungsanweisung und Handeln erkannt hatte. „Am Platz sitzen bleiben" war für ihn keine Bedingung für Instruktionsaufnahme und instruktionsgemäßes Handeln, sondern ein Verhalten mit dem Effekt der sozialen Isolation. Umherlaufen führte dagegen zur − wenn auch manchmal „schmerzlich" erlebten − sozialen Zuwendung.

---

1) Die Entscheidung für die Anwendung verhaltensmodifikatorischer Maßnahmen war zu diesem Zeitpunkt zweifach bestimmt: Der Lehrer blieb mit seinen ihm zur Verfügung stehenden Mitteln zur Beeinflussung des Problemverhaltens erfolglos und versprach sich von den Praktikanten mit verhaltenstherapeutischen Grundkenntnissen Hilfen; die Praktikanten sahen auf Grund der vorliegenden Daten über das Problemverhalten die Möglichkeit, dem Lehrer mit der Anwendung ihres Wissens über die Modifikation von Verhalten helfen zu können.

## 2.3.  Hypothesen über den Ist-Zustand

Mit dem funktionalen Bedingungsmodell der Verhaltenstheorie (vgl. dazu Schulte 1974) kann hypostasiert werden, daß die Situation „Lehrer spricht vor der Klasse" für Dieter keinen diskriminativen Stimulus darstellt, der unterrichtliche Folgehandlungen mit positiver Konsequenz signalisiert. „Am Platz sitzen bleiben" und „dem Lehrer zuhören" wird als unangenehme Situation erlebt, die durch Umherlaufen vermieden wird. Das nichtunterrichtsbezogene Umherlaufen ist demnach operantes Vermeidungsverhalten, das durch die soziale Zuwendung von Lehrer und Mitschüler positiv verstärkt wird.

Da der das Handeln steuernde funktionale Zusammenhang „negative soziale Zuwendung (wie Ermahnungen des Lehrers oder Schläge der Mitschüler) wirkt als positiver Verstärker" schwerlich seine lerngeschichtliche Ursache und seine aufrechterhaltenden Bedingungen allein im sozialen Feld der Schule haben konnte, war eine zusätzliche Datenerhebung im weiteren sozialen Umfeld nötig. Ein unter verhaltenstheoretischen Aspekten vorstrukturiertes Gespräch mit den Eltern führte zur Hypothese, daß Dieter auch im Elternhaus und im weiteren Umfeld sozial isoliert ist. So hat Dieter ein eigenes Zimmer, das zwei Stockwerke über der elterlichen Wohnung liegt, und das er aufsuchen muß, wenn er etwas angestellt hat oder die Mutter stört. Verbale Sozialkontakte mit nichtverbalen emotionalen Anteilen (z.B. beim „Schlafenlegen" oder „Wecken") werden über die Haussprechanlage vermittelt. Dem sozialen Umfeld wird Dieter entzogen, damit einerseits die Zugehörigkeit zur Sonderschule nicht publik wird und andererseits negative Einflüsse der als asozial eingestuften Umgebung vermieden werden. Bei der Genese des symptomatischen Verhaltens und seiner Aufrechterhaltung sind demnach die situativen Bedingungen im außerschulischen Umfeld maßgeblich mitbeteiligt.

## 2.4.  Hypothesen über Soll-Zustände

Die Hypothesen über anzustrebende Ziele konnten sich also nicht allein auf Dieter beziehen, und die Interventionen mußten sowohl im schulischen als auch im häuslichen Bereich ansetzen. Intendierter Zielzustand für Dieters Eltern war die Akzeptierung der sozialen Bedürfnisse ihres Sohnes; für Dieter das Erkennen der Instruktionsphase und das „am Platz sitzen bleiben" während dieser Phase. Das Erfüllen dieser Teilziele wurde als Voraussetzung für die Erreichung übergeordneter Ziele wie „Instruktionsaufnahme" und „instruktionsgemäßes Handeln" angesehen.

## 2.5.  Planung des eingreifenden Handelns

Die nun folgende Planung des eingreifenden Handelns orientierte sich an erfahrungswissenschaftlich überprüften Lernprinzipien (vgl. dazu Holland u. Skinner 1974): Der bedingte Reiz „Lehrer spricht vor der Klasse" wird mit dem unbedingten Reiz „akustisches Signal" und damit mit der unbedingten Reaktion „Hinwendung zu Schallquelle" verknüpft. Die unbedingte Reaktion wird positiv verstärkt. Eine Instruktionsphase beginnt und endet mit einem akustischen Signal. Bleibt Dieter während der durch Signale abgegrenzten

Zeit am Platz, erhält er einen positiven Verstärker. Lehrer und Schüler sollen das nicht unterrichtsbezogene Umherlaufen ignorieren, damit gelegentlicher Tadel oder aggressive Handlungen nicht intermittierende Verstärkerwirkung erhalten. Dieters Eltern sollten so instruiert werden, daß sie soziale Kontakte von Dieter zu Kameraden künftig ermöglichen und positiv verstärken. Auch sollte mit ihrer Hilfe das Kinderzimmer eine positive Valenz erhalten, und auf die Haussprechanlage als Medium der emotionalen, sozialen Interaktion verzichtet werden.

### 2.6. Ausführung des eingreifenden Handelns

Die Umsetzung des Planes in den konkreten Schulalltag leistete der Lehrer über weitere detaillierte Pläne nun weitgehend allein. Zunächst führte er mit den Eltern ein Gespräch über das schulische Problemverhalten und über die vermuteten Zusammenhänge von sozialer Isolation und Verhalten. Den Eltern wurde vorgeschlagen, Klassenkameraden und Kinder aus der Umgebung entsprechend Dieters Wahl einzuladen und gemeinsame Spiele z.B. durch Kakao und Kuchen zu belohnen. Spiele der Kinder und Spiele mit den Eltern sollten auch im Kinderzimmer stattfinden.

Ob die Eltern den Vorschlägen in dieser Form folgten, ist nicht bekannt. Dieters Mutter jedoch interessierte sich in der Folgezeit sehr für sein schulisches Verhalten und gründete mit Hilfe von Lehrern eine Initiativgruppe ,,Eltern spielen mit Kindern", die von Mitarbeitern einer Erziehungsberatungsstelle unterstützt wurde.

Der schulische Modifikationsplan wurde in folgender Weise verwirklicht: Der Lehrer erklärte den Schülern, er habe in letzter Zeit während des Unterrichts notiert, wie oft und wie lange sie in der Klasse umhergelaufen seien. Das Ergebnis teilte er so mit, daß einsichtig wurde, wie schwer einigen Schülern —und vor allem Dieter— das am Platz sitzen bleiben fällt. In einer didaktischen Sequenz ,,Unterricht über Unterricht" wurde zu vermitteln versucht, daß Umherlaufen in bestimmten Unterrichtsphasen das Lernen unmöglich macht bzw. stört. Der Lehrer schloss anschließend mit Dieter einen Kontingenzvertrag (vgl. dazu z.B. Homme 1974) etwa folgenden Inhalts: ,,Ich möchte, daß Du am Platz sitzen bleibst, wenn ich eine Aufgabe stelle oder erkläre. Damit Du merkst, wenn ich eine Aufgabe stelle, klopfe ich auf ein Tamburin. Wenn Du dann am Platz bist, bekommst Du von mir ein Plättchen[1]. Nach der Aufgabenstellung klopfe ich wieder. Bist Du noch am Platz, bekommst Du wieder ein Plättchen. Die Plättchen darfst Du gegen Dinge eintauschen, die Dir gefallen." Mit den Mitschülern vereinbarte der Lehrer ein nichtkontingentes Verstärkersystem. Weil sie das gewünschte Verhalten schon zeigten, sollten sie ebenfalls belohnt werden. Da ihnen aber die Verhaltensaktualisierung im Vergleich zu Dieter leichter fiel, bekamen sie als Belohnung die Hälfte der Anzahl der Plättchen, die sich Dieter verdiente.

Die Vergabe und der Eintausch der Plättchen wurde mit positiven, verbalen Sozialverstärkern gekoppelt. Die Eintauschverstärker wählten die Schüler aus

---

1) Ein Plättchen (Token) aus bunter Pappe (z.B. Spielgeld) wird zum sekundären, positiven Verstärker. Vgl. dazu Hippler/Scholz (1974) und Kern (1974).

und besorgten sie teilweise auch selbst. Zum Einsatz kamen materielle Verstärker wie Schul- und Bastelmaterial, technische Gegenstände, Süßigkeiten und schulische Aktivitätsverstärker wie Spiele im Klassenzimmer, lesen, malen.

Der Lehrer entschied sich, zwei mal am Tage Verstärkerphasen einzuplanen, und zwar in Verbindung mit der ersten Instruktionsphase und mit der letzten, die sich zumeist auf die Hausaufgabenstellung bezog. Die ausgeteilten Plättchen konnten zu Beginn des Modifikationsprogrammes gleich nach den Instruktionsphasen gegen materielle Verstärker eingetauscht werden, nach einer Woche am Ende des Schultages und nach einem Monat am Ende der Schulwoche.

### 2.7. Hypothesen über die Erreichung des Zielzustandes

Das Vertragssystem wurde vom Lehrer zwei Monate und — nach seiner Erkrankung — von Krankheitsvertretern noch einen Monat bis zum Beginn der Schulferien durchgeführt. Eine genaue Kontrolle der Zielerreichung konnte vom Lehrer nicht geleistet werden, doch äußerte er sich über die Effekte positiv: Dieter und seine Mitschüler blieben während den durch Signale gekennzeichneten Instruktionsphasen und meistens auch in den sich anschließenden Arbeitsphasen am Platz. In der übrigen Unterrichtszeit trat Dieters Problemverhalten ebenfalls nicht mehr so häufig auf. Interessante Hinweise ergaben sich aus einem Gespräch mit den Krankheitsvertretern. Dieter nahm von den neuen Lehrern keine Plättchen an; dennoch zeigt er kaum Störverhalten. Andere Schüler waren dagegen anfangs nur gewillt, in Verstärkerphasen mitzuarbeiten. Man kann vermuten, daß der Kontingenzvertrag als reziprokes Kontrollsystem verstanden und akzeptiert wurde. Für Dieter war der Klassenlehrer als Vertragspartner mit sozialen, emotionalen Verstärkern zur erwünschten und laut Vertrag verfügbaren sozialen Bezugsperson geworden; die neuen Lehrer wurden als Vertragspartner nicht anerkannt. Die Mitschüler sahen dagegen in den neuen Lehrern Partner, mit denen günstigere Vertragsbedingungen ausgehandelt werden konnten.

### 3. Verhaltensmodifikation als Handlungskonzept

Wenn mit dem vorgestellten Fallbeispiel, welches das wirkliche Geschehen ungenau wiedergibt und den Ansprüchen einer systematischen Verhaltensmodifikation kaum genügen kann, nun dennoch versucht werden soll, einige Charakteristika der Verhaltensmodifikation in der Schule herauszustellen, so läßt sich der Anspruch mit dem Rahmenthema dieser Jubiläumsveranstaltung begründen: Wird die im Fallbeispiel dargestellte diagnostische und praktisch-therapeutische Phase als funktionelle Einheit gesehen, die durch den zu modifizierenden Ausgangszustand und den erreichten Sollzustand begrenzt wird, so kann das diagnostisch-praktische Vorgehen der Verhaltensmodifikation als einzige komplexe Problemlösehandlung verstanden werden. Im Schulalltag befaßt sich eingreifendes Problemlösehandeln nicht nur mit Verhaltensstörungen im sozialen Feld, mit Störungen im Lern- und Leistungsbereich und im Bereich der Grundfertigkeiten, sondern das Eingreifen bezieht sich auch auf verschiedene Personen und Gruppen im schulischen und außerschulischen Bereich und auf ökologische Gegebenheiten in verschiedenen Handlungsfeldern. Wenn bei der Planung solcher Handlungen, die den Ausgangszustand in den Sollzustand überführen sollen, Verhaltenstheorien angewandt werden, so kann nicht mehr auf deterministisches Änderungswissen zurückgegriffen werden. Die Verhaltenstheorien können auf grund theoretischer und methodischer Restriktionen nicht direkt auf die komplexe Beeinflussungssituation angewandt werden, sondern aus den Verhaltenstheorien werden in deduktiv-analogisierender Weise die Zusammenhangsbehauptungen auf die Therapiesituation übertragen. Die Zuweisung zu den Änderungsprinzipien geschieht nicht mehr auf der Grundlage empirisch bestätigter theoretischer Sätze der Verhaltenstheorie, sondern mit Hilfe individueller Therapietheorien (vgl. dazu Westmeyer 1976). Bestimmungsstücke dieser individuellen Therapiekonzepte sind einerseits die aus der Verhaltenstheorie abgeleiteten funktionalen Bedingungsmodelle und andererseits Hypothesen über die im individuellen Fall wirksamen Bedingungen (vgl. dazu auch Schulte 1976). Verhaltensdiagnostik erfaßt und überprüft demnach individuelle Bedingungsmodelle, wobei die Bedingungen — wie das Fallbeispiel zeigt — nicht mehr ausschließlich in verhaltenstheoretischen Begriffen zu fassen sind.

Verhaltensmodifikation in der Schule ist — kurz zusammengefaßt — komplexes Problemlösehandeln und kann durchaus ein Konzept einer handlungsorientierten Sonderpädagogik sein. Die Handlungen orientieren sich an individuellen Theorie- und Therapiekonzepten, denen die Verhaltenstheorie den theoretischen Rahmen abgibt.

### 4. Stellungnahme zu kritischen Einwänden

Zum Abschluß sollen kritische Einwände gegen das Theorie- und Therapiekonzept aufgegriffen und über das im Fallbeispiel aktualisierte Alltags- bzw. Berufserfahrungswissen zu beantworten versucht werden. Zur Systematisierung von kritischen Thesen und Stellungnahmen wird der im Fallbeispiel aufgezeigte diagnostisch-praktische Prozess in zehn Unterhandlungen (vgl. dazu Kaminski 1970) aufgegliedert.

*4.1. Datenbeschaffung: Aufnahme und Erhebung von Daten über das Verhalten des Schülers und seiner Bezugspersonen*

These: Die verhaltensdiagnostische Datenerhebung ist zu aufwendig und für den Lehrer belastend und unzumutbar.

Die in der Literatur mitgeteilten Beobachtungssysteme sind für den Lehrer nur mit Hilfe von Kollegen durchführbar, da die Anzahl der zu beobachtenden Schüler und die Zahl der verwendeten Beobachtungskategorien seine Aufnahmekapazität übersteigt. Zur systematischen Beobachtung des Problemverhaltens verwendete der Lehrer ein System mit den Kategorien „nichtunterrichtsbezogenes Umherlaufen" und „unterrichtsbezogenes Umherlaufen mit Umweg und Störung der Mitschüler". Signiert wurden Dauer und Häufigkeit des Verhaltens. Trotz kurzer Beobachtungszeit-Intervalle (vier 5-minütige Intervalle in einer Unterrichtsstunde pro Tag; vgl. hierzu Hoffmann 1973, Kern 1974, Lorenz et al 1976) empfand der Lehrer die systematische Beobachtung als sehr belastend, weshalb er nur noch Auftretenshäufigkeiten signierte. Wichtiger schien ihm und uns die weniger aufwendige protokollartig festgehaltene Schilderung von Szenen mit Problemverhalten, die relevante Informationen über den Verlauf und Kontext von Störhandlungen lieferte. Zeitlich aufwendig, aber nicht unzumutbar war das verhaltensanalytisch vorstrukturierte Gespräch mit den Eltern.

### 4.2. Datenanalyse: Beschreibung und Bewertung von Verhaltensweisen und Registrierung von Reizen und Reizbedingungen

These: Verhaltensdiagnostik erfüllt diagnostische Gütekriterien unzulänglich. Sie ist nur „quasi-psychodiagnostische Tätigkeit" (vgl. Kaminski 1976)

Den Vorwurf der „quasi-psychodiagnostischen Tätigkeit" muß man akzeptieren, da die Parameter der ausgewählten Handlungsfelder nicht alle kontrolliert werden können und die Kategorisierung von Daten mit Fehlern behaftet sein kann. So z.B. bei der Typisierung der Symptomatik in „unangemessen", „zu häufig", „zu selten", oder bei der Strukturierung einer komplexen Situation nach auslösenden oder steuernden Reizbedingungen. Den Vorwurf der Vernachlässigung von Gütekriterien kann man aber in Kauf nehmen, denn je perfekter die Diagnostik, desto restriktiver die Datenaufnahme und –Kategorisierung, und umso geringer die Relevanz der Daten für das Tätigkeitsfeld des Lehrers. Das in Kauf nehmen diagnostischer Risiken heißt nicht, daß verantwortungslos Diagnostik betrieben werden soll.

### 4.3. Hypothesen über den Ist-Zustand und die benötigten Bedingungshintergründe

These: Das funktionelle Bedingungsmodell der Verhaltenstheorie faßt Stimulus-Response-Einheiten, die komplexe Wirklichkeit nicht hinreichend beschreiben.

Die funktionalen Bedingungsmodelle basieren nicht auf einfachen S-R-Modellen, sondern auf erweiterten Modellen wie z.B. der Verhaltensgleichung von Kanfer (vgl. dazu Kanfer 1969), in der Verhalten als abhängige Variable bestimmt wird durch die unabhängigen Variablen Stimulus, Organismus, Verstärkungsplan und Verhaltenskonsequenz. Mit Hypothesen über die Bedingungszusammenhänge in diesen Variablen kann Wirklichkeit angemessen - d.h. daß zielgerichtetes Handeln möglich wird – beschrieben werden, zumal die Bedingungen in individuellen Hypothesen gefasst werden.

### 4.4. Hypothesen über Ziel-Zustände

These: Ziel der Verhaltensmodifikation ist die kritiklose Anpassung und Unterordnung der Kinder.

In der Verhaltensmodifikation werden je individuelle Ziele geplant, die sich nicht nur auf verschiedene Personen (Dieter, Eltern, Lehrer, Mitschüler), sondern auch auf ökologische Umstände beziehen (z.B. Haussprechanlage kein Mittel der sozialen Interaktion). Der für Dieter geplante Zielzustand „am Platz sitzen bleiben während der Instruktionsphase" dient zweifellos der Anpassung an ein Ordnungssystem, doch ist die Erreichung des Teilzieles Voraussetzung für das übergeordnete Ziel „dem Unterricht folgen können". Ist das Ziel des Unterrichts die Anpassung der Schüler, so dient die Verhaltensmodifikation nur indirekt diesem Ziel; die Anpassung der Schüler ist primär ein curriculares Problem.

Erklärtes Ziel der Verhaltensmodifikation ist aber nicht Anpassung, sondern Aufklärung über die Bedingungen, von denen das Problemverhalten abhängt. Das führt zu dem Effekt, daß eigenes und fremdes Verhalten kontrolliert werden kann (vgl. dazu Kanfer/Saslow 1974).

*4.5. Hypothesen über Änderungsumstände: Herstellen von Äquivalenzbeziehungen von Parametern der realen Situation zu Parametern von erfahrungswissenschaftlichen Modellen mit bereitgestelltem Änderungswissen.*

These: Verhaltensmodifikation bringt bewährte Methoden in neuen Begriffen

Es ist richtig, daß z.B. positive und negative Verstärker wie Lob oder Strafe schon immer im Unterricht eingesetzt werden. Neu ist die empirische Begründung durch die experimentelle Psychologie und die systematische Erforschung von Verhaltenseffekten wie z.B. die Auswirkung von Lob auf Schulangst (vgl. Janssen/Kluge 1976). Neu ist auch die auf der Verhaltenstheorie basierende unsystematische und systematische Verhaltensanalyse, die individuelle Bedingungsmodelle für Lehrer- und Schülerverhalten liefert und Handeln steuert.

*4.6. Entscheidung für eingreifendes Handeln. Applikation von Änderungsumständen der Verhaltensmodifikation auf die konkrete, individuelle schulische Situation.*

These: Die Entscheidung für die Anwendung der Methoden der Verhaltensmodifikation wird nicht von schülerzentrierten Interessen bestimmt.

Wenn die Anwendung der Methoden z.B. von der Einsicht des Lehrers ausgelöst wird, daß er mit einem oder mehreren Schülern nicht zurecht kommt, so ist die lehrerzentrierte Entscheidung kein Hinderungsgrund für schülerzentrierten Unterricht. Ein verantwortungsbewußter Lehrer wendet verhaltensmodifikatorische Methoden nicht an, um autoritäres Handeln zu motivieren und/oder schlechten Unterricht zu kaschieren.

*4.7. Strategische Planung des eingreifenden Handelns: Auswahl der Methoden, mit denen Zielzustände erreicht werden sollen*

Thesen: a) Die Methoden der Verhaltensmodifikation sind manipulativ. Der Schüler kann sich gegen die dressurähnlichen Akte nicht wehren. b) Die Manipulation wird durch das soziale und ökologische Feld Schule begünstigt. c) Verstärkersysteme führen zum Konsumverhalten: vor allem, wenn Kinder für Selbstverständliches belohnt werden.

a) Verhaltensmodifikation ist nicht manipulativ, wenn die Schüler die Kontrolle ihres Verhaltens kontrollieren können (vgl. dazu Holzkamp 1972). Je jünger die

226

Kinder, desto geringer die Einsicht und umso größer die Gefahr der Manipulation. Ein möglicher Weg zur Kontrolle des Kontrolleurs ist der im Fallbeispiel eingesetzte Kontingenzvertrag. Die Vertragsklauseln wie z.b. „welches Zielverhalten wird angestrebt und mit welcher Belohnung honoriert" wurden von Lehrern und Schülern ausgehandelt, und das Einhalten der Vertragsregeln wurde von allen Beteiligten kontrolliert. Ziel des Kontingenz-Vertragssystems ist, daß über dne lehrerkontrollierten Vertragsabschluß zum schülerkontrollierten hingeführt wird. (vgl. Homme 1974)

b) Die Machtstruktur der Schule birgt die Gefahr in sich, daß gestörte Interaktionen einseitig erklärt werden als Fehlentwicklungen der Schülerpersönlichkeit. Durch die Verhaltensanalyse wird der Lehrer aber gerade gezwungen, sein Verhalten als Bedingung für anderes Verhalten zu reflektieren.

c) Verhaltensweisen, deren Notwendigkeit von Erwachsenen bestimmt wird, müssen für Kinder nicht unbedingt erstrebenswert sein. Auch kann man gerade bei jungen Lernbehinderten nicht davon ausgehen, daß das nichtmaterielle Belohnungssystem der Schule wie Noten, verbale und nonverbale soziale Verstärker wirksam ist (vgl.Holtz 1974). Auch Dieter sprach zunächst nicht auf symbolische und soziale Verstärker an, da sie im Elternhaus nicht eingesetzt wurden.

Der Anspruch der Verhaltensmodifikation, das materielle Belohnungssystem in umfassendere nichtmaterielle Systeme überzuführen, kann in einer Konsumgesellschaft nur schwer verwirklicht werden. Daß der Einsatz von Verstärkern zu Konsumverhalten erzieht, kann aufgrund der Schulerfahrungen nicht bestätigt werden. Es war verblüffend, welche große Anzahl unterschiedlichster Objekte ohne großen materiellen Wert von den Kindern begehrt wurden. Auch mußten sie lernen, Verzicht zu üben.

### 4.8. Taktische Planung des eingreifenden Handelns: Anpassung der ausgewählten Methoden an die realen Gegebenheiten

Thesen: a) Verstärker-Systeme sind in der Schule zu aufwendig und b) nur additive psychologische Anhängsel im Unterricht.

a) Das im Fallbeispiel gewählte Token-Programm ist als Verstärkersystem zwar aufwendig, es konnte aber im Unterricht von einem Lehrer durchgeführt werden. Aufwendig war vor allem die Buchführung, da die Schüler darauf bestanden, Tokens über Wochen hinweg ansparen zu können. Auch mußten die Tokens individuell gekennzeichnet werden, um einen Tauschhandel zu verhindern. Viel Zeit nahm die Eintauschphase[1] in Anspruch, es wurden jedoch in keiner Unterrichtseinheit so viele persönliche und emotionale Erlebnisinhalte angesprochen wie gerade hier.

b) das Fallbeispiel zeigt, daß verhaltensmodifikatorische Methoden im Unterricht nicht nur voll integriert sind, sondern auch Gegenstand des Unterrichts

---

1) Die materiellen Verstärker waren im fahrbaren, verglasten Sandkasten aufgebaut

sein können. Wenn Unterricht auf Alltagswirklichkeit ausgerichtet sein soll (vgl. Nestle 1975), so wurde bei der Einführung des Modifikationsprogramms Alltag z.B. in folgenden Unterrichtseinheiten durchschaubar gemacht:

- Unterricht über Unterricht: verzichtbare und unverzichtbare Unterrichtsrituale

- Schüler verhalten sich unterschiedlich in gleichen Situationen und gleich in unterschiedlichen Situationen

- Verhalten ist veränderbar

- Vertrag ist ein zweckorientiertes Regelsystem zwischen zwei Partnern

- Einhalten von Verträgen; Kontrolle der Kontrolleure

- Tokens als Münzen. Der symbolische Wert von Verstärkern. Verhaltensmodifikatorische Methoden sind demnach wesentlicher Teil des Unterrichts, wenn sie curricular aufgearbeitet werden.

### 4.9. Ausführung des eingreifenden Handelns

These: Die Durchführung des Verstärkersystems wirkt sich erzieherisch negativ aus durch das Evozieren von Neid, Konkurrenzdenken, unkooperatives Verhalten und durch unechtes Lehrerverhalten.

Empirische Befunde haben gezeigt, daß die Wirksamkeit verhaltensmodifikatorischer Methoden wesentlich vom Sozialklima in der Klasse abhängt, das hauptsächlich von der Person des Lehrers mitbestimmt wird. Ein Lehrer, der Methoden technisch appliziert und unecht wirkt, hat keinen Erfolg (vgl. Janssen/ Kluge 1976) In der „sozialintegrativ" geführten Schulklasse förderte das Verstärkersystem Kooperation und Rücksichtnahme. Dieter wurde z.B. immer wieder ermuntert, durchzuhalten, die Mitschüler besorgten gemeinsam Verstärker und wenn ein Kind für einen besonders begehrenswerten Gegenstand die Tokens ansparte, so wurde das von „reicheren Kindern" respektiert.

Durch den nichtkontingenten Erwerb von Tokens bestand für die Mitschüler wenig Anlass, auf Dieter neidisch zu sein.

### 4.10. Überprüfung der Zielerreichung

These: Versuchspläne der experimentellen Psychologie machen Kinder zu „Versuchskaninchen".

Experimentelle Versuchspläne der Verhaltensmodifikation können im Schulalltag nicht verwendet werden. Entweder sind sie zu aufwendig (Versuchsplan mit multiplen Ausgangsdaten oder Kontrollgruppenmethoden; vgl. Schott 1973) oder aus ethischen Gründen nicht zu rechtfertigen. Bei den Reversionsmethoden, wo ein Wiederaufbau von Problemverhalten vorgesehen ist, werden Schulkinder tatsächlich zu Versuchskaninchen.

Die Zielerreichung kann ohne Experimente anhand der Zielzustandshypothesen überprüft werden. Keine Zielerreichung bedeutet, daß in einer Phase oder mehreren Phasen des gesamten diagnostisch-praktischen Prozesses Fehler unterlaufen sein können.

## 5. Zusammenfassung

Mit dem Erfahrungsbericht über eine empirisch nicht kontrollierte Anwendung der Verhaltensmodifikation im Unterricht sollte gezeigt werden, daß verhaltens-modifikatorisches Handeln als diagnostisch-praktischer Problemlöseprozess verstanden werden kann. Das Handeln orientiert sich an individuellen, lern-, kognitions- und sozial-psychologischen Theorie- und Therapiekonzepten, denen die Verhaltenstheorie den theoretischen Rahmen abgibt.

Die Auseinandersetzung mit häufig zitierten, kritischen Thesen zur Verhaltens-modifikation in der Schule wollte deutlich machen, daß Verhaltensmodifikation in ein demokratisches, pädagogisch-didaktisches Konzept eingebettet werden kann und muß.

## Literatur

Hippler, B. und Scholz, W.: Tokenverstärkungssysteme in der Schule. In: Kraiker, Ch. (Hg.): Handbuch der Verhaltenstherapie. München 1974

Hoffmann, M.: Beobachten und Protokollieren von Verhalten. In: Belschner et al.: Verhaltenstherapie in Erziehung und Unterricht. Stuttgart 1973

Holland, J.G. u. Skinner, B.F.: Analyse des Verhaltens, München 1974

Holtz, K.-L.: Verhaltensmodifikation in der Schule – ethische und methodische Aspekte. In: Die Grundschule, 5, 1973, 309 - 319

Holzkamp, K.: Kritische Psychologie. Frankfurt 1972

Homme, L.: Verhaltensmodifikation in der Schulklasse. Weinheim 1974

Janssen, U. u. Kluge, J.: Lob und Kritik, Belohnung und Strafe als Steuerungsimpulse in der Pädagogik für Verhaltensauffällige – ein Beitrag zum Abbau bzw. Prophylaxe von Schulangst. In: vhn, 2, 1976, 176 - 182

Kaminski, G.: Verhaltenstheorie und Verhaltensmodifikation. Stuttgart 1970

Kaminski, G.: Rahmentheoretische Überlegungen zur Taxonomie psychodiagnostischer Prozesse. In: Pawlik, K. (Hg.): Diagnose der Diagnostik. Stuttgart 1976.

Kanfer, F.H.: Verhaltenstherapie: Ein neues Theoriegerüst zur Lösung klinisch-psychologischer Probleme. In: Psychologie und Praxis, 1969

Kanfer, F.H., Saslow, G.: Verhaltenstheoretische Diagnostik. In: Schulte, D. (Hg.): Diagnostik in der Verhaltenstherapie. München 1974

Kern, H.J.: Verhaltensmodifikation in der Schule. Stuttgart 1974

Lorenz, R., Molzahn, R., Teegen, F.: Verhaltensänderung in der Schule: Systematisches Anleitungsprogramm für Lehrer. Reinbek 1976

Nestle, W.: Probleme und Aufgaben der Didaktik der Schule für Lernbehinderte. In: Z. Heilpäd. 9, 1975, 523 - 538

Schmid, H.: Verhaltensmodifikation durch den Einsatz von Tokens im Unterricht lernbehinderter Schüler. Praktischer Versuch in einer 2. Klasse. Unveröff. Zulassungsarbeit. Reutlingen 1976

Schott, F.: Verhaltensmodifikation durch Unterricht, Erziehung und Therapie. In: Belschner et al.: Verhaltenstherapie in Erziehung und Unterricht. Stuttgart 1973

Schulte, D.: Ein Schema für Diagnose und Therapieplanung in der Verhaltenstherapie. In: Schulte, D. (Hg.): Diagnostik in der Verhaltenstherapie. München 1974

Schulte, D.: Psychodiagnostik zur Erklärung und Modifikation von Verhalten. In: Pawlik, K. (Hg.): Diagnose der Diagnostik. Stuttgart 1976

Westmeyer, H.: Grundlagenprobleme psychologischer Diagnostik. In: Pawlik, K. (Hg.): Diagnose der Diagnostik. Stuttgart 1976

# „Kognitive Stile" — auch bei Schülern der Schule für Lernbehinderte? [1)]

*Margarita Wittoch*

In der alltäglichen Schulpraxis, aber auch bei Untersuchungen von Lernprozessen, die unter überprüften Laborbedingungen durchgeführt werden, zeigt sich immer wieder deutlich, daß neben dem für alle Beteiligten zutreffenden Lernerfolg sehr große individuelle Unterschiede auftreten. Diesen für die einzelnen Personen spezifischen Lernerfolgen hat man lange Zeit wenig Interesse entgegengebracht, weil man bei Lernvorgängen das Augenmerk auf allgemeine, für die meisten zutreffende Effekte gerichtet hatte. Aber die große Streuung schulischer Lernerfolge hat die Frage immer wieder neu in die Erziehungswissenschaftliche Diskussion gebracht (Flammer 1975). Wie können die individuellen Differenzen der Lernergebnisse erklärt werden?

Am häufigsten wurde den unterschiedlichen Lernvoraussetzungen die Hauptverursachung zugeschrieben. Damit sind alle Denk- und Verhaltensmöglichkeiten gemeint, die vor Beginn des Lernprozesses im Besitz des Individuums sind. Orientiert an theoretischen Persönlichkeitskonzepten wurden sie als allgemeine oder aber spezielle Fähigkeiten im Vortest erhoben, z.B. als Intelligenz, Leistungsmotiv, Kreativität, Figur-Hintergrund-Differenzierung oder Kurzzeitgedächtnis. Neben den an den jeweiligen Testleistungsergebnissen orientierten Leistungsvoraussetzungen sind aber auch die vorhandenen Handlungspläne, die Vorgehensweisen bedeutsam, wie sie beim Lösungsverlauf komplexer Textaufgaben oder der Erstellung eines Werkstückes sichtbar werden.

Es gibt darüberhinaus eine ganze Reihe von Hinweisen, daß die individuellen Unterschiede von Lernergebnissen durch die in der jeweiligen Lernsituation aktualisierten Möglichkeiten erklärt werden können. Informationen darüber sind nur durch eine genaue Analyse der individuellen Lernvorgänge möglich. Bei einem solchen Ansatz kann es entscheidend werden, für wie wichtig ein Schüler die Aufgabenstellung hält, welche Ziele er sich setzt, wie differenziert er die Situation auffaßt, welche Pläne er zur Zielerreichung aufstellt, ob und welche Unstimmigkeiten er entdeckt, welches Gedächtnismaterial er aktualisiert und welche Informationen ihm in der Situation bedeutsam erscheinen.

Ob überhaupt und in welcher Weise Denkprozesse dieser Art bei einer Person in Gang gesetzt werden, hängt in entscheidendem Maße von dem Gefüge der Lernsituation ab. Aus empirisch kontrollierten Unterrichtsversuchen wissen wir, daß es bei der Übermittlung von Informationen bedeutsam ist, ob der Text

1) Für die Unterstützung des Kultusministeriums in Baden-Württemberg, der Schulämter, Schulleiter und Klassenlehrer bei der Durchführung der Untersuchungen möchte ich danken, besonders Herrn Dipl.-Psych. Hartmut Sautter für die methodologische Betreuung der Diplom- und Zulassungsarbeiten zur 1. Dienstprüfung für Sonderschulpädagogen.

gehört oder gelesen wird, ob er ordnungsstiftende Fragen enthält, ob Text-
lücken zwischendurch zu ergänzen sind, ob er interessante aber nicht zwingend
notwendige Informationen enthält und ob er klar strukturiert ist. Es hängt
jeweils von gewissen Persönlichkeitsmerkmalen (Ängstlichkeit, spezifischen
Fähigkeiten) der Schüler ab, zu welchem Lernerfolg welche Art der Übermittlung führt (vgl.Flammer 1975). Wenig Beachtung wurde bisher der Wechselwirkung zwischen Aspekten einer Lernsituation und der im Laufe des Lernprozesses aktualisierten Denkprozesse geschenkt.

Aus dem hochkomplexen Phänomen „Lernsituation" sollen bei den folgenden
Erörterungen verschiedene Typen von Problemen herausgegriffen werden. Es
wird eine theoretisch orientierte Aufgabenanalyse versucht und eine Analyse
der entsprechenden Problemlöseprozesse verschiedener Schüler. Dabei sind mir
drei Fragestellungen wichtig:

— Lösen verschiedene Schüler das gleiche Problem auf unterschiedliche Art?
  Oder anders gefragt, gibt es individuelle oder für einzelne Schülergruppen
  spezifische Lösungsprozesse?

— Gehen Schüler bei verschiedenartigsten Konkretionen eines Problemtyps
  übereinstimmend oder sehr ähnlich bei der Lösungsfindung vor? Oder anders
  gefragt, gibt es ein durchgängiges Lösungsverhalten, das von der Struktur
  des Problems abhängig ist?

— Sind die Schüler in der Lage, bei der Lösung einer Problemaufgabe unter
  veränderten situativen Bedingungen auch anders vorzugehen? Oder anders
  gefragt, sind in dem Verhaltensrepertoire einer Person verschiedene Lösungsformen eines Problemtyps vorhanden?

Läßt sich feststellen, daß ein Problemaufgabentyp von verschiedenen Schülern
auf unterschiedliche Weise gelöst werden kann und finden sich Anhaltspunkte
dafür, daß bestimmte Schüler bei strukturgleichen Problemen ähnliches Lösungsverhalten zeigen, obwohl ihnen auch andere Lösungsstrategien möglich sind,
dann müßte man von einem „kognitiven Stil" sprechen.

Zu den bisher am intensivsten untersuchten und diskutierten „kognitiven Stilen"
gehören die Feldartikulation und die Stildimension Impulsivität versus Reflexivität. Einführende Literatur dazu sind Köstlin-Gloger 1974 und Wagner 1976.
Auf eine Zusammenfassung der in der Literatur dargestellten Befunde und theoretischen Erörterungen soll hier verzichtet werden, weil ich diese Gelegenheit
benutzen möchte, Ihnen meinen augenblicklichen Kenntnis- und Erkenntnisstand darzustellen, zu dem ich aufgrund intensiver Zusammenarbeit mit Studierenden des Fachbereiches für Sonderpädagogik gelangt bin. Bei allen, die
auf ihre Weise zur Erhellung dieser Fragestellungen beigetragen haben, möchte
ich mich herzlich bedanken.

## 1. Kognitive Stildimension: Impulsivität versus Reflexivität
Welcher Problemtyp gibt Aufschluß über die Stildimension?

Zunächst soll eine Aufgabe aus dem Matching Familiar Figures Test (MFF)
von Kagan (stark verkleinert) betrachtet werden, mit dem die kognitive Stil-

dimension impulsiv versus reflexiv überprüft wird. Der Test besteht aus 12 Aufgaben dieser Art.

Abb. 1 a: Verkleinerte Aufgaben des MFF (aus: Kagan et al. 1964)

Oben sieht man den Standard, der unter den 6 Bildern wiedererkannt werden soll. Als „kognitiv impulsiv" werden Personen bezeichnet, die bei den Lösungen dieser Aufgaben wenig Zeit aufwenden und viele Fehler machen. Findet eine Person viele richtige Lösungen, benötigt aber für jeden Lösungsprozeß viel Zeit, dann wird ihr Verhalten „kognitiv reflexiv" genannt. Bei diesen Definitionen bezieht sich viel und wenig immer auf den Durchschnitt der gerade untersuchten Gruppe. Charakteristisch für die Prüfungsaufgaben ist das gleichzeitige Vorhandensein mehrerer Lösungsalternativen und die hohe Antwortunsicherheit (Kagan et al. 1966), die ein Auffinden des identischen Bildes erschwert.

Ich möchte nun im folgenden nachzuweisen versuchen, daß bei diesen Aufgaben ein Problemtyp vorliegt, mit dem sich Vertreter der Gestaltspsychologie — besonders Duncker (1935) — ausführlich beschäftigt haben. Duncker unterscheidet unter dem Gesichtspunkt der Lösungsart 3 Problemtypen: Probleme, deren Lösungen

— durch totale Einsicht,
— über partielle Einsicht und
—, über Findung durch Resonanz möglich sind. Der zuletzt genannte Problemtyp soll genauer betrachtet werden, weil ihm die Prüfungsaufgaben des MFF entsprechen.

Bei der „trivialsten" und uneinsichtigsten Form der Lösungsfindung (Duncker 1963, S. 891) wird unterschieden zwischen einem Suchmodell oder Signalement und einem Suchbereich. Das Suchmodell ist auf der einen Seite, selbst wenn die Informationen nacheinander wahrgenommen werden, eine bedeutsame Ganzheit – mehr als die Summe aller Wahrnehmungsdetails– und auf der an-

deren Seite ist es ein teilweise offenes Schema mit „Leerstellen" (S. 94). Das Wiedererkennen des Suchmodells im Suchfeld kommt durch Resonanz zustande, d.h. das Signalelement muß einem Realitätsausschnitt im Suchfeld „gut sitzen", es muß „prägnant" sein. Diese Prägnanz führt Duncker auf folgende Bedingungen des Suchmodells zurück:
— Vollständigkeit und Bestimmungsreichtum;
— Knappheit, Nicht-Überbestimmtheit;
— Richtigkeit;
— Triftigkeit (worunter wesentliche, charakteristische Eigenschaften gemeint sind).

Täuschungen — „im erkenntnistheoretischen und biologischen Sinn" falsche Lösungen — können auftreten, wenn ein unvollständiges Suchmodell benutzt wird, weil ein Teil vorhandener Bestimmungsstücke nicht berücksichtigt wird. Gleichzeitig ist es aber notwendig, von Eigenschaften abzusehen, weil sie sich für das Finden der Lösung als überflüssig, unbedeutend und irreführend erweisen. Lösungen sind nicht möglich, wenn das Suchmodell Eigenschaften enthält, die mit denen des Wahrnehmungsgegenstandes nicht übereinstimmen.

Beim MFF ist der Standard die Wahrnehmungsgrundlage für die Bildung des Suchmodells, wobei die dargestellten Bedingungen bedeutsam werden. Der Suchbereich des MFF ist das Feld mit den 6 Abbildungen. Das Suchen „vollzieht sich im allgemeinen in Durchlaufungen" (Duncker, 1964, S. 97). Durch das Registrieren von Blickbewegungen während des Lösungsprozesses (Kagan et al. 1966a, Drake 1970, Wagner und Cimioty 1975) wurden Formen des „Durchlaufens" sichtbar gemacht. Einige Prozeßvariablen, bei denen das impulsive und reflexive Vorgehen besonders deutlich wird, sind in der Tabelle 1 dargestellt.

Tabelle 1: An den Strukturmerkmalen orientiertes Verhalten bei impulsivem und reflektivem Vorgehen

|  | impulsives Lösungsverhalten: kurze Lösungszeiten und viele Fehler | reflektives Lösungsverhalten: lange Lösungszeiten und wenige Fehler |
|---|---|---|
| Betrachten des Suchmodells | — kurze Zeit<br>— ein oder wenige Male<br>— nur zum Teil | — lange Zeit<br>— häufig, immer wieder<br>— alle Teile/Bereiche |
| Betrachten des Suchfeldes | — nur einzelne Teile des Feldes<br>— nur Teile des "Lösungsbildes"<br>— selten Rückkehr zum Suchmodell | — das gesamte Feld<br><br>— alle Teile/Bereiche des "Lösungsbildes"<br>— häufig Rückkehr zum Suchmodell (besonders beim "Lösungsbild") |
| Lösung (Entscheidung) | — nachdem wenig Informationen eingeholt wurden<br>— hohe Unsicherheit | — nachdem viel Informa- eingeholt wurden<br>— hohe Sicherheit |

Welches Lösungsverhalten läßt sich bei Schülern verschiedener Schultypen auffinden?

Vergleicht man 8-jährige Schüler verschiedenartiger Schultypen miteinander bezüglich ihres Lösungsverhaltens impulsiv versus reflexiv (gemessen mit dem MFF), dann stellt sich heraus, daß das Lösungsverhalten von 80% der Schüler, die eine Sonderschule für Lernbehinderte besuchen (N = 220) als impulsiv bezeichnet werden muß, und nur das von 4% als reflexiv (Höring 1975). Der Unterschied zu Schülern, die eine Grundschule besuchen, ist sehr deutlich (Bätzel 1977). Das Verhalten von Grundschülern (N = 349) ist zu 43% impulsiv und zu 26% reflexiv. Sowohl die durchschnittlichen Fehlermittelwerte (SoL $X_F = 8,4$; GS $X_F = 6,7$) als auch die mittleren Reaktionszeiten (SoL $X_R = 6,0$; GS $X_R = 10,4$) weichen hoch bedeutsam voneinander ab ($p < 0,01$).
Hängt das Lösungsverhalten vom Problemtyp ab?

Bezieht sich ein eher impulsives oder reflexives Lösungsverhalten auf eine Problemform, bei der eine Lösung als „Findung durch Resonanz" (Duncker 1963, S. 89) erfolgt, dann müßten Schüler bei strukturgleichen Aufgaben verschiedenster Konkretion ein ähnliches Verhalten zeigen. Zu dieser Frage wurden zwei Untersuchungen durchgeführt. Einer Gruppe von Dysgrammatikern wurden visuelle Aufgaben (MFF) und auditiv/sprachliche Aufgaben vorgelegt (Heller - Merschroth 1976), eine andere Schülergruppe aus Sonderschulen für Lernbehinderte hatte visuelle Aufgaben (MFF) und Tastaufgaben zu lösen (Sehrbrock 1976). Bei den auditiv/sprachlichen Aufgaben wurden die Lösungsvarianten nach strukturellen Merkmalen der generativen Grammatiktheorie von Chomsky konstruiert. Die generative Grammatik, von Chomsky in seinen „Syntactic Structures" (Funkkolleg 1972, Bd. 4 S. 15) dargestellt, ist nach drei Prinzipien aufgebaut: den Erzeugungsregeln (syntaktische Ebene), den Subkategorisierungregeln (semantische Ebene) und den phonetisch/phonologischen Koordinierungsregeln. Auf der ersten Ebene wird dargestellt, wie eine Grundform von Sätzen gebildet wird. Die richtige Anordnung der Wörter wird durch die Subkategorisierungsregeln gewährleistet. Bei den Transformationsregeln muß zwischen der Tiefen- und Oberflächenstruktur unterschieden werden, d.h. zwischen der eigentlichen Bedeutung des Satzes und seiner phonetisch/phonologischen Kodierung. Beispiele:

Suchschema: Klingelt das Telefon schon lange?

Variationen:  (a) Klingelt das Telefon schon sehr lange?
(b) Das Telefon klingelt schon lange
(c) – Lösungssatz –
(d) Läutet das Telefon schon lange?
(e) Klingelt die Telefon schon lange?

Suchschema: Die Blätter sind im Sommer grün.

Variationen:  (a) – Lösungssatz –
(b) Die Blätter sind grün im Sommer.
(c) Im Herbst sind die Blätter grün.
(d) Die Blätter sind im Sommer dunkelgrün.

(e) Die Blätter ist in Sommer grün.

Durch den Druck auf einen Klingelknopf (Attrappen) können die Schüler die Sätze auf einem language master abrufen. Die Knöpfe sind entsprechend dem MFF angeordnet:

Dieses Verfahren ermöglichte es, die Reihenfolge der Informationen zu registrieren, die die Schüler vor ihrer Entscheidung einholten. Die Ergebnisse machen deutlich, daß die Menge der eingeholten Informationen sehr eng mit der Dauer des Entscheidungsprozesses zusammenhängt ($r = .85$) und auch die Qualität der Entscheidung (richtig/falsch) beeinflußt ($r = -.54$; Anzahl der Informationen x Fehler).

Lösungsstrategien zur Aufgabe: Klingelt das Telefon schon lange? Beispiel für ein impulsives Verhalten (Wolfgang L.)

Lösung: (a) Klingelt das Telefon schon sehr lange?

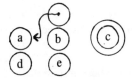

Beispiel für ein reflexives Verhalten (Tanja L.)

Lösung: (c) richtige Lösung

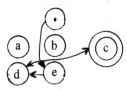

Lösungsstrategien zu der Aufgabe: Die Blätter sind im Sommer grün. Beispiel für ein impulsives Verhalten (Wolfgang L.)

Lösung: (e) Die Blätter ist in Sommer grün.

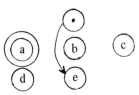

Beispiel für ein reflexives Verhalten (Tanja L.)

Lösung: (a) richtige Lösung

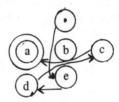

Von den 30 Schülern (Dysgrammatiker des zweiten und dritten Schweregrades) zeigten 53% der Schüler bei visuellen und auditiv/sprachlichen Aufgaben einen durchgängigen Lösungsstil und nur 10% der Schüler wechselten das Lösungsverhalten. Von den 52 Schülern (Sonderschule für Lernbehinderte), denen visuelle und haptische Aufgaben vorgelegt wurden, konnte bei 45% der Schüler ein durchgängiger Lösungsstil festgestellt werden und nur bei 10% fand ein Stilwechsel statt. Die Tastaufgaben waren in ihrer Anordnung analog den visuellen Aufgaben (MFF). Die Lösungsvarianten sind orientiert an der theoretischen Konzeption der Gestalttheorie und an empirischen Ergebnissen haptischer Merkmalshierarchien konstruiert worden (vgl. Sehrbrock, Wittoch 1977).

Wertet man die vorliegenden Ergebnisse (Kagan et al. 1964, Heller – Merschroth 1976, Sehrbrock 1976) als Anzeichen für einen eher durchgängigen Lösungsstil bei verschiedenartigen Konkretionen einer bestimmten Problemstruktur, dann könnte man einen spezifischen Lösungsstil auch bei anderen strukturgleichen Situationen erwarten. Bei allen Aufgaben mit Mehrfach-Wahlantworten, bei Kaufentscheidungen, ganz gleich ob es um ein Waschmittel oder ein Auto geht, würden die einen Schüler eher impulsiv, die anderen eher reflexiv vorgehen. Immer dann, wenn ein Schüler Handlungsalternativen sieht, würde ein ähnlicher Prozeß ablaufen bevor er konkret handelt, weil in den meisten Fällen nur eine der Möglichkeiten realisiert werden kann.

Mit welchen Persönlichkeitsmerkmalen stehen die verschiedenen Formen des Promlemlöseverhaltens in Beziehung?

Jetzt wollen wir uns der Frage zuwenden, wie sich ein Lösungsstil, der zu Fehlentscheidungen führt, so verändern läßt, daß eher angemessene Entscheidungen getroffen werden? Wenn man die vielen enthusiastischen Ansätze von Fördermaßnahmen (z.B. Sprach-, Wahrnehmungs-, Kreativitäts-, Intelligenztraining) der letzten Jahre betrachtet, wird eine zunehmende Resignation deutlich. Einer möglichen Erklärung für das Ausbleiben der erhofften Veränderungen möchte ich bezogen auf unsere Frage hier nachgehen.

Die Tatsache eines impulsiven Problemlöseverhaltens ist meines Erachtens noch keine ausreichende Information, um Veränderungsmaßnahmen konzipieren zu können. Erfolgreich scheinen mir Änderungsmaßnahmen nur dann zu sein, wenn sie das jeweilige Netzwerk individueller Persönlichkeitskonstellationen berücksichtigen. Bei einem impulsiven Schüler, der wenig originell, gering intelligent und wenig leistungsmotiviert ist, müßten Lösungshilfen sicher anders aussehen als' bei einem kreativen, intelligenten Schüler mit hoher Furcht vor Mißerfolgen. Gezielte Fördermaßnahmen setzen Forschungsvorhaben voraus, die Beziehungen zwischen diesen und anderen Persönlichkeitsmerkmalen aufdecken. Auf der einen Seite müssen Variablen aufgeklärt werden, die direkt am Problemlöseprozeß beteiligt sind, und wenn das nicht möglich ist, Variablen, die durch andere Testverfahren gesichert werden können. Aus unseren bisher vorliegenden Untersuchungsergebnissen haben wir Aufschlüsse über die Ursachenerklärung der Ergebnisse bei visuellen Aufgaben gewonnen (Hofmann, Lohse-Hess 1977). Außerdem haben wir die Beziehung impulsiven Problemlöseverhaltens zur Kreativität (Feinauer 1975; Krauter, Rupp 1977), zum Leistungsmotiv (Burr, Seimetz 1976, Beck et al. 1977) und zum kognitiven Stil der Feldartikulation (Letsche, Rink 1975, Engelhardt et al. 1977) untersucht.

## 1.1. Problemlöseverhalten und Ursachenerklärung

Da das Leistungsergebnis (richtig/falsch) einen konstitutiven Anteil des Konstrukts der Stildimension Impulsivität versus Reflexivität ausmacht, haben wir in einer Untersuchung von 100 8-jährigen Grundschülern nach der Ursachenerklärung für ihre Ergebnisse gefragt (Hofmann, Lohse-Hess 1977). Dabei wurde der Schwierigkeitsgrad der Aufgabe (37%) am häufigsten als Ursache angegeben und nur sehr selten die eigene Begabung (12%). Dazwischen lagen Zufall (29%) und Anstrengung (22%). Wenn man zwischen einer Ursachenerklärung, die äußerliche, externale Faktoren (Zufall, Aufgabenschwierigkeit) für die Ergebnisse verantwortlich macht, und einer Erklärungsform, die die Ursache für das jeweilige Leistungsergebnis in dem Agierenden selber sieht, (Anstrengung, Begabung) unterscheidet, dann wird ein Übergewicht externaler Ursachenerklärung deutlich. Dabei ist es gleichgültig, ob es sich um die Begründung von richtigen oder falschen Ergebnissen handelt. Bei richtigen Ergebnissen sind 62,82% der Erklärungen external und bei den falschen Ergebnissen sind es 68,78%. Die untersuchten Schüler fühlen sich nur wenig für ihre falschen (31,19%) aber auch ihre richtigen Ergebnisse (37,15%) verantwortlich, d.h. daß sie in ihrer eigenen Anstrengung oder Begabung nur selten die Ursachen für die Leistungsergebnisse sehen. In diesem Punkt unterscheiden sich Schüler mit impulsivem und reflexivem Lösungsstil nicht von einander. Es gibt wohl Hinweise darauf, daß sich Reflexive mit durchschnittlicher Begabung für ihre Ergebnisse, aber besonders für ihre Fehler, verantwortlicher fühlen als Reflexive mit hoher Begabung (p<.05).

Besonders deutlich zeigt sich bei den impulsiven Schülern, daß die Art ihrer Ursachenerklärung mit der Höhe ihrer allgemeinen Intelligenz zusammenhängt. Schüler mit einem impulsiven Lösungsstil führen ihre Ergebnisse, besonders aber ihre Fehler eher auf mangelnde Anstrengung und weniger auf mangelnde Begabung zurück, wenn sie durchschnittlich intelligent sind. Im Gegensatz dazu sehen Impulsive bei hoher Intelligenz die Ursachen für ihre falschen Antworten eher in mangelnder Begabung und weniger in mangelnder Anstrengung. Bei einer Veränderung des imulsiven Problemlöseverhaltens, wird es notwendig sein, die verschiedenartigen Formen der Kausalattribuierung zu berücksichtigen.

## 1.2. Problemlöseverhalten und Leistungsmotiv

Nach den bisher durchgeführten Untersuchungen (Burr, Seimetz 1976) gibt es keine Anhaltspunkte dafür, daß sich das Leistungsmotiv (gemessen mit dem Leistungs-TAT für Kinder) impulsiver Schüler von denen reflexiver unterscheidet. Wenn man allerdings Schüler unterschiedlicher Intelligenz miteinander vergleicht, schält sich heraus, daß 8-jährige Schüler aus Schulen für Lernbehinderte und gleichaltrige durchschnittlich intelligente Grundschüler ein höheres Leistungsmotiv aufweisen, ($p < .01$) verglichen mit hochintelligenten Grundschülern. Das gilt sowohl für das Erfolgsmotiv ($p < .01$) als auch für das Mißerfolgsmotiv ($p < .01$), gemessen mit der Gittertechnik (Beck et al. 1977).

Faßt man die Kausalattribuierung bezogen auf die Problemlöseaufgabe — als wichtigen Teil des Konstrukts Leistungsmotiv — und das unabhängig vom Problemlöseprozeß erhobene Leistungsmotiv zusammen, dann wird deutlich, daß hochintelligente Schüler (besonders mit impulsivem Problemlöseverhalten) ihre Aufgaben lösen, aus Furcht einen Mißerfolg zu erleiden. Durchschnittlich intelligente Grundschüler aber auch Schüler der Schule für Lernbehinderte heben sich von den Hochintelligenten durch ein höher ausgeprägtes Leistungsmotiv ab, vor allem aber durch ihre größere Hoffnung auf Erfolg. Anders sehen die Beziehungen aus, wenn man das Leistungsmotiv mit dem Schulerfolg in Beziehung setzt (vgl. Wittoch, 1973).

## 1.3. Problemlöseverhalten und Kreativität

Als nächstes soll das Persönlichkeitsmerkmal. Kreativität in seiner Beziehung zu impulsivem bzw. reflexivem Lösungsverhalten, betrachtet werden. Verglichen mit reflexiven Schülern der Schule für Lernbehinderte sind impulsive Schüler weniger flexibel ($p < .01$) weniger originell ($p < .05$) und arbeiten ihre Ideen weniger aus ($p < .05$; Feinauer, 1975). Bei 8-jährigen Grundschülern zeigt sich ebenfalls, daß Impulsive ihre Ideen weniger ausarbeiten ($p < .01$) als Reflexive, aber im Gegensatz zu den Schülern der SoL verfügen Impulsive über eine höhere Originalität ($p < .05$, Krauter, Rupp 1977). Differenziert man nach 3 verschiedenen Intelligenzniveaus, dann gibt es bei durchschnittlich begabten Schülern mit impulsivem oder reflexivem Problemlöseverhalten keinen Unterschied in ihren Kreativitätsdaten; wohl aber bei gering und hochintelligenten 8-Jährigen. In beiden Bereichen zeichnen sich die Reflexiven durch besonders gute Möglichkeiten im Ausarbeiten von Ideen aus ($p < .05$). Gegenläufig ist die Beziehung zur Originalität, während sich hochintelligente Impulsive durch außergewöhnliche Originalität auszeichnen ($p < .05$), sind Impulsive mit geringer Intelligenz besonders wenig originell ($p < .05$). Auf dieses auffällige Ergebnis, das für die Art der Förderung besonders bedeutsam ist, wird weiter unten noch ausführlicher eingegangen.

## 1.4. Problemlöseverhalten und Intelligenz

Berücksichtigt man verschiedene Intelligenzausprägungen, so treten die verschiedenen Formen des Problemlöseverhaltens deutlich zutage. Bei dieser Klassifizierung weichen die Mittelwerte der Fehler wie der Reaktionszeiten deutlich voneinander ab (vgl. Tabelle 3). Bei geringeren Intelligenzmeßwerten nimmt impulsives Lösungsverhalten deutlich zu, während reflexives seltener auftritt.

Tabelle 2: Prozentualer Anteil von Schülern mit impulsivem und reflexivem Lösungsverhalten aufgeteilt in Gruppen unterschiedlicher Höhe der gemessenen Intelligenz.

| Stichprobe | N | Problemlöseverhalten impulsiv schnell/falsch | reflexiv langsam/richtig |
|---|---|---|---|
| hochintelligent* | | | |
| $\bar{x} = 120{,}8$ | 187 | 33,7 % | 37,4 % |
| durchschnittlich intelligent* | | | |
| $\bar{x} = 105{,}7$ | 162 | 54,3 % | 14,8 % |
| gering intelligent$^o$ | | | |
| $\bar{x} = 81{,}6$ | 220 | 80,5 % | 4,5 % |

* (Bätzel 1977)
o (Höring 1975)

Tabelle 3: Mittelwerte, Streuungen und Streubreiten der Reaktionszeiten sowie der Fehler beim MFF in Schülergruppen mit unterschiedlicher Höhe der gemessenen Intelligenz

| Stichprobe | N | Reaktionszeit $X_t$ | $S_t$ | Streubreite | Fehlerzahl $X_F$ | $S_F$ | Streubreite |
|---|---|---|---|---|---|---|---|
| hochintelligent* | | | | | | | |
| $\bar{x} = 120{,}8$ | 187 | 11,78 | 6,79 | 2,4 – 56,92 | 6,21 | 1,93 | 1 – 11 |
| durchschnittlich* intelligent | | | | | | | |
| $\bar{x} = 105{,}72$ | 162 | 8,746 | 4,53 | 2,41–27,75 | 7,29 | 1,85 | 3 – 12 |
| gering intelligent$^o$ | | | | | | | |
| $\bar{x} = 81{,}59^+$ | 220 | 6,0 | 3,3 | 1,2 – 17,3 | 8,4 | 1,6 | 4 – 11 |

$^+$Der Mittelwert wurde aufgrund der Angaben von 150 Schülern errechnet.
o (Höring 1975) * (Bätzel 1977)

239

Nachdem die beiden Dimensionen Impulsivität und Reflexivität des „Lösungsverhaltens bei Problemen mit Findung durch Resonanz" mit den Persönlichkeitsmerkmalen Intelligenz, Kreativität und des Leistungsmotivs in Beziehung
gesetzt wurden, soll nun die Bedeutung einer zweiten kognitiven Stildimension,
die der Feldartikulation, betrachtet werden.

## 2. Kognitive Stildimension: Feldartikulation

In dieser Stildimension werden die beiden Pole Feldabhängigkeit und Feldunabhängigkeit unterschieden. Als Feldunabhängig bezeichnet Witkin jeman-
den, „der auf artikulierte Art Erfahrungen macht", er kann „Items getrennt
von ihrem Hintergrund aufnehmen, oder ein Feld, das organisiert ist, in seiner
Organisation aufbrechen oder ein Feld strukturieren, wenn das Feld relativ
geringe innere Struktur hat," (Witkin et al. 1971, S. 6, Übersetzung Viehmann).

Welcher Problemtyp gibt Aufschluß über die Stildimension?

Gemessen wird diese Stildimension mit dem Embedded-Figures-Test (EFT)
bei dem eine einfache Strichfigur aus einem komplexen Muster herauszufinden
ist. Die Teile der Suchfigur gehen in dem komplexen Muster auf, als natürliche
Teile dessen und haben in dem Gesamt des komplexen Musters eine andere
Funktion, als in der einfachen Suchfigur.

Beispiel:

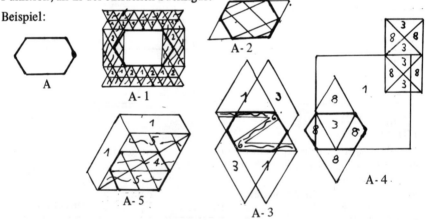

Abb.2: Suchfigur (A) und komplexe Figuren (A-1 bis A-5) des EFT. Die Farben
sind durch Zahlen gekennzeichnet. 1 - rot, 2 - blau, 3 - orange, 4 - gelb,
5 - braun, 6 - dunkelgrün, 7 - hellgrün, 8 - schwarz (aus: Witkin, 1950).

Legt man die Differenzierung verschiedenartiger Problemtypen nach Duncker
(1935) zugrunde, dann lassen sich die Aufgaben des Embedded-Figures-Test
(EFT) als Probleme kennzeichnen, die aufgrund partieller Einsicht lösbar sind.
Dazu sagt Duncker (1963, S. 65) „Partielle Einsicht ist dadurch möglich, daß
von einem in bestimmter Gestaltung gegebenen und durch bestimmte Funktionen (Aspekte) charakterisierten Sachverhalte bei identisch festgehaltenen
Fundamenten neue, d.h. zur Charakterisierung nicht mitverwendete Funktionen

(Aspekte) vermöge neuer Gestaltungen (Betrachtungsweisen) ablesbar sind".
Hohe partielle Einsicht würde dann Feldunabhängigkeit bedeuten.

Mit welchen Persönlichkeitsmerkmalen stehen die verschiedenen Formen des Problemlöseverhaltens in Beziehung?

### 2.1. Problemlöseverhalten und Intelligenz

Diese Art des Problemlöseverhaltens steht in enger Beziehung zur Intelligenz ($r = .48$; $p < .01$, und alle weiteren Daten in Engelhardt et al., 1977). Hochintelligente Grundschüler ($n = 60$) sind wesentlich feldunabhängiger ($p < .001$ als durchschnittlich intelligente Grundschüler ($N = 60$). Während sich innerhalb der durchschnittlich intelligenten Schüler keine Beziehung zur Feldartikulation abzeichnet ist sie in der Gruppe der Hochintelligenten sehr bedeutsam ($p < .01$). In der Gruppe 8-jähriger Grundschüler mit einem gemessenen IQ $< 110$ kommt höhere Intelligenz gekoppelt mit hoher Feldunabhängigkeit vor und geringere Intelligenz eher gekoppelt mit Feldabhängigkeit ($r = -.43$; $p < .01$).

### 2.2. Problemlöseverhalten bei verschiedenen Problemtypen

Besonders interessant ist eine Beziehung der beiden Stildimensionen Feldartikulation und impulsiv versus reflexiv, wenn man in ihnen das Problemlöseverhalten bei verschiedenartigen Problemtypen sieht. Berücksichtigt man bei den beiden Stildimensionen die Lösungsergebnisse, so ergibt sich bei den Hochintelligenten eine enge Beziehung zwischen reflexivem und feldunabhängigem Verhalten ($p < .01$), während in der Gruppe der durchschnittlich intelligenten Grundschüler die beiden Verhaltensstile relativ unabhängig voneinander auftreten. Zwischen impulsiv und reflexiv vorgehenden durchschnittlich intelligenten Grundschülern gibt es keinen Unterschied bezogen auf die Art ihrer Feldartikulation. Im Gegensatz dazu sind impulsive Hochintelligente ganz deutlich feldabhängiger als reflexive ($p < .01$). Die gleiche Beziehung gilt auch für Schüler der Schule für Lernbehinderte, Impulsive sind feldabhängiger als Reflexive ($p < .01$, Letsche, Rink 1975).

Innerhalb der Gruppe der Hochintelligenten können die Reflexiven Probleme sowohl durch „Resonanz" (reflexiv) als auch durch partielle Einsicht lösen, während die Impulsiven beide Problemarten weniger erfolgreich bewältigen. In dieser Gruppe sind beide Lösungsformen eng miteinander verknüpft ($r = .51$). Innerhalb der Gruppe von durchschnittlicher Intelligenz gibt es Schüler die beide Problemarten lösen, Schüler die beide weniger gut lösen, aber auch Schüler, die eine der beiden Problemarten gut beherrschen. Die beiden Lösungsformen haben keine Beziehung zueinander ($r = -.07$). Innerhalb der Schüler, die eine Schule für Lernbehinderte besuchen und deren gemessene Intelligenz im Mittel unterdurchschnittlich ist, zeigt sich eine geringe Beziehung zwischen „Resonanz" – Lösungen und Lösungen mit „partieller Einsicht" ($r = .22$).

## Zusammenfassung

Versucht man das aufgezeigte Beziehungsgeflecht zu strukturieren, dann lassen sich (vorgezeichnet durch das übergreifende Untersuchungskonzept) die 3 Gruppen 8-jähriger Schüler mit impulsivem Lösungsverhalten folgendermaßen beschreiben:

— impulsive hochintelligente Schüler mit ausgeprägter Originalität, guten Möglichkeiten Ideen auszuarbeiten, haben ein geringes Leistungsmotiv, das eher mißerfolgsorientiert ist und ein eher feldabhängiges Problemlöseverhalten.

— impulsive Schülern, mit geringer Intelligenz sind anstrengungsbereit, und erfolgsorientiert, wenig flexibel und originell, haben geringe Möglichkeiten Ideen auszuarbeiten und ein ausgeprägt feldabhängiges Problemlöseverhalten.

— impulsive durchschnittlich intelligente Schüler sind anstrengungsbereit und erfolgsorientiert mit unterschiedlicher Kreativität und unterschiedlicher Feldartikulation.

Aus diesen verschiedenartigen Konstellationen untersuchter Persönlichkeitsmerkmale bei impulsivem Problemlöseverhalten von Aufgaben deren „Findung durch Resonanz" möglich ist, leite ich die Hypothese ab, daß bei hochintelligenten Schülern, die Impulsivität ein kognitiver Stil ist, der durch geringe synthetische Einsicht (Feldabhängigkeit) und durch Furcht vor Mißerfolg begünstigt wird. Bei impulsiven Schülern mit geringer Intelligenz scheint das impulsive Lösungsverhalten dagegen eher Mangel an Strategien zu bedeuten. Bei der Bereitschaft sich einzusetzen fehlt es an Flexibilität, Originalität, an synthetischer Einsicht und der Möglichkeit, Einfälle zu strukturieren und auszuarbeiten, um bei Problemlöseprozessen reflexiv vorgehen zu können. Bei impulsiven Schülern durchschnittlicher Intelligenz scheint es sich um einen kognitiven Problemlösestil zu handeln, wenn die Schüler gleichzeitig sehr kreativ und/oder feldunabhängig sind. Ein Mangel an Lösungsstrategien scheint vorzuliegen, wenn die Schüler nur geringe schöpferische Fähigkeiten haben und feldabhängig sind.

Welche Bedeutung haben diese Ergebnisse für die Planung von Veränderungsmaßnahmen? Die unterschiedlichen Beziehungen zwischen den von uns erhobenen Persönlichkeitsmerkmalen machen deutlich, daß Änderungsmaßnahmen, wenn sie erfolgreich sein sollen, die individuelle Konstellation berücksichtigen müssen. Die auf empirischer Basis durch Gruppenvergleiche gefundenen Ergebnisse zeigen, daß ganz bestimmte Beziehungsgefüge eher wahrscheinlich sind. Bei einzelnen Schülern können aber auch die weniger wahrscheinlichen Kombinationen auftreten, das ist jeweils durch einen individuellen diagnostischen Prozeß abzuklären.

Unsere weitere Forschungsarbeit wird sich mit der Konstruktion und Überprüfung von Fördermaßnahmen bei spezifischen Persönlichkeitskonstellationen von Schülern beschäftigen, denen entweder Problemlösestrategien fehlen oder die durch die spezifischen Bedingungen einer Situation nicht in der Lage sind vorhandene Lösungsstrategien adäquat einzusetzen.

# Literatur

Bätzel, H.: Logische und statistische Aufgabenanalyse des „Matching Familiar Figures"-Test (MFF) zur Messung der kognitiven Stildimension Impulsivität/Reflexivität von Kagan. Unveröff. Zulassungsarbeit für die 1. Prüfung für das Lehramt an Sonderschulen, Reutlingen 1977

Beck, M., Ferdinand, G., Schlentner, S. und Schlentner, Th.: Die Beziehung zwischen den Persönlichkeitsmerkmalen: Leistungsmotiv und kognitiver Stil: Impulsivität versus Reflexivität. Unveröff. Diplomarbeit, Reutlingen 1977.

Burr, A. und Seimetz, M.: Der kognitive Stil: Impulsivität versus Reflexivität im Zusammenhang mit der Persönlichkeitsvariable des Leistungsmotivs bei lernbehinderten Sonderschülern der Grundstufe. Unveröff. Zulassungsarbeit für die 1. Prüfung für das Lehramt an Sonderschulen. Reutlingen 1976.

Drake, D.M.: Perceptual Correlates of Impulsive and Reflective Behavior. Develpm. Psychol., 1970 2, 202 - 214.

Duncker, K.: Zur Psychologie des Produktiven Denkens. Berlin, Göttingen, Heidelberg 1935/1963.

Engelhardt, U., Schmidt, V., Schneck, K. und Viehmann, H.: Die Beziehungen zwischen den kognitiven Stilen: Feldartikulation und Impulsivität versus Reflexivität Unveröff. Diplomarbeit, Reutlingen 1977.

Feinauer, E.: Kreativität in Beziehung zur kognitiven Stildimension Impulsivität versus Reflexivität. Unveröff. Diplomarbeit, Reutlingen 1975.

Flammer, A.: Individuelle Unterschiede im Lernen. Weinheim/Basel 1975.

Funkkolleg Pädagogische Psychologie, Studienbegleitbriefe, Weinheim 1972.

Heller-Merschroth, C.: Vergleich der kognitiven Stildimension Impulsivität/Reflexivität bei Dysgrammatikern anhand visueller und auditiv-sprachlicher Überprüfung. Unveröff. Diplomarbeit Reutlingen 1976.

Hofmann, G. und Lohse-Hess, M.: Die Beziehung zwischen den Persönlichkeitsmerkmalen: kognitiver Stil Impulsivität versus Reflexivität und Kausalattribuierung. Unveröff. Diplomarbeit Reutlingen 1977.

Höring, M.: Logische und statistische Aufgabenanalyse des „Matching Familiar Figures"-Test (MFF) zur Messung der kognitiven Stildimension Impulsivität/Reflexivität von kagan. Unveröff. Diplomarbeit, Reutlingen 1975.

Kagan, J., Rosmann, B.L., Day, D., Albert, J. and Phillips, W.: Information processing in the child: significance of analytic and reflective attitudes. Psychol. Monogr., 1964, 78, 578.

Kagan, J. Pearson, L. and Welsch, L.: Modifiability of an impulsive tempo. J. Educ. Psychol., 1966, 57, 359 - 365.

Kagan, J.: Reflection impulsivity and reading ability in primary grade children. Child Develpm., 1965, 36, 609 - 628.

Köstlin-Gloger, G.: Sozialisation und kognitive Stile. Weinheim, Basel 1974.

Krauter, U. und Rupp. M.: Die Beziehung zwischen den Persönlichkeitsmerkmalen Kreativität und dem kognitiven Stil: Impulsivität versus Reflexivität. Unveröff. Zulassungsarbeit für die 1. Prüfung für das Lehramt an Sonderschulen, Reutlingen 1977.

Letsche, M. und Rink, B.: Die Beziehung zwischen den kognitiven Stildimensionen: Feldabhängigkeit und Impulsivität versus Reflexivität. Unveröff. Diplomarbeit Reutlingen 1975

Sehrbrock, P. und Wittoch, M.: Zur Operationalisierung der kognitiven Stildimension: Impulsivität versus Reflexivität. Eingereicht bei der Zeitschrift für Entwicklungspsychologie und Pädagogische Psychologie 1977.

Sehrbrock, P.: Kognitiver Stil: Impulsivität versus Reflexivität (überprüft an optischen und haptischen Aufgaben). Unveröff. Diplomarbeit, Reutlingen 1976.

Wagner, I. und Cimiotti, E.: Impulsive und reflexive Kinder prüfen Hypothesen: Strategien beim Problemlösen, aufgezeigt an Blickbewegungen, Z. f. Entwicklungspsychol. und Päd. Psychol., 1975, 7, 1 - 15.

Wagner, I.: Aufmerksamkeitstraining mit impulsiven Kindern. Stuttgart 1976.

Witkin, H.A., Oltman, P.K., Raskin, E. and Karp, S.A.: Manual for Embedded Figures Test, Children's Embedded Figures Test, and Group Embedded Figures Test. Palo Alto Calif. 1971.

Witkin, H.A.: Individual Differences in ease of perception of embedded Figures. J. of Personality, 1950, 19, 1 - 15.

Wittoch, M.: Neue Methoden im Mathematikunterricht. Auswahl Reihe B 65/66 Hannover, Darmstadt Dortmund, Berlin 1973.

Wittoch, M.: Gestalttheorie und Mathematikdidaktik In: Guss, K.: (Hrsg.) Gestalttheorie und Didaktik. Darmstadt 1977.

Wittoch, M.: Unterricht mit Schulversagern. Köln 1976.

# Störungen des Handelns

*Reinhart Lempp*

Handeln soll im folgenden als eine Veraltensweise betrachtet werden, die über den einfachen Reflex und die stereotype Massenbewegung, wie z.b. das Gehen, hinausgeht, eine Verhaltensweise, die in der Ontogenese des Menschen erlernt werden muß. Ein typisches Beispiel solchen Handelns ist auch die Sprache. Wesentlich ist dabei die Einführung der Dimension *Zeit,* in der unterschiedliche Handlungsglieder in einem bestimmten zeitlichen Ablauf aneinander geknüpft sind. Auf die hierarchische Struktur des Handlungsablaufs, bei dessen Erlernen immer mehr regelmäßig wiederkehrende Handlungsketten als Einheiten zusammengefaßt werden, haben Miller, Galanter und Pribram hingewiesen.

Der Lernprozess, an dessen Ende eine normale Handlungsfähigkeit steht, kann auf verschiedene Weise gestört sein.

1) Es kann der neurologische Apparat gestört sein und es kann

2) auf einer höheren Ebene falsches Lernen durch falsches Vorbild zustande kommen. In diesem Falle ist das Handeln als neuro-physiologische und neuro-psychologische Funktion nicht gestört, sondern nur der Inhalt, die Art des Handelns ist abnorm und entspricht nicht der Erwartung. Diese Form gestörten Handelns soll hier nicht weiter erörtert werden.

Bei der apparativen Störung des Handelns können einzelne Handlungsglieder gestört sein, es kann aber die Abfolge, das Aneinanderreihen der einzelnen Handlungsglieder mangelhaft gelingen, wie dies vor allem in Gestalt der motorischen Ablaufstörung Graichen zeigen konnte, es kann zur mangelhaften Programmfixierung und fehlenden Automatisierung kommen, wobei auch eine Merkfähigkeitsschwäche einen solchen Effekt haben kann, und schließlich kann es zu Störungen des Handelns infolge mangelhafter Programmanpassung kommen. Hierher gehört das psycho-pathologische Phänomen der Perseveration und der psychischen Rigidität.

Die Voraussetzung für einen funktionstüchtigen neuro-physiologischen Apparat ist eine normale Gehirnentwicklung. In der 2. Hälfte der Schwangerschaft, in der perinatalen und postnatalen Entwicklungsphase kommt es zunächst zu einer Migration der Nervenzellen aus ihren Lagerstätten im zentralen Höhlengrau in ihre Schichten der Gehirnrinde, gleichzeitig und danach zu einem Auswachsen der Nervenzellenfortsätze, der Dendriten und an den Dendriten zu den Dendritendornen. Dieser Prozess, in dem sich die vielfältigen Kontakte zwischen den einzelnen Nervenzellen im Gehirn entwickeln, in Gestalt unzähliger Synapsen, stellt gewissermaßen die Verdrahtung eines Computers dar, aber noch keineswegs seine Programmierung.

Wir wissen übrigens, daß z.B. bei der Trisomie 21, dem Mongolismus, die Zahl der Dendritendorne deutlich geringer ist als bei gesunden Individuen. Dabei muß aber wohl noch offenbleiben, wieweit die Verringerung der Zahl der da-

durch möglichen Nervenzellenverbindungen unmittelbare Folge einer Enzym-
störung durch die Chromosomenaberation darstellt, oder ob vielleicht eine
verminderte Inanspruchnahme eine verminderte Zahl von Dornen entstehen
läßt.

Es kann nun in dieser empfindlichen Entwicklungsphase aus den vielfältigsten
Ursachen heraus zu einer Störung der Verdrahtung kommen, sowohl einer
Störung der Aussprossung, wie auch einer Störung der dann entstehenden
Kontaktstellen.

Wenn die Nervenzellen sich nicht mehr teilen, keine neuen Verbindungen mehr
herstellen, ist das Ende der Proliferation erreicht und es beginnt die Individuation. Von da ab kann das individuelle Erlebnis über die Fähigkeit zu Gedächtnis und Speicherung zur Individualität des Einzelnen führen. Dabei ist
bemerkenswert, daß zum Zeitpunkt der Geburt etwa 99 % der Proliferation
abgeschlossen ist, allerdings noch nicht der Migration und Ausdifferenzierung.
Diese geht nach der Geburt weiter und reicht wahrscheinlich bis in die Puber-
tät.

Wir wissen heute, daß die Besetzung der Dornen nach einem wahrscheinlich
genetisch determinierten Programm erfolgt, daß dabei aber auch die Umweltwirkung eine Rolle spielt. So zeigen Mäuse, die in Dunkelheit aufgezogen werden, im Bereich der Sehrinde wesentlich weniger Dornen als Mäuse die am
Licht aufgezogen werden. Hier wäre das neuro-pathologische Substrat für die
deprivatorische Auswirkung mangelhafter Reize in der frühen Kindheit zu
suchen. Im Tierversuch ist diese deprivatorische Umweltwirkung zum Teil
reversibel, zum Teil irreversibel.

Der Zürcher Neuroanatom Akert nimmt an, daß ein Teil der Dendriten nach
Geninformation Synapsen eingeht, ein zweiter Teil ebenfalls auf Grund gene-
tischer Programmierung, dabei jedoch der Umweltinformation bedarf, ein
dritter Teil komme allein durch Umweltwirkung zustande und ein vierter Teil
entstehe wahrscheinlich durch Zufall. Der prozentuale Anteil der 4 Möglichkeiten ist allerdings noch völlig ungewiß.

Wir können aber davon ausgehen, daß die Verdrahtung des Computers demnach
auf sehr verschiedene Weise gestört werden kann. Es kann auf Grund von anlage-
bedingten, genetischen Störung zu einer mangelnden Migration und Fehlen der
Verdrahtung kommen. Auch eine frühkindliche Hirnschädigung, die Einwirkung
einer Noxe während der Proliferations- und Differenzierungsphase kann zu
Verdrahtungsfehlern führen und eine Störung der Umwelt kann darüber hinaus
den Computer mit einem falschen Programm versehen.

Am Modell des zum Teil fehlverdrahteten Computers wird deutlich, welche
Bedeutung einer frühen Programmanpassung bzw. Programmänderung zuzu-
messen ist. Wir wissen auch aus Tierversuchen, daß am Anfang und unmittelbar
nach der Ausdifferenzierung des Gehirns die funktionelle Plastizität relativ
groß ist und wir auch beim Menschen eine gewisse Prägbarkeit annehmen müssen. Die Möglichkeiten einer frühen Funktionsverbesserung durch Programman-

passung können wir z.B. an den Erfolgen einer frühen Spastikergymnastik erkennen. Hier kann durch eine Vermeidung der Verfestigung pathologischer Verbindungen und falscher Reflexe in leichteren Fällen eine völlige Ausheilung der frühkindlichen Spastik erreicht werden. Andererseits wissen wir, daß bei der Sprachentwicklung ein restringierter Code durch eine mangelhafte sprachliche Anregung nach einiger Zeit keine Verbesserung mehr erfahren kann, auch wenn das Kind in eine sprachanregende Umgebung kommt.

Berücksichtigt man die Feststellungen Akerts bei der Erörterung der Ursachen falscher neuronaler Aussprossung und Verbindung, dann wird die Unmöglichkeit deutlich, zwischen einer ererbten Störung und einer solchen, die durch eine frühkindliche exogene Schädigung entstanden ist, eine sichere Grenze zu ziehen. Beide Formen können offenbar zu sehr ähnlichen Fehlschaltungen im Rahmen der frühen Gehirnentwicklung führen. Darüber hinaus könnte auch eine erhöhte Vulnerabilität gegenüber solchen perinatalen exogenen Noxen als solche vererbt werden, sodaß dann sowohl eine anlagebedingte, wie eine erworbene Störung vorliegen kann, die klinisch nicht unterscheidbar ist. Ebenso deutlich wird aber auch die Bedeutung einer geordneten und der Funktionsfähigkeit des kindlichen Gehirns angepaßte Information zum Aufbau eines adäquaten Programms.

Im übrigen ist dieses Modell, das das Gehirn als einen Computer vorstellt, der in seiner Entstehungsphase mit falschen Verdrahtungen behaftet sein kann und der zu seiner Funktion eines adäquaten Programms bedarf, auch ohne weiteres anwendbar auf neuere Vorstellungen über die Genese der Schizophrenie (Lempp) Es wäre dann auch verständlich, warum die Schizophrenieforschung bisher weder pathologische Stoffwechselbefunde, noch mit den üblichen Methoden feststellbare neuroanatomische Veränderungen nachweisen konnte. Es kann gezeigt werden, daß die spätere Erkrankung an Schizophrenie durchaus verglichen werden kann mit dem Einschalten eines in der Kindheit, genauer im Vorschulalter noch gültigen Steuerungsprogramm anstelle des in der normalen Reifung weiter entwickelten „Erwachsenenprogramms". Dies soll hier aber nicht weiter verfolgt werden.

Eine typische Störung des Handelns wird uns in der Sprechstunde als Konzentrationsschwäche vorgestellt. Die Konzentration kann

1) von der Wahrnehmung her gestört sein, das Kind kann im Sinne einer Persistenz der unwillkürlichen Aufmerksamkeit sich ständig jedem neuen Reiz zuwenden müssen und kann von daher unfähig werden, das Handlungsprogramm festzuhalten. Hier spielt natürlich auch die Motivation für die Handlung eine bedeutende Rolle. Bei fehlender Motivation ist auch im Normalfalle die Aufmerksamkeit, die Zuwendung und die Reizabschirmung eine geringere.

2) Das Bild der Konzentrationsschwäche kann durch ein Programmzerfall entstehen. Viele Kinder können ihr Handlungsprogramm nicht festhalten und während des Handlungsablaufs geht die hierarchisch gegliederte Handlungskette verloren und die Handlung kommt nicht zu Ende. Wir sehen dies häufig bei manchen Formen von Rechenschwäche. Das Kind versteht die einzelnen

Rechenhandlungsschritte sehr wohl. Solange es aber damit beschäftigt ist, die Textaufgabe in den mathematischen Schritt zu übertragen, geht das Handlungsprogramm für diese Rechenschritte verloren.

3) Schließlich kann das Bild der Konzentrationsschwäche entstehen, wenn das Handlungsziel subjektiv oder objektiv unerreichbar ist, weil das Kind überfordert ist. Es wird dann von sich aus den Handlungsablauf immer wieder abbrechen.

Schönberger hat kürzlich darauf hingewiesen, daß nach Neisser die Wahrnehmung dem Handeln unterzuordnen sei und daß demnach nicht die gestörte Konzentration das Handeln beeinträchtige, sondern daß beeinträchtigtes Handeln die Konzentration störe.

Ich bin nicht sicher, ob es erlaubt ist, hier nur einen einlinigen Bezug in der einen oder anderen Richtung anzunehmen, ob es sich hier nicht im wesentlichen um eine Wechselwirkung handelt, wobei gestörtes Handeln zweifellos die Konzentrationsfähigkeit beeinträchtigt, umgekehrt aber auch Wahrnehmungsstörungen zu Handlungsstörungen führen müssen.

Die Ablauf– oder Programmstörung, die sicher im Handlungsablauf eine zentrale Bedeutung innehat, kann dennoch nur als *eine* von mehreren organisch bedingten Teilleistungsschwächen angesehen werden.

Hier ist das Modell einer hierarchischen Struktur nach Affolter hilfreich, das an der Basis, die drei wesentlichen Sinnesqualitäten: Sehen, Hören, taktil-kinästhetische Funktion, ansiedelt, darüber die intermodalen Funktionen und über diesen wiederum die supramodalen oder seriellen Funktionen. An jeder Stelle kann eine funktionelle Störung eintreten. Sind die kognitiven Basisfunktionen, das Sehen, das Hören und die taktil-kinästhetische oder Raumlagefunktion beeinträchtigt, muß es zu einem anderen Störungsbild und einer anderen Formbehandlungsstörung kommen, als wenn die Verbindung zwischen diesen einzelnen Modi beeinträchtigt sind, und wieder andere, wenn lediglich der zeitliche Ablauf und die zeitliche Koordinationsdysfunktionen beeinträchtigt ist. Natürlich muß sich eine basale kognitive Störung eines einzelnen Modus auf alle übergeordneten Funktionen störend auswirken und es ist kein Wunder, daß zunächst einzelne kognitive Ausfälle und Schwächen beobachtet und registriert wurden, wie dies Wewetzer in seiner Feststellung der Figurhintergrunddifferenzierung getan hat. Folgerichtig hat sich daran die Erkenntnis isolierter auditiver Leistungsschwächen angeschlossen und erst später wurden dann die intermodalen und supermodalen Funktionsstörungen faßbar. Die Vielzahl der möglichen Teilleistungsstörungen und damit auch der Störungen des Handelns wird hieraus unschwer evident.

Die Folgerungen aus diesen Erkenntnissen und Hypothesen machen deutlich, daß die alte Diskussion, ob ein Fehlverhalten, eine Handlungsstörung bei einem Kind milieu-bedingt oder durch eine exogene organische Schädigung verursacht sei, eine Scheinfrage darstellt, die nie alternativ beantwortet werden kann. Es ist stets die konvergierende Wirkung beider Faktoren zu berücksichtigen.

Aus den Erkenntnissen und Hypothesen wird aber auch die große Bedeutung der Frühdiagnose und Frühtherapie minimaler cerebraler Hirnfunktionsstörungen deutlich. So können

1) durch eine gezielte Krankengymnastik so bald wie möglich eine Stabilisierung der regelmotorischen Abläufe erreicht und fehlerhafte Abläufe vermieden werden,

2) durch eine Logopädie fehlerhafte sprachliche Ablaufstörungen korrigiert und schließlich

3) durch eine gezielte Heilpädagogik gestörtes Gesamtverhalten in statu nascendi verhindert oder zumindest schwere Abweichungen vermieden werden. Hier wird nun auch die Kompetenz des Sonderpädagogen für die Frühtherapie gerade leichtgradig frühkindlich hirngeschädigter Kinder offenbar.


## Literatur

Affolter, F.: Wahrnehmungsprozesse, deren Störung und Auswirkung auf die Schulleistungen, insbesondere Lesen und Schreiben. Z. Kinder- und Jugendpsychiatr. 1975, 3, 233-234

Akert, H.: Die somatopsychischen Wechselwirkungen im Lichte der Grundlagenforschung (Neurophysiologie) Colloquium pädopsychiatricum europäicum Zürich 1976

Graichen, J.: Teilleistungsschwächen, dargestellt an Beispielen aus dem Bereich der Sprachbenützung. Z. Kinder- und Jugendpsyiatr. 1973, 1, 113 - 134

Lempp, R.: Frühkindliche Hirnschädigung und Neurose, Bern/Stuttgart/ Wien 1970

Lempp, R.: Psychosen im Kindes- und Jugendalter- eine Störung des Realitätsbezugs, Bern/Stuttgart/Wien 1973

Miller, G., Galanter, E., Pribram, K.H.: Plans and the structure of behavior. New-York 1960

Schönberger, F.: Kindliches Handeln als Bedingung und Ziel einer Förderung leichtgradig hirngeschädigter Kinder. Jahrestagung der Deutschen Vereinigung für Kinder- und Jugendpsychiatrie, Köln 1976

Wewetzer, H.H.: Das hirngeschädigte Kind, Stuttgart 1959

# TEIL IV: ENTWURF EINER HANDLUNGSORIENTIERTEN SONDERPÄDAGOGIK*

* Geringfügig veränderter, um einige Anmerkungen erweiterter Nachdruck von: G.G. Hiller/F. Schönberger: Erziehung zur Geschäftsfähigkeit. Entwurf einer handlungsorientierten Sonderpädagogik. (= Neue pädagogische Bemühungen. Bd. 74). Essen 1977.

## Erziehung zur Geschäftsfähigkeit – Lernen als Zusammenarbeit

*Gotthilf Gerhard Hiller und Franz Schönberger*

### Vorbemerkungen

(1) Es ist naheliegend und riskant zugleich, daß sich die Mitglieder eines sonderpädagogischen Fachbereichs den Begriff der Handlung und der Handlungsorientierung aussuchen, um die Selbstdarstellung ihrer wissenschaftlichen Bemühungen inhaltlich zu konzentrieren.

Auf die Frage, was denn das Gemeinsame sei, das die Fachrichtungen und die Positionen verbinde, scheint die Antwort wohlfeil: Man engagiert sich allenthalben an der Entwicklung und Verbesserung der Handlungsfähigkeit[1] von Kindern und im Umgang mit Kindern, die in vielfältigen Formen aufgrund verschiedenartigster Bedingungen als behindert und benachteiligt erscheinen. Allein, was ist damit gewonnen? Wird der Streit um die Definition der Behinderung und des Behinderten abgelöst zugunsten einer nicht weniger problematischen Auseinandersetzung um das „richtige" Verständnis von Handlung und Handlungsfähigkeit? Schwerpunktverlagerung aus der Ebene der Analytik in die der Programmatik? Die Spötter wissen es schon: Mindestens ebensoviele Handlungstheorien und Handlungsbegriffe sind zu erwarten, wie Behindertendefinitionen und Theorien der Behinderung entstanden sind. Gelassenheit ist demzufolge die dem Gegenstand der Verhandlung angemessene Haltung.

(2) Ein „zusammenfassendes Nachwort" am Schluß dieser Sammlung hat nach Ansicht seiner Verfasser zwei Hauptfunktionen. Es muß die Bedeutung des Handlungsbegriffs für Theorie und Praxis der Sonderpädagogik systematisch entwickeln und dabei auf Beiträge ordnend bezugnehmen.

Im ersten Teil wird zu zeigen sein, daß die dem Handlungsbegriff implizite Sinnproblematik (Normenrelativität/Zukunftsorientierung)[2] zu einer theoretischen Konzeption der Sonderpädagogik nötigt, die über ein deskriptiv – formales Theorie-Praxis-Konzept der Behindertenpädagogik zwangsläufig hinausführt und moralisch-politische Ansprüche swohl an den einzelnen in seinen sozialen Gebilden wie auch an die Öffentlichkeit, ihre Systeme, Organisationen und Institutionen stellt. In einem zweiten Teil wird die Frage nach den psychologischen Voraussetzungen gestellt, unter denen Menschen auf derartige Konzepte hin erzogen werden können. Dazu wird man Lernen als Handeln begreifen müssen - und zwar als soziales Handeln.

(3) Die Argumentation im 1. Teil wird folgendermaßen angelegt. Zunächst werden holzschnittartig einige Dimensionen des umgangssprachlichen Handlungsbegriffs nachgezeichnet, wie sie sich in der Diskussion der Human- und Sozialwissenschaften ausgebildet haben. Im Anschluß daran wird das Verhältnis dieser Begriffe zueinander im Bezug auf die sonderpädagogische Problematik reflektiert. Dabei wird zu zeigen sein, wie sich (unter der Annahme eines spezifischen Inklusionskonstruktes) Einzelanstrengungen in Theorie und Praxis legitimieren lassen, die jeweils einer spezifischen Dimension des Handlungsbegriffs verpflichtet sind.

(4) Im 2. Teil wird zunächst der Begriff der Geschäftsfähigkeit – als Bereitschaft und Fähigkeit, Verträge auszuhandeln und abzuschließen – aufgenommen und psychologisch untersucht. Dabei ist entscheidend, daß geklärt wird, welches Konzept des Erwerbs von Geschäftsfähigkeit die Psychologie dem Pädagogen anbieten kann. Es wird ein Konzept sein müssen, das nicht isolierte Lernakte solipsistischer Empfänger anzielt, sondern Lernhandeln: Lernen als Entwerfen, Prüfen, Anpassen und Verwirklichen von Plänen, die in diesem Prozeß zwischen Lehrenden und Lernenden ausgehandelt werden; in solidarischer Verantwortung, die aus der gemeinsamen und kritischen Erschließung verbindender Werte gewonnen wird.


# I. Teil: Erziehung zur Geschäftsfähigkeit (G.G. Hiller)


## 1. Dimensionen des Handlungsbegriffs

Menschliche Lebensäußerungen gelten als Handlungen, sofern sie interpretierbar, verständlich sind[3]. Die jeweils herangezogenen Deutungsmuster erfassen sowohl den Bezugsrahmen, den Ursprung der Äußerung als auch deren Intentionalität in einer spezifischen Relation. Im folgenden werden einige dieser Muster referiert, soweit dies für die weitere Argumentation von Belang ist.

### 1.1 Organismus – Umwelt

„Handeln" und „Sich-Verhalten" werden in der Umgangssprache häufig synonym gebraucht. In den Human- und Sozialwissenschaften sind verschiedene Distinktionen gebräuchlich. Behaviouristisch orientierte Autoren grenzen den

Gebrauch des Begriffs „Verhalten" ein auf empirisch erfaßbare Einzeläußerungen bzw. Sequenzen (Verhaltensmuster). Die philosophische Anthropologie[4] und ihr nahestehende Teildisziplinen der Psychologie, Soziologie und Pädagogik fassen mit dem Begriff „Verhalten" automatisierte, ritualisierte, noch nicht bzw. nicht mehr bewußte, „selbstverständliche" Reaktionen auf spezifische Auslöser[5].

Eine so gefaßte Definition hebt nicht ab auf die Instinktgebundenheit von Verhaltensäußerungen, wohl aber darauf, daß dieses Interpretationsschema den Bezugsrahmen der Äußerung als quasi natürliche Umwelt und das Handlungszentrum als Organismus begreift, der dazu tendiert, mittels seiner Reaktion aufgetretene Spannungen zwischen sich und seiner Umwelt zu reduzieren. Die Selbstverständlichkeit oder Natürlichkeit dieses Verhältnisses ist das Spezifikum des Musters: Sie wird vom Handlungszentrum noch nicht bzw. nicht mehr problematisiert.

In unserem Zusammenhang wird dieses Muster immer dann wichtig, wenn die Selbstverständlichkeit des Bezugsrahmens, das Gefüge der Bedingungen und Zwecke nicht in Zweifel zu ziehen ist[6]. Solange dies der Fall ist, kann gegen den Aufbau von Verhaltensschemata nichts eingewendet werden: *Gewöhnung* bis zur Perfektion wird zwangsläufig eine vernünftige Zielsetzung pädagogischer Einwirkungen. Verhaltenssicherheit in diesem Verständnis kann als Voraussetzung jeder weiteren Form der Handlungsfähigkeit gelten. Trainingssequenzen z. B. zur Sauberkeitserziehung, zum Erlernen des Sich-selbst-Ankleidens oder zum Gebrauch von Geräten und Hilfsmitteln, die der Befriedigung elementarer Bedürfnisse (Nahrungsaufnahme/Orientierung/Fortbewegung etc.) dienen, sind fraglos wichtig.


## 1.2 System – Element/Institution – Rolle

Gegen unreflexives, automatisiertes und ritualisiertes Verhalten, das – wie angedeutet – damit als keineswegs menschenunwürdig, vielmehr als Handeln ermöglichende Basis, gelten muß, wird „Handeln" als „sinnhaft" abgehoben[7].

„Sinnhaftes" Handeln ist jedoch je nach Auslegung des Bezugsrahmens und des Handlungsträgers näher spezifizierbar. Begreift man den Bezugsrahmen als System und den Handlungsträger als Element, so gilt als sinnhaftes Handeln jede Äußerung, die im Bezug auf das System als funktional bzw. dysfunktional ausgewiesen werden kann. Sowohl für den Strukturfunktionalismus[8] wie für die sozialwissenschaftliche Systemtheorie[9] bleiben die jeweils subjektive Betroffenheit und das subjektive Erleben, die Deutungsfähigkeit und die Auslegungsbereitschaft des Handlungsträgers als „Hypokeimenon" außer Betracht; selbst das Konstrukt der Motivation ist justiert auf die durch das jeweilige System reduzierte, bestimmbare Kontingenz. Für unsere weitere Argumentation ist festzuhalten: Eine Pädagogik, die in Theorie und Praxis sich diesem Handlungsbegriff verpflichtet, muß nicht von der Leistungsfähigkeit wohl aber von der Unausweichlichkeit der eine Gesellschaft ausmachenden Systeme überzeugt

252

sein und diese als überdominante Agenturen zur Komplexionsreduktion und Kontingenzmanipulation begreifen. Sie wird demzufolge die Handlungsträger durch entsprechende *Anpassungs*prozesse zu funktionaler Partizipation zu qualifizieren suchen.

In Epochen der Umstrukturierung bestehender und der Etablierung neuer Teil-Sinnsysteme kommt es zwangsläufig zu dysfunktionalen Anpassungsleistungen: Während das Handlungskonzept der einen Handlungsträger noch auf überkommene Systemstrukturen fixiert wird, werden andere Handlungsträger bereits auf das neue Gefüge funktionalisiert. Die Möglichkeit des Vorhandenseins unterschiedlicher theoretischer wie praktischer Erziehungskonzepte zur gleichen Zeit erklärt sich somit als Reflex auf Prozesse der Umstrukturierung gesellschaftlicher Systemkomplexe.

Mit Hilfe eines so ausgelegten Begriffs von „sinnhaften" d. h. system-funktionalem/systemdysfunktionalem Handeln werden die bekannten Prozesse der Selektion und Isolation von Behinderten in hochdifferenzierten Leistungsgesellschaften als „sinnhaft" erklärbar. Die jeweils Betroffenen geraten dabei in der Regel zwar unter vielgestaltigen Leidensdruck, doch das ist bestenfalls ein Indiz für die geringe Leistungsfähigkeit bzw. für das Fehlen von hinreichend ausgeprägten Teilsystemen, die ihrerseits die „Absorption von kollektiver und individueller Angst"[10] hinreichend befriedigend anbieten und gewährleisten (Kirchen, Akademien, Selbsterfahrungsgruppen, öffentliche Sozialhilfe etc.).

## 1.3 Individuum – Welt

(Während „sinnhaftes" Handeln im obigen Verständnis seinen Bezugsrahmen im Sinnsystem hat, wird im jetzt zu erörternden Schema die jeweils persönlich durchgestaltete Lebensgeschichte des Individuums zum Referenzrahmen seines Handelns. Als sinnhaft-sinnvolles Handeln gelten dem Handlungsträger Erfahrungen, Begegnungen, Äußerungen und Aktionen, die ihm gleichermaßen Zugang eröffnen zu einer ihm verständlicher werdenden Welt wie zu sich selbst als einer in solch wechselseitigen Erschließungsprozessen entstehenden und sich entwickelnden Persönlichkeit[11].

Diese Selbstverwirklichung, als Verfügen-lernen über die eigenen Dispositionen und Fähigkeiten, manifestiert sich im Verhältnis zur Welt und zu den anderen. Sie ist, um ihrer Glaubwürdigkeit willen auf die Zustimmung durch andere Menschen angewiesen. Handlungsfähig in diesem Verständnis sind diskursfähige Individuen, die bereit und fähig sind, ihre Positionen, Rollen, Sanktionsmuster und Gratifikationserwartungen zu transzendieren, so daß ein zukunftsöffnender Konsens ausgehandelt und eine darauf bezogene Gemeinsamkeit aufgebaut werden kann[12].

Es ist unschwer zu sehen, in welche Schwierigkeiten und Gefahren man gerät, wenn man sich, gar angesichts sonderpädagogischer Probleme, auf einen solchermaßen idealistisch-fragilen Handlungsbegriff verpflichtet: Solange es weder theoretisch noch praktisch gelingt, diesen Handlungsbegriff im Alltag des Produktions- und Arbeitsbereichs, oder in der „Problemzone des Wohn- und Freizeitalltags" zu konkretisieren, solange er an politisch-sozialen Strukturzwängen, an einer kommunkationsfeindlichen Infrastruktur zu scheitern droht[13],ebenso lange wird das Insistieren auf dem Recht des Behinderten auf persönliche Glücks-erfahrung zum Surrogat einer höchst nötigen Legitimation sonst zweifelhafter (schul-) pädagogischer Maßnahmen und Einrichtungen. Die Selbstverwirklich-ungsmöglichkeiten, die im Ghetto von Institutionen offeriert werden, die sich auf einen solchen Handlungsbegriff verpflichten, entlarven sich als trügerischer Schein spätestens zu dem Zeitpunkt, da der Zögling aus ihnen entlassen wird.

## 1.4 Gemeinde - Glied

Faßt man sinnhaftes Handeln im Schema von Gemeinde-Glied, so wird einer-seits das bedingungslose Ausgeliefertsein an etablierte Sinnsysteme als zureichen-der Bezugsrahmen menschlichen Handelns abgewiesen[14]. Andererseits bleibt die Sinnkonstitution auch nicht der Zufälligkeit und Beliebigkeit sich zwar wechselseitig verstehender und liebender, jedoch höchst instabiler Privatzirkel überlassen. Die Gemeinschaft, deren Mitglieder auf der Grundlage von Ord-nungen bezüglich ihrer materiellen gesellschaftlichen Verhältnisse relativ sta-bile, dauerhafte politische, geistige und moralische Gemeinsamkeiten ausbilden, regelt die kollektiven wie individuellen Bedürfnisse, Interessen, Ansprüche und Pflichten ihrer Mitglieder. Sinnhaftes Handeln im Bezugsrahmen solch relativ geschlossener Ordnungen wird als gehorsame Pflichterfüllung, als *Dienst*, er-fahrbar. Weil die Gemeinschaft in der Regel mit totalitärem Anspruch an ihre Glieder deren Ziele, Interessen und Anschauungen formuliert und diese ent-weder zu bedingungsloser Identifikation nötigt oder aber als Ketzer ausstößt, ist das Risiko nicht gering zu veranschlagen, das man eingeht, wenn man sich selbst und andere auf ein solchermaßen ausgelegtes Handlungsverständnis und die damit ermöglichten Sinnerfahrungen verpflichtet: Der totalitäre Anspruch der Gemeinschaft an alle ihre Glieder ist nur durchzuhalten unter der Voraus-setzung, daß sie langfristig die Gewähr einer subjektiv als sinnvoll erlebbaren Existenz für den einzelnen bieten kann. Dies gelingt in der Regel nur dadurch, daß Gemeinschaften ihre Außenbeziehungen in problematischen Freund-/ Feind-Konstruktionen auszulegen gezwungen werden, die jedem Mitglied den Austritt bzw. den Ausschluß als Selbstaufgabe bzw. als Todesurteil erscheinen lassen.

Angesichts einer pluralistisch sich darstellenden Gesellschaft sind theoretische wie praktische Konzepte zur Sicherung von Handlungsfähigkeit und Identität bei Behinderten über die Gründung von Gemeinschaften nur mit einer so außer-gewöhnlichen Härte und Konsequenz zu realisieren, daß man von Behinderten keinesfalls den freiwilligen Eintritt erwarten darf. Eine Zwangsverpflichtung in Gemeinschaften ist solange auszuschließen, als die Gewähr für einen lebens-langen, subjektiv befriedigenden Verbleib nicht geboten erscheint.

## 1.5. Spieler-Spiel/Partner-Vertrag/Bastler-Bastelei

Diese drei gemeinsam aufgeführten Muster der Auslegung sinnhaften Handelns bezeichnen drei Aspekte eines offenen Handlungsverständnisses[15]. Der Sinn der Handlung wird nicht als in Systemordnungen hinterlegt begriffen, die Handlungsträger werden somit nicht aus der Verantwortung gerade auch für die Konstruktion von Sinngefügen und damit von der Einflußnahme auf bestehende Sinngefüge entbunden. Umgekehrt bleibt diese Verantwortung weder bloß der Sensibilität anthropophiler Individuen oder Religionsstiftern und Gemeindegründern überlassen, noch werden Sitte, Brauch und Tradition als unkritisierbare Sinngebungsinstanzen beansprucht. Handlungsträger in diesem Verständnis übernehmen die Verantwortung für beides: Für die Aushandlung der Regeln nach denen sie agieren und für die Erfüllung der Regeln, durch nachfolgende Aktionen. In der Relation Spiel/Spieler[14] liegt der Akzent auf der Auslegung der Regeln, die die Einflußmöglichkeiten der möglichen Mitspieler auf das Spielgeschehen, deren Chancen und Risiken regulieren; im Verhältnis Partner/Vertrag konzentriert sich die Aufmerksamkeit auf Zwecke, Modi und Interessenbalance der beabsichtigten Kooperation zwischen Handlungsträgern; im Schema Bastler/Bastelei wird die Relation zwischen Handlungsträger und dringlichen Objekten gefaßt. Konstitutiv für alle diese Relationen ist, daß die Handlungsfähigkeit der Handlungsträger als Geschäftsfähigkeit, d.h. als Vertragsbereitschaft und Vertragsfähigkeit zu fassen ist. Die Bedingungen, die Zwecke, die Erwartungen und die Sanktionen der intendierten Handlungen sind Verhandlungsgegenstand und werden zum nach innen wie nach außen gültigen Vertragsbestandteil. Sinnhaftes Handeln ist so gesehen, vertragsschließendes und vertragsgemäßes Handeln. Der Sinn solchen Handelns gilt weder als selbstverständlich noch als von außen diktiert, er bleibt auch nicht implizit rückgebunden an irgendwelche Einzel- oder Gruppenautoritäten; er ist im Vertrag durch die Partner expliziert, definiert und damit nach dem Willen der Beteiligten beliebig zu spezifizieren. Das Zustandekommen von Verträgern setzt die Vertragsfähigkeit und Vertragsbereitschaft beider Seiten voraus. Das Scheitern von Vertragsverhandlungen geht immer zulasten beider Parteien.

Es ist unschwer einzusehen, daß eine Pädagogik, die sich in Theorie und Praxis die Erziehung zur Geschäftsfähigkeit zum Ziel setzt, sich nicht mehr ausschließlich an Kinder und Jugendliche als ihre Adressanten wendet. Die alte Forderung, die Pädagogik habe gegenüber der Gesellschaft das Recht der Kinder und der Jugendlichen auf ihnen angemessene Lebens- und Erziehungsbedingungen zu vertreten, wird jetzt präziser faßbar : Eine Gesellschaft, die mit ihren Kindern und Jugendlichen keine beiderseitig lohnenden Verträge mehr auszuhandeln imstande ist, kann die Schuld daran nicht länger ausschließlich den Kindern und Jugendlichen zuschieben. Das naheliegende Argument, Kinder seien nicht, Jugendliche nur begrenzt geschäftsfähig, hat im enger definierten juristischen Handlungsbereich zweifellos Gültigkeit; es trifft jedoch nicht, wenn man den Begriff der Geschäftsfähigkeit handlungstheoretisch allgemeiner faßt. Entschließt man sich dazu, so läßt sich die pädagogische Kritik an der mangelnden Vertragsfähigkeit und Vertragsbereitschaft unschwer generalisieren: Auch mit den Älteren und Alten gelingen immer seltener beiderseitig lohnende Verträge und man darf mit einigem Grund annehmen, daß selbst die Verträge der angeblich geschäftsfähigen Erwachsenen in den verschiedensten Bereichen und auf den meisten Ebenen nicht allzu attraktiv gestaltet sind[18].

Solche Überlegungen führen zu der Frage, an welchen Prinzipien sich die Entwicklung lohnender Verträge zu orientieren habe oder anders, zu welchen allgemeinen Geschäftsbedingungen man sich entschließen müsse, um lohnende Geschäftsbeziehungen für jedermann vertraglich entwickeln zu können. Es entspricht der Tradition der aufklärerischen Rechtsphilosophie, die gerechte Verteilung der materiellen und immateriellen Lebenschancen auf alle Vertragspartner zu akzeptieren. In dem Maß, in dem es den Mitgliedern einer Gesellschaft gelingt, untereinander Verträge solcher Art auszuhandeln, ohne einzelne oder Gruppen von der Möglichkeit solcher Vertragsschlüsse auszunehmen, kann sie als human gelten.

Die Entwicklung solcher Verträge ist vermutlich nur dadurch realisierbar, daß Handlungsträger sich zu Selbstverwaltungseinheiten zusammentun und sich dabei an organizistischen Verwaltungsmodellen orientieren[19]. Organizistische Verwaltungsmodelle unterscheiden sich von technisch-zweckrationalen insofern, als die Verwaltungseinheit nicht so sehr „fremden" Zwecksetzungen dienstbar ist und von diesen ausgeht, sondern eher als Organ, als Medium funktioniert, um mögliche Zwecke allererst zu entdecken und zu elaborieren. In solchen Verwaltungseinheiten aufeinander angewiesene Handlungsträger legen es darauf an, die technischen Aufgaben, die Probleme der Finanzierung, der Sicherung und Offenhaltung des zu schaffenden sozialen Gebildes, der Zeiteinteilung, der Differenzierung und Delegation von Funktionen und Macht etc. allererst zu entdecken, die sich in einem solchen sozialen Gebilde stellen bzw. entwickeln. Damit ergeben sich zugleich die Möglichkeit und die Notwendigkeit durch entsprechende Verträge explizit zu regeln, wie die Interessen der einzelnen gegen die der Gruppe ausbalanciert werden sollen. Wir bezeichnen solche Selbstverwaltungseinheiten, die uns sowohl als Medien wie als Manifestationen einer vertraglich zu sichernden humaneren Gesellschaftsordnung erscheinen, im folgenden als Konvivien[20]. Die Geschäftsfähigkeit von Handlungsträgern ist demzufolge gleichermaßen als Produkt wie als Voraussetzung von Konvivien vorzustellen[21].

## 2. Konsequenzen für die sonderpädagogische Theoriebildung

### 2.1 Der Ansatz

Für die Entwicklung einer handlungsorientierten sonderpädagogischen Theorie lassen sich im Bezug auf deren Gegenstand, nämlich die Erziehung behinderter und benachteiligter Kinder, aus dieser Darstellung der Dimensionen des Handlungsbegriffs einige Folgerungen ziehen.

Die folgende Argumentation geht dabei von zwei Voraussetzungen aus: (1) Schließt man aufgrund der dargestellten Bedenken das Interpretationsmuster

Glied/Gemeinde aus den weiteren Überlegungen aus, so ist davon auszugehen, daß alle anderen hier vorgestellten Schemata für die theoretische Entwicklung einer handlungsorientierten Sonderpädagogik von gleichem Belang sind; keines ist als irrelevant abzuweisen, keines ist bezüglich seines theoretischen Rangs gegen die anderen auszuspielen. (2) Eine adäquate Erfassung sonderpädagogischer Problemstellungen hat davon auszugehen, daß sich die theoretische und praktische Relevanz dieser Muster nach Maßgabe des folgenden Inklusionsverhältnisses bestimmt:

```
Spieler – Spiel/Partner – Vertrag/Bastler – Bastelei
          Individuum – Welt
          System – Element
a)   b)   c)   d)   Organismus – Umwelt
```

Insofern sonderpädagogische Bemühungen jeweils durch die sie umschließenden weiteren Bezugsrahmen legitimiert werden - und umgekehrt die umschliessenden Konzepte die jeweils eingeschlossenen zur Voraussetzung haben , kann gelten:

(a) Allgemeinstes Auslegungsschema für sonderpädagogisches Handeln ist das auf die Elaboration von Geschäftsfähigkeit zielende, dreigliedrige Schema Spieler-Spiel/Partner-Vertrag/Bastler-Bastelei. Dies besagt, daß die Summe aller sonderpädagogischer Bemühungen darauf ausgerichtet sein muß, die jeweiligen Vertragspartner, die Behinderten und Benachteiligten auf der einen Seite also, die Gesellschaft in ihren zahlreichen sozialen Gebilden auf der anderen Seite, so zu beeinflussen, daß sie fähig werden, als Partner beidseitig lohnende Verträge einzugehen.

(b) Nur in diesem Rahmen und bezogen auf diese Zielsetzung hat es Sinn, die Frage nach Normen der Selbstverwirklichung für Behinderte und Benachteiligte (wie im übrigen auch für die sog. „Normalen") theoretisch und praktisch zu stellen. Der Anspruch auf Emanzipation, die Forderung nach Entwicklung und Differenzierung der Kommunikations- und Erfahrungsfähigkeit, nach Steigerung der Sensibilität, all das wird justierbar, indem es sich produktiv-konstruktiv auslegen kann und sich nicht länger in bloß kritischer Negation gegen bestehende Unzulänglichkeiten verbraucht.

(c) Funktionalistisch orientiert, d.h. dem Muster System/Element verpflichtete sonderpädagogische Theoriebildung und Praxisbeeinflussung hat ihr relatives Recht, insofern sich die entsprechenden Bemühungen nachweisbar konzentrieren entweder auf die Ausbildung von Qualifikationen, die für das Zustandekommen der oben skizzierten Verträge seitens der Behinderten und Benachteiligten unabdingbare Voraussetzungen darstellen oder aber den Behinderten und Benachteiligten dazu anleiten, ihre Interessen unter Bedingungen des Vertrages zu entdecken und — was gleichwichtig ist — zu objektivieren. Durch die Stellung dieses Auslegungsschemas zu den übrigen wird angezeigt, daß theoretische Argumentationen wie praktische Maßnahmen, die diesem Handlungsbegriff verpflichtet sind, einerseits Handlungen zur Voraussetzung haben, die sich theoretisch wie praktisch im Schema Organismus — Umwelt explizieren. Gleichzeitig ist andererseits behauptet, daß ein bloßes Funktionalisieren von Behinderten und Benachteiligten auf vorgegebene Sinnsysteme weder theoretisch noch praktisch als zureichend zu rechtfertigen ist. Mit dieser Stellung des Musters im Gesamtgefüge wird die These impliziert, daß streng funktionalistische Theorien der Erziehung Behinderter und eine darauf sich beziehende Anpassungspraxis nur insofern zu rechtfertigen sind, als es gelingt, sie als Teilsysteme übergreifender theoretischer und praktischer Erziehungskonzepte auszuweisen, innerhalb derer sie die Voraussetzungen dafür erörtern bzw. schaffen, wie sie einmal für Prozesse der Selbst- und Weltinterpretation und zum anderen für den Aufbau von Geschäftsfähigkeit unabdingbar wichtig sind[22].

(d) Sonderpädagogische Bemühungen schließlich, die praktisches Handeln im Schema Umwelt/Organismus begreifen lassen, erhalten ihren Rang im Bezug auf alle anderen, sie umschließenden Handlungsdimensionen insofern, als es hier darum geht, die Natur in eine solche Verfassung zu bringen, daß sie im Vertrag Geltung beanspruchen kann: Jeder Versuch, die Natur des Behinderten durch entsprechende Trainingssequenzen in ihre bestmögliche Verfassung zu bringen, läßt sich nur durch den Nachweis rechtfertigen, daß und wie damit die weiteren Fragen nach Richtung und Grad der Anpassung an bestehende oder zu schaffende Systeme, nach Selbstverwirklichungsmöglichkeiten und vertraglich gesicherten, lohnenden Lebensverhältnissen ermöglicht und in realistische Perspektiven gerückt werden.

## 2.2 Aspekte einer inhaltlichen Durchführung
### Geschäftsfähigkeit

Sieht man die oberste Aufgabe sonderpädagogischer Theorie und Praxis darin, das Zustandekommen gerechter, lohnender Verträge zwischen Behinderten/ Benachteiligten und sog. „Normalen" zu ermöglichen und zu befördern, so lassen sich theoretische wie praktische Arbeitsfelder zuordnen, die — weil gleichermaßen diesem Ziel verpflichtet — in ein wechselseitiges Korrespondenzverhältnis zu setzen sind. Mit den Begriffen Vertragsfähigkeit und Vertragsbereitschaft wird, wie angedeutet, eine Betrachtungsperspektive angeboten, die u.a. die Formulierung von Forderungen an beide vertragschließende Parteien erlaubt. Auf die Behindertenproblematik bezogen erscheint die.t.Partei der Normalen, also unserer gewohnten gesellschaftlichen Gebilde zumindest ebenso wenig vertragsbereit und vertragsfähig wie die Partei der Behinderten. Die Einführung des Vertragsmodells in die sonderpädagogische Theoriebildung liefert einen plausiblen Ansatz dafür, die Sonderpädagogik als eine kritische Gesellschaftstheorie auszulegen, insofern sie die Belange der Behinderten gegenüber der Gesellschaft ebenso zu vertreten hat, wie umgekehrt die Ansprüche der gesellschaftlichen Gebilde vor den Behinderten. Betrachtet man die beiden Parteien unter dem Vertragsmodell, so kann man der gegenwärtigen Gesellschaftsstruktur und den sie konstituierenden sozialen Gebilden den Vorwurf mangelnder Vertragsbereitschaft und Vertragsfähigkeit nicht ersparen. Die

Ausgliederungsbereitschaft gegenüber Behinderten aus nahezu allen relevanten gesellschaftlichen Gebilden zeigt sich in der Errichtung eines immer dichter-werdenden Netzes von Spezialinstitutionen: Es entstehen immer perfekter differenzierte und professionalisierte Anlagen von „Parallelaktionen", —institutionen und —systemen zu Familien, Schulen, Betrieben, Vereinen etc. Ist dies nicht ein überdeutliches Indiz für die scheinbar ausweglose Fixiertheit der sog. Normalen auf ein immer schmaler werdendes Spektrum der conditio humana, dessen vermeintliche Funktionalisierbarkeit und Effektivität als Normalität ausgegeben wird?[23])

Angesichts der Tatsache, daß die Zahlen der als Behinderte namhaft gemachten Mitbürger im Wachsen begriffen sind, hat die Sonderpädagogik die Aufgabe, nicht nur bestehende Fehlformen des Zusammenlebens im Bereich der Arbeit wie der Freizeit zu kritisieren. Es entspricht ihrem Auftrag gleichermaßen, Modelle für Konvivien zu konzeptualisieren, zu initiieren, wissenschaftlich zu begleiten und deren Verbreitung, Modifikation und Generalisierung durchzusetzen, die der Isolation und Ghettoisierung sogenannter „Behinderter" wehren können. Dies ist weder denk- noch realisierbar, ohne tiefgreifende Umgestaltungen unserer zur Selbstverständlichkeit gewordenen alltäglichen Lebensbezüge, Umgangs-, Wohn-, und Arbeitsformen und der damit verbundenen, fraglos gewordenen Ansprüche und Gewohnheiten. Solange wir weder bereit noch fähig sind, in allen Bereichen des gesellschaftlichen Lebens über lohnende Formen eines Zusammenlebens mit Behinderten und Benachteiligten ernsthaft, d.h. im Medium von praxisnahen Modellkonstruktionen für Selbstverwaltungseinheiten, nachzudenken und entsprechende praktische Ansätze zu wagen, brauchen wir uns um eine handlungsorientierte Sonderpädagogik keine weiteren Gedanken zu machen. Es ist selbstverständlich, daß eine Entwicklung solcher Modelle sowohl mit politisch-ökonomischem Widerstand zu rechnen hat, wie auch mit dem Desinteresse und der Bequemlichkeit derer, die sich mit den Sinnsurrogaten einer leistungsblinden Produktion und eines konsumdominierten Amüsierbetriebs zufrieden geben. In dem Maß jedoch, in dem eine Gesellschaft über Konvivienmodelle für sog. Behinderte und sog. Normale jeden Alters verfügt, von denen aus und auf die hin sich die zu erzeugende Geschäftsfähigkeit ausbilden kann, werden Behinderte wie Normale vom Legitimationsdruck ihrer zuvor von Sinnlosigkeit permanent bedrohten Existenz entlastet. Wir wollen diese Überlegung am Beispiel der Sonderschulen konkretisieren: Eine Gesellschaft, die nur relativ wenige, auf die Förderung wirtschaftlichen Wachstums direkt wie indirekt nahezu ausschließlich bezogene Formen der Daseinsfristung positiv sanktioniert, ist gezwungen, ihre wie auch immer im einzelnen beschaffenen drop-outs in Anstalten zu „rehabilitieren", die nach dem Modell von Reparaturwerkstätten arbeiten: Je nach Ausmaß des Schadens wird entweder die allgemeine Verkehrstauglichkeit mehr oder weniger notdürftig hergestellt; oder aber ist man genötigt, das irreparabel gewordene Objekt endgültig aus dem Verkehr zu ziehen und in eigens dafür geschaffenen Friedhöfen zu deponieren. — Verfügt dem entgegen eine Gesellschaft über eine Vielzahl von politisch, wirtschaftlich und rechtlich gesicherten Wohn-, Arbeits- und Freizeitkonvivien, oder auch über Teilkonvivien, wie z. B. Entlastungs-, Gebrauchs-, Spiel- oder Wirtschafts- und Finanzierungsgemeinschaften, in denen gleichermaßen ehemals isolierte „Normale" und ehemals isolierte „Behinderte" subjektiv wie objektiv überzeugende, d.h. dem Gerechtigkeitspostulat nach innen wie nach außen verpflichtete Kooperations- und Kohabitationsformen realisieren, so können sich die Schulen für Behinderte, eingefügt in eine solche Syntax von Realisierungsformen einer humaneren Gesellschaft, einer spezifischen Ausbildung der Geschäftsfähigkeit von Behinderten widmen, die sich einerseits an Art und Ausmaß der Beeinträchtigung, andererseits an den voraussehbaren Erwartungen und Verpflichtungen orientiert, auf die sich Behinderte in solchen Konvivien durchschnittlich einlassen können sollten. Es ist unschwer einzusehen, daß sich unter solchen Voraussetzungen die Schulen nicht länger dem undifferenzierten Anspruch gegenübersähen, bei jedem ihrer Schüler an Normalität und Unauffälligkeit zurückzugewinnen, was immer möglich ist; der Förderungsanspruch einerseits wäre spezifisch eingrenzbar, die vorhandenen Dispositionen und Fähigkeiten eines jeden für bestimmte Aufgaben in solchen Konvivien würden gezielt trainier- und optimierbar. Der einleuchtende Gedanke einer Pädagogik der Vorsorge und einer nachgehenden Betreuung brauchte nicht länger zu einem horizontlosen Überlebenstraining in einer an barbarischer Effizienz orientierten Gesellschaft verkommen und in ihr Gegenteil, in eine Dauerfixierung der Benachteiligten auf primitivste Wissens- und Verhaltensbestände von zweifelhaftem Wert münden[25]. Die bisherigen Ausführungen haben das Feld bezeichnet, in dem sich das Problem der Selbstverwirklichung, des Aufbaus einer kommunikativ zu sichernden Identität Behinderter qualifiziert erörtern läßt. Unter dem Anspruch der Entwicklung von Geschäftsfähigkeit bei Behinderten stellt sich das Problem in der Frage nach der Befähigung von Behinderten und Benachteiligten, die sog. „Normalen" zu Vertragsverhandlungen von sich aus aufzufordern. Dies bedeutet zunächst, daß es gelingen muß, Behinderte zu einem selbstkritisch-distanzierten Verhältnis zu ihrer spezifischen Verfaßtheit zu bringen. Soweit sie dazu in der Lage sind — und dies erweist sich erst in entsprechenden Vorhaben — ist ihnen theoretisch und praktisch zu demonstrieren, daß ihre Isoliertheit mindestens ebensosehr ein Produkt der Kohabitations- und Kooperationsunfähigkeit der sog. Normalen darstellt, wie sie die Ursachen dafür bei sich selbst zu suchen haben. Die selbstverständliche Zuschreibungsregelung, derzufolge die Behinderten für ihre Randständigkeit ausschließlich selbst haftbar zu machen seien, ist gründlich zu problematisieren. So kann gelingen, daß Behinderte fähig werden, sich in einer für sich selbst und für vertragsfähige „Normale" akzeptablen Weise auf ihre spezifische Begrenztheit einzustellen und sich produktiv-nüchtern als Geschäftspartner anzubieten. — Die dafür nötige Entwicklung von spezifischen Fähigkeiten und Dispositionen, auch der nötigen Gelassenheit und Zähigkeit rechtfertigen durchaus die Beibehaltung und den weiteren Ausbau von Institutionen, in denen Behinderte jeden Alters in definierten Zeiträumen und zu definierten Zwecken spezielle Trainings- und Vorbereitungskurse durchlaufen können und sich gegebenenfalls zum Erfahrungsaustausch und zur Formulierung ihrer spezifischen Interessen in verschiedenen Gruppierungen zusammenfinden können. Dauerisolation erscheint in diesem Argumentationszusammenhang sowohl theoretisch wie praktisch eine ebensowenig akzeptable Lösung wie die neuerdings forciert erhobene Forderung nach Dauerintegration. Sie kann — bei Lichte besehen — zu nichts anderem führen, als zu einem je nach Art und Ausmaß der Behinderung ermäßigten Zwang zur Normalität der bislang gewohnten Daseinsfristung in einer nahezu ausschließlich am wirtschaftlichen Wachstum orientierten Leistungs- und Konsumgesellschaft [26]. Unter dem Anspruch der Geschäftsfähigkeit zum Zwecke der Begründung neuartiger Selbstverwaltungseinheiten (Konvivien) wird der Anspruch auf Selbstverwirklichung und Mitmenschlichkeit rationalisierbar in der Form vertraglich fixierbarer, reziproker Ansprüche und Leistungen. Es entspricht dem Auftrag von Schulen, beim Schüler die Fähigkeiten zu elaborieren, solche Ansprüche formulieren zu können und die Fähigkeit und Bereitschaft zu verrechenbaren Gegenleistungen zu entwickeln.

Anpassung/Training

Geschäftsfähigkeit zum Zwecke der Verwirklichung von Konvivien und Teilkonvivien und darauf justierte Anstrengungen, die Selbstverwirklichung von Behinderten zu fördern, haben ebenso wie die bisher üblichen Verwertungsansprüche und Selbständigkeitsforderungen an Behinderte im Rahmen der bekannten gesellschaftlichen Strukturen das Training von Anpassungsleistungen zur Voraussetzung. Es liegt jedoch die Annahme nahe, daß die entschieden anders definierten Erwartungen und Ansprüche, die sich aus vertraglich zu vereinbarenden Konvivien herleiten, teils anders akzentuierte, teils andersartige Trainingsprozesse ermöglichen und erforderlich machen als sie sich unter dem Anspruch ergeben, Behinderte zugleich zu einem möglichst „vollverwertbaren" Produktionselement, wie auch zu „vollwertigen" Bürgern mit allen Rechten und Pflichten, sie also weitesgehend unauffällig und normal zu machen. Welche Dispositionen sind zu entfalten, welche Fähigkeiten zu entwickeln und zu differenzieren, um als Behinderter ein interessanter Partner zu sein? — Eine präzise Antwort auf diese Frage muß durch diejenigen gefunden werden, die sich als „Behinderte" oder „Normale" zu gemeinsamem Leben in Selbstverwaltungseinheiten entschlossen haben. Sie können dabei mit der Unterstützung und der Beratung der auf die Erforschung spezifischer Behinderungssyndrome spezialisierten sonderpädagogischen Wissenschaftszweige rechnen [27]. Hier können lediglich *Dimensionen* — absichtlich unsystematisch — aufgezählt werden, in denen entsprechende Anstrengungen erforderlich sind, um die Geschäftsfähigkeit von Behinderten zu steigern bzw. deren jeweilige (möglicherweise überwindbaren) Grenzen zu identifizieren; auf diese Weise lassen sich beiderseitige Überforderungen zunächst tendentiell ausschließen und realistische Erwartungen und Ansprüche ausmachen. Trainingsmöglichkeiten und -angebote wären u.a. zu entdecken und zu gestalten

— für die Dimensionen der auditiven und visuellen Genußfähigkeit, um Behinderten Spaß an den Produktionen privater und öffentlicher Unterhaltung zu ermöglichen;

— für die Dimension ihrer körperlichen Verfassung;

- für die Dimension des Gebrauchs von Werkzeugen und Alltagsgeräten;
- für die Dimension der selbständigen Bewältigung alltäglicher Routinehandlungen;
- für die Dimension der Bewertung von Situationen, insbesondere der Einschätzung von Gefahren und Risiken;
- für die Dimension der Sensibilität und Verläßlichkeit gegenüber ständigen Partnern und der Ausbildung einer basalen sozialen Orientierungsfähigkeit;
- für die Dimension der räumlichen Orientierung;
- für die Dimension des Mitspielenkönnens von Spielen verschiedenster Art;
- für die Dimension der Alltagsrhetorik einschließlich des Aufbaus eines entsprechenden Repertoirs;
- für die Dimension des Lesens und des Gebrauchs schriftlicher Mitteilungen und einfacher Gebrauchsanweisungen;
- für die Dimension des Verfügens über Zeit, Geld und Eigentum[28].

Diese Aufzählung will deutlich machen, wievieles von dem, was z.B. in den Schulen für Behinderte trainiert und gelernt wird, nur unter der Voraussetzung Sinn hat, daß man sich die Ausbildung des Behinderten zum mobilen, allseits verwertbaren, jederzeit auswechselbaren, einem Normalen möglichst gleichgestellten Einzelkämpfer zum Ziel setzt bzw. mangels Alternativen zum Ziel setzen muß. Sobald man statt dessen die Möglichkeit der vertraglich gesicherten Konvivien als reale Möglichkeit und Lebensperspektive in Betracht zieht, wird deutlich, auf welche „Inhalte" sich die Schule dann konzentrieren könnte. Es wären wenigere und vor allem Inhalte von anderer Qualität. Angesichts dieser Alternative steht die Sonderpädagogik vor der Wahl, sich weiterhin dem immer aussichtsloseren Reparieren von Individuen zu verschreiben oder aber mit allen Mitteln publizistischer, politischer, pädagogisch-didaktischer und privater Kreativität die Geschäftsfähigkeit der Normalen wie der Behinderten zu fördern.

Gewöhnung

Wie eingangs ausgeführt, gibt es eine Fülle von automatisierten, ritualisierten Verhaltensmustern, die für Behinderte teilweise äußerst mühsam nur zu erlernen sind. Soweit es sich dabei um Voraussetzungen jedweder wie auch immer näher zu bestimmender Handlungsfähigkeit handelt, ist es nachgerade selbstverständlich, daß sich die sonderpädagogische Theorie und Praxis in Kooperation mit den einschlägigen Bezugswissenschaften z. B. der Medizin um Erleichterungen und Entlastungen bemüht. Erst aufgrund einer einigermaßen befriedigenden Rekonstruktion basaler menschlicher Disponibilität hat es überhaupt Sinn, sich den weitergreifenden Fragen einer handlungsorientierten sonderpädagogischen Theorie zuzuwenden.

# II. Teil: Lernen als Zusammenarbeit (F. Schönberger)

## 1. Sonderpädagogik und Psychologie − Versuch der Legitimierung eines Verhältnisses

Dies ist der Versuch, ein Stück einer Psychologie zu entwerfen, die Anstrengungen unternimmt, ihr Verhältnis mit der Pädagogik zu legitimieren. Sie wird prüfen, ob sich die Pädagogik der Mitgift, ihres Wissens um den Menschen nämlich, nicht ihrerseits zu Zwecken bedienen wird, die − nach ihrem gewiß sehr vorläufigen Verständnis − unmenschlich sind. Andererseits ist Pädagogik gut beraten, wenn sie sich ansieht, welche Psychologie sie freien soll. Ist sie doch nicht unerfahren; und manches Verhältnis endete mehr als unglücklich, während andere erst gar nicht zustande kamen.

Die Psychologie, welche hier entworfen werden soll, stellt sich als Partnerin eine *Pädagogik,* eine Sonderpädagogik vor, welche das *Interesse an Demokratisierung* nicht nur verkündet, sondern auch zu verwirklichen trachtet; welche diese Demokratisierung durch die Formen gegenwärtigen mit-, oder aber gerade nichtmitmenschlichen Zusammenlebens ebenso bedroht sieht wie sie selbst, die nicht selten als Freiwillige Feuerwehr einer im eigenen Leistungsehrgeiz ausglühenden Gesellschaft mißbraucht wird.[1] *Die Psychologie,* welche solches erwartet, stellt sich selbst vor als eine, die ihre Identität hat finden müssen und immer noch sucht im Widerstand gegen den Autoritatismus; in den Aufräumungsarbeiten an den Ruinen, die er − als Faschismus − hinterlassen hat, die er − als weithin nicht demokratisierter Kapitalismus − heute hinterläßt. Psychologie und Pädagogik lassen sich unter dem Anspruch der Demokratisierung mit dem Begriff des *Handelns* profilieren. Denn die wesentlichen Bestimmungsstücke der „menschlichen Handlung" − wohl zu unterscheiden von den „Handlungen des Menschen" − sind die tragenden Bauteile ihrer Konstrukte: *Freiheitsspielraum, Sozialität, Wertorientiertheit.* Pädagogische Psychologie macht Lernen und Lehren zu ihrem wichtigsten Gegenstand; sie fragt, wie Lernende und Lehrende den je eigenen ebenso wie ihren gemeinsamen Freiheitsspielraum ausnutzen und erweitern können, indem sie nicht nur Wege, sondern auch Ziele solidarisch aus-handeln. Eine Sonderpädagogische Psychologie hat dies so zu formulieren, daß „solidarisches Aus-handeln" nicht als Meta-Gerede potentiell hochdotierter Hochbegabter mißverstanden werden kann; der Begriff muß zumindest in analoger Bedeutung auf jeder Ebene und in jedem Bereich sonderpädagogischer Anstrengungen einholbar sein. Dem kommt zustatten, daß die Psychologie heute der Pädagogik ein Handlungs- und Lernmodell anbieten kann, das schon in den reflektorischen und instinktiven Reaktionen jene Grundstruktur sichtbar macht, die Voraussetzung ist für eine bruchlose − ohne jeden „dialektischen Sprung" verlaufende − Entwicklung der Handlungsfähigkeit; eine Entwicklung bis zu jenen Formen verinnerlichten, sich gleichwohl

aus dem faktischen Tun herleitenden und in ihm gesellschaftlich wieder rechtfertigenden Handelns, das seine Haupttriebfeder hat im polaren Anspruch
von individueller Freiheit und solidarischer Verantwortung. Diese Psychologie
kennt infolgedessen keine „Handlung des Menschen" (actus hominis), deren
Grundstruktur nicht auf eine „menschliche Handlung" (actus humanus) verwiese: sei es im Sinne ihrer Herkunft, sei es im Sinne ihrer Werdensrichtung[2]

Ein Psychologe mit diesem Selbstverständnis kann sich auf eine Sonderpädagogik einlassen, die behinderte, benachteiligte und bedrohte Menschen „geschäftsfähig" machen will, weil er in dieser *Geschäftsfähigkeit* ein Postulat
pädagogischer Praxis sehen kann, dem in seiner Disziplin der Begriff der *hohen
Strukturiertheit* entspricht. Ein wesentliches Kennzeichen einer hoch differenzierten und integrierten Persönlichkeit ist es, die Spannung zwischen Eigen-
und Fremdanspruch austragen und sie fruchtbar machen zu können in Interaktionen, die durch Autonomie wie durch Interdependenz gleichermaßen
gekennzeichnet sind[3]. Diese Doppelcharakteristik erscheint wieder als Charakteristik des „Geschäfts", da von einem solchen immer nur zwischen „Partnern"
die Rede ist, nie zwischen Produzent und Konsument. Man kann sich auch
deshalb auf diese sonderpädagogische Zielsetzung einlassen, weil sie keine
Fatamorgana ist; kein trügerisches Wunschbild, dem der sich abrackernde, sich
durchwurstelnde Praktiker bald nicht mehr trauen könnte. Sie läßt vielmehr zu,
daß dieser Praktiker sich als Partner des Behinderten begreift und damit auch
selbst erst geschäftsfähig wird. Und zwar auch in Handlungen, die er vielleicht
bisher gar nicht als „pädagogische", diesem hehren Begriff angemessene verstanden hat; die er daher nicht seinem „Geschäft", sondern bestenfalls seinen
freiwillig geleisteten guten Taten und niedrigen Diensten zuzurechnen gewohnt
war, wenn er sie nicht an Mitarbeiter genannte Hilfskräfte einschließlich der
Eltern abgeschoben hatte. Dies liegt — wissenschaftlich ausgedrückt — daran,
daß *Geschäftsfähigkeit niedriger strukturierte Formen des Handlens* nicht
nur voraussetzt, sondern *einschließt* und sie damit ganz im Sinne der oben
skizzierten psychologischen Auffassung entweder kausal oder final auf „menschliches Handeln" bezieht.

## 2. Geschäftsfähigkeit — Eine psychologische Ortung des Begriffs

*Geschäft* in der hier verwendeten Bedeutung meint das, was die aus der lateinischen Sprache entlehnten Wörter „*commercium*" und „*convivium*" an
teils gleichen, teils verschiedenen Inhalten besitzen. Zwar spricht man mit
beiden Wörtern vom *sozialen Umgang*. Das *Kommerzium* faßt diesen jedoch
als den — ursprünglich im kaufmännischen Verkehr sich abspielenden — *Austausch* von Dingen, aber auch von Bemühungen, Gedanken, Worten, Briefen.
*Konvivium* ist hingegen die zum Schmaus geladene Tischgesellschaft, in ausgeweitetem Verständnis das gesellige *Zusammenleben* überhaupt.[4] Damit psycho-

logische Reflexion am Begriff der Geschäftsfähigkeit genau und breit genug ansetzen kann, muß sie diesen Doppelaspekt sozialen Umgangs an ihm noch einmal sichtbar machen. Doch das genügt nicht. Weiß man, daß in der Arena erziehungswissenschaftlicher Wettspiele die beiden müden Marathonläufer „Sachbezug" und „Personbezug" immer noch — und wahrscheinlich immer noch nicht ihre letzten — Runden drehen, so tut Wachsamkeit not. Sonst begibt sich „Sachbezug" flugs in den Sog des modischen Kommerzium, während „Personbezug" durch's Konvivium Rückenwind erhofft. Daß dies alles andere als lustig ist, wird deutlich, wenn sonderpädagogische Praxis mit diesen schemenhaften Veteranen abwechselnd sympathisiert. [5] Es muß klar sein, daß in der Sonderpädagogik Kommerzium und Konvivium ebensowenig auseinanderdividiert werden dürfen. Es kann keinen unpersönlichen Austausch von Waren geben — und seien es der höchsten Bildungsgüter welche. Aber es tut genau so not zu sagen, daß jener etwas mitzubringen vergessen hat, der nur seine Person in den „Pädagogischen Bezug" meint einbringen zu müssen. Besonders wenn man von Engagement redet, muß man wissen, daß man sich nur füreinander engagieren kann, wenn man sich gemeinsam für ein Drittes oder einen Dritten engagiert. Daß damit die Existenzfrage Sonderpädagogischer Psychologie gestellt ist, zeigt ein Blick auf ihre gegenwärtige Rolle in der institutionalisierten Praxis. Wo gelingt es ihr denn schon, sich anders zu definieren denn entweder als Nachlieferantin des zu kurz gekommenen Personbezugs (in der Therapie der an der „Sache" Gescheiterten, in der Beratung ihrer Eltern) oder als Protagonistin des vergötzten Sachbezugs (in Auslesediagnostik, Leistungsoptimierung, Unterrichtstechnologie)? [6] Sobald sie sich dieser Fatalität bewußt geworden ist und sie aus ihrer eigenen Geschichte wie aus jener der Sonderpädagogik begriffen hat, betreibt sie durchaus ihre eigene Sache, wenn sie die Sonderpädagogik, mit der sie kooperieren will, auf die dialektische Einheit von Kommerzium und Konvivium festlegt. Sie wird sich dann allerdings auch fragen lassen müssen, ob sie selbst etwas zu sagen hat zur *Abhängigkeit der Sachbezüge von persongebundenen Vermittlerprozessen* als dem einen, zur *Abhängigkeit der Personbezüge von sachgebundenen Vermittlerprozessen* als dem anderen Gesicht jenes janusköpfigen Phänomens, das sie „menschliches Handeln" nennt. [7] Sie wird antworten können, daß sie in den letzten zwei Jahrzehnten die Bedeutung der *Zusammenarbeit* begriffen und auch einiges in Erfahrung gebracht hat darüber, wie sich Zusammenarbeit in pädagogischen Prozessen verwirklichen kann. Dies gilt zunächst schon für die genannten Vermittlerprozesse: die Psychologie, welche sich am marxistischen Konstrukt der *kooperativen Aneignung* kultureller Gegenstandsbedeutungen orientiert (Leontjew), hat zu ihrer Aufklärung beigetragen. (Die Lösung des Aneignungsbegriffes aus dem politisch-doktrinären Korsett erlöst ihn von der Mythologisierung zur alleserklärenden Zauberformel, die das, was sie nicht verwandeln kann, im Zustand der Naivität beläßt.) [8] Meint *Zusammenarbeit* im Kontext der Aneignungstheorie die Einheit von Individuation, Sozialisation und Enkulturation, so kennzeichnet dieser Begriff in der genetischen Psychologie (Piaget) die *Parallelität der Entwicklung von Rationalität und Emotionalität, von Logik und Moral.* [9] Dieser Gedanke wird dann ausschlaggebend, wenn man die Frage stellt, wie dem *Geschäft Verbind-*

*lichkeit* zu verleihen sei. Dies kann nur durch einen *Vertrag* geschehen, zu dessen Abschluß und Erfüllung die Geschäftspartner fähig und bereit sein müssen. *Vertragsfähigkeit* sollte man, um sie von Vertragsbereitschaft psychologisch abgrenzen zu können, durch *logische Verbindlichkeit* definieren; sie beruht auf der Anerkennung logischer Gesetze, die nur in der Zusammenarbeit erworben werden kann. Dies gilt in gleicher Weise für die Anerkennung moralischer Gesetze; die ihr zu verdankende *moralische Verbindlichkeit* ist das Kennzeichen der *Vertragsbereitschaft. (Abbildung 1)*

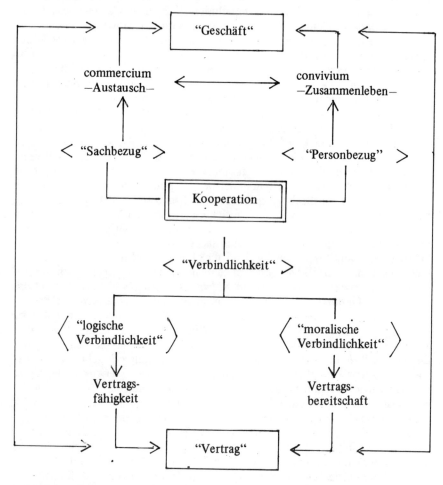

*Abbildung 1:* Geschäftsfähigkeit als Ziel sonderpädagogischen Handelns versteht sich als komplementäre Einheit von Commercium und Convivium. Sowohl der ("kommerzielle") Austausch als auch das ("konviviale") Zusammenleben erhalten ihre Verbindlichkeit durch den Abschluß eines Vertrags. Fähigkeit und Bereitschaft dazu, Verträge abzuschließen und einzuhalten, werden erworben durch Zusammenarbeit: sie integriert Person- und Sachbezug ebenso wie logische und moralische Verbindlichkeit.

Damit ist die Position der hier zu entwerfenden Psychologie umrissen. Es ist gewiß nicht die einer sich positivistisch verstehenden Naturwissenschaft, sondern die einer kritischen Handlungswissenschaft. [10]


## 3. Lernen als Zusammenarbeit

Als die alles andere fundierende These wird man wohl formulieren dürfen, daß *Lernen immer sinnhaft* ist. Dies ist eine positive Aussage und nicht nur die durch Begriffsverwischung ermöglichte Negation klarer behaviouristischer Positionen. Deutlich wird das schon, wenn man sie auf die in der Pädagogik bis heute nachwirkende Lehre von der Hierarchie der Lernprozesse (Gagné) angewendet. Heißt es dort, daß Problemlösen auf Regellernen, Regellernen auf Begriffslernen, Begriffslernen auf Unterscheidungslernen, Unterscheidungslernen auf dem Lernen von Wort- oder Verhaltensketten, das Lernen von Wort- oder Verhaltensketten auf Reiz-Reaktions-Lernen und dieses schließlich auf Signallernen beruht, so sagen wir: selbst Signallernen, geschweige denn *Reiz-Reaktions-Lernen ereignet sich nur, wenn es der Lösung eines Problems dient.* [11] Erst dieser dauernde Vorgriff auf die höchststrukturierte von allen genannten Lernformen macht den Rückgriff auf eine niedriger strukturierte Lernform verständlich: Natürlich beruht die Fähigkeit, sich eine zunächst als „sinnlos" erscheinende Aneinanderreihung von Zahlen (z.B.: 6 36 72 5 25 50 4 16 32) durch die Entdeckung ihrer Aufbauregel langfristig einzuprägen, auf der Fähigkeit, Wortketten zu erlernen. Aber genauso wie jene höherstrukturierte Lösungsstrategie nur erworben und angewandt wird, wenn sie der Bewältigung eines für bedeutungsvoll und lösbar gehaltenen Problems gilt, erlernen wir auch Wortketten ursprünglich sinnhaft: sobald und jedes Mal wenn monologische oder dialogische Versprachlichung zur Lösung von „Problemen" in Person- und Sachbezügen als erfolgversprechend erscheint. Dies hatte eine lebensferne Laborpsychologie aus dem Auge verloren. So erst war ihr gegönnt, das „sinnlose Material" als idealen Lerngegenstand zu erfinden – und sich damit weit über jene zu erheben, die ein Material anbieten mußten, dessen Sinnhaftigkeit den Psychologen nur als schwer zu isolierende Störvariable zu schaffen macht. [12] Was Wunder, wenn der Pädagoge beim Räumungsverkauf „klassischer" Lernpsychologie von jeder pädagogischen Zielreflexion klinisch gesäuberte Lehrdesigns erwirbt; zu deren Durchsetzung bedarf er dann einer Verhaltenstherapie, die das Schicksal der Verramschung mit ihren feindlichen tiefenpsychologischen Schwestern teilt. Die Verteufelung psychotherapeutischer Schulen wäre indes ebenso töricht, wie es unverantwortlich wäre, sie zu Surrogaten einer noch nicht existierenden sonderpädagogisch-didaktischen Konzeption aufzuwerten. [13]

Der Vorgriff auf das Problemlösen reicht aber noch nicht aus, um die vorgetragene These zu explizieren. Vielmehr ist hinzuzufügen, daß das Verständnis von Lernen als „sinnhaft, weil problemlösend" keineswegs wertfrei ist. Inso-

fern es Lernen begreift in der Bewegung auf das „Denken in Alternativen"
und auf „Wahlhandlungen" hin, ist es jenem kulturellen Wert verpflichtet,
der oben als Demokratisierung artikuliert wurde. Darin manifestiert sich an
manchem Zeitort nicht nur eine politische, sondern sogar eine parteipolitische
Position.[14] Für die pädagogische Praxis bedeutet dies z.B., *daß – nach dieser
Auffassung – selbst Gewöhnung durch ihren Bezug auf Demokratisierung erst
vermenschlicht werden muß.*
Will man diesen Grund-Satz in Handlungsanweisungen transponieren, so tut man
sich schwer, den Spannungsbogen zu „letztendlicher kultureller Sinnstiftung"
immer im Auge zu behalten. Er müßte sich leichter fassen lassen an der Stelle,
wo die sich einschließenden Formen des Handelns ineinander übergehen. Dort
sei er im folgenden untersucht und zwar so, daß jede Handlungsform „im Sinne"
der nächsthöher strukturierten, d.h. im Vorgriff auf sie gesehen wird. Es liegt
nahe, sonderschul-pädagogische Fragestellungen dem nächsten Abschnitt vor-
zubehalten und diesen an Lernhandlungen des Kleinkindes zu verdeutlichen.
Dies erleichtert Analogieschlüsse auf Lern- und Lehrprobleme bei Kindern,
deren Lernfähigkeit und Lernvoraussetzungen unterschiedlich eingeschränkt
sind. Alle „Beispiele" sind aus dem Leben gegriffen und dort von jedem ohne
Schwierigkeiten wiederzuentdecken.


### 3.1. Gewöhnung im Sinne der Anpassung

Der Gewöhnung ist das *kooperative Training von Fertigkeiten* als Lernform
zugeordnet. Zu zeigen ist, daß dies nur dann zu einem im Sinne der Geschäftsfähigkeit wünschenswerten Ergebnis führt, wenn es auf die Zugehörigkeit in
einer „Gruppe" abzielt und somit auf Sozialisation vorgreift. Dieser Vorgriff
muß sich im Vollzug der Zusammenarbeit zwischen Trainer und Trainiertem
beiden erfahrbar darstellen.

Gegen die Mitte des ersten Lebensjahres pflegen die Eltern dem Säugling erstmals
Nahrung mit dem Löffel zu reichen . Das Kind öffnet zwar den Mund, sei es
sobald der Löffel die Lippen berührt, sei es schon bei seiner Annäherung. Da es
bisher die Nahrungsaufnahme jedoch immer mit dem Saugplan bestritten hat,
wendet es diesen auch auf den Löffel an, zunächst mit einem zumindest dem
Erwachsenen als deutlich geringer erkennbaren Erfolg: die Lutschbewegungen
lassen den Nahrungsbrei entlang des Löffels wieder austreten. Es gibt nun
Eltern (und Betreuungspersonen, z.B. auch bei älteren schwer geistig- oder
körperbehinderten Kindern mit noch vergleichbaren Schwierigkeiten), die das
unwillkürliche Öffnen des Mundes dazu „ausnützen", den meist stark gehäuften
Löffel gekonnt an der Oberlippe abzustreifen, so daß der Brei in den hinteren
Mundraum fließt und reflektorisch geschluckt (oder wieder ausgeprustet) wird.
Andere Eltern hingegen versuchen ihren Bewegungsplan mit dem des Säuglings
abzustimmen: sie halten den – nur wenig gefüllten – Löffel so elastisch, daß
er (ähnlich dem Sauger) den Lutschbewegungen des Säuglings folgt. Das erleichtert ihm die Anpassung des Saugplanes an die Form des Löffels, der schon
bald nur noch in ein bis zwei Zügen abgesaugt, schließlich dann in der diesem

Werkzeug angemessenen Form geleert wird. – Dies erlernen natürlich auch die Kinder der zuerst charakterisierten Eltern, jedoch auf eine in zwei Punkten unterschiedliche Weise: Zunächst werden sie für kürzere oder auch längere Zeit unter bloßer Ausnutzung des unwillkürlichen Schluckreflexes gefüttert, nachdem dieser schon seit Monaten in den erheblich höher strukturierten, mittlerweile unter wesentlicher Beteiligung der Willkürmotorik ausdifferenzierten Saugplan einbezogen war. Dieser Verlust an Selbststand, diese Regression auf eine niedriger strukturierte Handlungsstrategie wird keineswegs durch die Sache (den Löffel) erzwungen, sondern durch die Person, welche diese Sache vermittelt. Das dadurch geschaffene Ungleichgewicht hat also von vornherein den Charakter eines sozialen, und zwar – angesichts der Überlegenheit des vermittelnden Erwachsenen – eines Autoritätskonflikts. – Bei der an zweiter Stelle geschilderten Vorgehensweise sieht der Erwachsene in den auftretenden Schwierigkeiten ein solidarisch zu lösendes Problem, Dessen Ursache erkennt er nicht in der noch „unreifen" Mundmotorik des Säuglings, sondern in der dem bisher erfolgreichen Saugplan des Kindes nicht angemessenen Form des Löffels. In der Anpassung seiner Handbewegungen an die Mundbewegungen des Kindes stellt er seine personale Beziehung dar als eine, die sich in der gemeinsamen Bewältigung von Aufgaben auswirkt. Er tut es im Wissen darum, daß sich das Kind Kulturdinge nur in der Brechung seiner je aktualisierbaren und erweiterungsfähigen Handlungspläne „aneignen" kann. [15]

Ein kooperatives Training hat die Bedingung seiner Möglichkeit darin, daß der Trainer weder in der zu vermittelnden Sache noch im Kinde so etwas wie einen persönlichen Besitz sieht. Er weiß, daß nicht er den Löffel erfunden hat; vielmehr repräsentiert dieser schlichte Gegenstand die Phantasie und die Arbeit vieler Generationen von Menschen eines Kulturkreises, in dem man mit Löffeln ißt. Und wie man damit ißt, diese Weisheit hat er selbst gegessen mit jenen Löffeln, die seine Eltern sich und ihm in den Mund gesteckt haben.[16] In diesem Bewußtsein sieht er sich, und durch sich das Kind als Mitglied einer sie verbindenden Gesellschaft und Kultur. Dies ermöglicht ihm eine Form der Solidarität, in der die Achtung vor der Sache die allmähliche Überwindung egozentrischer Objektbezüge vorbereitet; sie erleichtert auch die undramatische Einmündung der zwischen dem Kleinkind und seinen Bezugspersonen bestehenden Bindungen in später zu gestaltende gesellschaftliche und intime Beziehungen. – Man wird dieser Auffassung vielleicht entgegenhalten, daß eine solche „Versachlichung der Liebe" nicht möglich sei Kindern gegenüber, die so schwer geschädigt sind, daß sie ihre Reaktionen selbst so einfachen Gegenständen wie Löffeln und Bechern nicht anpassen lernen, geschweige denn komplizierten Objekten einschließlich des Menschen. In diesem Zusammenhang mag dann wohl auch das Wort fallen, daß man solche Kinder eben „nur um ihrer selbst willen" lieben könne, womit ein Mißverständnis zur bösen Unterstellung wird. Sie kommt meist aus einer Richtung, in die man vielleicht am trefflichsten mit Kierkegaard antworten könnte. „Alle wahre Liebe beruht darauf," sagt er, „daß man einander in einem Dritten liebt, und das angefangen vom niedrigsten Stadium bis hinauf zur Lehre des Christentums: daß die Brüder einander lieben sollen in Christus".[17] Unsere Kultur hält diese und andere Antworten bereit auf die Frage, was der oder das „Dritte" sei, in dem man ein Kind lieben kann, welches sich der „Kultur-Dinge" nie erfreuen, welches kulturelle Techniken oder gar „die Kulturtechniken" nie erlernen wird. Aber diese Kultur hat auch eine Philosophie hervorgebracht, die verzichten lehrt darauf, jede Frage beantwortet haben zu wollen. Sie trifft sich darin im übrigen mit jener modernen Psychologie der Persönlichkeit, welche die „Ambiguitätstoleranz", das Aushaltenkönnen geistigen Zwiespalts, als Zeichen hoher kognitiver wie emotionaler Strukturiertheit ansieht.[18]

## 3.2. Anpassung im Sinne der Selbstverwirklichung

Der Anpassung ist als Lernform die *kooperative Sozialsiation* zugeordnet; die Übernahme von rollenentsprechenden Einstellungen und Verhaltensweisen. Auf Geschäftsfähigkeit zielend, greift sie vor auf Individuation, die sich in der Zusammenarbeit zwischen dem Sozialisator und dem Sozialisanden anbahnt.

Gegen Ende des zweiten Lebensjahres wird das nichtbehinderte (oft viel später das behinderte) Kind von seinen Eltern zu anderen Kindern in den Sandkasten gesetzt, sein vertrautes oder aber nagelneu-funkelndes Spielzeug fest umklammernd. Man kann auf jedem öffentlichen Spielplatz beobachten, daß sich die Erwachsenen dann sofort zurückziehen — manchmal nach einigen freundlichen Worten und Gesten, mit denen sie dem Kind Spielideen anbieten und Mut zur Kontaktaufnahme machen wollen. Von einer wenige Meter entfernten Bank aus beobachten sie nun ihr Kind mit gespannter Erwartung: wird es Anschluß finden? sich durchsetzen? Falls das Kind überhaupt im Sandkasten sitzen bleibt, pflegt es sich zuerst gründlich umzugucken. Fühlt es sich durch nichts besonders gestört oder angezogen, so fängt es mit seinen Sachen an zu spielen. Doch häufig läßt solches nicht lange auf sich warten: entweder sieht es sich durch die Annäherung eines „Interessenten" zur Verteidigung seines Besitzes veranlaßt — oder es gerät selbst, von der Faszination fremden Besitzes angezogen, unvermerkt in die Rolle des Aggressors. Beides führt zur verbalen Fernsteuerung oder zur brachialen Intervention der elterlichen Schutzmacht — es sei denn, diese ist der Meinung, das Kind sei durch die ihm gelieferten Waffen instand gesetzt, sich nun alleine zu behaupten, so daß aufmunternde Zurufe genügen müßten. — Man beobachtet aber auch Eltern, die dem Kind mit dessen Spielsachen in den Sandkasten vorangehen; versprachlichen, wonach das Kind guckt, worauf es fragend zeigt; währenddessen schon einmal anfangen zu spielen, so wie sie es zu Hause mit dem Kind gewohnt sind; das Kind in das .Spiel einsteigen lassen; sich mit ihrem Kind einem anderen zuwenden, daß sich interessiert nähert; das fremde Kind ganz heranlocken und in ihr Spiel einbeziehen; sich zurückziehen, sobald und solange sich zwischen den beiden Kleinen so etwas wie Zusammenspiel oder Austausch ereignet; Zank zu überwinden trachten, indem sie die Kinder dem Spielzeug Neues abgewinnen lassen.[19] Die erstgenannten Eltern zwingen ihr Kind, die soziale Situation zu strukturieren durch den Rückgriff auf das Individualspiel im Sand, auf einen Plan also, der im Spiel mit *vertrauten* Personen schon längst mit sozialen Plänen — und damit mit den Plänen von Mitspielern — abgestimmt war. Dieser Verlust an Sozialität, diese Regression auf eine niedriger strukturierte Handlungsstrategie ist nicht herbeigeführt durch unbeeinflußbare Gesetzlichkeiten der Situation selbst, sondern durch die Art und Weise, wie das Kind vom Erwachsenen in diese Situation eingeführt wurde. So verlief schon die kognitive Orientierung in der Situation unter dem Druck elterlicher Erwartungen. Der erzwungene Rückgriff auf das Individualspiel ließ Irritation und Attraktion nur noch unter dem Vorzeichen des „Individualbesitzes" erscheinen. Die als „Mitspieler" agierenden Eltern hingegen sahen in der für beide neuen Situation auch ein von beiden zu lösendes.Problem; sie ermöglichten dem Kind die Aktualisierung sozialer Pläne, indem sie das Eltern-Kind-Zusammenspiel als Übergangsplan einführten. Dadurch wurde dem Kind nicht nur die kognitive, sondern auch die sozioemotionale Strukturierung der neuen Situation ermöglicht. Darüber hinaus aber haben sie das Auftreten unnötiger Konflikte verhütet, die konstruktive Lösung notwendiger Konflikte angebahnt. Es muß mit allem Nachdruck darauf hingewiesen werden, daß sie damit gleichzeitig *Aggressionen* ihres Kindes und gegen ihr Kind verhindert haben, die ansonsten nicht selten in einem Teufelskreis enden, aus dem die Kinder aus eigener Kraft nicht mehr herausfinden, ja in den sie durch die dann häufig ebenfalls aggressiven Rettungsaktionen der Eltern erst recht hineingetrieben werden. Hier beginnt bei Kindern, die (wie z.B. viele Behinderte) besonders empfindsam oder erregbar sind, der Weg in eine Ausweglosigkeit, die dann als „aggressive" oder „depressiv-resignative Verhaltensstörung" inkriminiert wird. Dies ist besonders wahrscheinlich dann, wenn „Rollenunsicherheit" mit im Spiele ist (wie bei Spielkontakten zwischen nichtbehinderten und — häufig älteren, in der Spielentwicklung jedoch zurückgebliebenen — behinderten Kindern).

Bedingung der Möglichkeit einer kooperativen Sozialsiation ist es, daß die Sozialisatoren ihre an den sozialen Normen gemessenen Erwartungen relativieren können. Diese Relativierung soll soziale Normen nicht außer Kraft setzen, sondern sie im Gegenteil erst wirksam werden lassen in der Weise, wie es dem sozialen System — vorausgesetzt, es handelt sich um ein demokratisches — angemessen ist. Weil aber diesem System ganz gewiß der *Pluralismus* eignet, kann die Auslegung von Rollen einen hohen Grad von Flexibilität beanspruchen. Dies läßt sich dem Kind sehr früh darstellen; man muß es erfahren lassen, daß der Mensch sehr verschieden vorkommt, z.B. als Junge, der weint, und als Mädchen, das zurückschlägt; daß einem also sehr Verschiedenes menschlich vorkommen kann. Darüber hinaus muß der Sozialisand erleben dürfen, daß die Sozialisatoren weder sich *selbst*, noch daß sie *ihn* dem Oktroi sozialer Erwartungen einfach ausliefern; sie stellen sich diesem Oktroi vielmehr gemeinsam. So verliert auch die Unterdrückung von Impulsen ihren „repressiven" Charakter.[20]. Es braucht fast nicht daran erinnert zu werden, daß solche Haltung lebensrettend ist für jene, die als Schwerstbehinderte Individualrollen konstruieren müssen.

## 3.3. Selbstverwirklichung im Sinne der Geschäftsfähigkeit

Der Selbstverwirklichung ist als Lernform die *kooperative Indivuduation* zugeordnet. Individuation soll hier – ohne Blick auf eine bestimmte psychologische Schule – den Erwerb eigenständigen Denkens und selbständigen Handelns, getragen von einer differenzierten, integrierten, stabiliserten Emotionalität und Sozialität bedeuten. Sie führt zur Ausbildung einer „Persönlichkeit", die zu innerer Ausgeglichenheit gefunden hat und daher auch zum Ausgleich äußerer Ungleichgewichtszustände und Konflikte in der Lage ist. Individuation in diesem allgemeinen Sinne deckt vermutlich die meisten, jedenfalls aber die wirksamsten End-Zielsetzungen der Rehabilitation und Heilpädagogik; vermutlich führt sie sogar über deren Ziele hinaus. Daher ist darzutun, daß Individuation als *kooperativer* Lernprozeß, der auf *Geschäftsfähigkeit* abzielt, eine Perspektive hat, die ihr im klassischen Verständnis nicht eignet. Wenn diese Perspektive nicht jedem als neu erscheint, so kann das auch daran liegen, daß der einzelne Praktiker (impliziten Privattheorien folgend) und der einzelne Theorethiker (in expliziten Metatheorien) die „bloße" Individuation immer schon überschritten haben kann. Entscheidend ist hier, daß bisher dieser Überstieg auf Demokratisierung hin weder die sonderpädagogische Theorie, geschweige denn die sonderpädagogische Alltagspraxis nachhaltig verändert hat. Dies mag daran liegen, daß man Individuation zu individualistisch und rationalistisch gesehen hat: festgemacht an den Begriffen „Reflexion" und „Diskurs", die – als praktisch-solipsistisch mißverstanden oder mißverstehbar – bestenfalls zum „Kon-sens", jedenfalls aber nicht von sich aus zur „Ko-operation" führen. [21] Es ist daher wichtig, an dieser Stelle klarzumachen, daß für eine neuzeitliche Psychologie die Befähigung zu Reflexion und („kontrafaktischem") Diskurs im faktischen, und zwar im gemeinsamen faktischen Handeln grundgelegt wird. Macht man sich diese Einsicht als Leitidee von Erziehung zu eigen, so hat man keine Veranlassung mehr, über die leer mahlenden Mühlen der Reflektierenden und über die brotlose Kunst der Diskutierenden zu klagen: Denn Reflexion und Diskurs, die in der Ko-operation gelernt wurden, münden auch wieder in sie ein, führen also über den Kon-sens hinaus zu Geschäftsfähigkeit; ganz anders als ein Reflektieren und Diskutieren, das eine Untertanenerziehung der Unterdrückung frühkindlicher Spontaneität zur harmlosen Abfuhr aufrührerischer Pubertätsphantasien aufpfropft. Schließlich – und dies ist entscheidend für die Behindertenpädagogik – die ungemein praktische Folgerung daß man mit der „Erziehung zur Persönlichkeit" ebensowenig wie mit der (sie recht eigentlich erst ermöglichenden) „Erziehung zur Geschäftsfähigkeit" warten muß, bis das Kind „formal operieren" und „autonom kooperieren" kann – worauf man bei vielen behinderten Kindern vergeblich warten würde, sondern daß diese Erziehung unverzüglich und bei jedem Kinde beginnen kann. – Diese kooperative Individuation hat ihre Bedingung der Möglichkeit nach alldem im Postulat der Geschäftsfähigkeit beider kooperierenden Individuen; einer Geschäftsfähigkeit, die sich im gemeinsamen Handeln bewährt und erweitert. Sie *ist* also schon Einübung in Geschäftsfähigkeit, denn sie meint ein *Lernen unter dem Anspruch logischer und moralischer Verbindlichkeit*, der so hoch ist, daß sich das Lernen ein Leben lang nach ihm ausrichten kann. Das folgende Beispiel möchte die so banal erscheinenden Ursprünge in der Kinderstube sichtbar machen:

Im dritten Lebensjahr, nicht zufällig dann, wenn die Kinder die Ichform gebrauchen lernen, beginnt sich ihr Erforschungs- und Tätigkeitsdrang immer intensiver auf Dinge zu richten, welche die Erwachsenen ihrem Zugriff eigentlich entziehen möchten. Weil dies jedoch technisch nicht möglich ist, müssen vor sie sprachliche Barrieren gesetzt werden, über die sich Kinder dieses Alters noch ganz häufig hinwegsetzen, und zwar nicht nur deshalb, weil sie im Augenblick der Versuchung durch die Attraktivität des Angebots einfach außer Kraft gesetzt werden, sondern weil ihre Überwindung selbst attraktiv geworden ist: als Erlebnis der Angstbewältigung und der Eigenmächtigkeit. Tapeten sind häufig das Ziel solcher Aktivitäten, weil sie dem Drang zum Schmieren, Kritzeln, Kratzen, Bohren, Reißen ein schier unendliches Betätigungsfeld anbieten, ansonsten aber für die Kinder weder reizvoll noch gefährlich, sondern nur langweilig sind – während die Erwachsenen sie ihres ökonomischen, vielleicht auch ihres ästhetischen und ihres Geltungs-Wertes willen für schutzwürdig halten. – Die Erwachsenen verfahren nun häufig (im Sinne der „bloßen" Individuation) wie folgt: Sie lassen das Kind nicht einfach gewähren, weil ihr Verständnis der Individuation die Sozialisation voraussetzt. Sie eröffnen ihm einen individuellen Freiraum, einen Raum, in dem es „seine Kräfte frei entfalten" kann bzw. darf: die Freiheit der Entfaltung endet jedoch beim Rahmen der Schmierwand oder spätestens dort, wo zwischen Kinder- und Erwachsenenwelt die unverwüstliche Rauhfaser- durch eine empfindliche Mode-Tapete abgelöst wird. Die Erwachsennen haben mit (mit?) den Kindern einen Vertrag abgeschlossen: die Kinder dürfen auf der Schmierwand (als der Volksausgabe des heilpädagogischen Aggressionsraumes), an der Kinderzimmertapete „alles tun, was sie (sie?) wollen", „dafür" müssen sie aber die Finger von den Tapeten in den Räumen der Erwachsenen lassen. Verstöße werden geahndet als Bruch eines Vertrags, dessen Einseitigkeit sich schon im begleitenden Vorwurf des Undanks zu enthüllen pflegt. – Man kann auch der Meinung sein, daß das Kind seine Freiheit nicht als „Narrenfreiheit" mißverstehen und seine Welt füglich auch ernstnehmen darf: daß es also auch ein Recht auf Tapeten hat, an denen wirklich etwas kaputt ist, wenn das Kind sie „gedankenverloren" oder aber sehr bedacht kaputt macht. Der Erwachsene geht ein Risiko ein, auf welches sich das Kind einlassen kann: der Konfliktfall ist zwar programmiert – aber als ein gemeinsam zu lösendes Problem. Dies kann dann z.B. so verlaufen: Der Dreijährige liegt im Dämmerlicht in seinem Bett, alle anderen schlafen noch. Rund um die Abdeckplatte einer Steckdose ist die lindgrüne Tapete etwas lose. Vor einigen Tagen hatte er schon daran gezupft und sich damit Schelte eingehandelt. Trotzdem (trotzdem?) reißt er jetzt ein handtellergroßes Stück los – darunter erscheint ein lebhaft gemusterter alter Anstrich. Als die Eltern das Zimmer betreten, steht ihm die „Schandtat" auf dem Gesicht geschrieben. Natürlich gibt es wieder Schelte. Aber dann machen sie *mit* dem Jungen die Tapete wieder heil, weil sie sich ja *mit* ihm auf ein Risiko eingelassen haben. Das würde aber noch nicht genügen (zumindest nicht unter dem Anspruch „kooperativer" Individuation im Sinne der Geschäftsfähigkeit); denn aus dem Konflikt hat sich ergeben, daß mit dem Jungen auf dieser Basis kein „Geschäft" zu machen ist: die auszutauschende „Ware" (die Tapete) ist für ihn in der konfliktauslösenden Situation der Langeweile nur durch Aktivitäten, die sie für den erwachsenen Partner wertlos gemacht hätten, wertvoll zu machen. Daher muß die Wand um das Bett für das Kind erst zur „Tapete", zu einem wertvollen und daher pfleglich zu behandelnden Objekt gemacht werden: und zwar in gemeinsamer Arbeit. Denn nur sie kann zum Ausdruck bringen, daß die Eltern Mitverantwortung übernehmen – nicht nur für das, was in Zukunft passieren wird, sondern auch für das, was geschehen ist. „Schuld" soll also weder geleugnet noch großzügig verziehen, sondern dem Kind als „Mitschuld" erfahrbar und tragbar gemacht werden: die Eltern müssen einräumen, daß sie dem Kind eine langweilige Fläche als „Tapete" verkauft haben. Die „richtige" Tapete wird ihr gemeinsames Werk: der Junge wählt aus einem Packen Zeitungen und Zeitschriften die für ihn attraktiv illustrierten Bögen aus und hilft daraus einen „Tapetenschutz" kleben mit einem Eifer und einer Sorgfalt, die er lange Zeit auch für die anfallenden Reparaturen aufbringt, auf welchen er mit Nachdruck besteht: weil das für ihn eben kein Tapetenschutz, sondern eine von ihm zu schützende Tapete ist. – Hat er nicht auf diese Weise doch eine „Schmierwand" bekommen? Dagegen spricht, wie er seine Tapete gegen einen derartigen Mißbrauch durch seine Brüder in Schutz nahm – deren Älterer zumindest ein Zeitungsbild zum Ausgleich forderte.

Man kann ein Kind nur ernst nehmen, indem man es *als Kind* ernst nimmt. So kann sich zwischen einem (z.B. nichtbehinderten) Erwachsenen und einem (vielleicht behinderten) Kind eine Kooperation ereignen, die nicht erst in der sprachlichen, sondern schon in der handelnden und bildlichen Kommunikation auf Reflexivität und Diskursivität abhebt und dadurch vertragliche, d.h. logische und moralische Verbindlichkeit gewinnt. Solche Verbindlichkeit des als Kommerzium und Konvivium verstandenen Geschäfts bewirkt Demokratie – sie ist aber zugleich deren Auswirkung. Dergestalt gebunden an die Offenheit des kulturellen und sozialen Systems, können Geschäfte dieser Art in geschlossenen kulturellen und sozialen Systemen – von Dienstboten einer Ideologie also – nicht getätigt werden: jedenfalls wird die Psychologie kaum Kriterien beibringen können, nach denen sich „Dienst" von einer Sozialisation unterscheiden ließe, die auf der bloßen Anpassung an den Status quo besteht; dies gilt auch und gerade dann, wenn den Anhängern die Veränderung – sei es ihrer selbst, sei es der ganzen Welt – als Dienst-Pflicht auferlegt wird.


### 4. Lehren als Zusammenarbeit

Wenn Lernen unter dem Anspruch der Geschäftsfähigkeit nur als Kooperation zwischen Lernenden und Lehrenden denkbar ist, so hat sich auch das Lehren als Zusammenarbeit zu definieren: die Lehre vom Lehren konstituiert sich als *kooperative Didaktik.* Von manchen Realisierungen „kommunikativer Didaktik" mag sie sich vielleicht gar nicht unterscheiden; sie will jedoch *Kommunikation nur im Kontext des gemeinsamen Handelns* als ihre Leitidee ausbringen, so daß sie weder als bloße Herzensgemeinschaft noch als blasser Gedankenaustausch mißverstanden werden kann.[22] Ein so verstandener Unterricht sieht seinen *Gegenstand* nie als einfach vorgegeben sondern vielmehr *unter dem Gesichtspunkt seiner gemeinsamen Rekonstruktion.* Natürlich meint die Betonung des Handlungsaspekts nicht, daß sich diese Rekonstruktion immer im äußeren Agieren (als „learning by doing") abspielen müsse; wohl aber soll gesagt sein, daß innerpsychische (mit Gefühlen, Vorstellungen und Begriffen operierende) Lernvorgänge als verinnerlichtes Handeln zu begreifen sind und sich daher jedes Lernen und Lehren mit einem *Prozeßmodell des Handelns* sowohl im Verlauf am angemessensten beschreiben als auch in den „praktischen" Auswirkungen unmittelbar verstehen läßt. Dieses Modell wurde schon der Analyse des auf Geschäftsfähigkeit zielenden Lernens unterlegt; es soll nun *als Instrument der Planung und Gestaltung von Unterricht* eingeführt werden. Die in *Abbildung 2* dargestellte Phasenabfolge trifft sowohl auf (in Sekundenschnelle ablaufende) Mikroprozesse des Lernens und Lehrens zu als auch auf den (ein ganzes Projekt umfassenden) Makroprozeß, dem sie hierarchisch untergeordnet sind. Das heißt, daß auch die in den einzelnen Phasen stattfindenden Prozesse ihrerseits wieder mit dem Phasenmodell zu fassen sind. Dies muß insbesondere für die Phase der Zielfindung hervorgehoben werden, die nicht Anfangs-, sondern Durchgangspunkt eines *didaktischen Handlungsprozesses* ist, der nicht endet, solange ein „*pädagogisches Verhältnis*" besteht – weil er nichts ist als dieses selbst: *ein dauernder Austausch* intra- und interpersonell *sich aufeinander abstimmender Ziele, Bilder und Pläne innerhalb sich gegenseitig durchdringender, durch persönliches, gemeinsames Handeln veränderbarer sozialer und kultureller Systeme.*[23]

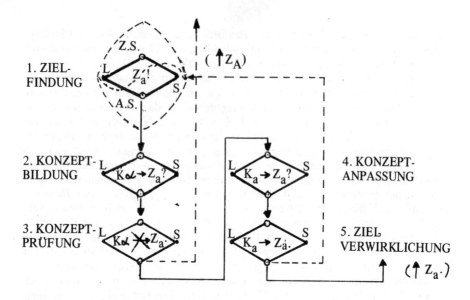

*Abbildung 2:* Prozeßmodell des Handelns / Phasen des Lehrens*)
(Z= Ziel, K= Konzept, A.S.= Ausgangssituation, Z.S.= Zielsituation, L= der Lehrer, S= der/die Schüler)

Alle Phasen sind charakterisiert durch die Kooperation von Lehrer und Schüler(n) (symbolisiert durch das "Kräfteparallelo-
gramm").

Die Findung eines aktuellen (Teil-)Zieles ($Z_a$) als vermutete Ver-
wirklichungsmöglichkeit eines umfassenderen (Gesamt-)Zieles
($Z_A$) ist selbst schon das Ergebnis einer Folge von Konzept-
bildungs-, Konzeptprüfungs- und Konzeptsanpassungsphasen, die
an der "Grenze" zwischen wahrgenommener Ausgangssituation
und vorweggenommener Zielsituation abgelaufen ist. – In der
Konzeptbildungsphase wird ein vermutlich zum Ziel ($Z_a$) füh-
render Handlungsentwurf ($K\alpha$) gebildet. Stellt sich in der Kon-
zeptprüfungsphase diese Vermutung als irrig heraus, so wird –
falls nicht das Ziel verändert oder verlassen wird – eine Konzept-
anpassung notwendig. Führt das veränderte Konzept ($K_a$) zum
Ziel, so ist dieser Teilprozeß zu Ende. Aus der Verwirklichung des
Teilzieles ($Z_a$) entstehen neue Zielstellungen ($Z_a'$, $Z_a''$, ...) im
Rahmen des Gesamtzieles.

*) Den Kollegen H. Kautter und H. Sautter verdanke ich wichtige Hinweise zur Revision
des Modells gegenüber der Erstfassung (in: Hiller, G.G., Schönberger, F.: Erziehung zur
Geschäftsfähigkeit – Entwurf einer handlungsorientierten Sonderpädagogik. Essen 1977)

Eine Pädagogik der Behinderten dat davon auszugehen, daß Behinderung sich in verschiedenen *Dimensionen* verschieden schwer und verschiedenartig auswirkt. Der Begriff Dimension wird zwar als Konstrukt der Erkenntnistätigkeit gesehen, die sich jedoch in der Auseinandersetzung mit Realität entfaltet, so daß ihre Konstrukte nicht nur im „Erkenntnisapparat", sondern auch im „wirklichen Gegenstand" ihr Fundament haben. In diesem Sinne meinen die im *Phasenmodell didaktischen Handelns (Tabellen 1 bis 5)* unterschiedenen Dimensionen Aspekte (Sichtweisen) der Persönlichkeit und der außerpersönlichen Wirklichkeit. Es ist hier buchstäblich nicht der Platz dafür, ihre Unterscheidung zu begründen. Dieses Phasenmodell soll es dem didaktischem Praktiker erleichtern, Ergebnisse der Psychologie so zu strukturieren, daß sie in seinem Alltagsgeschäft mit den als geschäftsfähig zu Erziehenden vollziehbar werden. Es vorzulegen, bedarf des Vertrauens darauf, daß der Leser es ebenso wie der adressierte Lehrer *als Spielmaterial* auffaßt: *als Konstruktionshilfe für* eine den Zielstellungen des Lehrers dienliche und deswegen *didaktische Psychologie* (die mehr sein möchte als eine Anwendung von Psychologie auf den Unterricht).[24] Es versteht sich daher von selbst, daß weder in jenem Material — aus der Werkstatt und für die Werkstatt — noch in diesem Entwurf auf Vollständigkeit der Befunde abgehoben werden kann — geschweige denn auf deren erschöpfende *Auslegung*, die sich, ganz im Sinne der „Spielidee", auf das Durchspielen eines einzigen unterrichtlichen Vorgangs beschränkt.[25] Dies geschieht *unter dem Gesichtspunkt der Zusammenarbeit*, das heißt schwerpunktmäßig von der sozialen und der ästhetisch-kommunikativen („kulturellen") Dimension her, die — wie die anderen Dimensionen — durch die ihnen zugewiesenen Inhalte zumindest einmal vorläufig als Dimensionen von Erziehung und Bildung definiert sind.

## 4.1. Zielfindung als Zusammenarbeit (Tabelle 1)

Als ein *sozialwissenschaftlich-sachkundlicher Bildungsinhalt im Sinne des allgemeinen Bildungszieles* der Schule für Körperbehinderte (verantwortliches Handeln als Mitglied der Gesellschaft) wurde für ein einwöchiges Unterrichtsprojekt (siehe Anmerkung 25) das Thema „Schule für Körperbehinderte (Sonderschule) und Allgemeine Grundschule" gewählt. Die Schüler sollten ihre *soziale Identität als Sonderschüler objektiver definieren* lernen, um auf diesbezügliche Fragen oder Angriffe sachlich-selbstbewußter reagieren zu können. Gründe für die Wahl dieses Themas und Lernziels waren zum einen von der Klasenlehrerin beobachtete Widerstände der Schüler (und Eltern) gegen einen behinderungsspezifischen, d.h. vom Lehrplan der allgemeinen Grundschule abweichenden und daher als minderwertig eingeschätzten Unterricht in der Eingangsstufe (z.B. „Spiele" zur Förderung des räumlichen Denkens statt „Arbeit" an den Kulturtechniken); zum anderen waren es der Klassenlehrerin von Schülern und Eltern berichtete Konfliktsituationen im Umgang der körperbehinderten Kinder mit Geschwistern und Nachbarskindern, die in die allgemeine Grundschule gehen. Das *Thema* konnte demnach als *mutmaßlich bedeutungsvoll* (mit Betonung der *sozialen* + emotionalen + ästhetisch-kommunikativen Bedeutsamkeit) angesehen werden. Das *Lernziel* wurde für drei einigermaßen leistungshomogene und kooperationsfähige Gruppen vorläufig differenziert; dies geschah aufgrund von Vorerfahrungen der Lehrerin in analogen Unterrichtsprojekten und· der Ergebnisse zweier informeller Erkundungsexperimente (Darstellung der Schule in Mal- oder Collagetechnik; acht Bildszenen zu teils spezifischen, teils unspezifischen sozialen Konflikten nach dem Vorbild der Rosenzweig Picture-Frustration Study); so konnte das Lernziel als *mutmaßlich erreichbar* eingeschätzt werden. Bedeutungshaftigkeit des Themas und Erreichbarkeit des (differenzierten) Lernziels wurden also begründet, jedoch im Sinne einer *Hypothese,* die unverzüglich und während des gesamten Projekts *überprüft* werden sollte; und zwar nicht in einem projektbegleitenden diagnostischen Unterfangen, sondern *als projektimmanente, kontinuierliche Modifikation der Zielstellung aus dem Kontext des eben jeweils gemeinsam zum Thema Erarbeiteten:* entsprechend dem Verständnis von Empirie, wie es von der Aktionsforschung konzipiert wurde.[26]

Zu einem *Teilprojekt,* der *,,graphischen Darstellung der eigenen Schule'',* ergab z.B. die *Zieldiskussion* der Gruppe 1, daß die von einem Kind gewählte Darstellungsform des Grundrisses als Folie einer gemeinsamen Darstellung dienen sollte, während die − vom zweiten Kind in Mal-, vom dritten in Collagetechnik angefertigten − inhaltlich-bildlichen Darstellungen in ihre Einzelteile zerlegt werden sollten, die dann bestimmten im Grundriß eingezeichneten Räumlichkeiten zuzuordnen und in deren Nähe festzukleben waren. Diese Entscheidung trafen die Kinder völlig selbständig im Vergleich der drei Einzeldarstellungen und unter der (vorläufigen) Zielstellung, einem nichtbehinderten Mädchen, das ihnen allen als daran interessiert bekannt war, ein möglichst vollständiges Bild ihrer Schule zukommen zu lassen. Im Laufe der weiteren Arbeit modifizierte sich diese Zielstellung bezüglich des *Adressaten* (dann die Schüler einer 2. Grundschulklasse) und der *Form* (dann ein Prospekt der Schule, in den die Ideen aller drei Gruppen, arbeitsteilig verwirklicht, schließlich eingingen).

### 4.2. Konzeptbildung als Zusammenarbeit (Tabelle 2)

In dem als Beispiel gewählten Teilprojekt ,,graphische Darstellung der eigenen Schule'' lagen der Zieldiskussion bereits bildhafte Konzepte (,,Skizzen'') der einzelnen Gruppenmitglieder zugrunde, die jetzt zu einer gemeinsamen Darstellung vereint werden sollten. Dieser Zielstellung war schon ein begrifflich-sprachliches Konzept (,,gemeinsame Darstellung'' als Vereinigung der drei Einzeldarstellungen) immanent; das hat sich im Gespräch schnell differenziert (Grundriß als Folie, Zuordnung der bildlichen Darstellungen) und vermutlich in der Vorstellung der Gruppenmitglieder eine zumindes sehr vage bildliche Gestalt angenommen. Dieses mentale (sprachlich-begriffliche und vermutlich auch imaginative) Gruppenkonzept sollte der Zielstellung entsprechend zu einem möglichst wirklichkeitsgetreuen Abbild der Schule führen, weil eine zuverlässige, umfassende und (für ein etwa altersgleiches, jedoch nichtbehindertes Mädchen) interessante Information abgegeben werden sollte. Auch in dieser Phase agierte der Lehrer lediglich als Moderator.

### 4.3. Konzeptprüfung und Konzeptanpassung als Zusammenarbeit (Tabellen 3+4)

Die Zuverlässigkeit der graphischen Information über die Schule war abhängig vor allem von der Richtigkeit des Grundrisses. Diese wurde bei einem Rundgang durch das Schulgebäude überprüft. Das gehfähige Mädchen (Spine bifida), welches den Grundriß gezeichnet hatte, übernahm die Führung; dabei wurde sie vom Lehrer unterstützt, der die Kinder an mehreren Stellen zur Genauigkeit anhalten mußte. Der mobilste Schüler (chronisches Herzleiden) führte mit ihr zusammen die motorisch aufwendigeren Überprüfungen und die graphischen Korrekturen aus, während der ihnen kognitiv überlegene, jedoch an den Rollstuhl gebundene Junge (zerebrale Bewegungsstörung: Tetraplegie) die „Kontrolle der Kontrolleure" übernahm. Der Grundriß war mit schwarzem Filzstift gezeichnet worden; die Korrekturen wurden farbig eingetragen, und zwar jeweils in der jedem Schüler zugeteilten Farbe: auf diese Weise konnte nicht nur das Ausmaß und die Art der Abweichungen, sondern auch der Beitrag jedes Schülers zu deren Korrektur für ihn selbst nachvollziehbar festgehalten werden.

Dies wurde auch bei der Prüfung und Einpassung der beiden bildlichen Einzeldarstellungen in die Gesamtdarstellung erreicht, indem der Urheber einer Zuordnungsidee an der Farbe des zuordnenden Pfeiles zu erkennen war, während die Herkunft der Bilder sich ohnehin aus der verschiedenen Darstellungstechnik (Katalogausschnitte/Bleistiftzeichnung) ergab. Es gab kaum doppelte und gar keine abwegigen Details, so daß nahezu das gesamte Bildmaterial in und um den Gebäudegrundriß angebracht werden konnte. Selbst eine zigarettenrauchende Lehrerin fand Platz: allerdings draußen auf der Wiese. (Das war so ziemlich das einzige, was der Lehrer beisteuern „mußte").

### 4.4. Zielverwirklichung (Tabelle 5)

Die Zusammenarbeit in den beiden voraufgehenden Handlungsphasen, zu welchen der Lehrer fast ausschließlich rein sachgebundene, von seinem Status nicht direkt abhängige Beiträge leistete, ermöglichte ein Erlebnis der Solidarität, dessen Solidität in dem gemeinsamen und als gemeinsam dokumentierten Werk begründet war, an dem der Lehrer — ebenfalls für jeden erkennbar — einen keineswegs übergewichtigen Anteil hatte.

Aus der „graphischen Darstellung der eigenen Schule" ergaben sich in einem darauffolgenden Gruppengespräch wie selbstverständlich Vermutungen, Fragen und Beobachtungsgesichtspunkte zur Vorbereitung des Besuchs in einer zweiten Klasse der allgemeinen Grundschule, der — in Übereinstimmung von Lehrer- und Schülerwünschen — kurzfristig geplant worden war: womit eine neue Sequenz von Handlungsphasen beginnt. Da ein Besuch der Gesamtklasse bevorstand, war eine gewisse Übereinstimmung der Vorüberlegungen zu sichern, die zu „Beobachtungs- und Fragebögen" führen sollten, anhand derer man die Grundschule besichtigen und die nichtbehinderten Schüler um Auskunft würde bitten können. Daher wurden allen drei Gruppen vier Gliederungsgesichtspunkte vorgegeben, die sich schon in der Arbeit an der Darstellung der eigenen Schule herausgebildet hatten (wie sieht es dort aus? was machen die / was gibt es dort? worauf sind wir am meisten gespannt? warum gehen wir dort überhaupt hin?). Die Beiträge der Schüler wurden, wiederum in ihrer Farbe, aber aus Zeitgründen vom Lehrer auf einen großen Bogen geschrieben; Beiträge, die durch andere Schüler unterstützt wurden, unterstrich er in deren Farbe; abweichende Meinungen wurden durch ein Minuszeichen oder einen Vermerk in der Farbe des Opponenten kenntlich gemacht. So konnte jeder einzelne Schüler – aber als Mitglied der Gruppe – beim Besuch seine Vermutungen überprüfen, seine Fragen stellen, seine Beobachtungen machen. Das Ergebnis wurde am darauffolgenden Tag im Gruppengespräch erörtert. Die Gruppen 1 und 2 konnten ihre Eindrücke sprachlich-begrifflich formulieren. Gruppe 2 wählte die bildliche Darstellung: ein Mädchen zeichnete den Rollstuhlfahrer aus Gruppe 1, umringt von nichtbehinderten Kindern, und wollte unbedingt wissen, warum ihn die so angucken. Diese Frage fand Eingang in einen Brief an die Grundschüler, der den Schulprospekt begleitete. Sie wurde mittlerweile beantwortet: weil sie noch nie einen Rollstuhlfahrer gesehen hätten; aber das nächste Mal sei das ja schon was anderes. Sie machten ihren nächsten Schulausflug in die Schule für Körperbehinderte.

Spätestens dieser Besuch bewies den behinderten Schülern, daß sich jede Anstrengung lohnt, ein geschäftsfähiger Partner ihrer nichtbehinderten Altersgenossen zu werden: weil die ihrerseits auch Wert darauf zu legen scheinen.

Wollte man das als Beispiel gewählte Unterrichtsprojekt unter dem Gesichtspunkt der *Lernformen* (Abschnitt 3) charakterisieren, so läge der Akzent gewiß auf der *kooperativen Sozialsiation*, die der kooperativen Individuation – als dem Lernen von Geschäftsfähigkeit im engsten Sinne – noch vorgeordnet ist: die Kinder sollten soziale Performanz erwerben im Dienste der Fähigkeit und Bereitschaft, später Verträge zwischen Behinderten und Nichtbehinderten abzuschließen. Doch eine auf Vertragsfähigkeit und Vertragsbereitschaft abzielende *Didaktik* – und davon ist in diesem Abschnitt die Rede gewesen – hat *in jeder Phase pädagogischen Handelns Kooperation zu verwirklichen, und zwar unabhängig von den aktuellen Handlungsformen* und den ihnen angemessenen Formen des Lernens: Das ist die Leitidee des Phasenmodells. Denn nur so können sich in Selbstverwirklichung und Anpassung, ja selbst schon in der Gewöhnung Kinder und Erwachsene als *Partner* begegnen, *die gemeinsame Sache machen* – als immer schon geschäftsfähige Partner also.

*Tabelle 1:*

| 1. Zielfindung | psychomotor. Dim. | kognitive Dimens. | emotionale Dimens. | soziale Dimension | ästh.-kommun. D. |
|---|---|---|---|---|---|
| Die Bestimmung von unterrichtlichen u. außerunterr. Lernzielen ist als Konkretisierung d. allg. Bildungszieles zu verstehen: jeder Schüler muß zu ihrer Aneignung in der Lage sein, um sie verantwortlich anstreben zu können. Dies ist nur möglich, wenn er sie als *bedeutungsvoll* (subjektiv nützlich und objektiv wertvoll) und für ihn *erreichbar* einschätzt. | Das Ziel veranlaßt zu Bewegungen, die v. Sch. als wichtig anerkannt werden<br>– für die Befriedigung seiner aktuellen Bedürfnisse u. Interessen<br>– für die Verbesserung seiner Lebenssituation in der Gegenwart und in der ihm vorwegnehmbaren Zukunft.<br><br>Der Sch. erkennt, daß die erforderlichen Bewegungen<br>– innerhalb seines Bewegungsrepertoires liegen oder<br>– dessen unmittelbarer Erweiterung dienen. | Der Sch. entdeckt darin ein Erkenntnisproblem, dessen Lösung ihm ein Anliegen ist im Zusammenhang mit<br>– seiner gegenwärtigen wie seiner von ihm projektierbaren Lebenswirklichkeit,<br>– bereits erworbenen Bildungsinhalten.<br><br>Das Erkenntnisproblem ist nach der (spontanen oder vermittelten) Einschätzung durch den Sch. für ihn von mittlerer Neuartigkeit bzw. Schwierigkeit, infolgedessen weder über- noch unterfordernd. (Anspruchsniveau und Ambiguitätstoleranz). | Das Ziel weckt die Gefühlsbeteiligung des Sch., weil der Gegenstand<br>– seinem aktuellen Erlebensbereich entstammt,<br>– durch Gefühlsübertragung emotional besetzt werden kann.<br><br>Die Gefühlsbeteiligung des Sch. liegt innerhalb der Grenzen<br>– seiner Gefühlsansprechbarkeit,<br>– seiner emotionalen Differenziertheit,<br>– seiner Steuerungs- und Verarbeitungsfähigkeit. (Integrationsgrad, Verarbeitungstechniken, emotionale und Frustrationstoleranz). | Der Sch. sieht das Ziel innerhalb seines sozialen Bezugsfeldes<br>– als Mittel, akzeptierten bzw. angestrebten Rollen u. Bindungen gerecht zu werden,<br>– Als Mittel, ihm nicht akzeptable Rollen u. Bindungen zu verändern oder sich aus ihnen zu lösen.<br><br>Verbesserung oder Veränderung erscheinen ihm als möglich (u. innerhalb der Grenzen seiner Konflikttoleranz) durch<br>– Durchsetzung<br>– Ein-, Unterordnung,<br>– Zurückstellung, Zurücknahme seines Ziels im Verlauf d. Zieldiskussion. | Das Ziel wird vom Sch. als sinnhaft (wert-voll) erfahren,<br>– insofern es ihm die Teilhabe an kulturellen Werten und Gütern ermöglicht,<br>– insofern es ihm hilft, sein eigenes Handeln in kulturelle Austauschprozesse einzubringen.<br><br>Seine Teilnahme am kult. Austausch ist gebunden an seine jeweiligen Möglichkeiten zur Verfügung über – Zeichensysteme u. Medien<br>– als Sender und Empfänger<br>– von Ausdruck und Darstellung<br>– in d. sprachl. und außersprachl. Kommunikation. |

*Tabelle 2:*

| 2.Konzeptbildung | psychomotor. Dim. | kognitive Dimens. | emotionale Dimens. | soziale Dimension | ästh.-kommun. D. |
|---|---|---|---|---|---|
| Die Bildung eines Konzepts setzt die Fähigkeit zur *Vorwegnahme* und damit zur *Repräsentation* einer Handlung voraus. Diese Repräsentation kann agierend, bildhaft oder begrifflich-sprachlich erfolgen: je nach den Möglichkeiten des Subjekts im Verhältnis zu den Gegenständen. – Erworbene Kenntnisse und Fertigkeiten gehen als Bauelemente in das Konzept ein und können dadurch verändert werden. Konzeptbildung ist konstitutiv für einsichtiges Lernen und verantwortliches Handeln sowie für einen demokrat. Erziehungsstil. | "Bewegungsentwurf": Bewegungen, die für vermutlich zielführende Aktivitäten notwendig oder nützlich wären, werden vorstellungshaft und sprachlich vorweggenommen<br>– im Rückgriff auf vergleichbare eigene und übernehmbare fremde Bewegungserfahrungen,<br>– unter Berücksichtigung der dabei als wichtig erkannten Fertigkeiten und Hilfsmittel sowie<br>– der sozialen Bedingtheiten und Folgen innerhalb und außerhalb der Lerngruppe. | Eine "Hypothese" wird gebildet, wie die Erkenntnisprobleme – Haupt- od. Nebenaspekt allen Lernens – gelöst werden können.<br>– indem d. Lösungsvorschläge der einzelnen Sch. aufgegriffen u. festgehalten, verglichen u. geordnet werden,<br>– damit in d. hypothet. Lösungsansätze die strukturelle Eigenart, d. Fertigkeiten u. die vermittelnden Ideen jedes Sch. eingehen können,<br>– wodurch eine individuelle Differenzierung der Problemstellung, der Lösungsstrategien u.d. personellen wie materiellen Hilfen möglich wird. | Zum Ziel als "Wunschbild" werden zielführende Aktivitäten unter dem Aspekt ihrer Erwünschtheit gesucht,<br>– indem jeder Sch. seine Neigungen u. Widerstände offenlegt u. dies auch seinen Mitschülern einräumt,<br>– so daß er Planung u. Durchführung freudig mitträgt oder zumindest keinen unterdrückten, unfruchtbaren Widerstand leistet,<br>– zumal er der Berücksichtigung seiner Wünsche bei einer Differenzierung dieses oder im Rahmen eines anderen Vorhabens gewiß sein darf. | Sch. u. L. identifizieren sich mit einer vorläufigen "Gruppenmeinung" über zielführende Aktivitäten,<br>– nachdem nicht nur der L., sondern auch jeder Sch. bzw. jede Teilgruppe Gelegenheit zur Meinungsäußerung gehabt hatte,<br>– Die Meinungen unter individuellen und kollektiven Gesichtspunkten angegriffen und verteidigt werden konnten,<br>– und die Mehrheit zunächst einer jener Meinungen den Vorzug gegeben bzw. zu einem Kompromiß gefunden hat. | Vom Ziel bzw. von den als zielführend eingeschätzten Aktivitäten entstehen "Skizzen",<br>– in denen Sch. u. L. ihre Auffassung agierend, bildhaft und sprachlich repräsentieren und mitteilen,<br>– wobei Neigung u. Fähigkeit zu Ausdruck u. Darstellung sich dadurch auswirken können,<br>– daß die Verwendung von Zeichensystemen u. Medien zwar eine persönliche Note zeigt, aber zugleich deren Eigencharakter möglichst gut zur Geltung kommen läßt. |

*Tabelle 3:*

| 3. Konzeptprüfung | psychomotor. Dim. | kognitive Dimens. | emotionale Dimens. | soziale Dimension | ästh.-kommun. D. |
|---|---|---|---|---|---|
| Das Konzept wird überprüft durch seine Anwendung; diese kann sich in äußeren Aktionen und in inneren Akten vollziehen. – Geprüft wird die *Übereinstimmung zwischen dem Ist-Zustand und* dem als Ziel angestrebten *Soll-Zustand*. Bei Nicht- oder Teil-Übereinstimmung.→Konzeptanpassung. Bei Übereinstimmung.↑Zielverwirklichung. – Konzeptprüfung führt zu Eigenerfahrung, Selbstregulierung und organisiertem ("planvollem") Handeln. | Der Sch. versucht, durch die von ihm entworfene Bewegung oder Bewegungsfolge das Ziel zu erreichen.<br><br>– Er kontrolliert seine Bewegungen an eher orientierenden (informierenden) als sanktionierenden (d.h. hier: fremdbekräftigenden) sächlichen und personellen Rückmeldungen.<br><br>– Er wird von L. u. Mitschülern nur bei Gefahr mehr als vorgesehen unterstützt. | Der Sch. überprüft seine Hypothese in Problemlösungsversuchen.<br><br>– Er überprüft nicht nur deren Endergebnis, sondern auch die Qualität (Ökonomie, Originalität, Konsistenz, Abstraktheit, Übertragbarkeit) des Prozesses.<br><br>– Er überprüft jeden Lösungsschritt in sich und im Problemzusammenhang; die für richtig gehaltenen werden (zumindest mental) als solche markiert.<br><br>– Rückmeldungen u. Impulse durch L. u. Msch. bieten die je minimale Hilfe zur selbständigen Lösg. an. | Der Sch. versucht, sich den Gegenstand näherzubringen, indem er sich ihm seinen Neigungen folgend annähert.<br><br>– Er prüft seine Neigungen an der Zugänglichkeit bzw. Widerständigkeit des Gegenstandes.<br><br>– er läßt sich durch diesen Realitätsanspruch leiten und anregen;<br><br>– dieser Anspruch wird von L. u. Msch. so mitvertreten, daß die Beteilig. u. Äußerung des Gefühls nicht blockiert, sondern gefördert wird. | Sch. u. L. versuchen, die Gruppenmeinung (oder, in Ausnahmefällen, ihr Sondervotum) als zielführend zur Geltung zu bringen.<br><br>– Dies kann in der Gesamtgruppe oder in solidarischen, koordinierten Teilgruppen- und Einzelaktivitäten geschehen;<br><br>– jedoch muß jedes Gruppenmitglied eine – seinen Fähigkeiten und Neigungen möglichst angemessene – Rolle und damit (auch als Opponent) Mitverantwortung übernehmen. | Sch. u. L. versuchen, ihren Skizzen folgend sich Modellen (Vor-Bildern) anzunähern, in denen sie die angestrebten Werte repräsentiert sehen.<br><br>– Diese Annäherung ist nicht als bloße Nachahmung (Kopie), sondern vielmehr als schöpferische "Aneignung" zu verstehen.<br><br>– Daher sollen die Sch. den objektiven u. subjektiven Spielraum von Ausdruck u. Darstellung erproben. |

283

*Tabelle 4:*

| 4. Konzeptanpassung | psychomotor. Dim. | kognitive Dimens. | emotionale Dimens. | soziale Dimension | ästhet.-kommun. D. |
|---|---|---|---|---|---|
| Für die K.-Anpassung gelten die Kriterien der K.-Bildung. – Die K.-A. soll das Ungleichgewicht zwischen dem Ist-Zustand, der mit dem bisherigen Konzept erreicht wurde, u. dem Soll-Zustand (Ziel) ausgleichen oder zumindest reduzieren. Geschieht dies nicht durch Veränderung (oder Aufgabe) des Ziels, so müssen die Aktivitäten zielgerecht geändert werden, entweder durch *bessere Nutzung alter und Schaffung neuer Bilder und Pläne* oder durch *Veränderung des Handlungsfeldes.* – In dieser Phase liegt der Schwerpunkt d. (subsidiär) unterstützenden, ermutigenden Aktivität des Lehrers. | Anpassung des Bewegungsentwurfs durch<br>– bessere Ausschöpfung des Bewegungsrepertoires: Einsatz anderer (z.B. kompensatorischer) oder vervollkommneter (z.B. schnellerer) Einsatz derselben Bewegungsmuster und motorischen Fertigkeiten sowie Bewegungshilfen,<br>– das "Durchbrechen" einer B.-gewohnheit und Ausweitung des B.-repertoires;<br>– Verbesserung der materiellen (z.B. architektonischen) u. soziopsychischen (z.B. erscheinungsbildlichen) Determinanten des Bewegungsfeldes. | Anpassung der Hypothese durch<br>– bessere (z.B. konzentrierte, differenzierte, disziplinierte, integrierte) Anwendung derselben od. Anwendung anderer (z.B. höherer oder niedriger strukturierter) alter Schemata u. Strategien,<br>– Sprengung v. Wahrnehmungs- u. Denkgewohnheiten, Entdeckung od. Erfindung neuer (origineller) Lösungsmöglichkeiten;<br>– Verbesserung der materiellen (z.B. bildungsorganisat. u. unterrichts-technologischen) u. soziopsych. (z.B. leistungsentfremdenden) Determinanten des Erkenntnisfeldes. | Anpassung der Akt. unter dem Aspekt der Wunscherfüllg. (Triebbefriedig.) durch<br>– bessere (z.B. physisch entspannte) Ausschöpfung d. Möglichkeiten zur Wunscherfüllung u. Gefühlsreaktion (z.B. aggressiv statt depressiv) sowie zur Erlebnisverarbeitg. (z.B. Regression statt Verdrängung),<br>– Auflösg. v. Fixierungen, Ablösung neurot. Widerstände u. Abwehrmechanismen durch personale Verarb.-techn. (z.B. Sublimierung statt Rationalisierung);<br>– Verbesserg. materieller (z.B. finanzieller) u. soziopsych. (z.B. tabuierender) Det. d. Erlebnisfeldes. | Anpassung d. Gruppenmeinung (d. Sondervotums) *durch*<br>– verbesserte Weiterführung d. Akt. (z.B. in Gruppen), Rückgriff auf bewährte Konfliktlösungsstrategien (z. B. Kompromiß zw. A und B) und auf zurückgestellte od. verworfene Meinungen,<br>– Korrektur typ. Fehler im soz. Wahrnehmen, Beurteilen u. Handeln (z.B. halo- u. leniency-effect, Impulsivität: Egozentrism.) sowie Verlassen v. Konventionen (Stereotypen, Normen) u. Gewohnh. (Übertragg., Projektion);<br>– Verbesserung materieller (z.B. verkehrstechn.) u. soziopsych. (z.B. rollen-, institutionenspezif.) Det. d. sozialen Feldes. | Anpassung der Skizzen durch<br>– Mobilisierung ungenutzter Reserven in der Wahrnehmung (z.B. intermodale Koordinierung bei multisensorieller Exploration) sowie in Ausdruck u. Darstellung (z.B. Unterstütz. d. Spr. durch Pantomime u. Kommunik.-medien),<br>– Steigerung der Feinsinnigkeit (auch: des Geschmacks), sowie d. Ausd.- u. Darst.-Kraft durch Überwindung impressiver u. expressiver Schablonen (z.B. Stile, Moden, Codes, Phrasen);<br>– Verbesserung der mat. (z.B. kommunikat.-technolog.) u. soziopsych. (z.B. schichtspezif.-restriktiven) Det. des Feldes kult. Austauschs. |

*Tabelle 5:*

| 5. Zielverwirklichung | psychomotor. Dim. | kognitive Dimens. | emotionale Dimens. | soziale Dimension | ästhet.-kommun. D. |
|---|---|---|---|---|---|
| In der Verwirklichung des Zieles selbst – nicht in der Reaktion darauf – liegt die im Hinblick auf das Bildungsziel entscheidende *Verstärkung der erfolgreichen Aktivitäten*, der wichtigste Impuls zu ihrer Wiederholung und damit zu ihrer Vervollkommnung und Generalisierung zu "Daseinstechniken". – Die *neue Selbst- und Welterfahrung wird integriert* in das Selbst- u. Weltbild (Lageschema), in Daseinsthematik u. Lebensplan u. verändert sie; das dabei entstehende Ungleichgewicht zeitigt *neue Zielstellungen u. das Bedürfnis zu ihrer Verwirklichung.* | Das Gelingen der Bewegungsintention | Die Lösung des Erkenntnisproblems | Die Verwirklichung des Wunschbildes (Antriebsthemas) | Die Erreichung des Gruppenzieles bzw. des Ziels in der Gruppe | Die geglückte Teilnahme am kulturellen Austausch |
| | *– veranlaßt zur Wiederholung und damit zur Vollkommnung und Generalisierung erfolgreicher* Bewegungsmuster; | ... Problemlösungsstrategien und -regeln; | ... Befriedigungs- und Verarbeitungsformen; | ... sozialer Verhaltensmuster u. Konfliktlösungsstrategien; | ... Wahrnehmungsschemata sowie expressiver u. kommunikativer Techniken; |
| | *– erfordert die Integration der neuen Erfahrungen in* das Körperschema und das Bewegungsrepertoire sowie in den Kräftehaushalt; | ... das Wissen als System von Bildern und Plänen; | ... das Selbst- und Weltgefühl sowie in den Bedürfnis- und Antriebshaushalt; | ... das Normensystem u. das Beziehungsgefüge der Gruppe sowie in die Definition der sozialen Identität; | ... das kulturgebundene Wertsystem sowie in das expressive u. kommunik. Repertoire; |
| | *– schafft* Bewegungslust. | Denkfreudigkeit, Wissensdurst. | ein sachliches Selbstwertgefühl und Optimismus, Humor, Bedürfnis- und Antriebsfreundlichkeit. | Kontaktbereitschaft und Durchsetzungswillen, Engagement, Kooperationsfähigkeit. | Sinnesfreudigkeit und Ausdrucksgeneigtheit. Vielleicht sogar "Bildungshunger" nach "Kulturgütern". |

Anmerkungen zu Teil I:

1) Vgl. zum Begriff: Hiller (1974), Popp (1976, hier insbes. S. 16 – 18).

2) Vgl. dazu u.a.: Ricoeur (1972, insbes. S. 266 f: Menschliches Handeln als „offenes Werk"), Habermas (1973, insbes. S. 153 – 162: Das Modell der Unterdrückung verallgemeinerungsfähiger Interessen).

3) Vgl. dazu u.a.: Schütz (1932, 1973), Weber (1964), Simmel (1968), Berger/ Luckmann (1969), Bühl (1972), Steinert (1973).

4) Plessner (1928, 1953, 1964, 1966), Scheler (1928), Gehlen (1940, 1956, 1965) Portmann (1956), Habermas (1967).

5) Vgl. dazu: Habermas (1967, S. 58-79: Intentionales Handeln und stimuliertes Verhalten.), Tenbruck (1972 a, hier insbes. S. 114 ff.: Zum Verständnis des Handelns: Gewißheit und Tratifikationsverfall.), Tenbruck (1972 b, insbes. S. 22 ff.), Garfinkel (1973), Laucken (1974).

6) In diesem Horizont entwickelt bspw. T. Walter seinen Beitrag in diesem Band.

7) Vgl.: Weber (1964, S. 4 – 15).

8) Vgl. u.a.: Luhmann (1971, insbes. S. 26 f. u. S. 81 ff.), Luhmann (1968).

9) Vgl. u.a.: Luhmann (1971, insbes. S. 26 f. u. S. 81 ff.), Luhmann (1968).

10) Luhmann (1974) zit. n. Bahr (1975).

11) Vgl. dazu u. zum folgenden: Giel (1976, hier insbes. S. 17 f.), ferner Bollnow (1970, insbes. S. 31 ff.), Gadamer (1965, hier S. 250 ff.).

12) Vgl. dazu: Habermas (1971, hier S. 189 – 195).

13) Vgl. Bahr (1975, 47 f.: Verschärfte Identitätsproblematik).

14) Vgl. dazu und zum folgenden: Tönnies (1935), Plessner (1924), Weber (1964).

15) Vgl. dazu: Ciel (1975, hier S. 77 ff.: Sinn und Spiel. – Der Spielcharakter von Sinnzusammenhängen), Falk/Steiner (1973, eindrücklich, das Beispiel der 'Jam-Session', S. 39 ff.).

16) Vgl. Ciel (1975, hier S. 106-112).

17) Vgl. Levi-Strauss (1968), Derrida (1970), Barthes (1966), Giel (1975, S. 82-84).

18) Vgl. dazu die Ergebnisse der Untersuchungen von W. Dittmann in diesem Band.

19) Vgl. dazu: Siedentopf (1976), Waldo (1976).

20) Der Gedanke, daß Erziehungs- und Bildungsprozesse nur unter der Voraussetzung sowohl auf die Erwachsenen als auch auf die Kinder und Jugendlichen wirken, daß diese gemeinsam Lebensformen finden bzw. entwickeln, Institutio-

nen begründen bzw. fördern, in denen sie als Angehörige verschiedener Generationen „gemeinsame Sache" machen, ihr Leben „miteinander teilen" können und nicht nur in (professionell überformten) Spezialkonstellationen miteinander zu tun haben, findet sich explizit bereits bei Augustin. In der sonder- und sozialpädagogischen Praxis und Theorie ist er seit Pestalozzi konstitutiv. In radikaler Konsequenz wurde und wird er im 20. Jahrhundert u.a. sowohl theoretisch wie praktisch konkretisiert von Bettelhelm (USA), Colci (Italien), Flanagan (USA), Freire (Brasilien), Korczak (Polen), Makarenkow (UDSSR), Mendez (Spanien). Auch die Idee, die Qualität des pädagogischen Bezugs, die Interaktions- und Erwartungsstrukturen in quasi-vertraglichen Regelsätzen zu objektivieren, findet sich im Ansatz in diesen Projekten. Vgl. zum weiteren Problemzusammenhang: I. Illich (1975, S. 30 f.: Die Wiederherstellung der Konvivialität.). Außerdem wäre zu prüfen, ob der Vorschlag von Th. Schulze (1977), eine „Ökologie des Lernens" zu entwickeln, nicht die Verwirklichung solcher Konvivien zur Voraussetzung haben müßte; sein Hinweis auf die „Zukunfts-Werkstätten" des Robert Jungk bestärkt diese Vermutung. Weitere Hinweise zur Sache enthalten sog. „Grundsatzpapiere" von Selbsthilfegruppen, in denen diese (a) ihr Selbst- und Wirklichkeitsverständnis kodifizieren, um darauf bezogen (b) die Rechte und Pflichten ihrer Mitglieder auslegen und vertraglich regeln. Vgl. dazu das Arbeitspapier der Gruppe Emmaus Stuttgart E.V. (1975).

21) M. Schmeichel macht in seinem eindrücklichen Beitrag in diesem Band auf Tiefendimensionen der Geschäftsfähigkeit aufmerksam, die deutlich werden, wenn man realisiert, daß Konvivien grundsätzlich immer auch „Kommortien" sind. Ob man allerdings mit dem Vertrauendürfen auf die Sinnhaftigkeit der bloßen Präsenz von „gelebten Beziehungen" schon eine hinreichend befriedigende Antwort der Erziehungswissenschaft angesichts der Problematik solcher Grenzsituationen erlangt, oder ob es dazu übergreifender Interpretationssysteme bedarf, in denen sich solche Beziehungen erst aktualisieren und interpretieren lassen, ist in diesem Zusammenhang nicht zu entscheiden. Vgl. u.a. dazu: Legitimationsprobleme der Religion. Treffen Jürgen Habermas, Arbeitskreis „Theologie und Politik" Starnberg, 9.11.1974. Gesprächsauszug. In: D. Sölle u.a. (1975, 9 – 30).

22) Dies gilt auch und gerade für „produktive, optimistische" Positionen der Behindertenpädagogik, wie sie G. Klein in diesem Band als Vertreter der Lernbehindertenpädagogik referiert.

23) Es wäre wünschenswert, daß dieser Aspekt des Auf- und Ausbaus sonderpädagogischer Einrichtungen in den bisweilen peinlich selbstzufriedenen Versuchen einschlägiger Geschichtsschreibung und Selbstdarstellung mehr Beachtung fände.

24) Vgl. dazu auch den vorzüglichen Bericht von V. Schmid in diesem Band, der das Problem aus der Sicht der verhaltensgestörtenpädagogik entwickelt.

25) Vgl. dazu Klauer (1975, S. 75 ff.).

26) Vgl. dazu Kanter (1974), Möckel (1976), Pfeffer in diesem Buch. – Die kritiklose Hinnahme der Tatsache, daß das pädagogisch-curriculare Konzept und damit der innere Zustand unserer sog. Normalschulen durch die bestehende Gesellschaftsstruktur fraglos korrumpiert ist, findet ihren Ausdruck in den ausschließlich organisatorischen und verwaltungstechnischen Vorschlägen zur Schaffung sog. kooperativer Schulzentren. Die Hoffnung auf den Wandel tatsächlicher Verhältnisse, durch politisch-bürokratische Neuordnungsversuche allein, ist durch nichts begründet.

27) Vgl. dazu den vielversprechenden Hinweis im Bericht von L. Storz in diesem Band auf das im Lehrbereich Sonderpädagogische Psychologie „ausgearbeitete und erprobte Konzept der Förderdiagnostik".

28) Vgl. dazu die Arbeit von W. Nestle in diesem Band. Im Anschluß daran zeigen sich lohnende Aufgaben. Es bietet sich an, (a) eine Darstellung der Möglichkeiten und Probleme von Selbstverwaltungseinheiten (Konvivien) im Medium von Sachrechenaufgaben zu versuchen und (b) der Frage nachzugehen, welche Dimensionen, Perspektiven und Prinzipien für ein menschliches Zusammenleben mittels Sachrechenaufgaben diskutabel werden können.

1.) H. Moser (1975, 104): ,, Das erste und wesentlichste Kriterium des skizzierten Diskurses möchte ich deshalb das Kriterium der nicht verwirklichten Ansprüche der Gesellschaft bzw. der Demokratisierung nennen: Der Diskurs darf das Interesse an einer substantiellen Demokratisierung gesellschaftlicher Verhältnisse nicht übergehen. Dieses Kriterium – und das soll nicht verschwiegen werden – ist parteilich, indem es davon ausgeht, daß Handlungsorientierungen von vornherein bedroht sind, in den Legitimationszusammenhang der spätkapitalistischen Gesellschaft integriert zu werden. Wenn bislang die Ansprüche auf Freiheit und Gleichheit substantiell nicht eingelöst werden konnten, so bedeutet Parteilichkeit, daß die Wissenschaft das Interesse der Beherrschten aufnimmt und dieses zur Sprache bringt. Wissenschaft hat damit zu gesellschaftlicher Emanzipation beizutragen und begnügt sich nicht mit der bloßen positivistischen Abbildung des Gegebenen und seiner Normen."

2.) Den wichtigsten Anstoß für ein Handlungsmodell, welches Psychologie und Pädagogik einander näherbringen kann, haben Miller/Galanter/Pribram (1960, deutsch 1973) gegeben, deren Grundidee in Deutschland von Kaminski (1970) für die psychologische Praxis, von Skowronek (1972) für die Pädagogische Psychologie fruchtbar gemacht worden ist. Dieses Modell läßt sich mit den Grundauffassungen Piagets sehr gut vereinen. Dies liegt unter anderem daran, daß er ,,eine dreifache Analogie" zwischen dem äußeren Handeln und dem Denken sieht: ,,Es handelt sich dabei erstens um die funktionelle Analogie der Handlungsschemata... mit den rationalen Begriffen, zweitens um die Ähnlichkeit der Handlungsassimilationen mit den Urteilen und drittens um die Analogie zwischen den betreffenden Koordinationen und den logischen Operationen oder Schlußfolgerungen" (1969 a, 242). Dies gewinnt im Bereich der Sonderpädagogik überall dort Bedeutung, wo das äußere Handeln somatogen, soziogen. oder psychogen beeinträchtigt ist, insbesondere in den ersten beiden Lebensjahren, in welchen die Erkenntnis sich erst allmählich aus ihrer Einbindung in die sensumotorische Aktivität löst.

3.) Vgl. Seiler (1973, 43 f), der die Theorie von der kognitiven Strukturiertheit (Harvey/Hunt/Schroder) in die deutsche Diskussion eingeführt hat. Der von ihm herausgegebene Sammelband enthält eine empirische Arbeit von Neuthard ,,Zur Beziehung zwischen kognitiver Strukturiertheit und Autonomie in der Beurteilung sozialer Normen und Werte" (134 ff), in welcher der hier zur Rede stehende Aspekt präzisiert und belegt wird. Gerade daran wird deutlich, daß die Theorie von der kognitiven Strukturiertheit in enger Verbindung mit der Autoritatismus- und Faschismusforschung entstanden ist, über die z.B. Lindgren (1973, bes. 108 ff) referiert. ,,Kognitive" Strukturiertheit bezieht sich keinesfalls nur auf die Erkenntnistätigkeit; vielmehr betrachtet sie die Gesamtpersönlichkeit, allerdings unter dem (kognitiven) Aspekt der Informationsverarbeitung und ihrer Lerngeschichte. – Die Beiträge von Lempp und Mewe können in diesem Kontext gesehen werden.

4.) Georges (1962), „commercium" (1306 f), „convivium" (1673).

5.) In seinem Werkstattbericht legt Ertle dar, wie die Emotionalisierung des „Pädagogischen Bezugs" zwischen Lehrern und verhaltensgestörten Schülern in dessen Rationalisierung umschlug. Ein geeignetes pädagogisches Konzept war weder in der rein dialogisch orientierten Psychoanalyse noch in der szientistisch orientierten Fachdidaktik zu finden. Die Überwindung des Dilemmas, welches immer auch die Desintegration therapeutischer und pädagogischer Förderanstrengungen anzeigt, sucht Schmid im „situationsorientierten Unterricht".

6.) Die Arbeit des Lehrbereichs Sonderpädagogische Psychologie, von Storz vorgestellt, kann als Gegenkonzept gesehen werden, das mit dem Entwurf einer Förderdiagnostik einen auch bildungspolitisch weittragenden Impuls geben könnte.

7.) Vgl. Jetter/Schönberger (1978)

8.) Leontjew (1973, 447 ff), Holzkamp (1973, 175 ff). – Jetter unterzieht (in Jetter/Schönberger 1978) die Aneignungstheorien einer erkenntnistheoretischen und pädagogisch-psychologischen Kritik.

9.) Piaget (1973, 450 ff; 1969b, 270). – Habermas (1976, 63 ff) faßt die Befunde der psychoanalytischen, kognitivistischen und symbolisch-interaktionistischen Forschungsrichtungen zur „Moralentwicklung und Ich-Identität" zusammen.

10.) Vgl. Moser, 1975, 83, 103.

11.) Eine kritische Auseinandersetzung mit der – zusammenfassend dargestellten – Theorie von Gagné findet sich bei De Corte et al. (1975, 196 ff). Im Anschluß daran wird der Beitrag Ausubel's zur Psychologie des Unterrichts referiert, der „sinnvolles" von „mechanischem" Lernen unterscheidet. Eine in unserem Zusammenhang notwendige begriffliche Klärung: nicht jedes „sinnvolle" Lernen ist eo ipso auch schon „sinnhaft" (problem- bzw. handlungsorientiert); denn „sinnvoll" bedeutet nicht mehr als „sinnentnehmend" durch die Bezugnahme auf schon Gewußtes. Die Eignung, z.B. sinnentnehmend lesen lernen zu können, ist folglich für sich genommen noch kein zureichender Grund dafür, einem Kind Leseunterricht zu erteilen. – In einer Pädagogik der Geistigbehinderten, wie sie Klöpfer und Ruoff charakterisieren, wird eine Relativierung des bloßen Eignungsgesichtspunktes schon unter der Leitidee der „kommunikativen Kompetenz" geleistet werden können, die Sinnhaftigkeit im sozialen Bezug stiftet.

12,) Seitens der Psycholinguistik dürfen z.B. die Einführung Slobins (1974) ins Gesamtgebiet und die brillante Arbeit von Treiber/Groeben (1976) zum „Forschungsprogrammwechsel in der Psychologie des verbalen Lernens" für einen handlungsorientierten Ansatz in Anspruch genommen werden; seitens der Pädagogischen Psychologie die Ausführungen Aeblis (1976, 51 ff) zur

Sprachentwicklung und Sprachdidaktik.

Daß und wie Trainingsleistungen sich optimieren lassen, wenn sie‚verständlich
einbezogen, konstitutiver Teil einer Erziehung zur Geschäftsfähigkeit sind,
kann das Beispiel Paolo Freire's zeigen, daß Ivan Illich so berichtet: „Der bra-
silianische Pädagoge Paolo Freire entdeckte‚ daß ein Erwachsener in etwa vierzig
Stunden lesen lernen kann, wenn die ersten Wörter, die er entziffert, eine für
ihn wichtige politische Bedeutung haben. Die von Freire ausgebildeten Lehrer
gehen in ein Dorf und achten darauf, welche Wörter zur Bezeichnung aktueller
wichtiger Sachverhalte – wie z.b. der Zugang zu einem Brunnen oder die Zinses-
zinsen für die Schulden, die die Dorfbewohner bei dem patron haben – verwendet werden. Am Abend versammeln sich die Dorfbewohner und diskutieren
jene Schlüsselwörter. Sie begreifen allmählich, daß die Wörter noch auf der
Tafel stehen, wenn ihr Laut schon verklungen ist. Die Buchstaben bleiben und
helfen, die Wirklichkeit zu erschließen und Möglichkeiten zu ihrer Veränderung
zu erkennen." (Illich 1971, 13).

13.) Verhaltenstherapie versucht Schoor, Psychoanalyse Schönberger (1978)
in eine demokratische Erziehung einzubringen.

14.) Vgl. Ackermann, 1976, bes. 37 ff: „Entwicklung gesellschaftlich-poli-
tischer Lernfähigkeit."

15.) Dieser Gesichtspunkt wird in der Aneignungstheorie Leontjews vernachlässigt. Er muß ihr – etwa indem man das Adaptationsmodell Piagets einbringt –
hinzugefügt werden, damit sie nicht den Charakter einer naiv-realistischen Ab-
bildtheorie annimmt. Dies hätte zur Folge, daß eine sich an ihr orientierende
Pädagogik die individuellen Voraussetzungen des Kindes für die Aneignung
von kulturellen Inhalten aus dem Blick verlöre; sie könnte schnell zur Indok-
trinationspädagogik entarten.

16.) In diesem Zusammenhang wird deutlich, daß am Erwerb sensumotorischer
Fertigkeiten nicht nur die Lernform des klassischen und instrumentellen Kon-
ditionierens, sondern immer auch schon das für die Sozialisation kennzeichnende Beobachtungslernen durch die (belohnte) Nachahmung eines Modells beteiligt ist.

17.) Kierkegaard, Tagebücher 1837

18.) Seiler, 1973, 43 f. – In diesem Zusammenhang ist eine Erziehung zu sehen,
die – wie Schell zeigt – den Konflikt auch als fruchtbares Ungleichgewicht
kennt.

19.) Soziales Lernen ist zwar in diesem Beispiel ganz sicher an die Nachahmung
eines Vorbildes gebunden; das Vorbild wirkt jedoch so, daß dem Kind die
Strukturierung der neuen Situation nicht abgenommen, sondern vielmehr erst
ermöglicht wird. Diese Neustrukturierung ist aber nichts anderes als „einsichtiges
Lernen", das für die Individuation kennzeichnend ist.

20.) Erziehung muß sich von dem Odium befreien, das sie — weitgehend berechtigt — besitzt: daß sie nämlich „hemmen, verbieten, unterdrücken" muß und dies so gründlich besorgt hat, daß sie „den Kindern großen Schaden zugefügt hat" (S. Freud, Ges. Werke, XV. 160 f.) Diese Einschätzung von Erziehung kennt Eltern und Erzieher nur als Agenten der Gesellschaft, nicht als solidarische Partner des Kindes. Partner sind allerdings auch jene nicht, die sich, um jenes Odium abzustreifen, ihrer „Autorität" entledigen und die Kinder mit ihren Problemen alleine lassen.

21.) Der Kritik Mosers (1975, 91 ff) am Habermas'schen Diskurs-Konzept wird man sich in dieser Hinsicht selbst dann anschließen dürfen, wenn man den Vorwurf des „praktischen Solipsismus" nicht erheben oder ihn zumindest in diesem Zusammenhang nicht — Sohn-Rethel (1972, 64 ff) folgend — auf den Warenaustausch zwischen Privateigentümern zurückzuführen möchte. (Vgl. auch Moser, 1976, 89 ff.) Vgl. dazu auch Popp (1976, 18), der neben der Ausbildung spezifischer Handlungsfähigkeit (zum Zwecke der Orientierung und der funktionellen Partizipation) und allgemeiner Handlungsfähigkeit (zum Zwecke der Problematisierung und der Diskussion neuer Perspektiven und der Interpretationsmöglichkeiten) nicht zuletzt eine „kritisch-praktische Handlungsfähigkeit" entwickelt wissen will, um „neue Möglichkeiten handelnd zu erproben, theoretische Kritik in reale Handlungschancen umzusetzen und dadurch Handlungsspielräume aktiv wahrzunehmen und nach Möglichkeit zu erweitern."

22.) Die Abhebung „kooperativen Unterrichts" von einer lediglich der „emanzipatorischen Symmetrie von Interaktionen" zugetanen „kommunikativen Didaktik" ebenso wie von „antiautoritären Praktiken" und „offenen Curricula, die alle Alternativen offenlassen wollen", nimmt Moser vor (1976, 92 ff) mittels des Solidaritätsbegriffs im Sinne von Maas: „Solidarisches Handeln bedeutet die Aufhebung der Vereinzelung und die Bestimmung des eigenen Handelns als Moment des gesellschaftlichen Gesamtsubjekts, das Produzent der Wirklichkeit ist".

23.) Nach Moser (1975, 197) gleicht der von ihm so genannte „skizzierte Diskurs" weniger einem logisch-deduktiven Handlungsmodell als „einem Modell des Problemlösens, wie es Galperin in seiner Theorie geistiger Handlungen beschreibt". Man muß keineswegs auf Galperin rekurrieren, um sich den grundlegenden Gedanken zueigen machen zu können. Arbeitet doch Moser selbst heraus (ebd., 51), wie Lewin, in dem man heute allgemein einen Vorläufer der Aktionsforschung erblickt, „den gesamten Forschungsprozeß" beschreibt „als revolvierendes System, als einen zyklischen Verlauf von Zielbestimmung, Realisierung des ersten Planungsschrittes, Evaluation der neuen Situation und eventueller Modifikation der Zielbestimmung im Rahmen der 'Tatsachenfindung' ". Darin ist das TOTE-Modell von Miller/Galanter/Pribram präformiert, die sich nicht umsonst ausgiebig mit Lewin auseinandersetzen (1973, 64 ff). Dieses Modell läßt sich ebenso als ein Modell der Problemlösung verstehen wie das Adaptationsmodell Piagets, das Aebli (1973, 75 ff) zugrunde legt, wenn er „das Problem als Handlungsvorhaben" in seine „Psychologische Didaktik" einführt.

24.). In das „Phasenmodell" sind viele mündliche und schriftliche Diskussionsergebnisse der „Fachkommission zur Erarbeitung von Rahmenrichtlinien für den Unterricht an Schulen für Körperbehinderte (Sonderschulen)" eingegangen. Den Kollegen W. Dreher, M. Schmeichel und K. Wenz sei für ihre Anregungen besonders gedankt.

25.) Das Projekt wurde vom 17.–21.1.1977 an der Schule für Körperbehinderte in Stuttgart durchgeführt, und zwar mit einer 2. Klasse. Die 11 Kinder (5 Mädchen, 6 Jungen) waren zwischen 7 und 10 Jahren alt. Die Thematik wurde in einem didaktisch-psychologischen Seminar theoretisch aufgearbeitet. Dazu diente insbesondere die Auseinandersetzung mit dem Teilcurriculum Schule/ Einschulung-Erziehung der CIEL-Arbeitsgruppe (Hiller/Hahn) 1975. Der Klassen- und Ausbildungslehrerin, Frau Espenhain, und der Lehrerin der Grundschulklasse, Frau Pohle, und den Studentinnen, Frau Halder, Frau Heppler, Frau Röper und Frau Stoll, danke ich – ebenso wie den Kindern – für die großartige Kooperation. – Das Projekt fand im Sommersemester 1977 seine Fortsetzung mit dem Schwerpunkt „Szenisches Spiel vor den nichtbehinderten Grundschülern", im Wintersemester 1977/78 mit dem Schwerpunkt „Eine gemeinsame Aktion mit den nichtbehinderten Grundschülern".

26.) Vgl. Klafki, 1975; Moser, 1975, bes. 117 ff.


## Literatur zu Teil I

Arbeitspapier (Grundsätze) der Gruppe Emmaus Stuttgart e.V., Gablenberger Hauptstraße 41, 7000 Stuttgart 1 (fotomesch. verf.); o.O. u. o.J. (Stuttgart 1975).

Bahr, Hans-Eckehard: Ohne Gewalt, ohne Tränen? Religion 1, Religion 2 – In: Sölle, D. u.a.: Religionsgespräche. Zur gesellschaftlichen Rolle der Religion. Darmstadt und Neuwied 1976, S. 31 - 64.

Barthes, Roland: Die strukturalistische Tätigkeit. In: Kursbuch 5. Frankfurt 1977, S. 190 - 196.

Berger, Peter/Luckmann, Thomas: Die gesellschaftliche Konstruktion der Wirklichkeit. Frankfurt 1971.

Bettelheim, Bruno: So können sie nicht leben. Stuttgart 1973.

Bollnow, Otto Friedrich: Philosophie der Erkenntnis. Stuttgart 1970.

Bühl, Walter L. (Hrsg.): Verstehende Soziologie. München 1972.

Derrida, Jacques: Die Struktur, das Zeichen und das Spiel im Sidkurs der Wissenschaften vom Menschen. In: Lepenies, W./Ritter, H.H. (Hrsg.): Orte des wilden Denkens. Frankfurt 1970, S. 387 - 412.

Dolci, Danilo: Vergeudung. Zürich 1965.

Dolci, Danilo: Die Zukunft gewinnen. Bellnhausen 1969.

Falk, Gunter/Steiner, Heinz: Über den Soziologen als Konstrukteur von Wirklichkeit, das Wesen der sozialen Realität, die Definition sozialer Situationen und die Strategien ihrer Bewältigung. In: Steinert, H. (Hrsg.): Symbolische Interaktion. Stuttgart 1973, S. 13-45.

Freire, Paolo: Pädagogik der Unterdrückten. Stuttgart 1971.

Fromm, Erich: Haben oder Sein. Stuttgart 1976.

Gadamer, Hans Georg: Wahrheit und Methode. Tübingen, 2. 1965.

Garfinkel, Harold: Studien über die Routinegrundlagen von Alltagshandeln. In: Steinert, H. (Hrsg.): Symbolische interaktion. Stuttgart 1973, S. 13-45.

Freire, Paolo: Pädagogik der Unterdrückten. Stuttgart 1971.

Fromm, Erich: Haben oder Sein. Stuttgart 1976.

Gadamer, Hans Georg: Wahrheit und Methode. Tübingen, 2. 1965.

Garfinkel, Harold: Studien über die Routinegrundlagen von Alltagshandeln. In: Steinert, H. (Hrsg.): Symbolische Interaktion. Stuttgart 1973, S. 280-293.

Gehlen, Arnold: Der Mensch. Berlin 1940.

Gehlen, Arnold: Urmensch und Spätkultur. Bonn 1956.

Gehlen, Arnold: Antrhropologische Forschung. Reinbek. 31.-35. Tsd. 1965.

Giel, Klaus: Vorbemerkungen zu einer Theorie des Elementarunterrichts. In: K. Giel u. a.: Stücke zu einem mehrperspektifischen Unterricht Bd. 2. Aufsätze zur Konzeption 2. Stuttgart 1975, S. 8-181.

Giel, Klaus: Die Allgemeine Pädagogik als Kunstlehre. In: Giel, K. (Hrsg.): Allgemeine Pädagogik. Freiburg 1976, S. 14 ff.

Habermas, Jürgen: Zur Logik der Sozialwissenschaften. In: Philosoph. Rundschau. 5. Beiheft. Tübingen 1967.

Habermas, Jürgen: Theorie der Gesellschaft oder Sozialtechnologie? Eine Auseinandersetzung mit Niklas Luhmann. In: Habermas, J./ Luhmann, N.: Theorie der Gesellschaft oder Sozialtechnologie. Frankfurt 1971, S. 142 - 290.

Habermas, Jürgen: Legitimationsprobleme im Spätkapitalismus. Frankfurt 1973.

Hiller, Gotthilf Gerhard: Die Elaboration von Handlungs- und Lernfähigkeit durch eine kritische unterrichtliche Rekonstruktion von Themen des öffentlichen Diskurse. In: Giel, K. u.a.: Stücke zu einem mehrperspektivischen Unterricht. Bd. 1. Aufsätze zur Konzeption 1. Stuttgart 1974, S. 67-81.

Illich, Ivan: Selbstbegrenzung. Reinbek 1975.

Kanter, Gustav: Lernbehinderungen, Lernbehinderte deren Erziehung und Rehabilitation. In: Sonderpädagogik, Bd. 3, Stuttgart 1974. Deutscher Bildungsrat. Gutachten und Studien der Bildungskommission 34., S. 117-234.

Klauer, Karl-Josef: Lernbehindertenpädagogik. 4. überarb. und erhebl. erw. Aufl. Berlin 1975.

Korczak, Janusz: Wie man ein Kind lieben soll. Göttingen 4. 1973.

Laucken, Uwe: Naive Verhaltenstheorie. Stuttgart 1974.

Levi-Strauss, Claude: Das wilde Denken. Frankfurt 1968.

Luhmann, Niklas: Zweckbegriff und Systemrationalität. Tübingen 1968.

Luhmann, Niklas: Sinn als Grundbegriff der Sozilogie. In: Habermas. J./ Luhmann, N.: Theorie der Gesellschaft oder Sozialtechnologie. Frankfurt 1971, S. 25-100.

Luhmann, Niklas: Institutionalisierte Religion gemäß funktionaler Soziologie. In: Concilium 10 (1974), S. 20 ff.

Möbius, Eberhard: Die Kinderrepublik. Bemposta und die Muchachos. Reinbek 1973.

Möckel, Andreas: Die besondere Grund- und Hauptschule. Rheinstetten 1976.

Parsons, Talcott: The Structure of Social Action. New York 1937.

Parsons, Talcott u.a.: Toward a General Theory of Action. Cambridge/Mass. 1951.

Parsons, Talcott: The Social System. New York 1966.

Popp, Walter: Die Perspektive der kommunikativen Didaktik. In: Popp, W. (Hrsg.): Kommunikative Didaktik. Weinheim 1976. S. 9-20.

Plessner, Helmut: Grenzen der Gemeinschaft. Bonn 1924.

Plessner, Helmut: Die Stufen des Organischen und der Mensch. Berlin 1928.

Plessner, Helmut: Zwischen Philosophie und Gesellschaft. Bern 1953.

Plessner, Helmut: Conditio humana. Pfullingen 1964.

Plessner, Helmut: Diesseits der Utopie. Düsseldorf 1966.

Portmann, Adolf: Zoologie und das neue Bild vom Menschen. Hamburg 1956.

Ricoer, Paul: Der Text als Modell: Hermeneutisches Verstehen. In: Bühl, W. L. (Hrsg.): Verstehende Soziologie. München 1972, S. 252-283.

Scheler, Max: Die Stellung des Menschen im Kosmos. Darmstadt 1928.

Schütz, Alfred: Der sinnhafte Aufbau der sozialen Welt. Wien 1932.

Schütz, Alfred: Collected Papers. Bd. I-III. The Hague 1973.

Schulze, Theodor: Kann Erziehung die Gesellschaft verändern? In: Blankertz, H. (Hrsg.): Interaktion und Organisation in pädagogischen Feldern. 13. Beiheft der Ztschr. f. Pädagogik. Weinheim 1977, S. 57 - 86.

Siedentopf, Heinrich: Einleitung. In: Siedentopf, H. (Hrsg.): Verwaltungswissenschaft. Darmstadt 1976.

Simmel, Georg: Suziologie. Berlin 5. 1968.

Sölle, Dorothee u.a.: Religionsgespräche. Zur gesellschaftlichen Rolle der Religion. Darmstadt und Neuwied 1976.

Steinert, Heinz (Hrsg.): Symbolische Interaktion. Arbeiten zu einer reflexiven Soziologie. Stuttgart 1973.

Tenbruck, Friedrich, H.: Geschichtserfahrung und Religion in der heutigen Gesellschaft. In: Tenbruck, F.H. u.a.: Spricht Gott in der Geschichte? Freiburg 1972, S. 9 - 94. (b)

Tenbruck, Friedrich, H.: Zur Kritik der planenden Vernunft. Freiburg 1972 (a).

Tönnies, Ferdinand: Gemeinschaft und Gesellschaft. Darmstadt 1963. (Fotomech. Nachdr. d. 9. Aufl., Leipzig 1935).

Waldo, D.: Zur Theorie der Organisation – ihr Stand und ihre Probleme. In: Siedentopf, H. (Hrsg.): Verwaltungswissenschaft. Darmstadt 1976.

Weber, Max: Wirtschaft und Gesellschaft. 1. Hbbd. Köln, Berlin 1964.

# Literatur zu Teil II

Ackermann, P.: Einführung in den sozialwissenschaftlichen Sachunterricht. München 1976

Aebli, H.: Psychologische Didaktik. Stuttgart 1973

Aebli, H.: Grundformen des Lehrens. Eine allgemeine Didaktik auf kognitionspsychologischer Grundlage. Stuttgart 1976.

De Corte, E., Geerligs, T., Lagerweij, N., Peters, J., Vandenberghe, R.: Grundlagen didaktischen Handelns. Von der Didaktik zur Didaxolgie. Weinheim und Basel 1975

Enzensberger, H.M., Michel, K.M. (Hrsg.): Kursbuch 24. Berlin 1971

Freud, S.: Neue Folge der Vorlesungen zur Einführung in die Psychoanalyse. Leipzig-Wien-Zürich 1933. Ges. Werke, Band XV, London 1940

Georges, K.E.: Ausführliches Lateinisch-Deutsches Handwörterbüch. Basel 1962

Habermas, J.: Zur Rekonstruktion des Historischen Materialismus. Frankfurt/M. 1976

Haft, H., Hameyer, U. (Hrsg.): Curriculumplanung – Theorie und Praxis. München 1975

Hiller, G.G., Hahn, R. u.a.: Stücke zu einem mehrperspektivischen Unterricht. Teilcurriculum Schule/Einschulung-Erziehung. Stuttgart 1975

Holzkamp, K.: Sinnliche Erkenntnis – Historischer Ursprung und gesellschaftliche Funktion der Wahrnehmung. Frankfurt/M. 1973

Illich, I.: Plädoyer für die Abschaffung der Schule. In: Enzensberger/Mickel (Hrsg.), 1971

Jetter, K., Schönberger, F. (Hrsg.): Verhaltensstörung als Handlungsveränderung. Beiträge zu einem Förderkonzept Körperbehinderter. Bern-Stuttgart-Wien 1978 (im Ersch.)

Kaminski, G.: Verhaltenstheorie und Verhaltensmodifikation. Entwurf einer integrativen Theorie psychologischer Praxis am Individuum. Stuttgart 1970

Kierkegaard, S.: Die Tagebücher 1834-1855 (Haecker'sche Übersetzung) Leipzig 1941

Klafki, K.: Handlungsforschung im Schulfeld. in: Haft/Hameyer (Hrsg.) 1975

Leontjew, A.N.: Probleme der Entwicklung des Psychischen. Frankfurt/M. 1973

Lindgren, H.C.: Einführung in die Sozialpsycholgie. Weinheim und Basel 1973

Miller, G.A., Galanter, E., Pribram, K.H.: Strategien des Handelns – Pläne und Strukturen des Verhaltens. Stuttgart 1973

Moser, H.: Aktionsforschung als kritische Theorie der Sozialwissenschaften. München 1975

Moser, H.: Kommunikative Didaktik und handlungsorientierte Curriculumtheorie. In: Popp (Hrsg.), 1976

Neuthard, B.: Zur Beziehung zwischen kognitiver Strukturiertheit und Autonomie in der Beurteilung sozialer Normen und Werte. In: Seiler (Hrsg.), 1973

Piaget, J.: Das Erwachen der Intelligenz beim Kinde. Stuttgart 1969 (a)

Piaget, J.: Nachahmung, Spiel und Traum. Die Entwicklung der Symbolfunktion beim Kinde. Stuttgart 1969 (b)

Piaget, J.: Das moralische Urteil beim Kinde. Frankfurt/M. 1973

Popp, W. (Hrsg.): Kommunikative Didaktik. Soziale Dimensionen des didaktischen Feldes. Weinheim und Basel 1976

Popp, W.: Die Perspektive der kommunikativen Didaktik. In: Popp (Hrsg.), 1976

Schönberger, F.: Befreiung durch Handeln. Ein Versuch, den psychoanalytischen und den handlungstheoretischen Ansatz in der Pädagogik der Körperbehinderten zu vereinen. In: Jetter/Schönberger (Hrsg.), 1978

Seiler, Th. B. (Hrsg.): Kognitive Strukturiertheit. Theorien, Analysen, Befunde. Stuttgart-Berlin-Köln-Mainz 1973

Seiler, Th. B.: Die Theorie der kognitiven Strukturiertheit von Harvey, Schroder und Mitarbeitern – Präsentation und Diskussion. In: Seiler (Hrsg.), 1973

Skowronek, H.: Lernen und Lernfähigkeit. München 1972

Slobin, D.I.: Einführung in die Psycholinguistik. Kronberg/Ts. 1974

Sohn-Rethel, A.: Geistige und körperliche Arbeit. Zur Theorie der gesellschaftlichen Synthesis. Frankfurt/M. 1972

Treiber, B., Groeben, N.: Vom Paar-Assoziations-Lernen zum Elaborationsmodell: Forschungsprogrammwechsel in der Psychologie des verbalen Lernens. Zeitschrift für Sozialpsychologie 1976,7, 3-46

# Anschriften der Autoren:

Dittmann, Werner, Dipl.-Psych., Professor,
7417 Pfullingen, Drosselweg 57

Ertle, Christoph, M.A., Dr. phil., Professor,
7410 Reutlingen, Tannenberger Str. 62/85

Hiller, Gotthilf Gerhard, Dr. phil., Professor,
7410 Reutlingen-Ohmenhausen, Asternweg 8

Kautter, Hansjörg, Dr. phil, Dipl.-Psych., Professor,
7400 Tübingen, Rappenberghalde 60

Klein, Gerhard, Dr. phil., Professor,
7417 Pfullingen, Schloßgartenstr. 105

Klöpfer, Siegfried, Dipl.-Päd., Assistent,
7417 Pfullingen, Wackersteinstr. 7/1

Lempp, Reinhart, Dr. med., Professor,
7400 Tübingen, Hennentalweg 33

Mewe, Fritz, Dr. phil. Dipl.-Psych., Professor,
7400 Tübingen-Derendingen, Roßbergstr. 49

Möckel, Andreas, Dr. phil., Professor,
8700 Würzburg, Wittelsbacherplatz 1

Nestle, Werner, Dr. phil., Professor
7407 Rottenburg-Kiebingen, Im Stäuberle 239

Orthmann, Werner, Dr. paed., Professor,
7445 Bempflingen, Silcherstr. 1

Pfeffer, Wilhelm, Assistent
7411 Reutlingen-Oferdingen, Schillerstr. 11

Ruoff, Elsbeth, M.A., Dozentin
7410 Reutlingen, Walter-Rathenau-Str. 19

Schell, Hans, Dr. phil., Dipl.-Psych., Professor,
7401 Nehren, Pfarrweg 8

Schmeichel, Manfred, Professor
7406 Mössingen 2, Rosenstr. 28

Schmid, Volker, Dipl.-Psych., Professor,
7400 Tübingen, Gottlieb-Olpp-Str. 30

Schönberger, Franz, Dr. phil., Dipl.-Psych., Professor,
7250 Leonberg-Eltingen, Eugenstr. 13

Schoor, Udo, Dipl.-Psych., Assistent
7033 Herrenberg, Richard-Wagner-Str. 5

Storz, Lottelore, Dipl.-Psych., Professorin,
7000 Stuttgart 1, Hauptmannsreute 164

Wittoch, Margarita, Dr. phil., Dipl.-Psych., Professorin,
7417 Pfullingen, Elsterweg 79